齈

Carl Gustav Jung

荣 格 自 传

[瑞士]荣格 著 一丁 译

SPM 南方传媒 | 花城出版社

中国·广州

图书在版编目（ＣＩＰ）数据

荣格自传/（瑞士）荣格著；一丁译． -- 广州：
花城出版社，2024.4（2024.8 重印）
ISBN 978-7-5360-9990-6

Ⅰ．①荣… Ⅱ．①荣… ②一… Ⅲ．①荣格（Jung,
Carl Gustav 1875-1961）—自传 Ⅳ．① K835.226.2

中国国家版本馆 CIP 数据核字（2023）第 091463 号

出 版 人：张　懿
项目统筹：陈宾杰　蔡　安
责任编辑：曹玛丽
责任校对：李道学
技术编辑：凌春梅　林佳莹

书　　　名	荣格自传
	RONGGE ZIZHUAN
出版发行	花城出版社
	（广州市环市东路水荫路 11 号）
经　　　销	全国新华书店
印　　　刷	天津睿和印艺科技有限公司
	（天津市武清区大碱厂镇国泰道 8 号）
开　　　本	880 毫米×1230 毫米　32 开
印　　　张	13.5
字　　　数	304,000 字
版　　　次	2024 年 4 月第 1 版　2024 年 8 月第 2 次印刷
定　　　价	49.80 元

如发现印装质量问题，请直接与印刷厂联系调换。
购书热线：020-37604658　37602954
花城出版社网站：http://www.fcph.com.cn

卡尔·古斯塔夫·荣格（1875—1961）

Carl Gustav Jung

目　录

一、童年

在我出生六个月的时候，我的父母从博登湖畔的凯斯威尔移居到莱茵河瀑布边上的劳芬城堡，住进了一所牧师的宅邸。那是1875年。

大概两三岁的时候，我开始记事。我还记得那住宅、花园、洗衣房、教堂、城堡、莱茵河瀑布、沃尔斯小城堡和牧师庄园。这些记忆仿佛是模糊的记忆大海中的岛屿一般，孤独浮动、互不相连。

在我的脑海中，有一个场景经常浮现出来，或许这是我最早的生活记忆吧。那是一个非常迷离的印象：在一个明亮温暖的夏日，我躺在一个置于树荫下的儿童车里，天空蓝蓝的，金色的阳光透过碧绿的树叶斑驳地洒落下来。儿童车的顶棚打开着，我刚刚睡醒，欣赏着这让我无比惬意的美景。我眼睛里树木和花朵中都闪耀着太阳的倒影。一切都是那么的美丽而神奇，那么的五彩斑斓，那么的美好。

我记得的另外一个记忆场景：我坐在一栋房子西侧的餐厅里，在餐桌旁很高的儿童座椅里面用小匙舀热牛奶喝，牛奶里泡着碎面包块，味道好极了，气味也很特别。那是我第一次闻牛奶的味道，可以说，我在那个时候有了嗅觉的意识。这一记忆同样是非常遥远的。

我还依稀记得在一个夏日的傍晚，我的姑姑和我说："我带你去看一样东西。"一边说着一边把我领出了家门，走向达克森的大路。我们在一栋房子面前停了下来，远处的阿尔卑斯山脉沐浴在夕阳的红色闪光中。那天傍晚，阿尔卑斯山显得格外清楚。"看那儿，"我听见她用瑞士方言对我说，"山全红了。"那便是我第一次看见阿尔卑斯山。之后，我听说，村里上学的孩子第二天要去郊游，并要爬苏黎世附近的约特里山。我特别想去，但是他们说，我太小了，不能去。我真是一点办法都没有，伤心极了。从那时起，那个位于白雪覆盖下闪光的大山旁边的约特里山和苏黎世就成了我梦中不可企及的一块土地。

后来过了一些时候，我记得我的母亲曾经带我去图尔高看望她的朋友们。他们在博登湖畔有一座城堡。见到那里的湖，我一下子就被迷住了。渡船激起的浪一直冲到岸边，阳光在水面上闪烁，水下的沙子被浪花冲成一道道小埂。湖向无垠的远方伸展开去，那广阔的水面让我心旷神怡。就在那时，一个想法忽然涌现在我的脑海：我觉得人一定要生活在湖边，如果没有水，人要怎么活下去？

我记得还有一件事：有许多陌生人，乱哄哄的，显得特别激动。女仆飞快地跑过来，嚷着："渔民们发现了一具尸体，从瀑布上冲下来的，他们要把他抬进洗衣房里去。"我父亲说："好吧，好吧。"我有点着急想要过去看看，母亲却一把拉住我，严厉地禁止我到花园去。等所有人都走了以后，我立即悄悄地溜进了花园，来到洗衣房。可是门锁着。我绕着房子转了一圈，终于发现房子后面有一个排水槽一直通向斜坡下面，槽里流着细细的血和水。我觉得这件事特别有意思，那时我还不到四岁。

我的脑海中还有另外一幅画面：因为发烧，我哭闹着没办法睡觉。父亲把我抱在怀里在屋子里走来走去，哼唱着他学生时代的那些老歌。我记得那是我最喜欢的一首，这首歌总能使我安静下来。它是这样开始的："四处静悄悄，人人都睡觉……"直到今天，我还记得父亲的声音，在静静的夜晚，对着我轻轻吟唱。

母亲后来告诉我，我那时候得了湿疹，那是一种非常常见的疾病。可是当时，算是直觉吧，我却隐约感觉到父母在婚姻问题上是不顺遂的。1878 年我的那场病一定与父母的短暂分离有关系。母亲在巴塞尔的医院里待了几个月，她的病大概起因于婚姻上的麻烦。母亲离世后由一个姨妈照料我。这位姨妈是个老处女，比母亲大差不多二十岁。母亲的离去使我非常痛苦。从那时起，一旦有人讲"爱"这个字的时候，我就有一种不信任感。在相当长的一段时间里，"女人"这个词在我心中引起的是一种不可靠的感觉。而"父亲"这个词却意味着可信赖但也是软弱无力的。我就这样带着心里的创伤开启了我的人生之路。后来，这些早期的印象有所改变：我信任男人，但他们却让我失望；我怀疑女人，可她们并没有让我失望。

母亲离开后，女仆负责照顾我。我现在依然记得她把我抱起来，把我的头靠在她的肩上的情景。她有一头黑发和一副橄榄色的面孔，那是和母亲完全不一样的面孔。直到现在，我仿佛还看得见她发型的轮廓、她的颈部，那深深的肤色和耳朵。她的一切在我看来都是那样奇特，但也格外熟悉。似乎她不属于我们家，而只属于我一个人。好像她是和一些我还不能理解的神秘事物联系在一起似的。这位姑娘后来成了我提出来的阿尼玛（男性心中的性意象）的雏形。她所传达的那种既生疏又始终为人所认识的感觉，是后来在我心中象征女性本质的那个形象的一种特征。

从父母分居的时候起，我的记忆中还有另一个女性的形象：一个年轻美丽的、迷人的姑娘。她有着蓝色的眼睛和褐色的头发。是她引着我在蓝色的秋天，在瀑布下面的沃尔斯城堡附近，沿着莱茵河，在金色的枫树和栗树下徜徉。阳光穿过婆娑的树枝，黄色的叶子飘落在地上。这个姑娘后来成了我的继母，她非常崇拜我的父亲。后来直到二十一岁时我才再次见到了她。

上面说的都是一些比较深刻的记忆。下面我要说的是对我影响更深刻的事情。其中一部分我只是朦胧地记得。

记得有一次我摔下了楼梯，还有一次摔倒在火炉腿的一个角上，我清楚地记得疼痛的滋味，还有流血和一位医生给我缝头部伤口的情形。直到上大学预科的最后一年，我头上那块疤痕还清晰可见。母亲曾经告诉我，有一次，在去诺伊豪森通过莱茵瀑布桥时，我差点儿掉下去，我的一条腿已经滑出了栏杆，幸亏女仆及时抓住了我。这些事映射出我潜意识中自杀的冲动，或者说，对生在这个世界上的一种极力反抗。

那段时间，每当夜晚来临时，我总有一种莫名的恐惧。我常常听到有什么东西在屋里走动，听到莱茵瀑布沉闷的咆哮声，每当这时我便觉得四周到处充满危险。总有人淹死，尸体从岩石上被水冲下来。在附近的墓地里，教堂司事总是挖坑，挖出一堆堆棕色的土，一群严肃的男人穿着长长的礼服，戴着特别高的帽子，穿着闪闪发亮的黑色靴子，他们总是抬出一个黑色的木盒子。这时，父亲总是穿着牧师的长袍，声音洪亮地讲话。女人们都在哭泣。听人说，有些人先前在这里，但现在突然都不在了，他们正被埋进地上的这个坑里，上帝把他们召到他那里去了。

母亲教我做祈祷，这是每天晚上必须要做的事情。我心里十分乐意祈祷，因为它使我在深沉不安的暗夜面前有一种舒服的感觉：

> 展开您的双翼，慈祥的耶稣，
> 把您的小鸡，您的孩子咽下。
> "如果魔鬼要吞食他，
> 那只会是白搭。"
> 请让天使就这样唱吧！

耶稣总能给予人们安慰，他是个善良仁慈的先生，像城堡里的维根斯坦先生似的，富有、威严、庄重、受人爱戴，他还对夜里的小孩子十分关心。至于他为什么会像鸟那样长着翅膀，却始终是一个谜。虽然好奇，不过我并没有过多地去考究这个。我觉得更有意思、更加想要弄清楚的是，把小孩子比作小鸡，耶稣显然很不情愿地、像吃苦药一样地"吃了"他们。这太让人不能理解了。后来我才听别人说，魔鬼也喜欢吃小鸡，为了避免小鸡被魔鬼吃掉，耶稣才这样。我恍然大悟。虽然耶稣并不喜欢那味道，可他还是把孩子们吃了，这样就避免魔鬼抓到这些孩子了。这么一想，我心里就觉得很安宁。可是现在我又听说耶稣还要"吃"别的人，况且，这"吃"的方式是要在地上挖一个坑。

这种不吉利的类比导致了十分不幸的后果，我开始对上帝产生了怀疑。他失去了那令人安适的、慈祥的特征，却和那些身穿礼服、头戴高帽、脚穿闪光的黑靴、抬着黑盒子埋葬死人的整天黑着脸的黑衣人联系了起来。

这些思索造成了我精神上的首次创伤。那是一个炎热的夏天，我像平常一样坐在屋前的大路上玩沙子。大路从屋子旁边穿过，通向山冈，消失在山坡上的一片树林里。所以，如果站在房子旁边就可以看到伸展出去的、相当长的一段路。那天，当我抬起头的时候，我看到身穿黑色长袍，头上戴了一顶帽檐特别宽的帽子的人从树林里走来，那个人看上去好像是个穿着女人服装的男人。

他慢慢地走近了，我清楚地看见这是一个穿着拖到脚的黑色长袍的男人。这种景象使我特别害怕，一种极度恐惧的感觉迅速传遍全身，我脑子里闪现出一个可怕的念头：这是一个耶稣会会士。前不久，我偷偷地听到父亲和一个来访的同事聊天，他们谈到了耶稣会会士们的阴险活动。从父亲那半是恼恨、半是恐惧的语调，我猜想，那些"耶稣会会士"特别危险，甚至对父亲也造成了威胁，让父亲也觉得恐惧。事实上，我并不了解耶稣会会士究竟是什么样的，但我对祈祷词中的那个词"耶稣"是熟悉的。

我想，从山上下来的那个人一定是化了装，所以他才会穿着那么奇怪的衣服。也许，他还怀着不可告人的目的。我害怕极了，慌慌张张地跑进了屋子，冲上楼梯，躲在阁楼上最黑暗的一根房梁下。我不知道我在那里藏了多久，不过时间一定不短，因为当我壮着胆子下了楼，小心翼翼地探出头去张望时，那个黑衣人连影子也不见了。从那以后的许多天里，我一直深深地活在恐惧之中，我再也不敢走出屋子了。即使后来再去路上玩时，那树木葱郁的山坡始终让我感到不安。当然，过了很久以后我才知道，那黑衣人只不过是个无害于人的天主教神父。

大约就在同时——我也说不太清楚，也许要早一些——我有了最早的有关于梦的记忆。这个梦后来一直占据着我的心。

那是在我三岁或者四岁的时候。我们的住宅孤零零地立在劳芬城堡附近。牧师家农场的后面有一大片草地。梦中的我正站在这片草地上。突然，我发现了一个黑色的、长方形的石砌的洞，以前我从没见过这样的洞。我好奇地走过去，朝里面看，看见有一排石阶一直通到地下深处。我迟疑了一会儿，还是胆战心惊地走了下去。走不多远有一个圆形的拱门，门上挂着一块又大又沉的绿色帷幕，那幕布好像是用加工过的锦缎制成的，显得十分气派。出于好奇心，我很想看看幕后面是什么，于是我便掀开了它。在暗淡的光线下，我的面前出现了一个大约三十英尺（1 英尺约合 0.305 米）长的长方形屋子，屋顶呈拱形，由加工过的石头砌成，地板上铺着大石板，中间还铺着一条红地毯，从门口一直通到一个低低的平台，平台上放置着一个金光灿烂的宝座，座上也许有一块红色的垫子，那豪华的派头简直就像童话中描写的国王的宝座一样。宝座上立着一个什么东西，最初我以为是个树桩，大概有十二到十五英尺高，一英尺半到二英尺厚，它十分高大，几乎顶到了屋顶。后来我才发现，它的成分非常有意思，它不是由木头组成的，而是有皮有肉，顶上有一个圆圆的像人头一样的东西，没有脸、没头发，只有一只眼睛，一动不动地盯着屋顶。

屋子里很亮，可是没有窗户，也没有其他光源，但头顶处却有一点光亮。座上的那个东西虽然没有动，可它随时可能会像一条虫那样向我爬过来。我害怕得全身都僵了，这时我听见从外面传来了母亲的声音："看看它吧，我总觉得那就是吃人的怪物！"母亲的喊声使我怕上加怕，我吓出了一身冷汗，醒来后还怕得要死。之后，有好多晚上我都不敢睡觉，生怕再做这样的噩梦。

这个梦多年来一直纠缠着我。直到很久以后，我才意识到，我看见的那东西实际上是男性的生殖器。几十年后，我才懂得那是一种古老的祭仪中，被人崇拜的生殖器。我一直没有弄懂，母亲说的是什么意思，是说那个东西是吃人的怪物呢，还是说那个怪物是吃人的呢？如果是第一种情况，那意思是说吃小孩的不是耶稣或者耶稣会会士，而是那个生殖器；如果是第二种情况，吃人的怪物就是男性生殖器的象征，那么阴沉沉的耶稣、耶稣会会士和生殖器就成了同一种东西了。

这个生殖器的抽象意义由这样的事实表示出来，它自尊为王地立在那里。草地上的洞可能代表一座坟墓，这座坟墓是地下的一座神庙，它那绿色的帷幕象征草地，或者说象征覆盖着绿色植被的大地的神秘。那么血红色的地毯和圆形拱顶是什么意思？也许我已经去过姆诺特，看见过沙夫豪森的圆形城堡？但这似乎有点不太可能，谁也不会领一个三岁的孩子上那里去。所以，它与记忆痕迹没有丝毫的关系，同样，我一点儿也不知道这在解剖学上的无懈可击的生殖器是从哪里来的。把小便排出口解释为一只眼睛，上面还发光，它指明了"生殖器"（Phallus）这个词的词源（希腊原文的意思是"发光""明亮"）。

不管怎么说，这个梦里的生殖器对我来说就是地下一尊"说不出名字"的神，它一直留在我直到青年时代的记忆里，只要有人过分强调地说到耶稣，它就会出现在我脑海中。我从来没有觉得耶稣是真实存在的，他从来没有被我接受，从来没有使我感到亲切，因为我总是一次又一次地想到他在地下的那个对等物。这个可怕的启示降临到我身上，以至于我从来都没有想去寻觅那个被人们推崇的上帝的代表。

那个耶稣会会士的"伪装"在人们教我的基督教教义上投下了阴影。我觉得它就像一场严肃的假面舞会，好像某种殡葬仪式。送葬的人脸色阴沉，面带悲伤，一会儿却偷偷笑了起来，毫无悲痛之意。在我眼中耶稣是一尊死神，他只是在驱散暗夜的恐惧时才对我有所帮助。可他自己却是一具被钉在十字架上的、怪模怪样的、血淋淋的尸体。人们常常谈起他的慈爱和善良，我却控制不住自己，在内心生疑。主要原因是，那些说"亲爱的耶稣"最起劲的人都穿着黑色的礼服和发亮的黑靴，他们总让我想起埋葬死人的场面。他们是我父亲和我八个叔叔（全都是牧师）的同事。多年来，他们激起了我心中的恐惧感，至于偶然见到的天主教神父也使我变得十分机警，他们让我想起那可怕的耶稣会会士，这些耶稣会会士曾惹恼过父亲，引起过他的警惕。后来直到行坚信礼时，我想方设法迫使自己对基督教采取积极的态度，但是我还是没有做到，一直以来我都没办法隐藏我内心的不信任感。

每个孩子都会产生对"黑衣人"的恐惧，那不是我孩提经验中的关键，关键是这样一种认识："那就是耶稣。"这种认识深深地刻在我的脑海中。这让我非常难受。而且在梦中常常会出现一些奇怪却又象征性的装扮，它给我留下的深刻印象不是吓唬小孩的吃人怪物，而是这样的事实：这就是吃人的怪物。它高踞在地下室的一个金色宝座上。在我幼稚的想象中，只有国王才能坐在这宝座上面，而只有戴着金冠、穿着白袍的上帝或是耶稣坐在遥远的蓝天上一个更美、更高、更金碧辉煌的宝座上。而这位与耶稣有关的是戴着宽檐的黑色帽子，穿着黑色的女人衣服，从长满树木的山坡上走下来的"耶稣会会士"的形象。因此，我常常朝着山坡的那个方向看过去，以防止我身边出现别的危险。

在梦里，我走进地下的一个洞里，我看到的那宝座上面的东西，和我想象中的完全不同。那么那么的异乎寻常，它并不像是人间的，更像是阴间的东西，一动不动地盯着上面，以人肉当作食物。一直到五十年以后，我读到了一篇研究弥撒象征的宗教论文。论文中讲述了一开始耶稣的圣餐中，有象征性吃人的习俗。那时候我明白了，小时候的那两次经历中闪现在我意识里的思想不但不幼稚，反而相当成熟，甚至是过分的成熟。当时我的内心究竟是谁在说话？是谁用意识创造了那些景象？究竟是哪一种超越常人的理智在起着作用？我知道所有愿意把事情往简单方面去想的人都会不停地说着"黑衣人"和"吃人的怪物"，也会畅谈"偶然"和"事后的牵强解释"，以便于去除那些可能污染到孩子纯真心灵的不好的思想。啊，那些人是多么的善良，多么讲求实效、头脑健康。他们总让我想起那些在浅浅的水洼里，在阳光的照射下无比快乐地游来游去的蝌蚪。这些蝌蚪肯定想象不到第二天早上水洼就会变得干涸，那时它们就没有栖身之地了。它们真的是一点儿都不担心。

那我当时在心里究竟说了些什么？又是谁谈过这些我完全不知道的问题呢？又是谁将上苍和地下结合在我的心里，形成了我激情澎湃的后半生生活的基石？又是谁对那个纯洁善良，而又对人生充满担心的少年产生了巨大的影响呢？除了那来自上苍又来自地下的陌生人，又会是谁呢？

通过这些小时候的梦境，我开始参与大地的秘密。那是在地下秘密举行的葬礼。很久以后我才从中解脱出来。而如今我明白了，那是为了将尽可能多的光明引入黑暗之中，是进入黑暗王国的开始。当时我的精神生活就是以这种潜意识为开端开始的。

1879 年，我们全家搬到了巴塞尔附近的小惠宁根。其实这件事我根本不记得了，但是几年后发生的事情我却记得很清楚。那是一天夜晚，父亲把我从床上抱起来，走到了我家那个朝西的门廊里，他指着天空给我看，黄昏的夜晚，天空中似乎燃烧着一片耀眼的绿光。那是 1883 年喀拉喀托火山爆发的情景。

还有一次，父亲带我去看东边地平线上的一颗巨大的彗星。

再后来，当地发了一次大水，流过许多村镇的维瑟河泛滥成灾，冲毁了大坝河上游的一座桥梁，还淹死了十四个村民，浑浊的黄土裹着他们的尸体进了莱茵河。洪水过后，尸体被永久地留在了泥沙里。听说了这件事情之后，我的好奇心又让我跑过去看。我看到一个身穿黑色礼服的中年男子的尸体，他肯定是刚从教堂里走出来，他的身体有一半被埋在沙子里，眼睛被手臂遮挡着。我兴奋极了，仿佛看见了一头猪被宰杀，我目不转睛地看着那具尸体。见到这个场景，我的母亲吓坏了，她甚至有一些惶恐。但是杀猪和死人依旧对我有着无法言喻的吸引力。

我对绘画艺术的最早记忆是从我住在小惠宁根那年开始的。我的父母当时住的那个房子是 18 世纪建成的一座牧师的住宅，里面有一间屋子特别暗，陈设的家具很考究，墙上还挂着很多古画。我清楚地记得有一幅画是大卫和歌利亚的意大利油画，它是从基多·雷尼的画室中复制的赝品，原作被保存在法国的罗浮宫。这幅画到底是怎么来的，我并不知道。那间屋子里面还有另外一幅油画，现在它就挂在我儿子的房间里。画上描述的是 18

世纪早期的巴塞尔的风景。我那时候常常偷偷地去那间昏暗的、与其他房间隔绝的屋子里，在那些画旁边一坐就是好几个小时，就坐在那里发呆，对着我当时觉得唯一美丽的东西。

还有一次，在我大概六岁的时候，一个姨妈带我去巴塞尔看博物馆里那些用稻草填起来的动物标本。我们在博物馆里面待了特别久，因为我把每一件展品都仔仔细细地看了个遍。一直到下午四点，博物馆关门的铃声响起，我的姨妈不停地叫我离开，可我还是站在橱窗前不想走。最后展室的大门已经锁了，我们不得不从另外一条路走楼梯下去。这条路穿过古代的画廊。一瞬间，我看见了那幅美丽的画像，简直令人神魂颠倒。我瞪大了双眼，久久地盯着它，简直美丽极了。姨妈拽着我的手，一直把我拖到了出口，我这才十分不情愿地离开。她一边走一边嘴里说："这该死的孩子，闭上眼睛，该死的孩子，闭上眼睛！"那是我最早看到的裸体和仅仅遮盖住几片叶子的人像。在这之前我从未注意到裸体之美，而这是我首次接触美妙的艺术。姨妈怒气冲冲，那神情就像是被人拖出妓院一样。

在我六岁的时候，我的父母领我到阿里斯海姆旅行。那时候母亲穿的衣服让我至今难忘，这是我对于母亲早期唯一的深刻记忆：我清楚地记得她的衣着，那件黑色的料子上面印满了绿色的月牙形状的花纹。在我最早的记忆中，母亲是一个年轻的、苗条的、穿着这种服装的女子。而在对她的后续记忆中，她变得衰老、肥胖了。

我们来到一座教堂，母亲说："这是一座天主教堂。"我既好奇又害怕，悄悄从母亲身边溜开，从开着的门往里面窥视，正好看见装饰一新的祭坛上点着一支大蜡烛（当时是复活节期间）。

而此时我突然在阶梯上绊了一跤，下巴撞在一块铁上，父母抱起我时，我的下巴血流不止。我当时的心情特别有意思：一方面，我觉得不好意思，因为我的尖叫声引起了教堂里的人们的注意；另一方面，我又觉得自己做了违禁的事。"耶稣——绿色的帷幕——吃人怪物的秘密……这就是和那些耶稣会会士有关的天主教堂。我绊倒，疼得喊叫完全是他们的过错。"

许多年后，我都不愿意进天主教堂，就是害怕会摔跤，会再度流血，会见到那些耶稣会会士。摔跤、流血似乎就是天主教堂给我的感觉，但是它却始终吸引着我。如果有一个天主教神父非要靠近我，那会让我内心特别忐忑。一直到三十多年后，这种压抑的感觉才消失。那已经是我踏进维也纳圣斯特凡大教堂时候的事情了。

从我六岁开始，我的父亲就开始让我上拉丁文课。我非常喜欢去学校，因为在学校里我感到非常开心。在此之前我就学会了阅读，因为我在学校的成绩总是名列前茅的，我总觉得轻松无比。记得有一次我读不懂一本书，纠缠着母亲读给我听，那是一本有许多古老插画的儿童读物，书里面讲到不少国外的宗教，特别是印度教，有婆罗门教、毗湿奴、湿婆等插图，使我得到无穷无尽的乐趣。母亲后来告诉我，我后来总是不断地翻看这些插图。每当我看这些插图时，总有一种朦胧的感觉，觉得它们和我那"原始的启示"有某种亲和性。我从未对人讲起过它，也永远不准备道破这秘密。母亲的话间接证明了我的感觉，我始终注意到讲起"异教徒"时她语调中那一丝淡淡的鄙夷语气。我知道，如果我向她披露了我的"启示"，她一定会恐惧万分，大加责难。我当然不会自讨没趣，自找羞辱。

　　这种并不幼稚的行为一方面和我强烈的敏感和容易受伤的内心有关系，另一方面和我早年的孤独相关（我妹妹在我九岁以后才出生）。在长达九年的生活之中，我只能按照自己的方式一个人玩。十分遗憾的是，我已经不太记得我到底玩的是什么了。我只记得一点，那就是我在自己玩的时候十分讨厌被别人打扰。我沉浸在自己的游戏世界里，玩得专心、投入。不想被别人看见，也不想被别人评价。我还记得我特别喜欢玩砖头，用砖头建塔，然后再用"地震"的方式摧毁它。在八岁到十一岁之间，我不断地画着战争、包围、轰击以及海战的画。然后用水彩笔将整个笔记本涂上墨迹，并且饶有兴趣地对这些图画作出离奇的解释。我之所以愿意上学，主要是因为我在学校找到了玩伴，这是我一直以来的梦想。

　　在学校里，我发现很多让我感到万分惊奇的事情，在说这些事情之前，我准备先谈谈夜里的事情。夜的气氛开始变得沉重，各种让人害怕得却又无法理解的事情都会在夜里发生。父母不在一起睡，我睡在父亲的房间里，母亲的房间总是给我一种恐怖的感觉。一到夜晚，母亲就变得异常古怪、神秘。有一天晚上，我看到一个模糊的影子从她的房间里走出来，那影子的头离开了脖子，在它的前面浮动，就像一个小月亮。突然，又出现了另一个头，那头又离开了脖子。这种情形重复了六七次。我总是做让人忧心忡忡的梦，梦中的事物一会儿小，一会儿大。例如，我看见老远的地方有一个小小的球，那球渐渐地朝我滚来了，越来越大，最后变成一个骇人的、使人窒息的东西。又有一次，我梦见了电线，上面落着许多鸟，突然，电线开始变得越来越粗，直到我被吓醒。

这些梦是我生理变化的序幕，说明某种青春发育已经开始，那时候我大概七岁。当时我患上了假性哮喘病，还伴有窒息的症状。有一天晚上我忽然间发病，蜷缩在床角，脑袋耷拉到床栏杆上，父亲一把抱起我。我见到自己头上有一个蓝色的光圈，大约和满月一般大小，光圈里有很多金色的小人来回走动。那就是天使吧，那时候的我是这样想的。这些幻象不断地出现，每次都能慢慢地平息掉我对窒息的恐惧，这些场景也会出现在我的梦中。我觉得这里面有一种内在的心理因素，这些心理因素让房中的空气变得无法呼吸了。

我不喜欢去教堂，但圣诞节除外。听到圣诞合唱歌曲《上帝创造了这一天》，我便觉得格外开心。当然，晚上的圣诞树就更让人开心了。只有圣诞节我才能够热烈地去庆祝，对于其他的节日我总会显得特别的冷漠。除夕也非常有趣，降临节也还不错，它有着某种圣诞节的魅力，但还是不如圣诞节。圣诞节总是和夜、暴风雪、风以及房中的黑暗紧密联系。那时候总有声音细微的嘀咕声和离奇古怪的事情发生。

现在来说说和我那些乡村同学有关的事。我发现这些同学让我自己发生了改变。和他们在一起时，我就和在家里时大不一样。我和他们一块儿打打闹闹，玩各种各样的恶作剧，有些把戏在家里永远不会发生。当然，我心里明白，这些把戏我独自一人就能想出来。我觉得，我自身的变化主要来自同学的影响，他们在一定程度上引导了我，强迫我和我自身分离。这个没有父母但却包含了别人的较广阔的世界对我产生的影响，如果不是完全可疑的，或者隐隐约约敌对的，至少也是含糊不清的。虽然我愈来愈感到那个白日世界的美，那里"金色的阳光透过绿色的树叶"，但同时我也预感到那个影子世界无法逃避，那里到处都有令人战栗的、无法解答的、揪着我的心的问题。当然，做晚祷可以给我一种仪式上的保护，因为它恰当地结束了一个白天，适时地引入了夜和睡眠，但白天又潜伏着新的危险。我觉得自己仿佛分裂了，这让我恐惧不安。我的内心也因为这种威胁感到十分恐惧。

我记得在我七岁到九岁的时间里，我特别喜欢玩火。我家花园里有一面用大石头砌成的老墙，石头的缝隙间有很多小洞，我经常在洞里面生火，让别的孩子帮我到处寻找木头，不断地添柴，让这火不停地燃烧着。我们会齐心协力地一起拾柴火，但是这一堆火只有我一个人照管，别的孩子可以在其他的洞里面生火，可是他们的火没有我的火圣洁，也和我毫无关系。只有我的火是燃烧得最旺的，上面有一圈淡淡的圣洁的气味，这个游戏让我着迷了很长一段时间。

在这堵墙外有一道斜坡，斜坡里面埋着一块凸起来的石头，这个是我的石头。每次我一个人的时候，我常常坐在上面，和这块石头对话："我坐在石头上，石头在我下面。"但是石头也能说"我"，它也会想："我躺在这道斜坡上，他正坐在我的上面。"于是问题就出现了："我是那个坐在石头上的我呢，还是坐在它上面的石头呢？"这个问题一直困扰着我，我站起来，特别不自信地看着自己，然后陷入沉思之中。这个问题的答案一直没有搞清楚，一种奇特的、令人向往的黑暗感伴随着我的疑问。但是有一点是毋庸置疑的，就是这块石头和我有着某种神秘的联系，我可以在这里一坐就是好几个小时，被它像谜题一样吸引着。

三十年后，我又站在了那道斜坡上，此时我已结了婚，有了孩子，有了房子，有了地位，也有了一个充满各种思想和计划的头脑。但突然我又变成了那个曾经点一堆神秘的火，并且坐在石头上苦思冥想"究竟石头是我，还是我是石头"的孩子了。我立刻想到自己在苏黎世的生活，那岁月仿佛是陌生的，如同从遥远的空间和时间传来的消息。这使我感到心惊胆战，因为我刚刚沉湎于其中的永恒的童年世界，已被强拉出这个世界，坠入不断滚滚向前的时间中，越走越远。那个世界的拉力是那样强大，我只能粗暴地把自己拽走，以免失去对未来的控制。

我永远不会忘记那一刻，那像是一闪即逝的光电照亮了我永恒的童年。这个"永恒"的含义将会在我十岁那年揭晓。我发现，在这世界上，我与自身是分离的，这种分裂性和对世界的把握不定导致我做出了当时的我自己无法理解的事情：当时我有一个涂着黄色油漆、上了锁的铅笔盒，那时候的小学生几乎人手一个。铅笔盒里有一个特别普通的尺子，在尺子的一头，我刻了一个小矮人，大约有六厘米那么高，穿着礼服，戴着帽子，脚上蹬着一双亮闪闪的黑色的靴子。我用墨水把他的头发染成了黑色，然后把他从尺子上锯下来，放在了铅笔盒里面，我还给他做了一张小床，还用一点儿羊毛做了一件大衣。我从莱茵河边给他找了一块光滑的长方形的黑石头，涂上水彩，把它分成上下两半，装在裤兜里好久；最后，我把它放进了铅笔盒里。那是它的石头。这一切都做得极为隐秘。我悄悄地把铅笔盒拿到房顶那个禁止人上去的阁楼（因为楼板已经朽坏），藏在一根大梁上，谁也别想看见它。我对此感到极大的满足和快慰。没有任何人能发现和摧毁这一秘密，我十分放心，由于内心矛盾而产生的苦恼一扫而光。

每当我做错了什么事，或者感情受了伤害，每当父亲大发雷霆，或者母亲病情加重使我感到压抑，每当不顺心的时候，我就想起那个小心翼翼地包裹着、藏放着的小人，想起那光滑的、染得十分漂亮的石头。我经常每隔几个星期躲开人们的注视，溜上阁楼，爬上大梁，打开铅笔盒，看看我的小人和它的石头。每次我还要在盒子里放一个小纸卷，上面是我在学校写的、只有我自己明白的语言。加一个小纸卷总是有某种严肃的仪式的意味，遗憾的是，我想不起我要对小人说什么了。我只知道，我的这些"信件"成了小人的一个图书馆，我觉得这些信件中一定包含着特别让我感动的话语。

对于这些行为的意义，或者究竟该怎么解释它们，我一点儿都不在意。我满足于一种重获的安全感，也满足于占有某种别人不知道而且无法获得的东西。这是一种我要坚守不渝、永不背叛的秘密，因为我的生命的安全由它掌控。为什么如此？我没有问过自己，因为事情就是如此简单。

心中藏有秘密对我性格的形成影响巨大。我认为这是我童年时代的本质特征。我没有向任何人讲起过那个关于生殖器的梦，耶稣会会士的事也属于只有我自己知道的神秘王国。小木人和它的石头是我力图赋予这一秘密以外在形式上的首次尝试，尽管这种尝试是潜意识的、幼稚的。我总是沉溺在自己的秘密中，总觉得应该探寻它的意义，但我却不知道我想要表达的是什么。我总是希望我能够找到一些什么——也许在大自然中——给我提供一些线索，使我弄清那秘密是什么，在哪里。在这种情况下，我对植物、动物和石头的兴趣增加了。我常常警惕地寻找某些神秘的东西。我自觉有了某种基督教的意识，虽然总是不无保留："事情根本不那么确定！"或者，"地下的那个东西是什么意思？"当我接受灌输给我的宗教教义时，人们对我说："是的，但还有些别的什么，还有一些人们不懂的、非常秘密的东西。"

雕刻木头小人的事件是我童年的顶点，也是它的终结。这件事情大约维持了一年的时间。后来我就完全忘记了，直至三十五岁的时候我又想起来了，那段儿时的片段从迷雾中重新浮现出来，清晰而朴质，那时我正在撰写那本《性本能的转变与象征》（又译《潜意识心理学》），我研读了阿里斯海姆附近窖藏的灵魂石与澳大利亚神石的相关资料。我忽然发现，我心中有了这样一块确实的石头形象，虽然我并没有看见书中相关的插图，我认为这是一块光滑的石头，长方形的，发黑的，它被色彩涂成了上下两部分。我对这一现象感到很熟悉，而这一现象又引发了我对铅笔盒和小人形象的想象。小人是古代世界披着小斗篷的神，就像是有关埃斯克拉彼阿斯古老传说中的泰莱斯福鲁斯在给人读羊皮纸的卷轴。

随着这一次对于儿童时期的回忆，我第一次产生了这样的信念，远古的心理因素在没有任何直接传承关系的情况下进入个人的心灵之中。后来，我还查阅了父亲的图书馆，发现没有一本书有这方面的内容。此外，我的父亲对于此地一无所知。

1920 年，我在英国的时候，曾经用木头雕刻了两尊人像，和儿时的那个小人相似，但当时根本不记得儿时的经验。后来又用石头按照其中的一个刻了较大的复制品，现安放在奎斯纳赫特的我的花园里。只是在我雕刻这一作品时，潜意识为我提供了一个名字。它把这一形象称作阿特马维图，就是"生命的呼吸"的意思。这是我儿时梦境中那可怕的树的进一步发展，现在看来，那可怕的树正是"生命的呼吸"，是具有创造力的脉动。那小人最终成了一件神物，被包裹在小礼服里，藏在盒子中，由长方形的黑石给它提供生命的力。

　　但是这些联系都是后来才明白的。当我是个孩子时，我看着自己做一些祭祀仪式的活动，就像非洲居民现在所做的那样。他们在行动，并不知道自己做的是什么。直到许久之后我才明白过来。

二、中学时代

　　十一岁那年是对我意义非常重大的一年。那时候我被送到了巴塞尔念高中。这样，我就离别了那些在乡村认识的小伙伴们，真正地步入了名副其实的"大城市"。那里有特别多的有权有势的大人物，他们的权势比父亲大多了，他们住在宽敞高大的房子里，乘坐着非常讲究的豪华马车，讲得一口优雅的德语或者法语。他们的孩子，衣着讲究，风度翩翩，口袋里塞满钞票。这些公子哥们就是我的同学。我听他们高谈阔论着在阿尔卑斯山度假的情景。我的内心交织着惊诧和妒忌，这种隐藏于心的情绪让我感到恐惧。他们曾经爬上苏黎世附近闪闪发光的雪峰，甚至见过大海，这些都让我目瞪口呆。我目不转睛地盯着他们，他们好像来自另外一个世界，来自那我一生都没办法到达、白雪覆盖的灿烂之地，来自那遥远而神秘的大海。而那一次，我才意识到，原来我的家庭是那样的贫穷！我的父亲只是个乡村的牧师，而我则是一个乡村牧师的儿子，他穿着打了洞的鞋子，在学校里一坐就是六个小时，袜子湿了都没得换。我开始用不同于以往的目光看待我的父母，开始懂得了他们的辛苦。尤其是我的父亲，我非常同情他，但是非常奇怪的是，我对于母亲的同情就少了很多。我总觉得她比父亲强势。可是一旦父亲情绪不稳，和母亲发火的时候，我却总是站在母亲这边。这种必须表明支持哪一方的情景对我的性格成长是非常不利的。为了从他们的争吵中解脱出来，我必须要扮演一个仲裁人的角色，万般无奈地开始判断父母谁对谁错。这让我在某种程度上变得十分妄自尊大，我的自信本来就不稳定，现在更是如此，它一会儿膨胀，一会儿收敛。

在我九岁的时候，我的妹妹出生了。父亲非常激动地对我说："今天晚上，你多了个妹妹。"而我则是大吃一惊，因为在此之前我什么都不知道，没有丝毫察觉。母亲在床上躺着的时间比平时变长了，可我并没有觉得有什么不妥。我觉得，不管怎么样，她卧床不起是一种无法原谅的虚弱。父亲把我领到了母亲的床边，他抱出来一个看起来特别让人失望的小东西：那是一张红红的、满脸褶皱的小脸，就像老年人一样，眼睛紧闭，就像是一只瞎了眼的小狗。背上长着一些长长的红色的毛，她不会长成猴子吧？我觉得迷茫，又有一些讨厌，具体的感觉我自己也说不上来。难道刚生下来的小孩子都是这样的吗？听大人说婴儿都是鹳送来的，那么小狗和小猫的崽子又是怎么来的呢？在那一窝小崽子生完之前，鹳鸟要来来回回飞多少次呢？那么母牛也是这样吗？我根本无法想象鹳鸟用嘴叼了一整头小牛犊的场景。我记得有一个农夫曾经说过，母牛产仔并不是由鹳鸟叼来的。那么显然，这个故事是大人告诉我的众多谎言之一，我确信母亲又做了一件我不知道的事情。

妹妹的忽然出现让我有一种朦胧的不信任感，这让我的好奇心和观察欲变得更加敏锐。母亲随后的一些古怪举止也证实了我这一猜测：某种令人遗憾的事情与这次生育有关，否则的话这件事情就不会让我这么地伤脑筋，虽然它确实让我在十二岁时候的体验更加深刻了一些。

母亲有种很令人讨厌的习惯，就是每当我应邀出去的时候，她总要在我的身后大声地唠叨来唠叨去。我要穿着最好看的衣服，皮鞋擦得锃亮，举止必须得体，注意自己的形象。我认为让人们在大街上听见我妈在身后喊出的那些不光彩的话，对我来说是一种侮辱："不要忘了代你爸爸妈妈向他们问好，擦擦鼻子——带手帕了吗？洗过手了吗？"这些话让我感到非常难堪。当我出于自尊和虚荣，小心翼翼地要呈现出一副尽可能无可挑剔的形象的时候，那种伴随我的妄自尊大的自卑又被这样暴露。我觉得非常的不合适，这些场合对我来说特别重要。去做客的路上我觉得自己是非常了不起的人物，将来会受到人们的尊重，甚至还穿上了节假日才会穿的衣服。然后我一看见我要访问的那间房子，那画面就变了，一种对于那家人的豪华和权势的感觉瞬间压倒了我。我开始感到害怕，感受到了自己的渺小，我恨不得找个地缝儿钻进去。当我按门铃的时候，这种害怕上升到了极点。在我听来，房内的铃声就像是噩运来临的丧钟一般。我非常胆怯，就像是丧家之犬一般惶惶不安。母亲提前给我做了非常周到的准备，却把事情变得更加糟糕。然后铃声在我的耳际提醒着我："我的鞋子是脏的，我的手是脏的，我忘了带手帕，我的脖子也是黑黑的。"出于一种挑衅，我故意不把父母的问候传达出来，或者举动带有没有必要的害羞和固执。如果情况更糟糕，我就会想起来我在顶楼上的秘密，那会使我变得平静。在我处于孤独无助的境地时，我记起我是那"另一个人"，那"另一个人"拥有不可侵犯的秘密、黑石头和穿长袍戴高帽的小人。

　　我已经没有办法回想起童年时候我到底有没有想过那些：耶稣——或者那个穿着长袍的耶稣会会士——那些穿着斗篷头戴高帽的站在坟墓边上的人们、草地上的坟墓般的洞穴、男性生殖器的地下神殿，以及我那铅笔盒里的小人，有着怎么样的联系。有关酒神祭典游行时抬着的阴茎像的梦是我的第一个秘密，小矮人则是第二个。但是我并不觉得我朦胧地感觉到的那块"灵魂石"与"我本人"存在着某种联系。

　　直到如今，我八十三岁，着手写毕生回忆录的时候，我也从未将缠结在我最早的记忆上的结解开。最早的记忆就像地下的单株根茎所长出的几枝嫩芽，更像是一条潜意识发展过程中的一个停靠站。虽然我总是不对耶稣采取一种积极的态度，但我却记得，从十一岁开始，上帝的观念逐渐让我产生了兴趣。我开始祷告，这多少令我感到了一些满足，因为那是种没有任何矛盾的祈祷。上帝不会因为我的不信任而变得复杂，而且，上帝也不是一个穿黑袍子的人，他也不是画上的耶稣，画上的耶稣总是身着华服，人们对他的举止早就习以为常。相反，上帝是一个独一无二的存在，人们没有办法对他的形成产生一种明确的概念。他固然看起来更像是一个非常有权有势的老人，但我却常常感到满足："你不应该成为画像，也不能是任何一种比喻。"因为人们对待他就像对待耶稣那样随意。耶稣已经不再神秘了。自从我在楼顶上秘密地类推思考之后就开始有了觉悟。

　　学校开始令我厌烦，它占据我太多的个人时间了，我宁可用这些时间来画战争或者玩火。神学课是难以言传的枯燥，而我对数学课的感觉是一种彻头彻尾的恐惧。老师宣称代数是一桩完全自然的事情，应该把它看作天经地义之事，而我甚至不知道数字实际上为何物。它们不是鲜花，不是动物，不是化石；它们不是可以被想象出来的事物，而只是由计算产生出来的量。令我大惑不解的是，这些量现在又是由字母来代表着，字母又意味着声音，因而可以说又可能听见它们。说也奇怪，我的同学能够驾驭它们，发现它们。没有人能告诉我数字是什么，而我甚至不能将这个问题陈述出来。糟糕的是，我发现谁都不理解我的困难。我必须承认，我的老师不厌其烦地向我说明，这种将可理解的量化为声音的奇特运算的目的是什么。我终于领悟到，它的目的在于达到一种约分的体系，在这个体系的帮助下许多量能够被置于一个简短的公式中。

但我对于这一点也同样不感兴趣。我认为整个事完全是强词夺理。为什么数字应该由声音来表示？人们也可以用苹果树表示 a，用盒子表示 b，用个问号表示 x。a，b，c，x，y，z 并不具体，它们像苹果树一样，并不能向我解释出数字的实质。但最令我恼怒的是这一定理：如果 a=b，而 b=c，那么 a=c。虽然根据定义 a 与 b 的意思完全是两回事，既然不同，因而 a 也就不能与 b 相等，更不用说与 c 相等了。每当是一个等式的问题的时候，那么就说 a=a，b=b 好了。这一点我能够接受，而 a=b 在我看来完全是个谎言或者骗局。当老师公然不顾他本人有关平行线的定义，说它们在无穷大时相遇，我也同样恼怒了。在我看来，与愚弄农夫的愚蠢把戏相比，这并没有高明到哪里去，而且我既不能与它有关也不愿与它有关。我的智力上的道义与这些反复无常的自相矛盾之处斗争着，这些自相矛盾之处使我永远也不能理解数学。一直到晚年我都有这种固执的感觉，即如果像我的同学那样，我能够毫不费力就接受 a=b、太阳＝月亮或狗＝猫这一定理，那么数学就会无穷无尽地愚弄我——我只有到八十四岁时才会意识到自己被愚弄到什么程度。我的一生中始终有一个谜，即毫无疑问我能够正常进行运算，可不知何故我永远也不能设法在数学中辨清方向。我尤其不能理解有关数学和我本人所具有的智力上的矛盾。

我只有在用特殊的数字值替代字母并通过实际计算来验证运算时，才能够理解方程式。随着数学课的学习，通过抄录我并不懂的代数公式，通过记忆在黑板上的特殊字母组合，我多少能够取得一些进展。我再也不能够通过替换数字来取得进步，因为老师不时地说道，"这儿我们写上某某式"，然后他就会在黑板上潦草地写上几个字母。我不知道他从哪儿找来的这些字母，不知他为何写——我所能看出的唯一原因就是，这使他能将运算带到他觉得是满意的结论。我的不理解吓倒了我，这使我不敢问任何问题。

对我来说，数学课成了特别恐怖的折磨。这是我的一场灾难。其他课程让我觉得十分容易且轻松。我拥有良好的视觉记忆能力，因此在数学课上我能长期蒙混下来，还经常得到很高的分数。但是我对失败的恐惧感以及面对周围世界的渺小感，在我身上生成了一种不但厌恶而且又难以言语的绝望。这种感觉让我对学校失去了任何兴趣。除此之外，我还以完全无能为由免修了绘画课。这在某种意义上为我自己赢得一点点自由支配的时间，让我特别开心。但是另一方面这又是一个新的失败，因为我在绘画方面是有一些天赋的，我当时并没有意识到绘画是完全凭感觉而画的，我只能画那些激发起我个人想象的一些人。但是在课堂上，我只能够临摹瞎了眼睛的希腊神话里的神，如果临摹得不好，老师就会觉得我需要某种更加自然的东西作为参照物，于是便给我找来了一头山羊的头像让我临摹，这让我感觉非常糟糕，这个作业也最终失败，同时我的绘画课也到此结束。

除了数学和绘画的失败之外，我还有第三个失败。我从一开始就对体操深恶痛绝，我无法容忍别人指导我、告诉我究竟应该怎么做动作，我觉得上学是为了学习而来，而不是为了练习那些毫无益处的杂耍。而且，由于我小时候的事故给我留下了后遗症，那种胆怯直到我成年之后很久才克服掉。这种恐惧感又相应地与对世界前景的不信任联系了起来。固然，我眼中的世界也是值得人们追求的。但是它同样是充满危险不可预知的。因此从一开始我就想知道，我要把自己托付给谁，我又要遭遇一些什么。这是否和我的母亲有关？因为她曾经抛弃我几个月。如我将在下文中诉说的，当我的神经性晕厥开始发作的时候，我的医生就不同意我练习体操了，这一点让我特别满意。我理所当然地摆脱了我觉得是负担的体操——吞下了又一个失败的可能。在我看来，十二岁确实是决定命运的一年。1887年初夏的一天午后，放学铃声响起，我站在大教堂广场等待一位和我一同回家的同学。忽然间，另外一个男孩推了我一把，我被推倒在地上，头部重重地撞在旁边的石头上，几乎失去了知觉。接下来的半个小时我有一点头晕目眩。在我被击倒的那一刻，一个念头瞬间掠过我的大脑："你现在不用去上学了。"我只是失去了一般的知觉，但我在地上比实际多躺了片刻，主要是对攻击我的那个男孩进行报复。之后便有人把我抱了起来，送到附近的一户人家，那里住着我两个上了年纪的姑姑，当时的她们还是单身。

从那时起，每当我不得不返回学校，或者父母让我做功课时，我的昏厥就开始发作。我有六个多月没有上学，那对我来说是种郊游。我自由自在，能够几个小时地做着梦，乐意去何处就去何处，到林中、水边或者画画。我又开始画战斗的图画，或者画战争的狂暴场面，古老的城堡遭到攻击和焚烧，或者一页页地画着漫画。直到今天，有时在入睡之前，类似的漫画还出现在我的脑海之中，龇牙咧嘴的面具不断地移动着、变幻着，它们当中有一些不久之后就变成了熟人的面孔。

尤其值得一提的是，我能够埋头于神秘的世界之中。那个王国有树木、水塘、沼泽、石头和动物，还有父亲的图书室。但我离开世人越来越远了，一直朦朦胧胧地有着良心的苦痛。我游荡、收藏东西、阅读、玩耍，虚度着光阴，但这并未使我愉快一些，我有一种莫名的感觉，我觉得我其实就是在逃避。

我完全忘记了这一切是如何发生的，但是我能够深刻地体会到我父母的关心和焦虑，他们不停地去咨询医生。医生们抓耳挠腮，不知道拿我怎么办，只是建议我与在温特图尔的亲戚们一起度假。这个城市有个火车站，让我十分着迷。但是往返回家之后，一切又都是老样子了。有一个医生觉得我患了癫痫病。我知道癫痫病发作到底是怎么一回事，心中忍不住嘲笑这位医生的胡扯。但是我的父母却越来越担心我。有一天，一位朋友来看我的父亲，他们在花园里聊天，我躲藏在灌木丛里从后面偷听，因为有一种难以言喻的好奇纠缠着我。我听见那个朋友对我的父亲说："你儿子现在怎么样了？""唉，糟糕透顶了！"父亲回答着，"医生搞不清楚他到底得了什么病。他们觉得可能是癫痫。这要是医不好就太可怕了，我已经竭尽全力了，如果这孩子以后自己不能养活自己，那该怎么办？"

父亲的话一语惊醒梦中人，这就是与现实的冲突。"哎呀，我必须要用功了！"我的脑海中忽然间出现了这样的念头。从那一刻起，我成了一个严肃、认真的孩子。我偷偷地离开了灌木丛，走到了父亲的书房，取出了我的拉丁文法书，精神高度集中地拼命学习起来。十分钟以后，我的晕厥微妙地发作起来，我几乎是从椅子上跌落下去的，但是过了几分钟之后我就觉得好了一点，继续读书。"该死。我才不要晕倒呢。"我反复提醒着自己。大概过了十五分钟，又一种晕厥的感觉朝我袭来，这第二次发作也像是第一次发作那样，慢慢地过去了。"现在你必须要用功读书了。"这样的念头支持着我，坚持下去，再坚持下去。过了半个小时，我迎来了第三次晕厥发作，我仍然坚持了一下，又学了一个小时，我觉得我自己彻底赢了。我甚至觉得我现在的状况比几个月前还好，而且实际上晕厥也没有再次发生。从那一次起，我每天都学拉丁文和其他教科书。几个星期后我重新回到了学校，此后这样的病再也没有发作过，就算是在学校里也一样。一大堆戏法结束了，而我那时候知道了什么是精神症。

我逐渐回忆起这一切是怎么产生的，我清晰地看到这整个不光彩的局面是我本人一手安排的。我之所以从未真正生那个把我推倒的同学的气，其原因也就在于此。我知道，可以说他是被唆使的，整个事件是我的一个恶魔般的阴谋。我也知道，这种事再也不会发生了。我对自己感到愤怒，同时也为自己感到羞耻，我知道，我损害了自己，在自己的心目中愚弄了自己。怪不得别人，我就是那个该诅咒的叛徒！从那一刻起，我再也不能忍受父母对我的担忧，或者用一种同情的口吻对我讲话。

这精神症是我的又一个秘密。与之前的秘密不同，这个秘密让我觉得可耻，甚至是失败。然而，它却诱发出我身体中一种异常敏感而又非同寻常的勤奋感来。从这件事情开始，我开始对自己认真负责起来，这种认真负责并不是为了做给谁看，或者是讨好谁，就是简简单单地为了自己成才。我每天五点按时起床学习，有时候从凌晨三点一直学到七点，然后去上学。

在危机时期导致我误入歧途的，是我对孤独的迷恋，对寂寞的痴情。我觉得，大自然充满了奇迹，我又想沉浸在其中深刻地探究。大自然中的每一块石头，每一株植物，每一种东西都似乎栩栩如生，妙不可言。我完全沉浸在大自然之中，浸入自然的精髓之中，慢慢地脱离了所谓的人类的世界。

大约在这个时候，我的身上还经历了一些非常重要的变化。我从我们居住的小惠宁根那儿上学的路出发，前往巴塞尔。途中刹那间我获得一种势不可当的印象，觉得自己刚从浓密的云层中探出头来。我立即明白了一切：现在，"我"是我自己了！就好像有一堵雾墙立在我的身后，而在那堵墙后尚无一个"我"字。但在这个时刻，"我"碰见了我自己。在此以前我也存在着，但只是一切发生在我身上，而现在则是"我"发生在我身上了。现在我知道，"我"现在是我自己，现在我存在着。在此之前我是按照别人的意志去做这做那，现在我是按照我自己的意志去做。在我看来，这个经历极其重要：在我身上有了"权威"。说来也怪，在这期间以及我的昏厥的神经官能症发作的那几个月里，我丧失了对顶楼上的珍宝的一切记忆，否则的话，我甚至在那时就有可能意识到，在我的权威感和那珍宝在我身上激起的价值感之间有着一种类似。但实际情况并不是这样，我对铅笔盒的一切记忆都消失了。

　　大约在这个时候，我被邀请和我的朋友一起度假，他们住在卢塞恩湖边的一栋房子里。我十分欣喜，那房子正好在湖边，此外还有一个船库和一只划艇。主人同意我和他的儿子一起使用这条船，虽然他严厉警告我们不能鲁莽冒失，但这还是让我很兴奋。十分不巧的是，我不知道怎样才能够驾驶这条威德令船（平底船的一类船），这种船一般都是站着划的。在家里我们有这么一条方头的平底船，我们在上面玩弄了一切可以想象的花招。我做的第一件事就是站到船尾上，用船桨把船划进湖里。对于房主而言，这是一件十分过分的事情，所以他用哨声将我们召唤回来，严厉地教训了我们一顿。我无话可说，因为我确实做了不应该做的事情，他的教训十分合理。我完全没有任何还嘴的余力。但我依旧愤怒不已，这个肥胖的、无知的乡下佬竟然侮辱我。这时候的我不仅已经长大了，而且是一个相当权威的人物，这本应该是一个有职位的有尊严的人，而且又是一位老人，就更应该是被尊重和敬畏的对象。但是，怪异的事情就在此发生。在狂怒之中我突然有一些踌躇，因为有一个问题不断在我的脑海中浮现："不管怎么样，你究竟是谁，你的反应都好像只是说明，只有鬼才知道你是多么的重要！可是你又知道他完全是正确的。你还不到十二岁，你只是一个学生，而他却是一位父亲，一个有权、有钱、有势的人。此外，他还拥有两栋房子和几匹骏马。"

　　这个时候，我十分不明白，我想我实际上是两个不同的人。一个是学生，理解不了数学，对自己没有丝毫的把握；另一个则是很重要、有权威、不容别人小看的人，就像是这个制造商一样有权有势。这"另一个"是位生活在 18 世纪的老人，他的脚上穿着扣形装饰鞋，戴着假的白发，驾着一辆带有凹面后轮的轻便的旅行马车，车厢的四周挂着不少羽毛和彩带。

这个念头产生自我以前的一个奇特体验。当我们住在小惠宁根的时候，有一天一辆绿色的古马车从黑树林驶过我们家。它是个真正的古董，那样子完全就像是直接从18世纪开来似的。我见到它时激动异常："是它！一点儿不假，它来自我的时代。"就好像我把它认出了一般，因为它与我在我的自我中驾驶的那一辆是同一型号。然后我又产生了一种奇特地使人恶心的感觉，就好像有人偷了我什么东西似的，或者说好像我被欺骗了——欺骗了我那可爱的过去。这马车就是往昔的一件文物！我无法描述是什么发生在我身上，或者如此强烈地感染了我的是什么：一种渴望，一种怀旧，或者是一种承认。它不住地说道："是的，就是这个样子！是的，就是这个样子！"

还有一次经历也让我仿佛回到了18世纪。在我的一个姑妈家里，我曾经看到一个18世纪的小雕像，那是一件旧瓷土陶制品，由两个彩色的人物构成。其中一位是老斯塔克伯格医生，他是18世纪末巴塞尔市的一位名人。另一个人像是他的一个病人：她被刻画成闭着眼睛，伸着舌头。据说有一天老斯塔克伯格正在过莱茵桥，这时这位令人讨厌的病人突然不知从何处出现在他的面前，喋喋不休地抱怨着。老斯塔克伯格烦躁地说："是的，是的，你一定哪儿不舒服。伸出舌头来，闭上眼睛。"女人遵命，老斯塔克伯格立即跑开，而她则一直伸着舌头站在那儿，惹得人们大笑不止。

小雕像上的老医生穿着扣形装饰鞋，奇怪的是我把那鞋认作我自己的了。我确信，这就是我以前穿过的鞋。这个信念使我激动得发狂。"哎呀，这一定是我的鞋！"我仍能够感到这鞋是穿在我的脚上，却说不出这怪诞的感觉从何而来。我所感到的这种与18世纪的统一性我无法理解。在那些日子里，我常常把1886年写成1786年，每当出现这种情况时，一种莫名其妙的怀旧就压倒了我。

自从在船上做恶作剧受到了惩罚之后，我就开始不断地思索这些互不相关的印象，它们逐渐形成了一幅画面：我生活在两个时代，是两个完全不一样的人。我十分困惑，脑袋中充斥着沉重的思想，随后，我倍感失望地意识到：不管怎么样，现在的我只是一个小学生而已，我应该受到惩罚，一个人的行为需要和他的年龄相吻合。而另外的那一个人只是胡扯，我总是觉得，那应该和我从父母那里与亲戚那里听到的关于我的祖父的事情是相关的。但是这也不是完全对的，因为祖父生于1795年，他是生活在19世纪的人。而且，他早在我出生之前就去世了。我绝对不可能和他是统一的。所以，我总觉得当时这些考虑大多是以朦胧的感觉和梦幻的形式产生的。我再也记不清楚我当时是否知道传说中的我与歌德的亲戚关系。但是我以为我当时并不知道，因为我清楚地记得，这一消息最初是从陌生人那里听到的。需要补充的一句是，"我的祖父是歌德的私生子"，这真的是一个令人生厌的传闻。

1887年，一个美好的夏日，中午的时候我从学校走出来，来到了大教堂广场。天空湛蓝璀璨，一个阳光灿烂的日子，大教堂的房顶金光闪闪，阳光从新铺的光彩夺目的瓷砖上迸发着光彩。美景把我征服了，我想："世界是美丽的，教堂是美丽的，是上帝造就了这一切，他坐在上方，在遥远的蓝天上的一个金御座上……"我的思绪在这儿产生了一个巨大的孔洞，我产生了一种郁塞的感觉。我觉得麻木了，我只是知道："不要再想下去了！有种可怕的东西正在到来，某种我不愿想甚至不敢靠近的东西。为什么不呢？因为我会犯下最为恐怖的罪孽。什么是最可怕的罪呢？是谋杀吗？不，绝不可能是这种事。最可怕的罪孽是反对圣灵的罪孽，这种罪孽是不可饶恕的。谁犯了这种罪谁就要遭天谴，就得永生永世下地狱。要是我父母视若掌上之珠的这个独生子，命中注定要受永生的惩罚，那他们肯定会很伤心的。为了父母我也不可能干这种事。我必须做的是千万不要再去胡思乱想了。"

可是这说起来容易做起来是非常困难的。从学校回家的路很漫长，我一边走一边竭力思考着各种各样的事情，那天我试图想一些其他的事情，但是我的思想总是反复回想到那美丽的大教堂和坐在宝座上面的上帝。每当想到那里，我就像被电击了一般，思想又再次飞到了别的地方，我对着自己自言自语："别想它，不要再想它了！"好不容易回到了家，我的脑袋乱成了一团糨糊，十分疲劳。我妈妈发现我有一些不对劲儿，于是便问道："你怎么了？在学校出什么事了吗？"为了让她放心，我实话实说道，在学校没出什么事。我心里确实在想，要是我把我胡思乱想的真正原因向母亲袒露，那可能对我会有好处。但要是这样做，那我就得把心里所想的全都说出来。我这位可怜的亲人完全不起疑心，也不可能知道我已处于可怕的危险之中，她不可能知道我犯了不可宽恕的罪并一头扎进了地狱。我放弃了袒露此事的念头，并设法尽可能把自己的形迹掩盖起来。

那天深夜，我在床上辗转反侧，无法入睡。那个我到目前还不明白的禁止去想的思想，一再地冲击着我的头脑。我奋力抵抗，却没有什么效果。后来的两天对我来说简直是一场折磨，我非常难受。我的母亲觉得我病了，但我还是扛住了想袒露心声的诱惑，尽我最大的努力不说出真正的原因，免得父母和我一起陷入极大的忧虑之中，我不认为他们知道了对我会有什么帮助。在第三天晚上的时候，这种折磨越来越严重，我不知道该怎么办了。我在床上翻来覆去，好不容易入睡。但不多工夫又醒了过来，于是便又忙着去想那大教堂和上帝了。我差点一直想下去！我感到我的反抗越来越弱了。我害怕得全身冒汗，于是便在床上坐了起来，把睡意完全驱走。"这可是新鲜事，这可是严肃的事啊！我一定得想，一定得事先把它想出个答案来。我为什么要去想我所不懂的事呢？说实在的，我自己并不想去想，那是肯定的。但是谁要我去想呢？是谁强迫我去想那我既感觉不到且又不想知道的事呢？这一可怕的愿望是从何处来的呢？还有，我为什么应该是为此而受折磨的那个人呢？我那时想着的是赞美这个美丽世界的造物主，我为他有此无法估量的天赋而对他感恩戴德，因此，我为什么就得去想那难以想象的恶毒的事呢？我不懂得这恶毒的事是什么，我确实不懂，因为我不能也绝不该随便向这一想法迈进一步，因为这意味着得冒着立刻去思考它的危险。我没有做这件事或者想做这件事，它是像噩梦一样落到我头上的。这样的事是怎么来的呢？我虽然没有去做，但这件事还是发生在我身上了。为什么呢？不管怎样，我不是自己创造出来的，我来到这个世上是按上帝创造我的方式而来的——就是说，我是按我父母的样子，这一方式而创造出来的。或者说，很有可能，我父母要的就是这种东西吗？但是，我那善良的父母是绝不可能有过任何那样的想法的。这样恶毒的想法是绝不会发生在他们身上的。"

我觉得这样的想法荒唐极了。之后，我又开始想起了我的祖父祖母，我其实从来没有见过他们，只是从他们的画像中了解他们。他们看上去那么地和蔼可亲，且值得人们尊敬，这便足以驱除掉有可能归咎于他们的任何想法。我在心里把一长串所有不认识的祖先想了一遍，终于想到了亚当和夏娃，随之而来的便是这一具有决定性的想法：亚当和夏娃是最早的人类，他们没有父母，而是由上帝直接创造的，上帝有意使他们成为他们的那个样子。他们无法选择，而只能确切地像上帝创造他们的那个样子。因此，他们并不知道他们可能各不相同。他们是上帝完美的创造物，因为上帝只创造完美，可是他们仍然犯了原罪，做了上帝不希望他们做的事。这怎么可能呢？要是上帝不让他们有可能做这件事，他们本来不会做出这种事的。这件事也是很清楚的，是由于受了蛇的诱惑，而蛇是上帝在创造他们之前便已创造了的，显然是为了让它引诱亚当和夏娃犯罪。全知全能的上帝事先已安排好了一切，为的是使人类的始祖无法不犯罪。因此，他们犯了原罪，那原是上帝的本意。

这一想法立刻让我从巨大的痛苦和折磨中解脱出来，现在我知道了，是上帝本人把我送进这样痛苦的情景之中的。一开始我并不清楚他到底有没有要我犯下这罪孽或者不犯下这罪孽的指示。我不想再进行祷告去祈求得到启示了，因为上帝并没有顾及我是否乐意而将我安排在这个情景之中，然后就扔下我不管不问，甚至由我自生自灭。我确定无疑地认为，我必须弄清楚他的意图，并且独自找到一条出路。因此，这便出现了另外一个问题。

"上帝要的是什么？是行动呢还是不行动？我必须找出上帝

要我做的是什么，而且还得马上找出来。"当然，我知道，按照通常的道德来看，避免那样的罪孽，是一定没有问题的。这就是直到现在我还一直在做着的事，不过我知道，我可不能再继续做下去了。我夜不安枕，精神颓丧，憔悴得十分厉害，要不去这样想便无异于把自己束缚到无法忍受的地步。再这样下去可不行。与此同时，除非我懂得了上帝的意图，否则我可不想罢休。因为我现在确信，他是这个终极问题的提出者。十分奇怪的是，我一刻也没有考虑过，魔鬼可能正在捉弄我呢。那时候，魔鬼在我的精神世界中只起着微不足道的作用，而且在任何情况下，我觉得，与上帝相比，他是无能为力的。但自从我从迷雾里钻出来并意识到自己的那一刻开始，上帝的整一性、伟大性和超人的威严便开始萦绕于我的想象里。从此之后，在我心中，别的疑问一扫而光，只剩下上帝本人正安排的对我进行一次具有决定意义的考验，这一切均取决于我对他的正确理解。毫无疑问，我知道，最终我将被迫让步，但我不希望发生这种事而自己却不明不白，因为我的灵魂的拯救全押在这上面了。

"上帝知道，尽管我就要被迫犯下这不可饶恕的罪，我也无法支持下去了，可他就是不来帮助我。他全知全能，他本可轻而易举地去掉我这难以抗拒的冲动，可显而易见，他并不准备这样做。是不是他希望通过让我做某种违背我个人的道德判断的事，做违背我所信仰的宗教教导的事，甚至还做违背他订下的戒律的事，来考验我对他的忠诚呢？这可是一件非同小可的事，是一件我正用全身之力加以抵制的事，因为我害怕灵魂被打入地狱。上帝是否希望，甚至在我的信念和理性使死亡和地狱的幽灵出现在我面前时，看看我能否服从他的意志呢？这确实很有可能就是答案了。但这只是我自己的想法，很有可能是错的，对于这件事情我是不敢相信自己的推理的。我一定得再次从头到尾把它细想一下。"

我再次彻底地想了一遍，可得到的却是同样的结论。"很显然，上帝也要求我拿出勇气来"，我想道，"如果是这样，而我也经受住了考验，那么他就会把他的天恩和启示赐给我了。"

我鼓起全身之勇，仿佛准备去蹈地狱之火似的，于是便让这想法冒了出来。在我眼前，我看到了那大教堂，那蔚蓝的天空。上帝坐在那金色的宝座上，高高在上，远离尘世。而从那宝座的下面，一块巨大无比的粪块掉了下来，落到那闪闪发光的新屋顶上，把它击得粉碎，把那大教堂的四壁也砸了个粉碎。

啊，原来是这样。一种巨大的、难以言喻的如释重负的感觉传遍了我的全身。我本来以为会受到上天的谴责，却意外地收获了恩典，而且随之而来的恩典是我从未体验过的，有着说不出的快乐。因为幸福和感激不尽，我流泪了。我已服从了他那不可抗拒的命令，上帝便显示了对我的智慧和仁慈。我仿佛体验到了一种洞彻感。以前所不明白的许多事情，现在变得清楚了。这就是我父亲所不明白的事，我想：他体验不到上帝的意志，他还以最好的理由并出于最深的信念而反对它。而这便是他从未能体验到那治疗一切并使一切变得可以理解的天恩的奇迹的缘故，他一直把《圣经》的"十诫"当作他的行动指南；他信仰上帝，但只是以《圣经》所指示的方式和他的先人所教导他的方式来信仰。可是他并不知道，在上帝的《圣经》和上帝的教堂之上，站着一位全知、全能、近在眼前的活着的上帝，人们被他召唤而来，分享自由，人们因他而放弃自己的观点和原有的信仰，并且毫无保留地执行他的指令。在他对人的勇气进行考验时，上帝反对恪守种种传统，而不论其是何等神圣。他全知全能，所以他便会考虑到，在对勇气进行的这种种考验里，绝对不会造成邪恶的结果来。一个人要是执行了上帝的意志，他便可以放心：自己走的是正确之途。

亚当和夏娃也是上帝用这种方式创造的，好让他们不得不去想他们不愿意去想的事情。上帝这样做的目的就是为了弄清楚他们是否会顺从。而他同样也有可能让我做某种事情，而这件事情是出于传统的宗教方面的理由，是不得拒绝的事情。我只有恭顺地服从才能获得恩赐。而有了这种体验之后，我就知道上帝的恩赐到底是怎么一回事了。一个人只能完全献身于上帝，只能执行他的意志，除此以外，别的事情都不是重要的。否则，我们所做的一切事情都是愚蠢的，没有任何意义的。从那时候开始，每当我体会到上帝的恩赐，我便真正地开始负责起来。上帝为什么要弄脏他的大教堂呢？这对我来说，是一种很可怕的想法。但随后，我便模模糊糊地明白了，上帝是可以成为某种可怕的东西的。我体验到了一种阴暗而恐怖的、秘密的味道。这一秘密使我的一生罩上了乌云，我越来越郁郁寡欢了。

我也能感觉到，这种体验让我自卑。我觉得，自己是一个魔鬼或者说是一个笨猪，抑或是一个极为堕落的人。有了这种想法之后，我开始翻看父亲的《圣经·新约》，以某种心满意足的心情读着描写法利赛人和收税官的段落，还有就是堕落的人是上帝的选民的段落。这些描写使我获得了一个终生难忘的印象：那不公正的管家受到了称赞，而信心发生动摇的彼得却被委以传教的重任。

　　在我看来，我越自卑，上帝的恩赐就越来越不可理解。说到底，我从来都没有自信过。有一次母亲的话也印证了这一点，她曾经对我说过："你一向是一个乖孩子。"当时我并没有明白这句话是什么意思。我？一个乖孩子？这让我感到很新鲜有趣。我一直以来都觉得自己是既堕落又远远不如其他人的。

　　有了上次关于上帝和大教堂的经验，我终于有了某种属于我的了不起的秘密了。就像我一直在说天上下石子，而现在终于有一块落进了我的口袋那样。但实际上，这却是一种让人觉得可耻的体验。我落进了某种不好的、邪恶的、恶毒的东西手里，但同时，这却又是一种荣耀。有时，我有一种压倒一切的、想要一吐为快的冲动，但不是讲这种体验，而是想暗示，我身上有某些古怪的东西，某些没人听说过的东西。我很想弄清楚，是否他人也经历过相似的体验，可是在别人身上却从未发现有丝毫这种情形。结果，我便感到，我既是得不到恩宠者，又是上帝的选民；既是被诅咒者，又是受到祝福者。

　　而且，我是绝对不会直接说出以下秘密的，就像是我不会提到梦里地下庙宇里的阴茎，提到我所雕刻的小木人一样。实际上，直到我六十五岁那年，我才跟人说到过有关梦见生殖器的事情。我也许还跟妻子谈到过一些其他的经历，但这也是晚年才发生的事情。在所有这些事情上有着严格的禁忌，这便是我自小接受的信仰，我绝对不会和任何人谈到这些的。

　　我的青春期有很多的个人秘密，这些秘密让我承受了非常难忍的孤独。在这些年中我所取得的一大成就是我抵制住了要将它与别人谈一谈的诱惑。这样，我与世界的关系的格局便已经是预先就定好了的：今天仍跟以往那样，我是一个孤独的人，原因就是我懂得一些事情，而且还一定会把别人所不懂得的且甚至不想知道的事情加以暗示。

在我母亲的家族成员中，其中有六位是牧师，而在我父亲这一边，不但父亲是牧师，我的八个叔叔也是。因此，我总是有很多机会听到许多宗教方面的谈话、神学方面的讨论以及布道演说。每当我听着他们谈论时，我便有这样的感觉："对，对，这一切太好了。但我内心的那秘密怎么样呢？这个秘密也是天赐的秘密。你们对此毫无所知。你们不知道上帝要逼着我做错事，逼着我去想令人憎恶的事，好让我体验到他的恩惠。"其他人所说的一切完全言不及义，不得要领。我想："看在老天的份上，一定得有某个对此多少懂点的人啊。在某处一定会有真理。"我在父亲的图书室里翻箱倒柜地查找，只要一找到有关上帝、三位一体、灵魂、意识的书便急不可待地读起来。我饥不择食地读啊读，可是读过后却收获甚微。我总是在想："他们也不懂。"我甚至还在我父亲的《路德派圣经》里查找。可是很不幸的是，对约伯所做的传统性的"训导式"解说却使我倒了胃口，很快便对此书失去了兴趣。但我在这里面还是找到了慰藉，特别是在第九章的"诗篇"第三十页左右："尽管我用雪水清洗了自己……但您却将把我投进烂泥坑里。"

后来，我的母亲和我说，在那些日子里，我总是一副垂头丧气的样子。事情并不是大家看到的那么简单，相反，我是为这秘密而冥思苦想。在这种时候，什么事都不做，内心是奇异地心安理得和平静。它总会这样或那样地使我从我所有的一切怀疑里挣脱出来。每当我想到自己就是石头，矛盾与冲突便停止了。"石头是没有不确定性的，也没有想沟通的冲动，千百年过去了依然一成不变",我会想道,"而我只是一种会消逝的现象,爆发成各种各样的情感,就跟火焰一样,很快地亮了起来,然后便熄灭了。"我不过是我的各种情感的总和,而我身上的那个"别的"却是那不受时限的、永不毁灭的石头。

那时候,父亲说的一切都让我深深地怀疑。每当我听到他做有关上帝恩惠的布道,歌颂上帝恩泽的时候,我都忍不住想起自己的体验。他所说的一切听起来是那么的陈腐和空洞,就像一个道听途说的故事一般,可能连他自己也不会相信。我很想帮助他,可是我却找不到任何办法。此外,我还非常害羞,不敢和他讲述我的个人体验,也不想插手其他人的事情。而且我知道自己的年纪太小了,并不适合做这样的事情,另外我又非常害怕使用"第二人格"给了我以启示这种权利。

一直到我十八岁以后,我和父亲进行了许多讨论,在私下我希望能够让他懂得有关上帝恩惠的奇迹,从而使他减轻内心的痛苦。我深信,如果他能够和我一样严格地执行上帝的旨意,那么一切都会好起来。但是我们的讨论最终都会以十分不愉快的方式收场。这些讨论经常会刺激到他,他也因此会更加伤心难过。"胡说八道!"他总是习惯性地说,"你总是在想,一个人不应该去想,而是要去相信。"我就会接着想:"不对,一个人必须经历过了才会懂得和相信。"但是我的嘴里却说着:"那请把这种信仰给我吧。"听到我这么说,他就会耸耸肩膀,万般无奈地离开。

我开始交起朋友来了,那些孩子大多都是和我一样的出身平凡又害羞的腼腆的男孩子。我的学习成绩也慢慢好起来了。在之后的几年,我甚至还一度名列前茅。然而,我观察到,成绩低于我的同学开始嫉妒我,他们想抓住每一次机会来超越我,这让我感到非常不舒服。我讨厌竞争，而且要是有人玩起太有竞争性的游戏，我就会拒绝加入。从那以后，我的成绩一直排在班里第二名，这样我觉得开心多了。学校的功课也开始让我觉得很烦躁，因为我并不想通过竞争去取得所谓的胜利。有几位老师对我表示了信赖，这些人让我至今都满怀感激。我怀着十分愉快的心情想起了我的一位拉丁语老师。他以前是一位大学老师，是一个特别聪明的人。碰巧，我在六岁的时候在我的父亲的教导下开始学习拉丁文。于是这位老师就不让我坐在班里听课，他经常带我去大学的图书馆。有时候他有事情，就让我去帮他借书。我非常喜欢做这件事情，便一头扎进书里读了起来，甚至在回去的路上也尽可能地把时间延长。因此，我给老师们留下的印象大多都是既蠢笨又狡诈的。学校一旦发生了不好的事情，他们首先会想到我，我也习惯了做这个被怀疑的人。比如同学吵架，我就会被理所当然地认为是挑动者。其实只有一次我卷入了吵架之中，也是因为那一次，我才意识到原来我身边的同学有一部分是对我怀有敌意的。有七个人甚至埋伏起来等着我，忽然间向我攻击。那时候我十五岁，长得又高又壮，并且脾气很暴躁。我忽然间发起怒来，抓住其中一个男孩的双臂，把他甩得团团转，用他的两条腿把其他几个人打倒在地。老师们后来知道了这件事情，我模模糊糊地记得自己貌似受到了某种惩罚。但我觉得那是十分不公正的。从那时候起，再也没有人理我了，也没有人敢欺负我了。

招来敌人并被人不公平地对待这件事非常出乎我的意料。但是不知道为什么，我觉得这并不是一件难以理解的事情。我因之而受到指责的每一件事刺激了我，不过我却无法否认对我的这些指责。我对自己知道得实在太少了，而我所知道的这一点儿又是如此矛盾重重，扪心自问，我实在无法否认任何的指责。说实在的，我总有一种负罪感，并意识到有实质性的和潜而未发的种种过失。由于这种原因，我对别人的责备就特别敏感，因为所有这些责备都或多或少地击中了我的要害，点到了我的痛处。尽管我实际上并没有做被指责说做了的事，但我还是感到，我是有可能会做这种事的。我甚至还列了一张表格，上写着种种托词，以备万一我被指责做了什么事。要是我确实做了什么错事，我便确实感到如释重负。这时候，我至少知道自己为什么会问心有愧。

很自然的，我会通过外表的稳重感来弥补我内心的不安。或者换句更好听的话，不用我的意识去干涉，缺陷会自己弥补好自身。也就是说，我发现自己是有错的人，但是同时却希望自己清白无辜。在我的内心深处，我早就知道自己是具有双重性格的人。其中一个是我父母的儿子，这个人上学读书，不怎么聪明，专心致志，学习用功，比许多别的男孩穿得整齐干净；另一个是个大人——实际上是个老人——多疑，不轻信，远离人世，但却接近大自然，接近地球、太阳、月亮、天气、一切生物，但最主要的是接近夜晚，接近睡梦，接近"上帝"直接作用于其身上的各种事情。这里，我把"上帝"放在了引号之内。因为就像我一样，大自然虽然是上帝所创造并以此来表达他自己，却被他作为非神圣的东西而搁到了一边。谁也说服不了我，说"按照上帝的形象"所创造的只用到了人的方面。实际上，在我看来，高山河湖、花草树木及各种动物远比人更能体现出上帝的本质，而人却身穿各种古怪可笑的衣服，内心卑鄙，爱慕虚荣，假话连篇，自私自利得可憎——所有这些特色，就是第一个人格。据1890年的一个学生看来，实在是太熟悉不过了。除了他的世界之外，还存在着另一个王国，这个王国就像一个神殿，每个进到里面去的人都得到了改造，并由于在幻觉中见到了整个宇宙而突然深受感动，因而只能惊叹赞美不已，达到了忘我的境地。在这里居住的是"另一个人"，他知道上帝是一个隐了身的、具有人格的，但同时又是超乎人格的秘密。在这里，没有什么东西能使人与上帝分隔开来。的确，这就如同人的心灵与上帝一起俯瞰大千世界一样。

我在这里一句一句展示的，是我当时从来没有意识到的某种东西，但是我却以一种压倒一切的预感和强烈的感情而感觉到它的存在。在这种时候，往往只有我一个人的时候，我才能慢慢地进入这种状态。也只有在这个时候，我才知道我配得上称之为一个人，配得上"自己"这个称号。因此，我追求这"另外一个人"，其实是第二种人格的安静与孤独。

我的整个一生都贯穿着第一种人格和第二种人格两种力量的作用和反作用，但这却与"分裂人格"或者与一般医学意义上的精神分裂症没有任何关联。相反，在每一个人身上，它都会发生，尤其是那些有宗教信仰的人的身上。因为宗教一直以来都是提倡人的"内在性"，这其实就是第二种人格。总览我的一生，第二种人格具有巨大的、重要的作用，而我总是尽心尽力地为从内心深处走来的我腾地方。第二种人格是一个典型性的形象，但是只有极少的人才会观察到，大多数人都没有办法知晓。

教堂逐渐变成了一个让我备受煎熬的地方，因为在那里，有人竟然敢大声地讨论上帝，讨论他的旨意和行为的布道。我忍不住想要说：这非常无耻，会众被劝诫说，他们应该有那些感情并且相信这样一种秘密：我知道，这种秘密就是最深奥的，它是深藏于心的，它是一种无法用简单的词汇表达的东西。但是从这些人的行为中，我能得到的结论是：没有人会懂得这个秘密，甚至连牧师也是一样的。因为没有人敢于在公众面前泄露上帝的神秘，敢于用那些陈词滥调和多愁善感的话去亵渎这些无法言传的感受。除此之外，我坚信，用这种方式接近上帝是错误的，因为从我自身的经验可以知道，这种恩惠只赐予那些毫无保留地执行上帝意志的人。这一点也是从布道坛上说出来的，但向来总是假定，启示的做法能使上帝的意志变得明白易懂。另外，对我来说，这反而成了一切事情中最含糊和最不可知的东西。对我来说，它似乎成了一个人的责任，就是每天去探讨上帝的意志。我没有这样做，但我敢肯定的是，一旦这样做的急切理由出现时，我便会去做。第一人格占去我的时间实在太多了，它经常使我觉得，宗教戒律正被用来代替上帝的意志——这实在使人出乎意料，十分使人吃惊——其唯一目的，就是免去人们理解上帝的意志的必要性。我的怀疑变得日甚一日了，而我父亲的布道词及其他牧师的布道词对我来说则变得极为令人难堪了。我周围的人们似乎把这些莫名其妙的话认为理所当然，从它里面散发出来的浓厚的含糊其词也是理所当然的。他们不动一下脑筋便囫囵吞下所有这些矛盾百出的说法。如上帝是万能的因而预见了所有的人类历史啦，他确实创造了人类，尽管他禁止他们犯罪甚至要以地狱之火而永世惩罚他们，但人类还是不得不犯罪，等等。

在相当长的一段时间里，魔鬼在我的思考中没有起过任何作用。在我看来，魔鬼不过是一条被一个强有力的人用铁链锁起来的看门狗而已。对于这个世界，除了上帝之外，没有任何其他的神。而且我清楚地知道，上帝是十分可怕的。每当我听到父亲在其富有感情的布道词中提到"仁慈的"上帝，赞扬上帝爱人类并劝导人们对上帝报之以爱时，我的怀疑和不安便增强。"他确实懂得他正谈论着的事情吗？"我怀疑道，"他会把我，他的儿子，像以撒一样，用刀杀死以做人的献祭吗？或者，他会把我送交一个不公正的法庭，把我像耶稣那样钉死在十字架上吗？不，他做不到。因此，在某些情况下，他是执行不了上帝的意志的。这种意志，正如《圣经》本身所表明的，会是极为可怕的。"事情对我来说变得很清楚，当人们受到劝诫，要他们首先服从上帝而不是人时，这种话只不过是随便说说和无心地说出来的就是了。很显然，我们一点也不知道上帝的意志，要是我们知道，我们便会敬畏地对待这个关键性的问题了，便会只是出于对威力无穷的上帝的单纯害怕而这样做了，因为上帝是能够把其令人可怕的意志强加在孤立无援的人类身上的，就像他已经强加在了我身上一样。假装知道上帝意志的人中有谁能预见到他已驱使我做了什么呢？在《圣经·新约》里，不管怎样，都没有什么类似的事。《圣经·旧约》中，特别是《约伯书》，在这方面本可能使我大开眼界，但可惜那时候我对之却不够熟悉。当时我正在接受坚信礼，但我在其中也没有听到过这类的教导。其时，当然提到过敬畏上帝，但这却被认为是过时了的，是"犹太人的"，而且很久以前就被上帝之爱与仁慈的《基督福音》所取代了。

我年幼时候的种种体验的象征性，以及那种形象的粗暴使我万分沮丧。我深陷其中，自问道："到底是谁那样说的呢？是谁这样的不要脸，这样的不知廉耻地展示阴茎，还要在神庙之中？是谁让我觉得，上帝就是用这种令人讨厌的方式毁掉了教堂呢？"最后，我自问，难道这都是魔鬼干的吗？一定是上帝或者魔鬼，

对此我不曾怀疑。我肯定的事情是，虚构这种思想和形象的并不
是我自己。

以上的事情就是我生活中至关重要的体验。它们让我恍然大
悟：我必须要担负起责任，我的命运掌握在自己的手中。如果我
碰到了问题，我必须亲自找出这个问题的答案。可是又是谁把这
个问题强加到我头上的呢？对此没有人能够解答。我深刻地知
道，只有我自己在内心的最深处，才能找到问题的答案：我知道
在上帝面前只有我一个人，并且知道上帝单独就这些可怕的事情
来询问我。从一开始，我就有一种命中注定的感觉，仿佛我的生
命是命运给予我的。这使我内心有一种安全感，而且尽管我从来
无法对自己证实它，它却向我证实了它自己。我没有拥有这种肯
定性，它却拥有了我。谁也夺不走我的这种信念：我被责成去做
上帝要我去做的事而不是去做我想做的事。这给予了我力量，使
我敢于自行其是。

我往往有这种感觉，在一切具有决定性的事情上，我不再是
处于众人之中，而是单独与上帝在一起了。而当我处身"彼处"，
不再是孤独一人时，我便处身在时间之外了，我属于好几个世
纪，而彼时作出回答的他便是那向来就存在的，在我出生之前就
已存在的他。永远存在的他就在那儿。与"另一个人"的这些谈
话是我最为意味深长的体验，一个是流血之战，另一个是至高无
上的心醉不已。

我没有办法和任何人讨论这些事情。大概除了我母亲之外，
其他的任何人也不能够告诉我什么。我只有把母亲作为倾诉的对
象。她似乎也像我自己那样，沿着有点相似的思路思索着。但是
很快我就发现了，在交谈之中，她并不是我的对手。因为，她对

我的态度主要是一种仰慕，而这对我来说并不是一件好事情。所以，我把这些思想放在了自己的内心深处。当然，这也是我十分愿意做的事情。我独自一个人做游戏，做白日梦，独自在林中漫步，享受着只有我一个人的秘密世界。

在我看来，我的母亲是一个十分仁慈的人。她有一种发自内心深处的阿尼玛式的温暖。她的饭菜做得特别好吃，她对于周围的人也十分友善且生性活泼随和。她的个子很高，非常丰满，总是耐心地倾听别人讲话。她非常喜欢聊天，一旦说起话来就控制不住，话语就像是泉水那样潺潺不断。她有一种显然的文艺天赋，情趣高尚并有一定深度。但是这种天赋却从未能适当发挥，而一直深藏于一个仁慈、肥硕的老妇人的外表之下。她极为好客并十分幽默。她保有一个人所必须具有的所有传统性观点，但在无意之中，她的个性有时便突然出现在人们面前。这种个性出人意料地有力：一个城府很深、脸相威严的人物，拥有无懈可击的权威性，而且做事毫不犹豫。我确信她拥有两种人格，其一是不抱恶意并富有人性，其二是神秘诡谲。这另一种人格只是不时地有所显现，但每次显现都出人意料，使人害怕。此时，她便会像自言自语似的说起话来，但她说的话却是针对着我并往往击中要害，于是我便吃惊得闭嘴不语，一声不吭。

这种情形第一次发生时我大概只有六岁。那时候，我们的邻居特别有钱。他们有三个孩子，最大的那个是跟我年纪差不多的男孩，另外两个则是妹妹。他们是从城里过来的人，所以他们经常盛装打扮，这让我觉得古怪又可笑。特别是在星期天，他们脚上要穿着亮亮的皮鞋，身穿带有白色褶边的衣服，手上戴着白手套。甚至在上学的时候，这几个小孩也被收拾得整整齐齐，头发梳得油光水亮。他们喜欢摆出他们所喜欢的架子，与我这个穿着皱巴巴的裤子、脚上的鞋子破了几个洞、双手肮脏的粗鲁倔强的男孩子隔得远远的。我母亲进行比较后对我的训诫使我极为恼怒："嘿，你瞧那些漂亮的孩子，多么有教养和彬彬有礼啊。看看你的举动，真像个小傻瓜。"这种训诫使我感到受了侮辱，于是我便决定给那个男孩一顿痛打。我也确实这样做了。他的妈妈气坏了，急忙赶到我家，就我的暴力行为大吵大闹了一场。我母亲可吓坏了，教训了我一场，而且声泪俱下，说话时间之长和感情的激动是我以前所没听过和没见过的。我一直没有意识到自己犯了什么过错，相反我对自己的所作所为却感到很高兴，因为在我看来，我以某种方式为我们村子里这位陌生人所造成的不协调的情形作了补救。我对母亲的激动深为慑服，于是便带着负罪感退回到我家那架古旧的钢琴后面，在那桌子旁，开始玩起我的那些砖头瓦块来。好一阵子，房间里一片寂静。我母亲像往常那样，坐到了她那靠窗的座位上打起毛衣来。然后我便听到她低声自言自语起来，从偶尔听到的一些话里，我听出她是在想着这件事，只不过现在却是另一种观点了。突然间，她大声说起话来："当然了，一个人绝不应该生那么一大堆狗崽子啊！"我立刻意识到她是在说那几个"沐猴而冠"的人。她最喜欢的兄弟是个猎人，他养了好多狗，并且总是口不离养狗啊、杂种狗啊、纯种狗啊及狗崽子之类的话。使我感到松了一口气的是，我意识到了，她也认为这几个令人作呕的小孩是些劣种的小狗，因此，对于她给我的责骂，我实在不必按表面的意思来看待。但是在那种年纪，我也知道必须完全保持冷静而不应洋洋自得地表露出来："您明白，您跟我想的是一样的！"她会愤慨地批驳这种想法说："你这个令人讨厌的孩子啊，你怎么敢自称知道有关你母亲的这种事呢！"从这件事里，我得了这样一个结论：我一定有过更早的、性质相似的体验，只不过我现在记不起来就是了。

我现在说起的这件事情，是因为在我对于宗教的怀疑日益加深的时候，发生了另外一件事情，显示了我母亲的两重性格特征。有一天，我们围桌而坐的时候，谈话转到了某些赞美诗的曲调的单调沉闷上来，席间也提高了修订赞美诗集的可能性。说到这里，母亲喃喃低语："啊，我亲爱的孩子，你在诅咒至福。"就像过去一样，我假装没有听到这些话，并且避免自己高兴地尖叫起来，但是我还是感觉我胜利了。

我母亲的两种人格之间有着巨大的差异。这也就是为什么在我小时候，我经常做那些有关于她的噩梦。白天，她是一个温柔可爱的母亲，但是一旦到了晚上，她就显得那么不可思议，让我觉得害怕起来。那时候，她就像那些预言者一样，但是人又是一种特别奇特的动物，就像在熊穴里的一个女祭司，古老而又残酷无情，就如同真理和自然般的无情。那个时候，她就是我叫作"自然精神"的代表。

我也有这种尚古的天性，而在我身上，它又和我的某种天赋紧密地联系起来，虽然这并不总是让人感觉到非常开心，可是足以让我把人和万物按照他们基本的性质来看待。在这里或在别处，当我不想承认知道某一事但在心底里我却十分清楚事物实际上是怎么回事时，我便乐于让人欺骗我。在这种情况下，我就像是一只狗——你可以欺骗它，但它最后却总能闻出被藏起的东西来。这种"洞察力"是基于本能的，或者说是基于与其他人进行"神秘的分享"的基础上的。它就像另外一只"背后的眼睛"在观察着一切非个人的体验行为。

直到后来很晚的时候，我才清楚地知道了这些事情。当时，有一些特别古怪的事情发生在我的身上。比如，我会对一个我并不认识的男人的生活了如指掌，还能够详细地叙述出来，这件事情发生在我妻子的一个朋友的婚礼上，之前我并不了解新娘和她的亲人。在宴会上，我坐在一个长着长长的头发的中年绅士的对面，有人说他是一位律师。我们两个人热烈地讨论犯罪心理学的问题。为了解答他提出的一个相当专业的问题，我编造了一个故事。这个故事的情节非常曲折，其间又润饰了各种细节。我正讲得带劲的时候，正在聆听的中年男子脸上出现了十分古怪的表情，而且同桌的人也都纷纷停止了谈话，惊讶地看着我。我感觉尴尬极了，于是便停止说话。感谢上天，正好到了饭后甜点的时候，我赶紧站起来走到休息室，找到一个角落点起一支雪茄，尽力思索到底出了什么差错。这时候，跟我同桌吃饭的一个客人走了过来，带着一脸责备的神色问道："您怎么犯了这样可怕的不慎重的过失呢？""不慎重？""对啊，就是您讲的那个故事。""但这个故事全是我编造的啊！"

让我感觉到惊诧和可怕的是，我讲的正是坐在我对面的这个人的事情，准确得连所有的细节都没有一点偏差。就在这时，我忽然间发现，对于我刚刚编的故事，我竟然一句话都想不起来了——甚至是到现在，我都想不起来当时的自己究竟说了些什么。在《自我启示》（*Selbstschau*）里，佐克描述了相似的一件事：有一次，在一个小旅店里，他竟能够揭发一个素不相识的年轻人，说他是个贼，因为在他内心里的眼睛，看到了这次偷窃的全过程。

在我的一生之中，往往会发生这样的事情：我忽然知道了之前一无所知的事情。这种知识就像是我自己的观点那样跑进我的脑海里。我的母亲有时也会发生这种情况。她有时候会对自己说话，但是她并没有意识到。它就像是掌握着一个绝对权威的声音，这个声音所说的事情与情境一丝不差。

在我母亲看来，我的智力远远超出了我的年纪，于是她经常像对待大人那样对待我。而且，一切她不想和我父亲说的事情，她都会和我说，因为她早就把我看作她的密友，把她遇到的麻烦事和我全盘托出。就在我大约十一岁时，她透露了与我父亲有关的事，这使我感到十分吃惊。我绞尽脑汁，最后终于决定，我必须跟我父亲的某个朋友磋商磋商，我从旁人的口里听说过这个人，他是个很有影响力的人。我没跟母亲打招呼，一天下午放学后我便进了城，到这个人家里造访。给我开门的女仆说这个人出门了不在家。我既失望又沮丧，于是便转身回家。但也许正是出于上天的恩惠，他才没有在家的。不久之后，我母亲又提起了这件事，而这一次，她给我描绘的却是与上次十分不同且温和的情境，于是整个事情便烟消云散了。这使我深有感触，于是便想道："你竟相信这件事，你可真是个大傻瓜，你愚蠢地信以为真差点弄成了灾难。"从那时候起，我便决定把母亲说的话一分为二地看待。我对待她的信任是有所保留的，而这就是阻碍我把我的内心深处的秘密告诉她的缘故。

但是偶尔又会有这种情景，她的第二人格不请自来，于是她在这种情形下所说的一切都变得万分真实，这令我感到颤抖不已。要是我的母亲就此不变，一直保持这样，那我就可以有一个不错的交谈的人。

　　至于我的父亲，情况是完全相反的。我本来是十分乐于把我在宗教上遇到的麻烦事摆到他面前的，但是我却不能够这样做，原因是我在事前就知道他会出于对本职工作的尊敬而不得不做出违背本心的回答。我对此所作的假设的正确性不久之后便得到了证明。我父亲亲自对我进行有关坚信礼的教导，这使我厌烦得要死。一天，我随便地翻着教义问答，希望找到除了读来感伤、往往难以理解且枯燥无味的对我主耶稣的描述的某种东西。我偶然翻到了有关三位一体的那一段。这里面有些东西引起了我的兴趣：一体性同时又是三位性。这个问题迷住了我，原因是它有着内在的矛盾性。我如饥似渴地等待着我们触及这个问题的时候。但当我们进行到那里时，我父亲却说道："我们现在翻到三位一体处了，不过我们跳过去算了，因为我自己对此确实也是一无所知。"我敬佩我父亲的诚实，但另一方面，我却感到甚为失望，于是便自言自语道："问题就摆在这里了，他们对此却一无所知并且不屑对之加以思考。那么我还能和他说些什么呢？"

　　我试着在某几个我认为善于开动脑筋的同学中试探了一次，结果却是白费心机。我呼唤不起他们任何积极的反应，甚至还起了反作用，他们麻木不仁地要我不要胡思乱想。

　　尽管十分厌烦，我还是尽最大的努力去信任，这种态度非常合我父亲的胃口，我都做好了领取圣餐的准备，对此我给予最终的希望。我觉得，这是一种有纪念性质的聚餐，某种对于我主耶稣的周年性纪念活动而已。

　　耶稣是在一千八百六十年前离开人世的。尽管这样，他却遗留下了某些暗示性的话，如，"拿起来吃吧，这就是我的体"。其意思就是说，我们在吃圣餐面包时，应觉得像是吃他的体，而这说到底，是他的肉。同样，我们要喝的葡萄酒原是他的血。这对我来说实在是明显不过了：通过这种方式，我们便把他结合进我们的身体里去了。这在我看来实在荒谬得难以置信，于是我便肯定地认为，在这种行为的背后，一定存在着某种极大的神秘，而我是乐于在领圣餐过程中参与这一神秘的。对于圣餐，我父亲似乎评价极高。这样真的是皆大欢喜。

像习惯的做法那样，教会委员会的一个成员做了我的教父。这是一个友善而沉默寡言的老人，他从事车轮制造工作。在他的工厂间，我常常站着看他摆弄车窗和手斧的高超技巧。现在，他走过来，因为穿着大衣和戴着高高的帽子显得那么的肃穆。我被他带进教堂，而身穿我所熟悉的教袍的父亲此刻正站在祭坛的后面，念起礼拜仪式上的祈祷文。在铺着雪白的白布的祭坛上放着几个大碟子，里面放满了一小片一小片的面包。我看得出来，这面包是从我们那位面包师那里弄来的，他所烘制的各式面包在味道上来说是淡而无味的。酒从一个大白锡酒壶斟进一个白锡杯里。我父亲吃了一片面包，喝了一口酒——我知道这酒是从酒店买来的——然后便把杯子递给其中的一个老人。所有这几个人都站得笔直，脸上神情严肃正经，但在我看来却觉得没有什么意思。我心急如焚地继续看着，但看不出也猜不透在这几个老人身上会出现什么不同寻常的事情。其气氛也像在教堂举行的所有其他仪式如洗礼、葬仪等一般无二。它给我的印象是，这里、这时所举行的仪式是合乎传统且是正确的。我父亲也只是关心按照规定从头到尾执行这一仪式，而他加重语气念出的和说出的一些合宜的话也同样是这一规定的一部分。对于耶稣死去到现在已过去了一千八百六十年一事却不置一词，而在其他所有纪念性宗教仪式中，耶稣去世的日期却是着重点明的。我看不出有什么伤心或快乐之处，与对之加以纪念和庆祝的这个人的非同寻常的重要性相比，我觉得这次圣餐从每个方面来说都是贫乏无味的。与世俗的宴会更是无法比拟。

忽然间，轮到我了。我把面包吃了下去，就和我想象的一样，淡而无味。至于那酒，我只是小饮了一口，味道既淡又酸，显然不是上等酒。接着而来的是最后的祈祷，仪式结束后人们鱼贯而出，既不神色消沉，也不快活得红光满面，而是一脸"嗯，就是这样"的神色。

我与父亲一起步行回家，心里深深意识到我正戴着一顶黑色的新呢帽，穿着一件黑色的新礼服，这件衣服已经开始变成我的大衣了。这是某种加长了的夹克，在臀部分开成小小的两翼，在这两翼中间是一个口袋的开口，我可以在口袋里塞上一条手绢——这在我看来是个已长大成人、男子气十足的表示。我觉得在社会地位上得到了提高，而这便意味着自己已被接纳进男人的社交圈里了。那一天是星期天，当天晚饭的饭菜也比往常显得更丰富。我可以整天穿着这件新衣到处走来逛去了。但在别的方面，我却感到心里空空的，不知道自己有何感觉。

在之后的几天里，我渐渐恍然大悟：什么都没有改变。我已经到达了宗教引领的制高点，本来以为会发生点什么事情，结果却什么事情都没有发生。我知道，上帝是不会给我启示那非同小可的事情的，比如说大火或非尘世的光明之类的事情。但这次的仪式却见不到丝毫上帝的形迹，至少对于我是这样。当然了，谈到过他是肯定的，但这只不过是停留于口头上的话。在其他人那里，我看不出有什么极大的绝望、无法抑制的兴高采烈和天恩的大量赐予，这一切在我看来是上帝本质的构体。我细察不到"内心交流""结合""与……变为一体"的丝毫迹象。与谁呢？与耶稣吗？但他却不过是个在一千八百六十年前就已经去世的人啊。为什么要与他结合成一体呢？人们称呼他为"上帝之子"——因此他只是半神，跟希腊神话里的英雄没什么两样。那一个普通人怎么能与他结成一体？这就叫作"基督教"，但它却与我所知道的上帝毫无关系啊。另外，很清楚，耶稣这个人，的确与上帝有关系，他在客西马尼和在十字架上曾感到过绝望，因为他一向教导人们说，上帝是个仁慈可爱的父亲。那时，他一定也看到了上帝的可怕。这，我是可以理解的，但是用淡而无味的面包和酸人牙齿的葡萄酒来进行这种可恶的纪念性礼拜，其目的又是什么呢？慢慢地我才弄明白了，这种交流对我来说可真是一种毁灭性的体验。它证明这是空空洞洞的，而且远不止此，它还证明这是一种完全的失败。我知道，我再也不可能参加这种仪式了。"啊，这根本不是宗教"，我想道，"这里没有上帝，教堂是一个我不应该去的地方。那里没有生命，那里有的只是死亡。"

对于父亲，我忽然间产生了一种挥之不去的、特别强烈的怜悯之心。我忽然间明白了他的职业和生活的全部都是悲剧性质的，他为之奋斗的是一种存在性极其强大的、无法承认的死亡。我们之间有一条巨大的深渊，我根本找不到在上面架起一座沟通桥梁的任何可能。我那亲爱而慷慨的父亲过去在许许多多的事情上让我自主，并且从来不强迫我服从于他。而这一回，我可不能把他推入这种绝望和渎圣罪之中啊。因为要有此感，就得有过上天的恩宠的体验才行。只有上帝才能这样做，我可没有这样的权力，那将是不人道的。我觉得，上帝是不人道的，这便是他的伟大性，一切人世的事情都妨碍不了他。他是仁慈的，又是可怕的——二者同时存在——因而是一种很大的危险。而每一个人为了拯救自己，自然便竭力躲避这种危险了。人们只是单方面地依恋其爱和仁慈，但因为恐惧，他们就必定会成为诱惑者和毁灭者的牺牲品。耶稣同样也注意到了这个，因而他说："主啊，指引我们，使我们不受诱惑吧。"

我与就我所知道的教堂和人类世界达成了一致的感觉被彻底摧毁掉了。在我看来，我已经遭受了我这一生中最大的失败。我所设想的构成了我与这个世界唯一有意义的整体宗教观瓦解了，即我不可能再分享这普遍的信仰的欢乐了，而是突然觉得自己卷入到某种不可表达的事情之中，卷入到我那秘密之中，而这种情形我却无法与任何人分享。这是很可怕的，而且还是最糟糕的、卑劣的和可笑的，是魔鬼对我的愚弄。

我开始陷入沉思：对待上帝，一个人到底应该怎么做？关于上帝以及大教堂的想法并不是我发明的，我在三岁的时候所做的梦就是这样的。一个比我的意志更强大的意志把这两者强加到我的头上。难道我的本性就是这样的吗？还是让自然来承担这个责任呢？但是要把一切都算到魔鬼的头上则更加无济于事，因为它本身也是造物主的意志而已。只有上帝才是实在的，他消除了地狱之火不可言说的恩赐。

至于圣餐仪式的失败对我产生了什么影响呢？是我自身的失败吗？我特别认真地做了充分的准备，也希望那天能够得到天恩和顿悟的体验，哪怕是一次也好，可是就是什么事情都没发生。上帝并没有到场。由于上帝的缘故，我突然发现自己现在已经与教会隔断了，跟我父亲及其他任何的信仰隔断了。只要他们所有人仍代表着基督教，我就永远是个局外人。这种认识使我很伤心，并使我入大学前的那些年月笼罩上了一层阴影。

我开始转向我父亲那个表面看来书并不多的图书室，来寻找与上帝相关的各类图书，那时候这个图书室给我留下了特别深刻的印象。开始的时候，我只能找到那些述及传统观点的图书，但这并不是我想要寻找的对象，我要的是思想独立的作家所写的书。最后，我无意间发现了比德曼的《基督教教义》，这本书是1869年出版的。这正是我需要找的东西，他就是那种有独立思考的人，在书中他明白无误地提出了个人的观点。书中的观点让我有所感悟，宗教是"一种精神信仰的行为，这种行为存在于人所建立的与上帝的关系之中"。但我不同意这种看法，因为我觉得宗教是上帝作用于我身上的某种东西；这是一种上帝单方面的行为，我只能够屈从，因为上帝是强者。我的"宗教"不承认任何人和上帝的关系，有谁能和上帝那样的、人们知之甚少的东西产生关系呢？因此，我必须要尽可能多地了解上帝，和他建立起一种关系。

在比德曼的书中"上帝的性质"那一章节里，我发现，上帝自己也具有"可以按照类似与人的自我来加以理解的人格：包含整个宇宙的、独一无二的、完全超尘绝俗的自我"。

对于《圣经》，据我所知，这一定义是合适的。上帝具有一种人格，他是宇宙的自我，就像是我的心灵和肉体存在的自我是一个样子的。但是在此，我却遇到了一个巨大的阻碍。说到底，人格是有点意味着个性的东西。是啊，个性并非是模棱两可的东西，也就是说，它含着特殊的属性，但是上帝是全知全能的，那他怎么会具有一种可以加以区分的个性呢？要是他确有一种个性，那么他只能是一个主观的、受限的世界的自我而已。那他能够有何种个性或哪一类人格呢？一切都取决于这一点，因为除非一个人能够知道这个答案，否则他便无法和上帝建立起联系来。

我的心里产生了一种强烈的抵制感，抵制按照自我的方式进行推测并加以想象上帝的人格。在我看来这是非常狂妄的，要是还不算是彻头彻尾的渎圣的话。我的自我在任何情况下对我来说都是非常难以把握的。首先，我知道，它具有两个互相矛盾的方面，即第一人格和第二人格。其次，在这两个方面里，我的自我是极为有限的，受制于自我欺骗、错误、心绪、感情、冲动和罪孽的各种可能性。这种情形所遇到的失败要远多于胜利，它是幼稚的、爱慕虚荣的、自私自利的、轻视他人的、贪婪的、要求别人的爱的、不公正的、敏感的、懒惰的、不负责任的，等等。使我大失所望的是，它缺少我所羡慕和妒忌的别人身上所具有的那许多的美德和才华。这怎么可能与我们设想的上帝的性质进行比较呢？

我急切地找寻上帝的其他特征，最终将它们全都列出来了，根据我从坚信礼中所得到的教导来看，其方式也为我所熟悉。我发现，按照第 172 条所叙述的，"上帝的超尘绝俗最直接的表达：第一，是否定性的，他不为人所见，等等；第二，是肯定性的，他居于天堂之上，等等"。这简直是一个灾难性的发现，因为在我的脑海中立刻就出现了对上帝想象的亵渎，这种想象是上帝直接或者间接强加到我的意识中的。

第 183 条告诉我，"上帝的超世绝俗相对于道德世界来说"就在于他"公正无私"，这种"公正无私"不单是从"法律"意义而言的，而且是"其神圣本质的一种表现形式"。我本来希望，这一段能谈到给我带来了这许多麻烦的上帝的阴暗面的某些东西：他的喜欢报复性、他那给人带来灾难的愤怒、对利用其全知全能来创造的造物的不可理解的行为；由于他那全知全能，对其造物的种种缺陷一定也是深有所知的，但他却以把他们引入歧途为乐，或至少是以考验他们为乐，尽管他早已知道他所做的考验的结果了。的确，上帝的个性是什么呢？有这种行为的一个人我们该怎样说呢？我实在不敢把这个问题一直想到底。然后，我又读到，尽管上帝"本身即已自足且除本身之外一无所求"，但他还是"出于自己的满意"而创造了这个世界，并且"作为一个自然界，他用自己的仁慈来充实这个世界；而作为一个道德世界，他则希望以自己的仁爱来充实它"。

一开始，我对令人无法理解的"满意"一词再三考虑。对什么满意或者对谁满意呢？很明显是对于这个世界，因为在他看来，自己的工作是非常杰出的。但这一点正是我永远无法理解的部分。世界是无限美丽的，但同时它又是十分恐怖的。在乡下的一个小村子里，人口很少，也没有多少事情发生，年老、疾病和死亡比起别的地方来，人们体会得更深刻，在细节上更具体也更显眼。那时尽管我还没到十六岁，我已看到了许许多多人和畜生生命的现实，而在教堂和学校里，我则听到了足够多有关这个世界的苦难和腐败的事。上帝最多只能对天堂感到"满意"，但那时他已处心积虑，为使天堂的荣耀与欢乐不要为时久长，便在其中安放上那条毒蛇，即魔鬼。他对此也觉得满意吗？我肯定的是，比德曼并没有表示这样的意思，他只是以进行宗教教导所特有的粗心大意的方式喋喋不休地说个没完，他连他自己写的全是废话甚至也觉察不出来。正如我所看出的，假定上帝不管怎样，他旨在创造一个充满矛盾的世界，一个一种造物吞噬另一种造物的世界，以及一个生命只意味着有生就必有死的世界，并非完全没有道理的。然而他大概在人和飞禽走兽的这种不应得的痛苦中并不感到有任何此种残酷的满意感。"奇妙的协调"或自然法则在我看来更像是通过可怕的力量来制服的一团混乱，而沿着其早已确定轨道运行的"永恒的"星空则显然更像没有轨道或意义的、各种天体乱飞乱撞的一大堆东西。因为没有人能真的看得见人们所谈论的各种星座，它们只是单纯的存在着的图形而已。

上帝以其仁慈充溢着自然界，我对此充满怀疑并且不理解。这明显又是只许相信而不许以理性揣度的"正确"观点之一。如果上帝是"至善至美"的，那么他所创造的世界为何如此不完美，为何如此腐败、如此可怜可叹？"显然这是因为它受到了魔鬼的感染并被投进了混乱之中。"我只能这样宽慰自己。但是魔鬼也是上帝创造出来的啊。我只要去寻找那些有关于魔鬼的书。我再次打开了比德曼的那本书给我心中的这个问题寻找答案。但最终我还是一无所获，这看起来十分糟糕。这本有关于教义的、沉重的巨著不过是出自想象的一些胡话，而且它是一个骗局或者说是一种不同寻常的愚蠢之作，他这样做的方式我早就司空见惯，但是这次我深深地愤怒了，并且感到特别失望。

但是我相信，在某一个地方、某一个时刻，一定会有一群和我一样寻求真理的人，他们进行理智的思考，不希望自欺欺人并且拒绝接受这个世界的现实。就在这个时候，我的母亲，或者说是我母亲的第二个人格，忽然间开门见山地说："这些日子你一定得读读歌德的《浮士德》啊。"我们家正好有歌德集的某种版本，于是我把《浮士德》找了出来。它像一种产生奇效的奇香那样沁入我的肺腑。"这里"，我想道，"终于有某个严肃地把魔鬼加以对待甚至还与他订下可怕契约的人啦——是与具有能力挫败上帝的计划并使世界臻于完美的敌人订下契约的人。"我对浮士德的行为感到惋惜，因为照我的看法，他不应该那么片面，不应该那么易于上当受骗。他应该更为聪明，更有道德才对。他那么毫不在乎地拿自己的灵魂打赌是多么幼稚啊！浮士德很明显是有点儿空谈。我有这样的感觉，觉得该书的分量和意义主要在于靡菲斯托弗里斯（魔鬼）这一方面。要是浮士德的灵魂果真进了地狱，那也不会使我难过，他是罪有应得啊！我并不喜欢末尾处"魔鬼受骗"的做法，因为说到底，靡菲斯托弗里斯一直是很了不起的而不是个愚蠢的魔鬼，而他被傻里傻气的小天使所骗，这对他来说也显得不合逻辑。在我看来，靡菲斯托弗里斯是在一种十分不同的意义上被骗的：他没有得到他曾被答应过能获得的权利，因为浮士德，这位显得没有什么个性的家伙把他这一骗局一直进行到来世。不可否认，到了那时，他那幼稚便显露出来了。但正如我所理解的，他是不配享受洞悉那伟大的、神秘的指引的。我倒是愿意让他尝一尝那炼狱之火的滋味。就我看来，真正的问题是在靡菲斯托弗里斯方面，他的整个形象给我留下了最深刻的印象。此外，我模模糊糊地觉得，他还与各种本源的神秘有联系。不管怎样，靡菲斯托弗里斯及末尾处的上帝的指引，对我来说一直是接近我那意识世界的边缘的一种奇妙而神秘的体验。

最终，我证实了这一点，曾经有过或者一直有这样的人，他们理解邪恶以及其具有的无穷威力，还有就是——这是更为重要的——在使人从黑暗和苦难中解脱出来时它所起的神秘的作用。在我的心中，歌德就是这样一个预言者。但是我却不能原谅他通过单纯的诡计，通过小施欺骗便把靡菲斯托弗里斯打发掉了。对我来说，这太富神学气了，太轻率了，也太不负责任了。我深感遗憾的是，歌德竟也堕落到使用这种狡猾的手段，通过这种手段使邪恶变得无害。这显得有些虚伪。

在阅读这部作品的时候，我还知道，浮士德也算是个哲人，尽管他十分厌恶哲学，但是非常明显，他还是从哲学中学到了对真理采取坦率的态度。时至今日，对于哲学我知道的还是非常少，于是一个新的希望就地产生了，我想，也许我现在苦思冥想的这些问题有的哲学家也曾经想过，他们会给我一些启示。

我父亲的图书室缺少哲学方面的著作，因为这些哲学家是以思考为基础的，因此常常被大家当作可疑的人。因此我只好满足于克鲁格的《哲学科学通用词典》了。此书是一本 1832 年的再版书，我一头钻进了有关上帝的条目。

使我很不满意的是，它对于"上帝"（God）这个词作词源性的解释，说这个词"不可争辩地"源自"善"（good）这个词，意指"最高的存在"（enssummum）或"完美"（perfectissimum）。它继续说道，上帝的存在是无法证明的，上帝观念的固有性也是无法证明的。然而后者在人的方面却是先存在的，如果不是在实体性上有任何潜在的存在的话，在任何一种情况中，我们的"智力"一定"在其有能力生发出如此崇高的一种观念前就已发展到了某种程度"。

这种解释实在让我瞠目结舌。这些"哲学家们"到底出了什么差错？我实在感觉很奇怪。显然，他们对于上帝的了解也都是道听途说。可是，他们又和神学家不同，相对于哲学家，神学家是相信上帝存在的，尽管他们自己的表述矛盾重重。词典编辑者克鲁格在表达自己意图的时候一直在绕圈子，但是人们还是从他的只言片语中得出了结论：他是极为相信上帝的存在的。他为什么不直接说呢？为什么要伪装呢？仿佛他确实认为，是我们"生发出"了上帝的观念，而要这样做首先就得达到某一发展水平。就我所知，甚至赤身裸体地在原始森林里四处游荡的野蛮人也有这种观念。而他们肯定不是"哲人"，不会坐下来"生发出上帝的观念"的。我就从未生发出过有关上帝的观念。当然，上帝是无法加以证明的。比如说，一个蚀衣蛾吃的是奥地利产的羊毛，但是它怎么能够向别的蛾子证明奥地利是存在的呢？上帝的存在并不取决于我们的证明。我是怎么得出有关上帝的确实性的呢？人们告诉我各种各样有关他的事情，但我却什么也不相信，没有一件事能使我心悦诚服。我的观念并不是从那里来的，实际上，它根本不是什么观念——就是说，不是从思考中得出来的。它并不像是想象有某种事情，经过思考而得到确认，然后便对之加以相信。比如说，有关我主耶稣的一切我向来都有所怀疑，从来不相信，尽管这给我的印象远比上帝的还要深刻，因为上帝往往只是含糊其词地加以暗示而已。为什么我就得把上帝作为理所当然的呢？为什么这些哲学家们说上帝是一种观念，是一种他们生发出来的任意的假设呢？而实际上上帝的存在却极为易懂，易懂得就像一块砖头掉到你头上一样。

我忽然间醒悟过来，至少对于我来说是这样的，上帝是最为肯定和最为直接的体验之一。说到底，我并没有捏造与那大教堂有关的令人毛骨悚然的形象。恰恰相反，它是强加在我身上的，我不得不以最恶意的方式来揣度它。随后那种活的、恩赐的、无法表达的感觉便降临在我身上。

因此，我便得出这样的结论：这些哲学家们肯定是哪里出错了，他们竟然认为上帝是一种假设，是可以探讨的，这样的看法看起来是这样的荒谬。我觉得极不满意的还有，这些哲学家们对于上帝的神秘行为既没有任何看法又做不出任何解释。在我看来，这些是哲学家需要重视的地方。因为这一问题，神学家肯定无法给出答案，至少我是这么想的。让我最为失望的是，我发现哲学家们显然无法解释这个问题。

因此，我便将兴趣点转移到了另一个题目上面，也是关于"魔鬼"的词条。我们认为魔鬼一开始就是邪恶的，那我们便会陷入显然的自相矛盾之中，也就是说，我们便会陷入二元论里。因此，我们最好假定魔鬼最初被创造出来时是一个善良的生物，只是由于骄傲才堕落了。然而，正如这一条目的作者所指出的——我很高兴看到这一点被加以指明——这一假设预先假定存在有它企图加以解释的邪恶，亦即骄傲，至于其余的造物，他继续说道，邪恶的起源是"无法解释和无法说明的"——这对我便意味着：像神学家们那样，他并不想对此加以思考。有关魔鬼及其本源的条目也同样让人无法看懂。

我在此处所做出的叙述是我一系列的思想和观念发展变化的总结，这些思想在我头脑中长达数年之久，而且中间有很长时间的中断。它们只在我的第二种人格中才会发生，并且属于极其私人性的时候。我只能在没有经过父亲同意的状况下悄悄地利用他的图书室来进行探索。时不时地，我的第一人格公开地阅读格斯塔克的各种小说，以及译成德语的英国经典小说。这时我也开始读起德国的文学作品，主要是些经典作品。在学校里，这些作品的明显易懂之处，老师却对之加以吃力不讨好的解说，不过这并没有使我失去兴趣。我阅读的范围很广泛，也没有目的性，戏剧、诗歌、历史均有涉猎，后来连自然科学的著作也读。读书不但有趣而且是一种很好的和有益的娱乐和消遣，读书使我得以从第二人格的先入之见中解脱出来，因为第二人格正在越来越深地使我陷入悲观沮丧之中。在宗教问题的王国里，不论在哪里，我遇到的都是大门深锁，吃尽了闭门羹，而要是真的碰巧有某道门打开了，我却对其门后的货色感到失望。其他人似乎有着完全不同的兴趣。在我认为肯定无误的事情方面，我却感到完全孤立。我比以往更想与人交谈，却在任何方面都找不到有共同话题的人；相反，我在别人身上觉察到了某种敬而远之，某种不信任感，某种提心吊胆的感觉，因此我便只好欲言又止。这种情形也使我感到非常沮丧。对此我不知如何才好。为什么没有人与我有相似的体验呢？我百思不得其解。为什么学校的教科书对此只字不提呢？具有这种体验的只有我一个人吗？我绝不认为我自己疯了，因为就我看来，上帝的光明和黑暗这两个方面都是可以理解的事实，甚至尽管这两个方面使我的感情受到压抑也还是如此。我觉得自己被彻底孤立了，被迫成了对别人有威胁的存在，这使我成了某种意义上的孤立的存在，我十分不舒服，而且我也更加频繁地成为替罪羊。

此外，学校里还发生了一件事，这件事更增加了我的孤独感。在德文课方面我成绩平平，因为在科目内容上，特别是德语语法和句法方面，我是一点儿也不感兴趣。我对之又懒又烦。其作文题目在我看来常常显得浅薄或愚蠢，于是我的作文不是东拉西扯，就是矫揉造作。我的成绩在中等上下滑来滑去，这对我很有好处，因为它合乎我不想引人注目这一目的。总的说来，我同情出身穷人家庭的同学，因为他们也像我一样，来自默默无闻之处，我喜欢的是不太聪明的同学，但同时又对他们的愚蠢和无知极为不快。原因就在于他们有某种我深深地渴求的东西：在他们的淳朴里，他们看不出我身上有什么不同寻常的地方。我的"不同寻常"逐渐开始赋予我一种令人不愉快的、相当可怕的感觉：我一定是拥有排他性的气质，对此我虽然毫无意识，但这使我的老师和同学们对我远远避开。

就在这个时候，发生了一件如同电雷炸响的大事情。老师给我们布置了一个作文题目，就这一次，我对这个题目产生了兴趣。因此，我便劲头十足地写了起来，写出了就我看来是精心写作的、自认为成功的一篇作文。我本希望这篇文章能得九十多分——当然不是一百分，因为那样便会使我显眼，而是接近一百分的分数。

我们那位老师喜欢评点我们作文的优劣。他评点的第一篇是全班成绩最好的那个男生写的。那是自然的。接下来的是其他一些人的作文。我等着提到我的名字。可是等了又等，却白等一场，我的名字还是没被提到。"这不可能"，我想道，"我的那篇竟差到比不上他提到的那几个可怜虫的作文吗？这是怎么回事呢？"我是"不宜参加竞赛"吗？我要用这种让别人十分不开心的方式去吸引别人的注意力吗？我还要受到孤立吗？

当所有文章都评点完后，老师停了一下。然后，他便说道："现在，我还有一篇文章，是荣格写的。他是写得最好的，我本应给他打个一百分。但不幸的是，这文章一看就不是他自己写的。你是从哪里抄来的呢？你给我坦白！"

我猛地从座位上站起来了，既震惊又火冒三丈，大声说道：

"我不是抄来的！我费了好大工夫才写成了一篇好作文。"但老师却对我大声嚷道："你撒谎！你绝对写不出那样的作文。谁也不会相信的。唔，好了，你是从哪里抄来的？"

我赌咒发誓说我被冤枉了，但是没有丝毫作用。那老师坚持他的看法并吓唬我说，"我要告诉你：要是我查出了你是从哪儿抄来的，你就得被开除学籍。"然后，他便转身走了。我的同学们向我投来了令人难堪的目光，我可怕地意识到，他们正在心里说："哈，原来是这么一回事。"我提出抗议，可是却无人理睬。

我知道从现在开始，我就被刻上了犯罪的标记，而且，本来有可能使我"与众不同"的所有道路也都被封住了。我觉得万分沮丧，因为自己受到了污蔑，我发誓一定要报复这位老师，如果以后真的有机会的话，我一定要进行强烈的报复。可是说到底，我怎么能够证明这篇文章不是抄袭而来的呢？

一连好几天，这件事都在我的脑海中挥之不去，我心里翻来覆去地想着这件事情，可最后得到的结论是，我是无能为力的。愚蠢而盲目的命运跟我开了个玩笑，给我打上了说谎者和骗子的印记。现在，我认识了许多我以前所不能理解的事——比方说，当我父亲问及我在学校的表现时，其中有个老师便说："呀，他只是一般就是了，但是他很用功。"这到底是怎么回事，我这时便明白了。他们认为我相对显得笨和浅薄，那确实不会令我感到不快。但使我冒火的是，他们竟认为我骗人，而这等于在道德上判了我的死刑。

我悲愤得就要失去控制了。而后，发生了某件事，这件事以前有好几次我在自己身上就已经注意到了：我的内心突然间寂静起来，仿佛一道隔音的门把一间吵吵嚷嚷的房间给关上了。它犹如一种冷漠而好奇的情绪突然落到了我的身上，于是我自问道："这到底正发生着什么事呢？好吧，你激动了。当然了，那老师是个白痴，他不了解你的本性——也就是说，并不像你了解的那样多。因此，他就跟你一样是不可信赖的。你不信赖你自己和其他人，而这就是你与那些天真、淳朴和易于被人看透的人站到了一边的缘故。一个人对事物不能理解时，他就会变得激动起来。"

这种不偏颇而又不动气的思考指引了我，我顺着这样的思路继续想下去，又出现了一系列的想法，在我并不愿意去思考那不需思考的想法的时候，它却极为有力地铭刻在我心上了。在那时，尽管我仍然看不出第一人格和第二人格之间有什么差别，尽管我仍然声称第二人格的世界是我个人的世界，但在背景的深处，我却总是感到，除了我自己之外还包括某种东西。仿佛由一片星星和无边无际的空间所组成的一个广袤的世界触到了我，或者说仿佛一个灵魂不为人所见地进入了房间——这是一个已经死去很久的人的灵魂，这个人虽已死去，却不受时间限制地永远存在着，一直存在到很遥远的将来。这类人的结局往往笼罩着一圈指导精神的光环。

在那时候，我不可能以这种方式来表达自己，我也无意把我现在的状况归因于当时并不存在的事情上面。我只想表达那时候我所具有的感觉，并借助我现在所懂得的事情来说明那个朦胧的世界而已。

那件不愉快的"骗人事件"过去几个月之后，我被同学们起了另外一个外号——"亚伯拉罕老爹"。第一人格是无法理解其原因的，因而便认为这是愚蠢的和可笑的。然而在背景的某处，我却觉得这个外号是击中了要害的。这一背景所做的一切暗示对我来说都是痛苦的，因为我看的越多，我对城市生活就越熟悉，我下述的印象也就愈加强烈：我现在慢慢知道凡是真实的东西是属于另一类事物的，不同于我在其间长大的那个世界的景象，不同于那乡下，不同于那些河流和树林及在一个小村子里的那些人和动物，它们沐浴在阳光下，上面有风吹着，有云彩飘飞，为黑夜所笼罩并在黑夜里会发生某些事。它不只是地图上的一个地方，而是"上帝的世界"，是由他所安排的并使之充满了秘密含义的地方。但很显然，人们并不懂得这一点，而且甚至连各种动物也在一定程度上失去了感知它的知觉。比方说，在母牛那悲伤的、失神的神情里，在马那逆来顺受的双眼里，在狗的忠心耿耿及其对人类的极度依赖里，甚至在选择房屋及粮仓作为其居处及狩猎场的猫的那自信的步伐里，这一点便可以明显地看出来。人也像动物那样，并像它们那样无知无觉。他们低头向地上看或抬头向树上看，就是为了看出有什么可以加以利用和用于什么目的，他们也像动物那样，群居、结对成双和争斗，却看不出来他们是栖息在一个统一的宇宙里，栖息在上帝的世界里，栖息在一切已经生育出来和一切都已经死去的一种永恒里。

因为动物能和我们如此相似，而且我们那样无知无觉，因此我热爱所有的热血动物，它们有着与我们相似的灵魂。而且，我觉着，和它们在一起，我和它们便有一种本能性的理解能力。我们全都体验过相同的欢乐与悲痛、爱与恨、饥与渴、害怕与信赖。除了语言、更敏锐的意识以及科学之外，它们具有所有生命的本质性特征。而我虽然像一般人那样对科学敬佩不已，不过我还是察觉出了它会疏远甚至背离上帝的世界，从而导致动物所不会有的堕落。动物是非常可爱又可亲的，又是富有忠心和永不改变的心灵的，因此更加值得信赖。

我并不觉得在严格意义上讲昆虫是一种动物，我认为，冷血的脊椎动物是在向下通过昆虫的旅途中的相当低等的生物。在这一类别里的各种造物是可以观察和搜集的实物，是奇珍、异己的，是不属于人类这一范围的，它们不是人类生命的表现形式，因此更加接近植物而非人。

上帝的世界在地球上的表现形式基于植物王国，以此为一种与之直接沟通的方式，这就如同人从上帝的肩膀上方偷看一样，而造物者上帝自以为是地认为我们谁也看不到他，于是他便开始做起各种玩具和装饰品。一方面，人和严格意义上的各种动物均是上帝身上的，只不过独立出来就是了。这就是为什么他们能够随心所欲地到处走动并选择他们居处的原因。植物则注定待在原地，不论这地方是好是坏都是如此。它们不但表现出美，而且还表现了上帝的世界的观念，而它们本身则没有意图也没有偏向。特别是树木，它们是神秘的，而且在我看来是直接体现了生命的不可理解的含义的。根据以上原因，我认为森林是最接近其深刻含义的地方，也是最能够激起人们心中敬畏的场所。

当我渐渐地了解哥特式大教堂之后，以上的印象又逐渐加深了。但是在这里，宇宙的无穷性、有意义和没有意义的纷乱、非人格化的目的和机械法则的没尽头，均被石头包裹起来。这包含着而且同时又是存在的深不可测的神秘感，或者精神之体现。我模糊地意识到我和石头有着紧密的联系，生与死，二者之间，正体现在上帝的神性。

正如我自己所说的那样，在那时候，具体而系统地阐述我的感觉和直觉是超出我自己的能力了。因为这全都以第二人格的形式出现，而我那主动的和具有领悟力的自我却一直在被动的状态中，并被融入那个千百年的"老人"的范畴中。我以奇怪的、不加思考的方式体验到了他及其影响力，当他出现时，第一人格便会淡薄到近乎不存在的地步，而当自我愈来愈甚地变得与第一人格一般无二并左右了这情景时，那老人，如果没有被忘掉的话，这时便显得像一个遥远又并不真实的梦了。

在我十六岁到十九岁时，使我陷入困顿状态的迷雾渐渐消散了，我的思想状态也由沮丧转到明朗了一些。第一人格渐渐占了主导。我的大部分时间用在完全融入学校生活和城市生活之中，而我所获得的更丰富的知识，则逐渐渗透到或者压制住了那直觉预感的世界。我开始系统地探究起我有意拟定的各种问题了。我阅读了一本哲学史简论，这样我便对在这方面考虑过的一切有了一个概括性的了解。使我大为满意的是，我的许多直觉竟在历史上有类似物。最重要的是，我被毕达哥拉斯[1]、赫拉克利特[2]、恩培多克勒及柏拉图的思想所吸引住了，尽管这些思想的论述带有苏格拉底式的冗长感。他们的思想很美并有学术气，像画廊里的各种图画一样，但显得有点遥远。只是在梅斯特·埃克哈特[3]的著作中，我才感到了一股生气——这并非说我懂了。经院哲学家们使我觉得冷冰冰，而圣·托马斯那种亚里士多德式的唯理智论在我看来则比沙漠更没有生气。我心里想道："他们全都想通过逻辑的各种把戏来强迫某种东西呈现出来，而这东西他们并没有权力得到并且并非真正懂得。他们想要为自己证明这是一种信

---

[1] 毕达哥拉斯：古希腊的哲学家和数学家。
[2] 赫拉克利特：古希腊的哲学家，是爱菲斯学派的代表人物。著有《论自然》。
[3] 梅斯特·埃克哈特：德国的哲学家、神秘主义神学家。有《埃克哈特大师文集》。

仰，然而实际它却是体验方面的事情。"在我看来，他们就像那种听说有大象存在却从未见过一只的人，而且现在还竭力想通过辩论来证明：根据逻辑，这样的动物是一定存在的，而且形体也像它们实际上的那样。由于明显的原因，18世纪的批判性哲学最初根本引不起我的兴趣。在19世纪的哲学家们中，黑格尔由于他作品中的语言既盛气凌人又不流畅，我也只敬而远之，我对他带有明显的不信任感。在我看来，他像是禁闭在其词语的大厦中，并在其牢笼中夸夸其谈的一个人。

但是最后我获得了一个大发现，那就是我认识了叔本华①。叔本华是第一个提及这个世界的痛苦的人，这种痛苦正触目惊心地发生在我们的身边，他也提到了迷茫、情欲、邪恶——其他人都从未注意到的所有一切，这些人总是用尽力气使之纳入那无所不包的协调和解性里面。在这里，终于出现了这样一个人，他敢于正视世界的本源：世界并非万物皆美好。他既不提造物者的全知全能的天意，也不提及宇宙的协调与和谐，而是坦率地指出，在人类历史那充满苦难的进程以及大自然的无情残酷里，隐藏着一种根本性的缺陷：创造世界的意志是带有盲目性质的。这种情形不但为我早期对因有病而慢慢死掉的那些鱼、那些患病的狐狸、冻死的鸡或者饿死的鸟的观察——所证实，而且还为掩盖在鲜花盛开的草地里那无情的各种悲剧所证实：蚯蚓被蚂蚁折磨致死，昆虫互相把对方撕成一片片等。我与人所打的交道也教会了我并非只是相信人性本善且正直等许多事情。因为我对自己知道得太清楚了，因而便懂得了，实际上我只是逐渐地把自己和动物区分

① 叔本华：德国著名的哲学家，唯意志论的最重要的倡导者之一。著有《论自然中的意志》《论意志的自由》《论道德的基础》《伦理学中的两个基本问题》等。

了开来。

虽然叔本华对世界阴暗的描述我非常赞同，但是我并不喜欢他的解决办法。我敢断定，由于使用了"意志"这个词语，它实际上意味着造物主，即上帝，也就是说，上帝是盲目的。我从自身的经验中明白，上帝并不会因为人们对他不敬而气恼，相反，他甚至还可能鼓励人们这样做，因为他不仅仅乐于呼唤人们对于光明的了解，更乐于唤起人们对于阴暗、邪恶的了解。因此，叔本华的观点并不使我感到苦恼。我认为这是一个为事实所证实了的定论。但他下述这样一种理论却使我大失所望：理智只需面对那盲目的意志及其形象以促使它改变过来。意志竟然是盲目的，那它到底怎么能看得见这一形象呢？而且即使它能看得见，但形象既然能随心所欲地显现自己，那它为什么因而会被说服并改变自己呢？还有就是，理智是什么呢？它是人的灵魂的一种功能，不是一面镜子，只是一面镜子无穷小的一小片，跟一个小孩拿在手里对着太阳的一小片差不多，可他却希望用它把太阳照得花了眼。使我不解的是，叔本华对这样一个理由不充分的回答竟然感到满意。

因为上面叙述的原因让我对叔本华产生了更大的兴趣，我开始彻底研究他。在研究的过程中，我对于他和康德①的关系也越来越了解。于是我开始读起这位哲学家的著作，特别是《纯粹理性批判》，这本书让我陷入了沉思。我的辛劳获得了报偿，因为我发现了叔本华哲学体系的根本性缺陷——我就是这

---

① 康德：德国著名的哲学家，德国古典哲学创始人，开启了德国唯心主义和康德主义等诸多流派。著有《自然通史和天体论》《纯粹理性批判》《实践理性批判》《判断力批判》等。

样认为的。他犯了一个致命性的错误，即把一个形而上学的主张人格化了，他还犯了赋予一个单纯的本体———一种自在之物（Dingansich）——以各种特性的过错。我是从康德的知识论那里认识到这点的，而知识论则使我获得了，如果这是可能的话，比叔本华那"悲观的"世界观甚至还要大的启发。

这种哲学上的探索让我从十七岁起一直延续到我就读于医学院之后的一小段时间。这段时间我对于世界和人生的态度发生了革命性的变化。以前，我比较胆小羞怯，不信任人，脸色苍白，身体瘦弱，看起来健康状况不稳定。而如今，我开始对各方面的问题产生了极大的兴趣，我知道自己需要什么并主动去追求它。我也明显地不那么落落寡合，而是喜欢与人交谈了。我发现，贫困对人并无妨碍，也远不是产生痛苦的主要原因，有钱人的孩子并不比衣衫破旧的穷孩子有什么优越性。幸福与否有着更深刻的原因，而不是取决于一个人口袋里装有多少钱。我结交了比以前还要多的更要好的朋友。我觉得脚下的土地更坚实了，甚至还敢鼓起勇气公开说出自己的观点。但我很快就发现，这造成了误解，我自己也为此感到后悔。因为我不但遭遇了别人的白眼和嘲讽，而且还遇到了怀有敌意的反驳。使我感到吃惊和狼狈难堪的是，某些人认为我是个吹牛大王、装腔作势者和骗子。以前指责我欺骗的说法又再次死而复生了，只不过这一回形式比较温和。这一次，依然还是跟一个引起我兴趣的作文题有关。我认认真真写了作文，费尽心机地对文章加以润饰，结果却得到了毁灭性的打击。"这里是荣格的一篇作文，"那老师说道，"它的确写得文采飞扬，不过却是粗心大意地一挥而就的，因此很容易就可以看出来，他对它并没下什么认真严肃的功夫。荣格，我可以告诉你，态度如此不认真，在生活里可是行不通的。生活需要严肃认真和自动自觉，需要勤奋用功。你看某某的作文，他没有你那种文采，但他是诚实、认真并且是花了功夫的。这才是在生活中走向成功的道路。"

这一次我并没有像第一次那样沮丧，因为无论如何老师对我这篇文章还是印象深刻的，并且没有指责我抄袭。我对他的责备进行了反驳，但是他却以这样的评论作为总结："《诗学》①认为，最优秀的诗歌是把创作的辛劳加以掩盖的诗歌。但你的作文却无法使我相信这个，因为这是轻率地一挥而就的，其中没花什么力气。"我知道，我那文章还是有些别有见地之处的，但是这位老师却懒得费心加以讨论就是了。

对于这事我感到有点痛苦，但我那些同学的怀疑却是一件更为严重的事，因为他们威胁说要像从前那样孤立我，使我像从前那样垂头丧气。我绞尽脑汁，极力想弄清楚我到底做了什么事以致他们污蔑我。经过仔细地打听我才发现，他们之所以讨厌我，是因为我经常对我自己可能也不懂的事情加以评论或进行暗示。就像是，我假装自己懂得康德和叔本华，甚至对于那时候我们学校并没有开设的古生物学妄下评论。这些发现让我震惊，也让我明白了，实际上，所有受到热烈争执的问题都与日常生活是毫无关系的，它们就如同我最隐秘的秘密那样，属于上帝的，属于世界的。对于这些，你最好闭口不言。

从此以后，我变得谨慎起来，不再和同学提起这些深奥难懂

---

① 《诗学》：古希腊哲学家亚里士多德的著作，被誉为"西方文艺理论史上的奠基之作"，是西方第一部从理论内容到理论形态都比较完整的美学、文论专著，深刻体现了亚里士多德的方法论。

的事情，也不再和我认识的成年人提这些事情。因为我知道，不管和谁说，我都会被他们认为是骗子或者是吹牛大王。在所有的事情中，我最大的痛苦莫过于我虽设法阻止却无法克服自己内心的分裂，即我内心被分成了两个世界。由于事情一而再、再而三地发生，我只好从日常的生活中脱离出来，进入那无边无岸的"上帝的世界"。

"上帝的世界"这种说法，在某些人看来可能显得伤感，但是对我来说不会有这种情形。一切超过了人的失误都属于"上帝的世界"——耀眼的光线、黑暗的深渊、无穷的空间和时间的冷漠与无动于衷、命运机遇的无理性、世界的神秘古怪等。

越是长大，我的父母和其他人就越会经常问我一个问题，那就是我到底想要成为什么样的人。在这方面我并没有清晰的想法。我的兴趣将我引导到了不同的方面。一方面，我被科学吸引，因为真理是建立在事实的基础上的；另一方面，我又对比较宗教学的一切着迷。在科学方面，我被动物学、古生物学以及地理学吸引着；在人文科学方面，我又对希腊、罗马、埃及以及史前考古非常感兴趣。当然了，在那时候我并不知道，这种最为广泛的学科的选择多么地符合我内心一分为二的特性。科学中使我感兴趣的是具体的事实及其所具有的历史性背景，而在比较宗教学中使我感兴趣的则是精神性问题，而这则牵涉到哲学。在科学里，我忽略了意义的因素；而在宗教学里我忽视了经验主义的因素。科学在很大程度上满足了第一人格的需要，而有关人或历史的研究则为第二人格提供了有益的教导。

我在这两者之间被拉扯来拉扯去，好长一段时间都没有找到解决的途径。我意识到，作为母亲娘家一家之主的舅舅，这位巴塞尔圣·阿尔班教堂的牧师，正在朝神学的方向轻轻地推着我。有一次，当他与他的一个儿子——他几个儿子都是神学院的学生——讨论有关宗教的一个问题时我正好坐在桌子旁边听着，我那不同寻常的专心致志的样子被他注意到了。我不知道是否有这样的神学学者，他们与大学那令人目眩头晕的学问有着密切的联系，因而知识比我父亲还要丰富。他们的谈话绝对不会给我留下他们关心的是实际经验这样的印象，他们所关心的当然只是有类似我的体验的那种体验。他们所谈论的只限于《圣经》文本里所叙说的那些教义性的观点，而这些故事内容是非常庞大的，里面有太多难以令人相信的"奇迹"故事，这让我感觉到非常不适。

在我读高中的时候，每周四我都会到这位舅舅家吃午饭。我对他非常感激，不仅仅是因为他家的午饭特别好吃，更是因为在吃饭的时候我可以听到成年人之间睿智的、理性的谈话，这样的机会着实难得。这件事情对于我来说是一件非常奇妙的体验，因为在我身边，我从未听到过任何人就学问性的问题进行讨论。有时候我也想与父亲严肃地谈谈话，但遇到的却是不耐烦和急忙做出的躲闪，这实在令我不解。直到后来几年，我才慢慢知道，我那可怜的父亲是害怕进行思考的，原因是他也被他内心的各种疑问烦透了。他要躲进自身里面去，因此便信守信仰，这是盲目的做法。作为恩赐，他实在无法接受，因为他要"通过斗争来赢得它"，要痛苦地费一番功夫来强迫它到来。

我舅舅和表兄们可以心平气和地讨论历代教皇的教规与教义及现代神学研究家们的各种观点。他们似乎安全地置身于一种不言而喻的世界秩序里，在这种秩序里，尼采的名字根本不被提

起，而对雅各布·伯克哈特[①]则只勉强地给予赞扬。伯克哈特是
"自由派"，"一个十分过火的自由思想家"，我因而猜到，在事物
永恒的秩序里，他站立得却有点歪斜了。我知道，我舅舅从不怀
疑，我与神学相隔遥远，而我对于不得不使他失望深感遗憾。我
从来不敢把我的问题摆到他面前，因为我知道得太清楚不过，这
会给我引来多大的灾难。我也不说什么替自己辩护。相反，第一
人格很快走到了前头，于是我的科学知识尽管仍然很贫乏，却彻
底被当时的科学唯物主义所浸透。它只是痛苦地被历史的见证和
康德的《纯粹理性批判》所牵制。而在我周围，后者却显然没有
人能理解。尽管我那神学家的舅舅及表兄们以赞扬的口吻提及康
德，但康德的原理只用来使反对性观点名声扫地，绝对不会被用
到自己一方的观点中。关于这个，我只能选择闭口不言。

因此，每当我和舅舅一家人坐在一起吃饭的时候，我感到
越来越不自在，越来越内疚。星期四对我来说变成了不吉利的
日子。在社会安定、精神适意的这个世界里，我越来越觉得不舒
服。与此同时，我又如饥似渴地摄取那偶尔滴出来的使得理智得
到激动的点滴甘泉。我自觉十分不诚实和可耻，于是我便对自己
承认："对啊，你是一个骗子，你撒谎，你欺骗所有对你心怀好
意的人。这些人生活在一个社会与理智均具有确实性的世界里，
他们根本不懂得贫困，他们的宗教是一种受雇佣的职业，他们完
全没有意识到上帝本人可以把一个人从他那秩序井然的精神世界
里揪出来，并使他遭万人唾骂等，这一切均不是他们的过错。我
没有办法向他们解释这一点。我必须自己背上这个黑锅并学会

---

① 雅各布·伯克哈特：瑞士的文化史、艺术史学家。著有《意大利文艺复兴时期
   的文化》《希腊文化史》《意大利艺术史论文集》等。

忍受它。"但不幸的是，直到目前为止，我也没有成功地做到这一点。

我内心的这一道德冲突不断地增加，第二人格对我来说越来越令人怀疑和令人厌倦，而且我也不再为自己掩饰这一事实。我想尽办法消除第二人格，但是并没有奏效。在学校和朋友面前，我常常忘记他，在我学习自然科学的时候，他也会自己消失。但一到只有我自己一个人，在家里或去乡下时，叔本华和康德便又猛烈地返回到我头脑里，同时回来的还有"上帝的世界"的威严壮丽。我的科学知识也构成了它的一个部分，并使这大画布上布满了生气的各种色彩与人物。这时，第一人格及其有关选择一种职业的忧虑便消失不见。这是我在 19 世纪最后十年的一个小小的插曲。但当我从过去许多世纪的远征返回到现实中时，我便会随身带来一种不适感。我，或者说第一人格，生活在此时此地，并且迟早得形成一种他希望选择什么职业的确切想法。

有好几次，我的父亲和我进行了严肃的交谈。他觉得，我拥有学习我所喜欢的任何学科的自由，但是神学除外。他是如此诚恳："成为你所喜欢的什么人都行，但是不要做神学家。"这个时候，我们之间达成了一种说不出道不明的默契，某些事情可以说也可以做，而且还不会受到说短论长的非难。我常常尽可能不去教堂，也不再继续参加圣餐仪式，他也不会责备我。我离教会越远，就越觉得自在舒适。我对教堂唯一的思念就是那管风琴和那合唱音乐，但绝不是"宗教团体"。"宗教团体"对我没有任何意义，因为经常在教堂的人比起"俗人"来，在我看来那并不是什么"团体"。后者可能不那么有德行，但是在另一方面来说更加正派，他们感情自然，更为合群、更为欢快，更加热情并且更加真诚。

我可以肯定地告诉父亲，我没有一点儿想成为一个神学家的意思。但我仍然在科学和人文科学之间继续摇摆不定，主意不决。二者都有力地吸引着我。我开始意识到，第二人格是没有立足之地的。在他那里，我超出了此时此地的范围；在他身上，我觉得自己是一个千眼宇宙中的一只独一无二的眼，却不能如地上的石子那样经常移动。第一人格反抗这种被动性，他不想闲得无事。但在目前，他陷入了无法解决的矛盾之中。显然，以后会发生什么，我只好等着瞧了。要是有人问我想成为什么样的人，那我就会习惯地回答说：语言学家。但是这些只是表面上的回答，在私下里，我却想说做有关于亚述和埃及的考古学。然而现实中，在空闲的时间里，我还是继续学习哲学和科学，在假期的时候我就是这样了。每到这个时候，我便在家和母亲以及妹妹度假。我跑到母亲那里抱怨"我烦透了，不知道要做些什么"的日子早就过去了，假期成了我一年中最美妙的时光，那时候的我不受任何拘束，一个人自得其乐。此外，在暑假的时候，我的父亲不在家，因为每到这时，他就到萨克森度假。

只有一次假期，我也去度假了。当时的我 14 岁，听从了医生的建议，被送到昂特列布希进行治疗，希望我那时好时坏的胃口及当时不稳定的健康状况能有所改善。我有生以来第一次单独一人置身于陌生的成年人之间。我住在一位天主教神父的家里。对我来说，这是一次既可怕但同时又是引人入胜的冒险经历。我很少能见到这位神父，而他的那位管家也说不上是一位使人吃惊的人，却动不动就发火。没有发生对我有一点儿威胁的事。我由一位年老的乡村医生监护，他开设了一家旅社式疗养院，供各种各样康复期的病人入院治疗。这群病人可谓五花八门，有农民、下级官员、商人，几个来自巴塞尔的很有教养的人，这几个人当中有一个是化学家，其荣耀已达顶点——获得了博士称号。我父亲也是个哲学博士，但他只是个语言学家和语音学家而已。这位化学家对我来说是个迷人的新发现：这里终于有了一位科学家啦，他也许就是那些懂得各种石头秘密的人中的一个。他仍然是个年轻人，他教我打槌球，但他一点儿也没有给我他是个知识极为渊博的人的感觉。而我还过于不好意思，过于不善言辞和过于无知，结果什么也没有问他。我尊敬他，觉得他是我所遇见过的第一个活生生的人，他已洞悉大自然的种种秘密，或至少洞悉其中一些秘密。他与我同坐一桌吃饭，吃的是与我一样的饭菜，偶尔也与我谈上那么几句话。我突然感到自己进入了成年人的更为庄严的领域。这种地位的上升由于我被许可参加为寄宿者所安排的各次郊游而得到了证实。在这些偶尔进行的一次外出旅行里，我们参观了一个造酒厂，主人还请我们尝了尝样品酒。用诗歌的文字来表现就是：

> 现在送来的却是忘忧，你知道，这就是美酒。

我觉得这些酒的味道好极了，我飘飘欲仙，进入一个全新的、出乎意料的意识之中。再也不存在什么内部和外部、自我和他我的区别。第一人格和第二人格统统不见，谨慎和胆怯也消失了。天与地、宇宙和其中爬行、飞翔、转动、上升或者下落的一切，都融为一体了。原来我是丢脸地、快乐无比地和凯旋般地喝醉了。我仿佛沉没进一片极乐至福的冥想的汪洋里，但因为波浪的猛烈起伏，便只好使眼睛、双手和两脚紧贴着一切坚实的物体以保持平衡，我只觉得街道在起伏，房屋和树木在摇摆。"太妙了"，我想道，"不幸的只是多喝了那么一点点。"这种体验却落了个相当痛苦的结局，但不管怎么说它却是一种发现，一种美和意义的征象，只是因为我愚笨才把它破坏掉了。

我的疗养很快就结束了，父亲过来接我，于是我们一起到卢塞恩旅行，真的愉快极了。我们坐上了轮船，在此之前我还从未见过轮船。蒸汽发动机的动作我怎么看也看不够，可是突然之间，却有人告诉我们维茨诺到了。一座大山向下俯瞰着这个村子，我父亲这时向我解释说："这就是里基，一条嵌齿铁路向上一直铺设到那里。"我们来到一个小火车站，那里停靠着一个世界上最古怪的火车头，其锅炉是竖着安放的，倾斜的角度显得很古怪。我父亲在我手里塞进一张车票，说道："你可以独自一人坐车，一直坐到山顶。我就在这儿等着，两个人都坐太贵了。小心点！千万别摔下来了。"

我高兴极了，竟然不知道要回答父亲什么。我就站在这座大山脚下，这座山比我以前看过的任何一座山都要高，都要宏伟，并且和我那遥远的童年时期所见到的火红山峰是那么的类似。确实，我差不多已经是大人了。为这次远足，我买了一根竹杖和一顶英国骑士帽——对于一个世界旅行家来说，这可是最合适不过的物品了。而且现在我即将登上这座奇大无比的山了！我不知道哪个更显巨大了，是我呢还是这座大山？这辆奇妙的机车大声扑哧扑哧地喷着气，晃动起来时咔嚓咔嚓地响着，一直把我拉到令人头晕目眩的山顶。在这里，我眼前显现了种种崭新的深渊与变化无穷的景象，到了最后，我站到了空气十分稀薄的峰顶，放眼向无法想象的远处望去。"对啊",我想道,"这就是它,就是我的世界,就是那真实的世界,就是那秘密,在那里没有老师,没有学校,没有无法回答的问题,在那里一个人可以无求于人而能够存在。"我小心谨慎地沿着小路行走,因为周围有巨大的悬崖峭壁。一切都显得十分庄严,我觉得,一个人登上了这里,就得谦恭有礼,沉默无言,因为他已置身于上帝的世界了。在这里,它是有形的现在。这是我父亲曾经送给我的最好和最珍贵的礼物。

这情景太让我印象深刻了,以至于以后发生的一切我都不记得了。在这次旅行之中,我的第一人格又具体地显现出来了,留下的印象让我终生难忘。我仍然看见了我自己,我长大了而且独立了,头戴一顶硬挺的黑色帽子,手拿一根贵重的手杖,坐在一间气势极为华贵的宫殿式大饭店的草坪斜坡上。这样的大饭店在卢塞恩湖边还有很多。或者,我就坐在维茨诺市美丽的花园里,坐在一张小巧的、覆盖着白布的桌子旁边,喝着早上的咖啡,头上则是洒满了阳光的带斑条的天篷,同时还吃着新月形面包,面包上涂满了金黄色的奶油和果酱,设想着可以占满这漫长夏日的各种远足计划。喝过咖啡之后,我可以镇定地、不激动地并以不慌不忙的速度,慢慢踱到一只轮船上,这条船便载着我驶向戈哈德和这样的大山的山脚,而这些山的山峰上覆盖着皑皑白雪,银光闪闪。

以后的几十年,每次我的工作进度让我感觉到疲惫,想要找寻一个休息场所的时候,我的脑海中就会跳出这样一幅场景。但是事实上,我非常渴望能够再次体验这一壮丽的美景,却始终未能如愿。

这是我首次意识清晰的旅程,过了一两年,我又进行了第二次这样的旅行。得到家里人的许可，我前去看望在萨克森度假的父亲。从他那里我听到了一个让我至今难忘的消息：他和那里的天主教神父成了朋友。这在我看来是一种非同小可的大胆行为，我暗地里不禁敬佩起父亲的勇气来。在那里，我参观了弗鲁埃利的隐修处和克劳斯修士的圣物。后者此时被宣扬说已经升天了。我弄不清楚天主教徒们怎么会知道他已处于一种至福至乐的境界的。也许他还在四处游荡并告诉人们是这样的？我对当地的这位守护神印象极深，我不但能够想象如此全心全意地献身上帝的一种生活是可能的，而且甚至还能理解它了。但我这样做时，心里却不禁打了个寒战，并且还产生了我不知该怎么回答的问题：他的妻子和孩子们怎么会一生下来就注定有一位圣者来当丈夫和父亲呢，而我父亲特别喜欢我显然不就是他的过错和缺陷吗？"对啊，"我想道，"有谁能跟一个圣者生活在一起呢？"他显然明白这是不可能的，因此他只好去当隐士了。尽管这样，他隐修的小屋距他的家还不是那么远。我想，这个主意倒是不错：让家里人住着一间屋子，而我则住在与之相隔一段距离的小屋里，屋里摆着一堆书和一张写字台，还生着一堆明火，可以烤几个栗子吃吃，并用一个三脚架吊个锅煮汤喝。作为一个神圣的隐士，我再也无须上教堂去了，相反倒有一个供自己使用的小教堂了。

我从这隐修处向山上走去，一边思考着一边往上走，就像是梦境一般。正当我要从左边下山的时候，一个年轻的姑娘走出来。她穿着本地的衣服，脸庞美丽，和我打招呼。一双蓝色的眼睛充满了友好。很自然的，我们一起向山谷走去，她和我的年纪相当。因为除了我的表姐们外，我什么姑娘也不认识，因此我感到十分尴尬，不知道该怎么跟她说话才好。于是我便犹犹豫豫地解释说，我是在这里度一两天假的，我在巴塞尔准备升大学的高中念书，以后想进大学学习之类。当我正说着时，一种命里注定的奇怪感情袭上了我心头。"她就是在这个时刻出现的，"我在心里想道，"而她很自然地跟我一起向前走，仿佛我俩是天生的一对似的。"我斜着看了她一眼，在她脸上看到了一种既害羞又羡慕的混杂表情，这使我狼狈起来并有点感动。我思忖道，莫非这就是命里注定的事？我在这儿碰见她只是偶然？一个农家姑娘——这可能吗？她是个天主教徒，但也许她那位神父就是那个我父亲与他交了朋友的人？她根本不知道我是谁。我当然不能跟她谈什么叔本华和意志的否定之类的事了吧。然而，在任何方面，她显得并不邪恶。也许她那位神父并不是穿着黑色道袍鬼鬼祟祟地走来走去的耶稣会会士呢。但我也不能告诉她，说我父亲是个新教的神职人员。这可能会吓坏她或得罪她的。而至于谈哲学，或谈魔鬼，都是完全不可能的——尽管魔鬼比浮士德重要，而且歌德还使后者成了个易于上当受骗的人。她仍然居住在属于天真无邪的遥远的国土内，可是我却一头扎进了现实之中，扎进了造物的威严壮丽和残酷之中，听到这些她怎么受得了呢？我们之间矗立着一堵无法穿越的厚墙，我们之间无法有也不可能有任何关系。

我感到万分难过，于是便把心里的想法都隐藏起来，把话题转到不会引起任何麻烦的事情上来。她要到萨克森去吗，风景很漂亮，等等。

从表面上看，这次相遇是没有任何意义的。但是在我的内心深处，它却有着极其重要的分量，因为它不但好几天在我的心里萦绕不去，而且还像路边的神龛那样，永远留在了我的记忆中。那时候，我仍然处于幼稚的状态，认为生活是由单一的、各不相关的各种经历所构成。因为有谁能发现命运之线竟会从克劳斯修士一直连通到这位漂亮的姑娘那儿呢？

在这个时期，我内心充斥着各种互相矛盾的思想。首先，叔本华和基督教就无法一致；其次，第一人格也想从第二人格的压制或者忧伤中解脱出来。感到沮丧的并不是第二人格而是第一人格，是在第一人格仍然忘记不了第二人格的时候。而正是在这个时候，由于对立双方的互相冲突，我一生中第一个系统的幻想诞生了。它的出现是逐渐的，而且就我所记得的，它还有其根源，植根于使我激动不已的一次体验。

一天，强劲的西北风呼呼地刮着，莱茵河被刮得波起浪涌，我沿着河边的路往学校走。突然间，我看见了从北面驶过来的一条船。船上张着一张很大的主帆，顺风向莱茵河的上游驶去。这在我的经历中是某种全新的东西——莱茵河上的一条帆船！这给我的想象插上了翅膀。如果它不是一条水流湍急的大河，而是整个阿尔萨斯都成了一个大湖，那我们便可以有各种帆船和大轮船了。这时，巴塞尔就成了一个港口，这几乎就跟住在大海边一样美妙了。然后，一切便都会有所不同，而我们也就会生活在另外一种时间里和另外一个世界里了。那就会没有这所高中，没有上学所走的这一段长路，而我便会长大并能如愿以偿地安排我的生活了。湖中会兀立着一座山或一块大石头，由一个狭窄的地峡与大陆相连，地峡被一条宽阔的运河切断，运河上架着一道木桥，通向两侧的是高塔的一道大门，门内是建筑在四周斜坡上的一个很小的中世纪城市。岩石上矗立着一个防卫森严的城堡，上面有一个高楼，一个瞭望塔。这就是我的家。在城堡里面，没有美丽优雅的大厅或任何富丽堂皇的迹象。房间全都很简朴，木板镶嵌，但很小。里面有一间不同寻常的吸引人的图书室，值得知道的一切的有关图书你都可以找到。里面还有收集来的各种各样的武器，城堡上还架着大炮。除此之外，城堡里还有一支由五十个武装人员组成的卫戍部队。这个小城市有几百个居民，由市长和元老所组成的市议会治理。我自己则是治安法官、仲裁人和顾问，只是时不时地在开庭的场合才露露面。在朝向陆地的那一边，这个小市镇有个港口，港内停靠着我的一只双桅快船，船上装备有几门小炮。

整个布局的关键以及存在的目的在于城堡上的塔楼的秘密，而只有我一个人知道。这个想法像点击进入我的内心深处。在塔楼内部，从雉堞到有拱顶的地下室是一根铜柱，或者说是一根像人的手臂那样粗的沉甸甸的电缆，在铜柱顶部有很多极细小的分枝，就像树冠一样——或者更恰当地说——像一条主根及其许多小根头朝下倒了过来伸向天空一样。这些小根从空气中吸收某种不可想象的东西，这些东西集中起来后沿着这根铜柱导到地下室。地下室里有同样难以想象的一种装置，某种实验室，我就在这实验室里用铜跟从空气中吸取的神秘物质来制造金子。这实在是一种奥秘，我对于这种奥秘的性质既没有也不想形成任何的观念。对于这种炼金过程的性质，我的想象力也不想为之费心思。这种想象只是圆熟地并有点紧张地回避开这实验室里实际上在进行着的事情。实验室里面还有一种禁忌：一个人最好不要对之加以深究，也不要问从空气中萃取的是什么物质。正如歌德在提到母亲们时说的，"甚至连提及她们，都是令人尴尬的"。

当然了，"精神"对于我来说意味着某种无法言喻的东西。不过在内心深处，我并不觉得它跟纯净的空气在本质上有什么区别。这些小根所吸收并输送到铜柱去的是一种精神性的本质，这种本质在地下室里变成了黄澄澄的金圆，于是便变成可见的了。这当然并非念咒施符的法术，而是大自然的一种可敬的和极为重要的秘密，我不知道这种秘密究竟怎样使我领悟的，并且还得掩盖起来不让市议会的元老们知道，而且在某种意义上连我自己也不能知道。

以前上学的这一段路又长又烦躁，现在几乎是特别愉快地缩短了。每一次一走出学校大门，我便进到了那座城堡，城堡里的生活也逐渐地发生着变化，市议会举行了一系列会议，作恶者受到了惩处，争端做出了仲裁，大炮也开炮射击。快船的甲板被清理干净了，船帆升起来了，于是这条船在和风的吹送下小心地驶出了港口。它从那岩石背后驶出来后，便转舵一直向西北方向驶去。突然之间，我发现自己已经走到家门口了，这一段路仿佛只走了几分钟似的。我像从毫不费力就把我送回了家的马车上下来一样，从自己的幻想中走了出来。这种令人甚为愉快的消遣一直持续了好几个月，然后我才讨厌起它来了。这时，我便觉得这种幻想很愚蠢，很可笑。于是，代替这种白日梦，我便开始用小石子、泥土和灰浆建筑起城堡和防卫森严的炮台——胡宁根要塞。这个要塞当时还完好无损，于是，它便成了我的一种样本。我研究了有关沃邦的一切可以到手的防御规划，这样我很快就熟悉了各种各样的防卫技术。我又从沃邦转到现代的各种防卫方法，然后便尽力用有限的手段来建造各种不同类型的防卫模型。这些占去了我的所有空闲时间，总共有两年多。在这段时间里，我对于自然科学和具体事物的知识稳步地增多，这当然是以牺牲第二人格的利益为代价的。

对于现实生活我知道的还是非常少，因此，我认为对它们进行思考是毫无用处的。谁都可以异想天开，但是真正的认识它们却是另外一回事。我的父母同意我订阅另一份科学期刊，我便兴趣盎然地读了起来。我搜寻并收集了在朱拉山脉所能找到的各种化石，还有一切可以到手的各种各样的矿物，此外还有各种昆虫及猛犸和人的骨头——猛犸的骨头是在莱茵兰平原的沙砾坑里找到的，而人骨则是从靠近胡宁根地方，下葬时期是 1811 年的群葬墓里弄到的。各种植物也引起了我的兴趣，但不是在科学的意义上。我之所以被植物吸引，是出于一种我无法理解的原因，是出于它们不应被拔起来而被晒死这样一种强烈的情感。它们是有生命的东西，它们只有在生长和开花、结果时才具有意义——一种潜藏着的秘密意义，上帝的一种想法。应该敬畏地看待它们并以哲理式的好奇来对它们加以思忖默想。生物学家对它们所发表的看法是很有趣的，但那不是根本的东西。然而这根本的东西是什么我却无法解释。比如说，植物与基督教或与神的意志的否定是如何发生关系的呢？这可是我无法深究的事。它们显然带有天真无邪的神的情态，而这些我们最好是不要去破坏。通过对照可以看出，昆虫是变性的植物，是花和果实，它们转而用腿和长足到处乱爬，或用像花瓣那样的翅膀四处乱飞，整天忙于啮食各种植物。由于这种无法无天的行为，它们便受到大量杀灭的惩罚，六月甲虫和各种毛虫便是受到人们这种讨伐的主要目标。我对"所有生物的同情"是严格地只限于热血动物的。在各种冷血的脊椎动物中，唯一例外的是青蛙和蛤蟆，原因是它们与人有某些相似之处。

三、大学时期

　　尽管我将大部分的兴趣都放在了自然科学上，但我还是不时地读一些我所爱的哲学方面的书。我应该选择哪一种职业也越来越紧迫。我急不可耐地想要早点结束我的中学时代，这样我就能成为一名大学生了。当然是学习自然科学了，这时候，我便会掌握某种实际的知识。但是我一旦给自己的内心做出这样的许诺，我的怀疑也就随之而来。我不是更加喜欢历史和哲学吗？我不是对埃及和巴比伦的一切感兴趣，并且想要成为一名考古学家吗？但是除了巴塞尔之外，要到别的什么地方去上大学的话，我可没有那么多的钱了。但是巴塞尔可没有教这门课的老师啊。于是这一切的计划很快就化为乌有了。好长一段时间，我下不了决心，于是便不断地把做出决定的时间往后拖。我父亲心里十分焦急，有一次，他说："这孩子对可以设想的一切都感兴趣，却不知道他自己要的是什么。"我只好承认他说得很对。随着大学入学考试时间日近，我们便只好决定报考哪个专业了，我草率地报了学科，但我的同学却摸不清我的底，不知道我到底要学自然科学还是人文科学。

　　这看似不假思索的决定也有其背景的。几个星期以前，就在

092

第一人格和第二人格竞争做决定的权利的时候，我做了两个梦。第一个梦，我梦见自己处于沿着莱茵河而生长的一大片阴暗的树林里，我走进一座小山丘的坟堆前便动手挖掘起来。过了一会儿，我惊诧不已，一些史前动物的遗体出现在我的面前。这让我兴奋极了，但是与此同时我知道：我一定要了解大自然，了解我们生活的世界以及我们周遭的各种东西。

紧接着是第二个梦，这次我还是处在一片树林里面。这里有纵横交错的溪流，在最阴暗的地方，我看到了一个圆形的水塘，水塘四周丛生着茂密的灌木。在掩盖之下，有半个淹没在水里的古怪又奇妙的生物：它长得圆鼓鼓的，身上闪烁着乳白色的光泽，它由无数的小细胞，或者说是由形状犹如触手的各种器官组成。它是个巨型深海放射虫，身粗大约一米。这一威严的生物竟躺在那儿，躺在这不为人知的地方，躺在这清澈的深水中，谁也不来打扰它，这在我看来实在是妙不可言。我被它激起了一种强烈的求知欲，结果我醒来后心还在怦怦地跳着。这两个梦对我做出喜欢科学的决定起了压倒一切的作用，同时也消除了我的所有疑虑。

我心里十分清楚，我是生活在一个人必须挣得生活资源的时代和世界。因此，一个人就必须成为这样或者那样的人，而我所有的同学都深知必须要这样做，不做他想，这也让我印象深刻。我觉得自己反而在一定程度上有一点古怪。为什么我就不能下定决心让自己埋头于某一件确定的事情中呢？甚至连我那德文老师都认为学习努力而且自觉，可以作为我的楷模的那位死记硬背的 D 同学都是这样，他早就下定决心要学习神学了。我终于体悟到，我必须下定决心，好好把这件事情想清楚。譬如说，我要是学动物学，那我将来就只能当一个中学老师，或者最多在动物园当雇员。在这方面是没有任何前途可言的，甚至在你要求不高的情形下也是一样——当然了，比起当中学老师，我宁愿去动物园工作。

在这种进退两难的情况下，我忽然间灵光一闪：为什么我不去学医呢？奇怪，这一点我怎么以前从来没有想过呢？我那听别人谈论过很多的祖父就是个医生。或许是这个原因，对于这个职业我以前有一种抵制心理。"一切均可，但切勿步入人后。"这是我的座右铭。但现在我却在告诫我自己，学医至少是和科学性的科目结缘的开始。这样想着，我内心便舒服了很多。此外，医学范围包括很多，因此以后要专一地研究某一领域，也会有很多机会的。我肯定地选择了科学，而剩下的唯一的问题就是：如何去办呢？我挣到的都是自己的生活费，而我如果没有钱，就没有办法去国外上大学，也就无法获得有可能让我从事科学生涯的那种训练的机会。我充其量最多只能成为科学方面的一个半瓶醋而已。然而我又有一种个性，使我的许多同学和说话算数的人（就是老师们）不喜欢我，我也就没有希望找到一个会支持我追求的资助者了。因此，在我最终选定了医学时，我的心情是不那么痛快的，我总觉得它不是步入生活的一件好事，并非能有远大前程。不管怎么说，既然我已做出了这不可逆转的决定，现在我总可以如释重负地松口气了。

但是痛苦的问题也随之而来：从哪里可以获得学费呢？我的父亲只能筹集一部分钱。他向巴塞尔大学替我申请了定期的生活津贴，这虽然使我觉得万分尴尬，可是居然被批准了。我之所以觉得难堪，不是因为我们家的贫困被众人所知，而是因为我向来私下里相信，所有的"上层"人，所说话能"算数"的权威人士，都对我抱有成见。我一向不奢望从他们那里获得任何好处。我显然是由于我父亲的名声而得到了相应的照顾，因为他是一个仁慈而又襟怀广阔的人。我发觉自己和他是截然不同的两种人。实际上，我对自己抱有两种不同的观念。从第一人格的眼里来看，我觉得自己是个郁郁寡欢、天分中等却又心比天高的年轻人，具有一种不受约束的气质且态度暧昧，一会儿天真热情，一会儿又孩子气地易于失望，在其本质的最深处是个隐士和蒙昧主义者。另外，第二人格把第一人格看作是一种困难的和吃力不讨好的道德任务，是一门必须以某种方式通过的课程，这一课程由于下述五花八门的过失，如一段时间的懒惰、泄气、沮丧、对没有人认为有价值的想法和事情却抱有不适当的热情、轻信别人的友谊、见识有限、易抱偏见、愚蠢（在数学上）、对别人缺乏了解、在哲学问题上看法不明确且又混乱、既不是个诚实的基督徒又不是别的什么人等而变得复杂起来。第二人格是根本没有什么明确性格的，他是一种永存的生命，出生了、在活着、死了，集一切于一体，一种无所不包的生活幻觉。关于他自己，虽然无情地清楚，他却无法通过第一人格那浓厚的、阴暗的媒介来表达自己，尽管他渴望这样做。在第二人格处于支配地位时，第一人格便被包含在他里面而被湮没了。这就恰如反过来，第一人格把第二人格看作是一个内里一片黑暗的区域一样。第二人格觉得，关于他任何可以想象的表达均像掷到世界的边缘上空的一块石头，最后只能毫无声息地掉进那无穷的黑暗之中。不过在他（第二人格）身上，光明处于统治地位，其情形恰如一处王宫的那些宽敞的大厅，其高大的窗子全都朝着洒满了金色阳光的风景洞开着一样。

在这里是意义和历史的连续性，它们与第一人格生活中的不连贯的偶然性形成了强烈的对比，后者与其环境并没有真实的接触点。另外，第二人格觉得自己暗中与《浮士德》所体现的中世纪相一致，与一种过去的遗产相一致，这一遗产显然使歌德内心深处激动不已。因此，对于歌德来说，第二人格也是一种真实——这，因此对我来说便是一种极大的安慰。我现在震惊地认识到，《浮士德》对我来说所含有的意义要远胜于我那可爱的圣约翰的《福音书》。在《浮士德》里有某种可直接作用到我的感情上的东西。圣约翰所说的基督在我看来显得古怪，但更古怪的还是其他几本《福音书》中所说的那位救世主。另外，《浮士德》是第二人格的活生生的等同物，而且我相信，《浮士德》就是歌德给其时代所作出的回答。这种顿悟不但对我很有安慰作用，它还给予我一种更大的内心安定感，及一种我属于人类社会的感觉。我不再是孤立存在的人，不再是奇怪的人，也不再是一个被残忍的自然嘲笑的对象。伟大的歌德是我的教父、我的权威。

但是，这种理解就此停止。虽然我感到惊诧不已，但我还是对《浮士德》并非全盘肯定，我对他还是抱有批评态度的。

大约在这个时候，我做了一个梦，这个梦不但吓坏了我还给予了我力量。梦中我在一个不知名的地方，正值夜晚降临，我则顶着强劲的大风缓慢而艰难地前行。浓雾到处飘飞。我把两只手做成杯状来护一盏小灯，而这灯似乎随时都有可能熄灭。一切均取决于能否保住这盏小灯使之不灭。突然之间，我觉得背后有个东西正向我走近。我回过头去，看见一个硕大无比的黑色人影正跟在我后面。尽管我吓坏了，却还清醒地意识到，虽然有各种各样的危险，我必须得保住我的这盏小灯，以便度过这个狂风之夜。我醒过来后，便立刻意识到这个人影就是"布洛肯峰的鬼魂"，亦即我自己的影子在我带着的这盏小灯的照射下投放在飞旋的浓雾上而形成的。我还知道，这盏小灯就是我的意识，我所拥有的唯一一盏灯。我自己的理解力是我所拥有的唯一财富，而且还是最大的财富。与黑暗的威力相比，这盏灯虽然显得非常渺小和脆弱，但它却仍然是一盏灯，我唯一的灯。

这个梦给我非常大的启示：我终于明白，第一人格就是那个提灯者，而第二人格就像是影子那样跟随着他。我的使命是保护住那灯并不要回头去看那永存的生命力，后者显然是一种神秘的存在，是一种不同的光所照耀的禁止人涉足的国度。我必须迎着风暴前进。而后者则尽力要把我推回到无穷黑暗的世界里，一个人在那里，除了背景中各种事物的表面之外是什么也意识不到的。在第一人格的角色里，我必须前进——我得学习、挣钱、负各种责任、受各种拖累，糊涂不清、犯各种错误、忍辱负重、经历各种失败，等等。把我向后推的风暴是时间，它不停地流向过去并不停地紧跟在我们后面。它发出一种巨大的吸力，贪婪地把一切有生命的东西吸进其身体里。我们只有吃力地前进，才能逃脱其魔掌，而且还是暂时的。过去是可怕的并且是真实存在着的，谁要是不能以满意的答案来保住自己的性命，它就把谁攥在手里。

我的世界观因此也发生了全方位的大逆转。我清楚地认识到，我的出路无法改变地通向了外部世界，通向具有三维特征的有限区域和黑暗之中。我甚至觉得，亚当一定也是以这种方式离开伊甸乐园的。伊甸乐园对他来说已经是一个幽灵一般的存在，而后来，他必须大汗淋漓地在满是石头的土地上耕种，这也让他觉得无比轻松。

我自问道："这样的梦到底是从哪里来的呢？"那时候的我依然坚信，这样的梦是上帝送来的。但如今，我因为吸收了若干认识论的观点，因而我怀疑起来。比如，人们都说，我的顿悟是经过了很长时间的沉淀而慢慢形成的，然后才忽然间以梦的形式展现出来。实际上，它就是那么发生的。但是这种解释只是一种描述而已。问题的实质在于，为什么会发生这种过程，又为什么以意识的形式出现呢？我并没有故意做任何事情来加速某一件事物的发展。相反，我的兴趣点在其他方面。因此，在这些景象之后一定有某种东西在起作用，是某种理智在起作用，至少是某种在理智上胜过我的东西在起作用。在意识之光的照耀下，内心王国之光便以一个硕大无比的影子显现出来了，这一非同寻常的想法确实不是某种我会自发地想到的东西。现在，完全是突然之间，我明白了许多以前我无法解释的事情，特别是以前每当我间接提到会使人想起内心王国的任何事情时，人们脸上便会掠过尴尬和疏远的冰冷阴影的神情。

我深刻地知道，我一定要把第二人格抛之脑后。但是不管在什么情况下，我都应该向我自己否认他或者宣布他是无效的。这就等同于自己摧毁掉自己的手脚，指挥让我失去解释这些梦的起源。毋庸置疑，第二人格与梦的出现密切相关，而我也坚定地认为他具有更高的理智了。但我却觉得自己日渐与第一人格同一了，而且这种状态反过来证明我只是更富有理解力的第二人格的一部分。由于这一原因，我又觉得自己与他不再是同一的了。他确实是一个幽灵，一个精灵，能够与黑暗世界对抗而立于不败之地。这是我在做此梦前尚不知道的某种东西，而且甚至就在此时——回想起来我确信——我只是模模糊糊地意识到了它而已，尽管我绝不怀疑在情感上我是认识它的。

不管怎么样，我和第二人格发生了分裂，我被指派给了第一人格，并且在相同的程度上开始和第二人格分割开来，后者因此获得了一种独立的人格。我也没有将它和某种肯定的个性联系起来。由于我在乡下长大，如果产生这种思想也不足为奇，因为在乡下，人们相信魂魄是存在的。有关这个精灵的唯一明确的特征是其具有历史性的特性，即他在时间上有延展性，或更确切地说，他是没有时间性的。当然，我并不用这样多的话来告诉自己这一点，对其在空间的存在也没有形成任何观念。在我那第一人格存在的背景里，他起着一种要素的作用，从来不是明确地限定了的，然而又是确定地存在着的。

个人是依照他们自身外在和内心的个体气质和这个世界相融的，因此，他们先熟悉父母的环境和精神世界，但是因为个性的差异，所以他们只能与其有条件的部分形成某种默契。家庭精神在相当范围内体现出了时代精神，虽然这大多体现在无意识上。如果家庭精神完全和谐统一，那么就意味着世界和平安定了，同理，如果有相当多不同的家庭精神，他们之间矛盾对立，由此所产生的世界自然也是不安全的存在。小孩子对于大人所说的话和所作出的反应，远比不上对在周围环境猜不透的事物所作出的反应。小孩的适应性是潜移默化的，而这便在他身上产生了具有补偿的种种相关性。甚至在孩子最幼小时期便逐渐拥有的特定的"宗教"观念，也是自发性的最终结果，可以认为是孩子对父母的环境及对时代精神所作出的反应。后来，我的父亲只好屈从对宗教的各种怀疑，自然经历一个很长的酝酿时期。自己的世界及整个世界发生的这样一种剧变，会把其影响向前推进；随着时间的推移，我父亲那意识着的头脑便会愈加拼命地反抗其威力。父亲明显地预感到了这些，因此他感到坐立不安，而这种不安自然而然地传到了我的身上。

我一向都不认为这些影响是从我母亲那边得来的，因为她是以某种方式深深扎根于肉眼所不及的土地上的，而在我看来，绝不是出于她对基督教信仰的坚信。对我来说，这种感觉是以某种方式与动物、树林、山峦、草地及流水相互连接的。所有这一切，与她那信仰基督教的外表及她通常对信仰加以维护的做法形成了最奇妙的对比。这一背景与我自己的态度很好地对应起来，因而没有对我造成什么不适感。相反，它反而给予我一种安全感，使我自信这就是让我可以在其上站稳脚跟的坚实地面。我从来不觉得这一基础是十分"异教徒式的"。我母亲的"第二人格"给了我最强有力的支持，这一冲突已在父亲的传统与我那潜意识一直受到激励而创造的奇异的、补偿性的产物之间展开。

回首过往，我现在可以看出，我童年时的发展在很大程度上预示了我未来的事件，并为父亲在宗教信仰上的崩溃及有关这个世界的破坏性的新发现的种种情形扫清了道路，我因此而适应了这种情形。而如今我了然父亲的这种改观不是一朝一夕而成的，这是个漫长的进程。尽管我们人类拥有自己的个人生活，然而从其他的角度来看，我们在很大程度上是岁月以世纪作单位来计算的一种集体精神的代表者、奉献者和敦促者。我们很可能终生都在认为，我们向来是凭本能行事的，并且可能永远不会发现，在大多数情形下，我们不过是世界戏剧舞台上的跑龙套的角色而已，尽管我们并不知道，但是却存在着种种因素，使我们的生活不由自主地受其影响，而要是这些因素不被我们所觉察，其影响的程度也就更甚了。因此，我们的生命至少有一部分是生活在好几个世纪里的——这一部分，只供我自己利用并给它起了个名字叫"第二人格"。它不是一种个人的玩物，这种情形可以由西方的宗教所证实。这种宗教明确地把它自己施加到这个内在的人的身上，并在为时两千年的时间里一直认真地竭力使他认识带有其个人先入之见的我们的表面意识，"无须到外面去找，真理就潜藏在这个内在的人的身上"。

在1892年至1894年，我与父亲进行了相当热烈的探讨。他曾在哥廷根学习过东方语言，并就阿拉伯文版的《所罗门之歌》写了自己的学位论文。随着最后一次考试的落幕，给他带来荣耀的日子也宣告终结了。此后，他在语言上的才华便湮没了。作为一个乡村牧师，他落进了一种感伤的理想主义里，落进了对他大学时期的黄金时代的回忆里，并继续用他当大学生时的长柄烟斗抽烟。他还发现他的婚姻并非如他先前所想象的那么美满。他做了许多的好事——实在太多了——而结果则往往是使人生气的。父母都想过高尚而虔诚的生活，但他们两人之间总是吵架。这些困境，虽然很可以理解，但仍然粉碎了父亲的信仰。

那时候，父亲烦躁易怒，而他的状况也让我十分担心。为了避免与他发生正面冲突，我母亲避开一切可能刺激他的事。虽然我也认为这是最好的解决办法，但我却往往控制不了自己的脾气。在他大发脾气时，我便顺从地不发一语，而在他显得比较和气时，我便找机会与他交谈，希望能获悉些他内心的真正想法及他对自己的了解。在我看来，很清楚，某种甚为特别的事情正在折磨着他，而我怀疑此事与他的信仰有关。从他无意中做出的一些暗示里，我可以肯定地说，他是在忍受着由于对宗教产生了种种怀疑而带来的痛苦。这在我看来，肯定就是他是否已获得了那种必要的体验。从我设法与之进行的讨论里我看出了，实际上，某种那样的东西确实缺乏了，因为我所提出的一切问题，他都给以同样的、听腻了的、毫无生气和合乎神学规范的回答，或无可奈何地耸耸肩膀，而这便在我身上产生了一种矛盾的心情。我不明白他为什么不在吵架时抓住这些机会并跟其境况妥协。我明白，我那些批判性的问题很伤他的心，但尽管这样，我却不想进行一次建设性的谈话，因为在我看来，他竟没有过对上帝的体验，没有这所有一切体验中最显著的体验，这实在令人难以设想。我对认识论知道不少，因而便认识到，这样一种知识是无法加以证明的；而且我还同样清楚，这确实也跟夕阳西下之美或黑夜的恐怖那样，是无须证明的一样。毫无疑问，我曾笨拙地设法向他传达这些明显的真理，满怀希望地帮助他承受起不可避免地落到他身上的这一灾难。他是得与某个人争吵的，于是他便与他家里的人和他自己吵起来了。他何以不与上帝这位一切造物的阴沉的创造者进行争吵呢，因为只有他才应该为世上的各种痛和苦难负责啊！上帝肯定会以答案的方式让他做一下那种奇妙的、无限深刻的梦。尽管我没有向他请求，上帝却让我做过这种梦并让这种梦来决定了我的命运。我并不了解原因何在，它只是这样就是了。对呀，他甚至让我瞥了一眼他自己的本性。这是一个重大机密，我是不敢也无法向我父亲揭示的。要是他能理解有关上帝的直接体验，我本可能向他揭示。但在我与他的交谈过程中，我从来没有谈到这么深入，甚至从不走近到会遇到这个问题的范围。因为我一向是以一种非心理学的和理智的方式来处理它，并尽一切可能避开会引起感情冲动的那些地方。这种方法每一次都像对着斗牛的一块红布，招致无法理解的种种恼人的条件反射。我没法解释，一种看似合情合理的争辩怎么会引起感情上的抵制行为。

这些讨论不但毫无结果，反而触怒了父亲和我，最后我们放弃了这些讨论，各自背负起自己所特有的自卑感。神学使父亲和我互相疏远。虽然我并不觉得孤独，我却感觉遭受了一次重大的失败。我模模糊糊地感觉到，他无法逃避地屈从于他的命运了。他孤独，没有一个朋友可以与之交谈。至少我知道，在我们的熟人中是无法找到一个我可以信任并让他来说这种能有所帮助的话的。有一次，我听见他在祈祷。他拼命斗争着要保有自己的信仰。我心里震动起来但同时又极为气愤，因为我看出了，他是多么不可救药地陷入了教会及其神学思想里而不能自拔了。它们堵塞了他本可直接接近上帝的一切通路，然后又不守信用地抛弃了他。现在我终于明白了我较早那次体验的最深刻的含义了：上帝本人已拒绝为神学及建立在神学之上的教会负任何责任。另外，上帝又宽恕了这种神学，就像他宽恕过许多别的什么一样。设想人应该为这种种发展负责，这在我看来实在荒唐。说到底，人究竟是什么呢？"他们就跟小狗一样，生下来就又聋又瞎"，我想道，"并像上帝所有的造物那样，只拥有最模糊的一点光，这点光绝不足以照亮他们在其中摸索前进的那一片黑暗。"我同样确信的是，我所认识的神学家们没有一个人曾亲眼见到过"那照亮了这片黑暗的光明"，因为如果他们确实看到了，他们就不可能去教一种"神学的宗教"了；而这种宗教在我看来是有很大的不足的，因为它与此毫无关系并且要不抱什么希望地相信它。我父亲以前这就极力英勇地这样做了的，但结果却碰了壁。他甚至无法保护自己不受精神病医生的那种可笑的物质主义的侵犯。这也像神学一样是某种人们得加以相信的东西，但只是在相反的意义上就是了。我比以前任何时候都更确信的是，这二者均缺少了认识论方面的批判及体验。

我父亲显然受到这种印象的左右，即精神病医生已在人脑中发现了某种东西，这种东西证明了在精神本应该所在的地方，有的却只是物质，而"精神的"东西却什么也没有。所以有这种想法是因为他预感到，要是我去学医，我应以上天的名义起誓绝不要成为一个唯物主义者。这种警告对我来说就是，我什么都不应该相信，因为我了解，唯物主义者相信的是他们的定义，如同神学者相信自己的定义一般，我还借此了解到，我那可悲的父亲简直就是跳出油锅又入火坑了。我深知，他一生所极力赞颂的信仰恶毒地玩弄了他，不但如此，还作弄了那些为我所熟知的大部分有教养又严肃的人们。信仰的最大罪过，在我看来，就在于它排斥经验。神学家怎么会知道，上帝有意地安排了某些事物同时又"许可"别的某些事物存在呢？而精神病学家又从何得知人的心灵的种种特性呢？我不会屈服于物质主义而成为唯物主义者，但我父亲却不可能这样。显然，有人低声就"联想"跟他说了些什么，因为我发觉，他正在阅读伯恩海姆翻译的西格蒙德·弗洛伊德的有关联想的书。这是一个崭新的并且十分关键的开始，因为以前我从未看见，除了小说和游记之外，父亲会看其他的什么书。一切"有吸引力的"和有趣的书都属父亲的阅读禁忌。但是阅读精神病学方面的书根本不能使他愉悦起来。他的沮丧情绪愈演愈烈，甚至还变本加厉了，他自疑有病的情形也是如此。一连好些年，他一直抱怨自己患有各种各样的肠胃病，但是给他看病的医生却一直未能确切地检查出什么毛病来。现在，他又抱怨说"腹部有结石"的感觉。好长一段时间，我们对此并不认真对待，但后来那医生也怀疑起来了。这事大概发生在 1895 年的夏末。

那年春季，我进入了巴塞尔大学就读。我一生中唯一感到厌烦无比的日子——高中生活终于结束了，而通向"文科大学"与学术自由的金色大门正在为我敞开着：现在，我可以听到有关大自然的真理了。我将会学到有关人体解剖和生理学方面现已为人所知的一切，并掌握有关各种疾病的知识。除了这一切之外，我还被批准加入了我父亲以前所属的一个佩戴彩色徽记的兄弟会。在大学一年级时，他赶来参加了兄弟会的一次远足，这次远足的地点是马克格拉芬县属下的一个种葡萄酿酒的村子，他在那里还发表了一篇异想天开的演说。令我欣慰的是，他大学时代的那种快乐精神在他的演说里再次表现了出来。我一刹那意识到，在他毕业之时，他的生活就停滞不前了，一首大学生歌曲的歌词同时回响在我的耳边：

> 他们垂头丧气地迈步走回到市侩的国土，
> 啊呀，啊呀，啊呀，
> 往昔的情形已发生了巨变！

歌词给了我心灵重重的一击。过去，父亲在大学一年级时也是个充满热情的学生，情形就同我现在差不多，世界同样向他敞开了大门，就跟他现在对我那样。知识的无穷财宝摆在了他的面前，就如同现在摆在我面前一样。可是，一切都变了样，他变得颓废，意志消沉，怎么发生了这些呢？我不知道答案到底在哪里，也许我知道了太多的答案却无法言说。那个夏夜喝过葡萄酒后他所发表的演说是最后一次机会，使他得以跳出回忆，而像他本应做的那样做了。此后不久，父亲的健康情况就恶化了。到了1895年秋末，父亲卧病在床，1896年年初便离开了人世。

上完课后我回了趟家，问及了他当时的情况。"唉，还是老样子。他身体很虚弱。"母亲说道。他低声向她说了点什么，她把这向我作了转述，然后使眼色向我示意，提醒我他已处于神志昏迷状态了："他想知道你是否通过了国家级考试。"我明白我必须撒次谎。"通过了，考得还挺好。"他如释重负地叹了口气，接着便闭上了眼睛。稍后，我又进屋去看了他一次。他独自一人，母亲在隔壁房间收拾着什么。他的喉咙发出咯咯的响声。我知道他已处于临死前的痛苦中。我在他床边站着，被这种情境迷住了。以前我从没看见过人临死时的状态。突然，他不呼吸了。我等着，等着，希望他能再一次呼吸，可是却没有发生我盼望的情形。我一下想起了母亲，赶紧跑进另一个房间，看见她正坐在窗前打毛线。"他不行了。"我对母亲说道。她跟着我来到床边，看见他已经不行了。她仿佛觉得十分奇妙似的说道："好快啊，这一切过去得多快啊。"

随后的几天是一片忧伤和痛苦，没有多少留存在我的记忆之中。有一回，母亲用她的"第二人格"声音跟我，或者说跟她周围的空气说着："他为你及时地死去了。"这句话的意思仿佛是在说：你们并不互相理解，而他可能已经变成妨碍你发展的人了。这种想法在我看来是符合我母亲的第二人格特性的。

"为你"这个字眼儿太吓人了，给了我可怕而沉重的一击，我感到往昔岁月的一小部分就这样一去不回了。但同时，男子汉和自由的一小部分则开始在我身上觉醒。我父亲去世后，我便搬进了他的房间并取代了他在家里的地位。比如说，我得每星期把家用开支的钱亲手交给我母亲，原因是她不会计划家庭经济开销也不会理财。

在父亲去世六个星期之后，我梦见了他。他突然之间站在我面前，说他就要度假回来了。他的身体状况已经好了，现在就要回家了。我觉得，由于我搬进了他的房间，他可能会讨厌我的。可是一点儿也不是这样！虽然如此，我仍觉得于心有愧，原因是我想象他已经死掉了。两天之后，我又做了这样的一个梦。我父亲恢复了健康并且正在回家的路上，于是我便再次责备自己，因为我认为他已经死掉了。之后，我便不断地自问道："我父亲在梦中回家，而且他的样子又那样逼真，这究竟意味着什么呢？"这是一次让我终生难忘的体验，而这迫使我开始思考起人死后的生活来。

随着我父亲的去世，关于我继续在大学读书的困难问题便出来了。我母亲的一些亲戚认为，我该在商行里谋个小职员的工作，以便尽可能快地挣钱养家。我母亲最年幼的弟弟还提议资助她一下，因为她的钱财几乎不足以养活我们三个。父亲这边的一位叔父则同意资助我，在我读完大学时，我欠了他三千法郎。其余的钱是我靠当助教和帮助一位年老的姑妈转卖部分古董而挣来的。我以高价一件件地将这些老古董卖出，从中抽取不少钱作为佣金。这段穷困的日子令我难以忘怀。一个人在这时便懂得了珍惜微不足道的东西。我仍然记得有过这么一次，有人把一盒雪茄当礼物送给了我，我喜欢得不得了。这盒雪茄我足足抽了一整年，因为我只准许自己在每逢星期天时才抽一根。

　　我的大学生活对我来说是一段美妙的时光，一切均充满了理智的活力，它还是一个交朋结友的时期。在兄弟会的几次会议里，我就神学和心理学方面做了几次讲演。我们还进行过许多热烈的讨论，但并不总是医学方面的问题。叔本华和康德也是我们争论的焦点，我们还懂得西塞罗文体①的优美之处，也对神学和哲学颇感兴趣。应该说，这所有的一切都是多年沉淀的产物。

　　就读大学的这段日子里，在宗教问题上我受到了相当多的启发。在家时，我获得了一次非同寻常的机缘，与以前曾是我父亲助手的一位神学家交谈过一次。他不但因胃口非凡而著称，这是我所不能比的，还非常博闻强识。在他那里，我听到了相当多的有关教会神父和教规历史方面的东西。他还给我大概地讲了些有关新教神学方面的新知识。里敕尔的神学在当时非常流行。这种神学的历史循环论使我很迷茫，特别是那用铁路火车来做出的比较。在兄弟会里我也了解到与我进行过多次讨论的神学系的学生们，对于基督的一生所给予历史的影响这一理论似乎全都觉得很满意。但这种看法在我看来不但显得愚蠢，而且还没有丝毫的生气。我也无法赞同这种倾向，即把基督推到前台并使他在上帝与人的戏剧中充当决定性人物角色的做法。在我看来，这是绝对违背基督本人的这一观点：产生了他的圣灵会在他死后取代他在人世间的地位。

　　在我看来，圣灵是超越想象之上的上帝之化身。圣灵的活动

---

① 西塞罗文体：西塞罗，古罗马著名的雄辩家，人文主义者、哲学家。他的演说词结构严谨，文采斐然，被西方人称为"西塞罗文体"，成为历代演说家的榜样。

不但是崇高、庄严的，而且还带有某种奇异甚至是使人生疑的特点，而这种特色又是耶和华的行为所特有的，对于耶和华，我在接受教育时，总是傻气地将他等同于上帝的基督形象（这时我仍然不知道，严格地说来，魔鬼也是与基督教同时产生的）。我主耶稣对我来说无疑是一个人，因而他也是一个会产生错谬的人物，要不就是圣灵的喉舌而已。这种甚为不正统的看法，跟神学上的看法相距甚远，自然使人觉得完全不可理解了。我对此所感到的失望便逐渐导致我产生一种无可奈何的麻木不仁，此外还证实了我的看法：在宗教问题上，只有体验才是重要的。

在大学一年级，我了解到，虽然自然科学打开了通向知识宝库的大门，但在提供真正的认识方面却少得可怜。而这种顿悟，总的来说是有着特有的性质的。我从阅读哲学著作中获悉，心灵的存在是形成所有认识的基础。没有心灵，便不会有知识，也不会有顿悟。然而关于心灵，却不见有只字提及。它到处都被认为是理所当然的，因而当有人提及它时——例如，C.G.卡鲁斯就是这样——却显出对它没有真正的了解，而只有哲学式的沉思冥想，而这实在是太容易做出这种那种的冥想了。对于这种言论，我实在无法理解。

在第二学期末，我又有了新的发现，这一发现将产生重大的结果。在我一位同学父亲的藏书室里，我无意中找到了一本论述精神性现象的小书，出版日期为19世纪70年代。这本书叙述了唯灵论的起源，其作者是一个神学家。我起初的疑惑很快就消失了，这使我忽然间明白，书中所述的，总的来说，大都是自童年时代以来我在乡下常常听到的那些相类似的故事。不用怀疑，这些材料是真实可信的。但是这些故事是否具有物质的真实性，对这一重大问题所作出的回答却不能令我满意。尽管这样，但可以断言的是，在地球的各个时代，这些相似的故事在全世界各个地方被不停地提起过。这其中必然有某种因素，而且不可能就是具有同样的宗教观念这一显著的缘故，因为很显然情况并不是这样。相反，它一定与人的心灵的客观行为相互关联。但就这个主要问题——心灵的客观性——而言，根本无法去体验，就像那些哲学家们所说的那样。

"唯灵论"的观点就我个人而言无疑是古怪而又令人生疑的，然而就客观心灵现象而言，它们却是我所见到的最早的文字记录。例如，左尔纳和克鲁克斯等人的名字使我记忆深刻，我读完了那时我所能到手的有关这方面的所有书籍。很自然，我也把这些事情跟我的朋友们谈起过，使我吃惊的是，他们既有嘲弄或表示不信的，也有急忙起而抗辩的。我奇怪的是他们竟会态度肯定地说，像鬼魂和转动桌子这一类事情是不可能有的，因而也就是骗人的。而在另一方面，他们这样做时又显然表明他们是采取不说有也不说无的守势态度的。我自己也不敢肯定这些报道的绝对可靠性，但是说到底，为什么就不应该有鬼魂呢？我们怎么会知道某种事是"不可能的"呢？而且最重要的是，这种急急忙忙地表明态度又是什么意思呢？对我自己来说，我觉得这种种可能性是极为有趣和极为吸引人的，它们给我的生活增添了又一个新天地，世界具有了深度和背景。譬如，梦有可能与鬼魂有什么关系吗？康德的《一个看见鬼魂的人的梦》的出版是十分及时的，我获益良多。随后我很快就发现了卡尔·杜普雷尔，他的著作从哲学上和心理学上对这些观点进行了分析。埃斯肯梅耶、巴萨旺、吉斯提奴斯、克尔纳和格雷斯等人的著作，我也进行了深入的研究，我甚至还读了斯威登堡 ① 的七卷本著作。

我母亲的第二人格对我的热情表示深度的赞许，但我所认识的其他人却使我感到泄气。在这以前，我若是只撞到了传统观点所筑成的厚墙的话，那么如今，我却撞上了人们的偏见及完全不承认有超乎常理的可能事物的看法所筑成的铜墙铁壁，甚至在我最亲密的朋友中也遇到了这种状况。对他们来说，所有这一切要比我专注于神学还要更加糟糕。我有这样的感觉，觉得我已经向前走到了世界的边缘，对我来说是具有极大兴趣的，对别人来说却觉得空虚无聊，甚至还使人见了就觉得可怕。

他们惧怕什么呢？我不知道这个问题的答案。不管怎样，也许真有某种越出了空间、时间和因果关系的有限范畴的事件，这也没有什么荒唐乖谬和惊世骇俗的啊。动物能够事先预感到暴风雨和地震的来临，这是众所周知的。确有预见到某些人死亡的梦，确有在人死的一刻停止了走动的钟，确有在危急时刻破碎了的镜子……所有这些事情在我童年的世界里被认为是理所当然的。而到了现在，我却显然成了曾经听到过这种事的唯一一个人。我以十分认真的态度自问道，我跌跌撞撞地走进去的到底是一个什么样的世界呢？可以确定的是，城市的世界对于乡村的世界，对于山脉、树林和河流的世界，对于动物和"上帝的思想"（植物和各种晶体）的现实世界，是一无所知的。我觉得这样一种解释使人觉得舒服。不管怎样，这种解释让我信心倍增。我深知尽管城市是个学识宝库，在精神方面却是极其有限的。这种顿悟是十分不利的，因为它诱使我落进自觉的优越中，我开始批评

---

① 斯威登堡：瑞典的科学家、神秘主义者、哲学家。著有《哲学和逻辑学著作集》《论天国、地狱及其奇迹》《上帝的基督教》《神秘主义著作》等。

不当和盛气凌人起来，弄得他人对我生厌。这再一次使我警醒，重拾旧日的各种怀疑、自卑感和抑郁情绪，这些是我不惜任何代价都要冲破的。我不愿意站在世界之外，不愿让自己像个怪人一样生存。

我在学完了基础的引论性课程之后，便做起了解剖学助教的助手。随后的一个学期，示范老师让我负责讲授组织学课，这对我是极大的鼓励。我对进化理论和比较解剖学很有兴趣，还因此熟悉了新活力论，更使我感兴趣的还有广义的形态学方面的观点。它是与生理学正相反的学科。后者由于要进行活体解剖，所以我对这个科目极为反感，而活体解剖的目的则不过是为了进行示范而已。热血动物跟我相似而并非只是有理智的动机，这种感觉我一直无法排除掉。因此，只要我能够，我就把示范课去掉。我认为，我们是得用动物进行实验的，但是，进行这种解剖示范的实验在我看来却是可怕的、野蛮的，而最主要的是没有必要。只要根据描述，我便足以想象出解剖示范整个过程的情景。我对动物的热爱并非来自叔本华哲学里那种佛教式的装点门面，而是基于一种原始的，意向态度更深厚的基础之上的——基于潜意识地与动物等同的基础上。而当时，对于这一重要的心理学上的事实，我并不知晓。我对生理学的逆反心理使得我这一科目的考试成绩也非常不好，每次都在及格线边上徘徊。

随后的两个学期是有关临床的学习，这段时间很忙，几乎没有任何闲暇时间供我涉猎其他方面，我又乐在其中。仅在星期天，我才有时间研究康德。我还刻苦地研读了 E. 冯·哈特曼的著作。有一段时间，尼采也列入了我的阅读计划，然而我却迟迟没有开始阅读，原因是我觉得自己准备得并不充分。那时候，他受到人们的广泛讨论，但贬多于褒，讨论者据说多是有能耐的哲学方面的学者们。从这些褒贬中我可以推想出他在高层人士中引起多么大的敌意了。当然，这些人中的最高权威是雅各布·布尔克哈特了，他那各式各样的对尼采的批评性评论到处可见。此外，我们大学还有些与尼采本人有些过节的人，此时便到处散布有关他的各种各样并非恭维的琐事闲言。这些人中的大多数对于尼采的著作连一个字也没有读过，因而只好就他的外表性的怪癖大做文章，如摆绅士的架子，他弹钢琴的架子、他文体的夸张——这些怪癖使当时巴塞尔市有身份的人士很觉得碍眼。使我推迟了阅读尼采著作的当然不是这些事情——相反，它们倒起了最强烈的推动作用。我之所以推迟了是因为我暗地里害怕，也许我也会像他那样，至少是在那种"秘密"方面会像他那样，结果导致与周围的人和环境隔绝。也许是——有谁会知道呢？——他曾有过内心的种种体验和种种顿悟，而不幸的是他企图对此进行谈论，结果却发现没有人能理解他。很明显，他至少被人认为是个怪物，是大自然的嘲弄对象。而这，无论在什么情况下，我都不想成为这样的人。我担心，我可能会被迫承认，我也是另一个这样的怪人。当然了，他是教授，写出了大本大本的厚书，并因此而获得了难以想象的荣誉。他虽然也像我一样是个牧师的儿子，但不同的是，他出生在国土辽阔的德国，那个一直远伸至海边的国度，而我却只是个出生在遥远边境小村的瑞士人。他操着一口优雅的高地德语，精通拉丁文和希腊文，或者还懂法文、意大利文及西班牙文，而我唯一能运用自如的语言只有瓦格斯－巴塞尔方言。他，拥有这么多可引以为荣的东西，竟被人当作某种怪人，而与他有点相像的我又会怎样呢？我不敢再想下去了。

虽然心里有种种的担忧，我还是被好奇心驱使，拿起了他的著作。《不合时宜的思想》是我阅读的尼采的第一本书。书中的文字将我的热情彻底点燃了，读完一本我又迫不及待地读了《查拉图斯特拉如是说》。跟歌德的《浮士德》一样，这本书对我来说是一次重大的体验。《查拉图斯特拉如是说》便是尼采的《浮士德》，他的第二人格，而我的第二人格现在便对应于查拉图斯特拉了——尽管这有着把一个鼹鼠掘起的土堆比作勃朗峰之嫌。而查拉图斯特拉——对此可以说绝不必怀疑——是病态的。我的第二人格也是病态的吗？这种可能性使我十分惊恐，我也好长一段时间拒绝承认这一点，但这个想法在不合时宜的时刻却再三再四地涌上我的脑际，使我冒出一身冷汗，到了最后，我只好进行自我反省了。尼采只是在晚年才发现了他的第二人格，这时他已人过中年，而我却自童年时代起便认识我的第二人格了。尼采曾幼稚地和不谨慎地谈到过这个阿尔希顿（arrheton），这个无以取名的东西，仿佛它是很合适的。但我很快就注意到，这只会引起麻烦。在他还是个年轻人，对自己的前途将会怎样还不必顾及时，他来到巴塞尔大学当教授，实在是太有见地了。他是如此聪明，他本该及时注意到有些事出了毛病才对。我觉得，那就是他病态的误解，即他毫不担心地和毫不怀疑地在一个人们对这种事情一无所知和毫不理解的世界里把第二人格放出来乱跑。他被一种幼稚的希望所触动，想找到能够分享其狂喜及能把握其"对一切价值观念进行重新评价"的思想的人们。然而他却只找到了有教养的市侩们——使他悲喜交集的是，他本人就是这样的一个人。像他们中的一员那样，他冒冒失失地一头撞进那不可言喻的神秘里，并想向迟钝的并为上帝所弃的大众对这种神秘进行赞扬时，他却对自己一无所知。这就是他言辞夸夸其谈、比喻堆砌重叠、赞美诗式的欢乐情调的原因所在，这些全都是妄图引起已把其灵魂卖掉以换取一大堆互不连贯的事实的广大人民的关注罢了。虽然他宣称自己是走钢丝的表演者，但最终还是落进了超出自身想象的深渊之中。他并不了解自己，在这个世界上他就像是一个疯魔，周围的人都如履薄冰地与之周旋。在我的朋友和熟人中，我知道有两个人宣称自己是尼采的追随者，这两人均为同性恋者，其中一人以自杀终结生命，另一人则是被人误解的天才，最终成为废人。其余的朋友并没有被《查拉图斯特拉如是说》的现象吓倒，而只是表现出无动于衷罢了。

就像《浮士德》为我打开了一道门那样，《查拉图斯特拉如是说》则砰地给我关上了一道门，而且在以后很长一段时间里一直关着。我觉得自己就像那个老农夫一样，发现自己的两头牛显然是中了邪术，把它们的头套在了同一个笼头里。"这样的事是怎么发生的呢？"他的小儿子问道。"孩子呀，这样的事人们是不会谈论的。"他的父亲回答说。

我意识到，一个人只能跟人们谈些他们所知道的事，否则就是对牛弹琴。天真无知的人并不知道，与人谈论些他们所不懂的事是一种怎样的侮辱。只有当前者是个作家、记者或诗人时，他们才会谅解这种毫不客气的行径。我逐渐明白了，一种新思想，或甚至只是旧思想的异乎寻常的一面，只有依靠事实才能让人们相信。只有事实是确定无疑的，它不会被扫到一边去，某个人或迟或早总会遇到它们并认识到他所发现的是什么。我明白了，我辩论时，缺少某种更好的东西，其实我应该提供事实，但这些事实正是我所缺乏的。我的手中什么事实都没有。以往很多时候，我常凭借自己的经验行事。我责怪哲学家们经验正缺乏时却说个没完没了，而当他们本应该用事实进行阐述时却紧闭双唇。我感到，在这个或那个时候，我已穿越了一个满是金刚石的山谷，但是我却无法使任何人相信——在我更仔细地观察它们时甚至连我自己也说服不了——我所带回来的样品并不仅仅是些简单的石块。

在 1898 年，我已经开始认真地考虑当医生这事了。我得出的结论是，自己必须学有所长确定专业。而这种选择只要在外科和内科之间进行就可以了。我更想选择前者，因为我受过解剖学的专门训练，而且我还很喜爱研究病理学，而要是我拥有足够的金钱，便很有可能使外科成为我的终身职业。但是我的窘境也在此，为了念大学我已经欠了不少钱。我知道，期末考试之后我便得尽早地开始挣钱养活自己了。我设想过在某个县级医院当助理医师的生涯，在那种地方比起在一个诊所来，更有希望谋得一个有薪金的职位。此外，一个诊所的职位在很大程度上得取决于其负责人的支持或其个人的利害关系。由于我人缘有问题，与别人又合不来——这种体验我实在太多了——因此我不敢设想会好运临头，于是便只好满足于在一所地方医院谋个职位这种并不过高的前景了。其余的便取决于努力工作，取决于我的本事和申请了。

但是，在暑假里发生了某件注定要对我产生重大影响的事。某天，我正坐在自己房间学习功课。隔壁房间的门大开着，母亲坐在里面织毛衣。那房间是我家的饭厅，里面就摆着那张胡桃木圆餐桌。这张桌子原本是我祖母的嫁妆，已经有七十年历史了。我母亲坐在距离桌子一米远的地方。我的妹妹上学去了，而女佣则在厨房里。突然间，砰地响起了一声似手枪射击的声音。我一下子跳了起来，快步冲进了传出爆炸声的那房间，只见我母亲目瞪口呆地坐在她那扶手椅里，毛线团从她手里落到了地上。她结结巴巴地说道："出、出、出了什么事啦？就在我身边！"然后她便盯着那桌子。顺着她的目光，我看到发生的事情了。那桌子从边缘到中心以外处裂开了一条缝，而且还不是沿着榫眼处裂开的，这裂缝直穿这硬硬的木材。我像遭了雷击一样呆住了。这样的事情怎么会发生呢？风干了有七十年的一张硬胡桃木桌子，怎么竟在夏季的一天，在我们这里气候所特有的、湿度相对高的时候，裂了缝呢？若这事发生在寒冷干燥的冬天，它边上又摆着一个火炉，倒是可以理解的。到底是什么原因造成了这样一种爆炸呢？"一定有什么古怪的事。"我想着。我母亲脸色阴沉地点头说，"是啊，是啊，"她用那第二人格的语调说着，"这一定是意味着什么。"虽然我并不完全赞成她的说法，我却找不到更好的解释，于是我便生起自己的气来。

　　大约过了两个星期，我在晚上六点钟的时候回到家，一进门就发现我们全家——我母亲、我十四岁的妹妹及女佣——都处于一种十分激动的状态。大约在一个小时之前，又发生了震耳欲聋的响声。这一回，却不再是那已经裂了缝的桌子，响声是从餐具柜的方向传来的。这东西是一件沉甸甸的家具，早在19世纪初就买来了。她们已经从上到下把它查看了一遍，却找不到有什么裂缝的迹象。我立刻动手把这柜子又细细检查了一遍，连其周围的地方也细细检查了，但也同样毫无结果。然后，我便开始检查起这柜子的内壁来。在存放着面包篮的碗柜里，我发现了一条面包，在其旁边放着的，则是一把切面包的刀子。刀刃的大部分崩成了几片碎片，刀把躺到了四方形的面包篮旁的角落里，在其余的三个角落里都有刀刃的碎片。这刀子不久前刚被使用过，大概是四点钟喝下午茶的时候，随后就被放到了一边。此后，再没人到餐具柜里取东西了。

第二天，我将这把坏刀拿到镇上一个最有名的刀具商那里去。店主拿来放大镜仔细地瞧，又看了看裂痕，最后摇着头说道："这把刀子没有问题，钢也很不赖。一定是有人故意把它一片片地弄坏的。这是可以做得到的，比如说，可以把刀刃插进抽屉的裂隙里，然后一次拆掉一片。也可以用别的办法，如从高处把它朝下摔到石头上。但是好钢是不会炸裂的。一定是有人在跟您开玩笑吧。"我小心地把刀子的这些碎片一直保存到今天。

我母亲和妹妹那时正在房间里，这突然的巨响吓了她们一跳。母亲的第二人格瞧着我，那眼神颇具含义。但我却不知道该说什么好。我完全觉得不可理解，对于已发生的事也给不出什么合理的解释，我只得承认，这件事给我留下了深刻的印象。桌子裂开缝和刀子破碎了，这到底是怎么了？假如这是极其偶然的巧合，那这实在是太没有道理了。出于偶然的机会，莱茵河竟有一次也能够倒流了，但是我觉得这肯定是不会发生的。但是却没有其他的理由可以解释这类现象。那么，到底是怎么了呢？

几个星期以后，我听说有几个亲戚在搞桌子转动的事已有好些时候，他们还有一个降神者，一个十五岁半的年轻姑娘。这几个人一直想让我见见这个降神者，据说这个人能使人进入梦游状态并能招魂。当我听到这个消息时，立刻便想到了在我们屋里的那种古怪的现象。于是我便猜想，它们可能以某种方式与这位降神者有联系。于是，我便开始列席他们的降神会，这种降神会每星期六傍晚定期在我亲戚家里举行。渐渐地墙的四壁及桌子发出啪啪声方面有了结论。不依赖于降神者，桌子会移动是令人起疑的，而且我很快发现，对这种实验增加某些限制性的条件一般来说会有妨碍性的效果。最后，我发觉桌子是自动发出啪啪声的，随后便将注意力转到传递信息的媒介上来。在我的博士论文里，我列举了这些观察的结果。经过大约两年的实验，我们全都对此变得相当厌烦了。我发现了这位降神者通过诡计来企图使人产生异象，而这使我从此不再参加这些实验了——我后来对此甚觉后悔，因为我从这个例子中懂得了第二人格是怎样形成的，懂得了它是怎样进入一个小孩的意识里并最后使后者结合进她本身里。她是那些早熟的异人之一，由于肺结核病，她在二十六岁时便死掉了。在她二十四岁的时候，我还见过她一回，并获得了她具有个性独立并成熟这一永久性印象。她去世后，我听她的家人说过，在她人生的最后几个月里，她的个性一点儿一点儿地逐渐解体，最后，她竟回复到一个两岁孩童的状态，就在这种状况下离开了人世。

总之，这次体验意义深远，它将我较早期获得的哲学体悟一扫而光，并使我能够获得一种心理学上的观点。对于人的心灵，我已发现了一些客观的事实。然而这种体验又是那种我无法言说的体验。可以把整个故事对之讲述的人我却一个也找不到。于是我只得再次把这个尚未解决的问题搁到一边去。直到两年之后，我的专题论文才问世。

在我工作的医院里，老伊玛曼的职务被年轻的弗列德里希·冯·穆勒接替了。在穆勒身上，我发现了一种将我吸引的东西。他是个很有才华的人。我从他身上看到一种深邃的理智是如何把握住了问题并提出疑问的，而在这些疑问中，这个问题便等于解决了一半。在他那里，也仿佛在我身上看到了某种东西，因为我的实习即将完成，他提议我可以作为他的助手前往慕尼黑，因为他已经接受了那里的职务。这一邀请让我很高兴，如果没有发生另一件事，我很可能就决心献身于内科事业了。那件事消除了我对未来职业的一切顾虑，否则我会那样做的。

尽管我一直在听精神病学和临床的课，但当时那位讲授精神病学课程的老师讲的却不是那么使人感兴趣和启发思路，而当我回忆起精神病院的体验对我父亲的影响时，我就无法对精神病学抱有好感了。因此，在准备期末考试时，精神病学的教科书总是被我排在最后才温习。我对从中有所收获不抱任何希望。因此我仍然记得，当我打开克拉夫特·埃宾编著的教科书时，我每次都会对自己说："好吧，现在让我们瞧瞧，一个精神病学家为了自己到底有些什么话好说吧。"专题讲座和临床示范给我留下的印象显然不如其他课程。就连在医院里所见到的病例我也一个都想不起来了，我对这门课程只有逆反和厌烦心理。

我从阅读序言开始，就是想瞧瞧一个精神病学家是如何概述其科目的，或到底是如何证实其存在的理由的。因为在那时的医疗界，精神病学是十分被人看不起的学科。这也是我会对这门学科采取如此趾高气扬的态度的部分原因，这一点我不得不说清楚，当时没有人真正对此有所了解，也没有把人当作一个整体来加以考虑并把人的各种病理变化包括进这一总体图景里的心理学。医院院长及其病人被关闭在同一个医院里，而这个医院又同等地切断了与外界的联系，就像古时候的麻风病院与其病人，被隔离在城郊之处一样。没有人愿意朝这个方向看上一眼。而其医生们也几乎像门外汉一样知之甚少，因而他们的感受也跟这些人一般无二。精神病是一种无望治愈的要命之病，这种看法也影响到了精神病学。精神病医生在那时被看作是个怪人，而这，我不久后就获得了亲身的体验。

序言的内容逐渐映入我的眼帘："大概是由于这个科目的特殊及其发展尚不完全之故，精神病学方面的教科书多少都会被打上一种主观性的烙印。"随后的几行内容，作者把精神病患者称作"人格之病"。我的心猛地怦怦跳动了起来。我不得不站起来，深深地吸了一口气。我变得十分激动，因为在一闪而过的启示里，对我来说却已清清楚楚，精神病学才是我的唯一目标。只有在这里，我的兴趣的两股激流才能汇流到一起，形成一条水流并冲出一道河床来。这里是经验性的天地，与生物学和精神性的事实存在着共性，我一直在寻找着这样一个天地，可是却一直没找到。这里终于有了一个天地，一个大自然和精神的冲撞变成了现实的天地。

当克拉夫特·埃宾精神病学教科书的"主观性"内容出现在我眼前时，我的共鸣更强烈了。这样看来，这本教科书的部分内容也是作者的主观认识。由于他所持有的个人偏见，由于他的存在所具有的总体性，因而他便站到其经验的客观性的背面并以其整个人格对这种"人格之病"做出反应。在医院时，我从来没有听到我老师说起过这样的事。尽管克拉夫特·埃宾的教科书与其他这类教科书并没有什么根本性的不同，但这几点暗示却给精神病学投射下了一道可使人脱胎换骨之光，使我身不由己地被它吸引住了。

有了决定之后，我便将它告诉了那位内科方面的老师，我在他脸上看到了惊异和失望的神情。我的老创伤——认为自己是个不受欢迎的人，并且被别人疏远——再次出现，并刺伤了我。不过现在我明白这是为什么了。没有人，甚至连我本人，也从没想到过我竟会对这一偏僻的小径发生兴趣。我的朋友们既感惊诧又想不通，认为我是个傻瓜，竟放弃了谋取医学内科这一明智职业的机会，放弃了这一如此诱人且唾手可得的机会而喜欢上这种精神病学上的胡说八道。

我深知，我自己再次走上了一条谁也不会跟着我走的独木桥。而且我也懂得，没有什么人或什么事能使我偏离我的目标，我做出的决定是不会轻易改变的，而且这也是命中注定的事。它就像两条河流汇合到了一处而形成了一股急流，绝无留恋地载着我流向远方的终点站。我是一个"两重性格合而为一"的人，这种自信的感觉如同一个有魔力的巨浪承载着我一样，使我顺利地通过了考试，而且还考了第一名。很有典型性的是，在奇迹之路上我一帆风顺，但潜藏着的重大障碍却使我在最拿手的科目上栽了跟头，这门科目就是病理解剖学。由于一种古怪的错误，在除了各种各样的碎屑之外似乎只含有上皮细胞的显微镜的承物玻璃片上，我却看漏了藏在一个角落里的一些霉菌。在其他科目，我甚至猜出了我可能会被问到的问题。由于这个原因，我胜利地越过了好几个危险的暗礁。但是报复来了：在我觉得最有把握的地方，却由于最为莫名其妙的原因而翻了船。要不是因为这一点，在这次考试中我本可取得最高分的。

结果，另一个候选者取得了与我相同的分数。他向来喜欢独来独往，对他的个性我也不了解，只是觉得他是个靠不住的平庸之人。除了"专业知识"以外，我无法跟他谈任何别的事情。对于每一件事，他都报之意味深长的微微一笑，这种微笑不禁使我想到了埃伊纳岛的希腊雕像。他有一种高人一等的优越感，但是在这种神气之下，他却往往显得手足无措并且露出失败者的狼狈样来，与周遭的一切总是显得格格不入。这是否是一种愚蠢呢？但我却从未能证明他是。有关他的唯一确定的事，就是他给了我有着几乎偏执狂式的野心的印象，这一野心使他除了纯粹的事实外对任何事情均不感兴趣。几年之后，他成了精神分裂症患者。我之所以提到这一点，是想以之作为事情都有对应性的一个典型例子。我的第一本书是有关早发性痴呆（精神分裂症）心理的，由于这种心理，我的人格及其倾向或"人差"便对应于这种"人格之病"。我向来认为，精神病学在最广的意义上说是一种病人的心灵与假定"正常"的医生的心灵之间的对话，是病人的人格与施疗者的人格之间的一种妥协让步，二者从原则上说都是同样的主观。我的目的在于表明，妄想和幻觉并非只是精神病特有的症状，而是人人均具有这种症状。

期末考试结束的那天晚上，我让自己享受了一回，这是我人生中的首次奢侈之举——去戏院看戏，这也是我渴望已久的。直到这个时候，我的经济情况尚无法允许我进行任何这样的铺张浪费。但靠卖古董得来的钱现在尚余点儿，这就使我不但有可能看一次歌剧，甚至还到慕尼黑和斯图加特游览了一趟。

比才 ① 的音乐美妙极了，它征服了我，使我仿佛在一望无际的海中随波起伏一般。第二日，我就被火车载着越过边境进入一个更为广阔的世界去了，《卡门》的旋律仍萦绕在我耳际。在慕

---

① 比才：法国作家。创作的歌剧有《采珍珠者》《卡门》《阿莱城姑娘》，钢琴曲有《半音变奏曲》《夜曲》等。

尼黑，我首次领略了古典艺术的风采，这古典的艺术之美与比才的音乐巧妙地融合，使我身处如春天般的、新婚燕尔的欢快气氛之中，这种气氛的深邃和含义，我只能含混地领会。然而在外部世界里，这却是阴沉的几日，那正是 1900 年 12 月的 1 日至 9 日。在斯图加特，我拜访了姑妈莱玛·荣格博士，这是我最后一次见到她。她的丈夫是个精神病学家。她是我祖父与弗吉尼亚·德·拉索尔的首次婚姻所生的女儿。她是个气质迷人的老者，蓝色的眼睛炯炯有神，生性活泼开朗。在我看来，她仿佛完全生活在一个充满各种不可捉摸的幻想和拒绝消亡的各种往事的回忆里——生活在一种正在消亡和一去不复返的往事的最后一息中。这次拜访是对我童年怀恋的永诀。

　　1900 年 12 月 10 日，我前往苏黎世的伯戈尔茨利精神病院就职，我在那里谋得了助理医师之职。我很喜欢那里，因为在这几年时间里，巴塞尔已变得太沉闷和乏味了。对于巴塞尔人来说，除了他们自己和这个市镇之外，别的城镇都是不值一提的，只有巴塞尔才是"开化的"，伯斯河的北岸则是"野蛮人的国土"了。我的朋友们无法理解我离开此地的原因，他们猜想我一定很快就会回来。但他们完全猜错了，因为在巴塞尔，不论什么时候，我都会被人认出是保罗·荣格牧师的儿子和卡尔·古斯塔夫·荣格教授的孙子。我是个知识分子，并属于一个确定的社交圈子。我对此很反感，因为我不想也不愿意让自己归入某一类人之中。巴塞尔知识界的气氛在我看来是令人羡慕的，具有世界性，但传统的习惯势力却使我受不了。当我踏上苏黎世的土地时，我立刻感觉出了两者的差异。苏黎世与世界的联系不是通过知识界，而是通过商业，因而这里的气氛是十分自由的，而这正是我想要的。在这里，一个人即使出身不好，并非世代书香，你也不会感到千百年的历史重压。但是巴塞尔是我的故土，因而我至今仍有一种淡淡的怀恋，尽管它如今已不再是我记忆中的样子了。我至今仍然记得同巴赫奥芬和雅各布·布尔克哈特在街上漫步的旧日时光，仍然记得大教堂后面那座老旧的牧师会堂，还有留存在记忆深处的横跨莱茵河河面的那座半木石结构的古桥。

我要离开巴塞尔，这对我母亲来说可就不好受了。但是我知道，我是无法帮助她解除这种痛苦的，而她则勇敢地承受住了。她与我妹妹住在一起。我妹妹是个清秀却病恹恹的人，在一切方面均与我有所不同，她仿佛生来就注定了一辈子得当老姑娘，而她确实也终身未嫁。但她有一种非凡的个性，我对她的处世态度也很钦佩。她必须要经受一次据称是没有任何危险的手术，就因为这次手术她不幸去世了。事后我才得知，她早已在事前就将自己的一切事情，甚至连最细小的细节，都安排得十分妥帖周到，这让我被深深触动。在心底深处，她对我来说更像是陌生人，但是我却十分尊重她。我是非常爱动感情的，而她则与我不同，总是一副镇定自若的神气，虽然她的内心深处同我一样敏感。我甚至能够想得出来，就像我祖父那唯一的妹妹经历过的那样，如果不是早逝，我的妹妹可能也会在妇女敬老院里颐养天年了。

我在伯戈尔茨利精神病院的工作开始了，生活也便具有一种要求人必须专心致志的现实性——精神集中、头脑清醒、认真负责等。它犹如进入了一座世俗的修道院，等于屈从于只相信大概可能有的，一般的、普通的、没有意义的东西，放弃奇异的和有意义的一切，及把一切超尘绝俗的东西变成平庸无奇的凡品的誓言。从此之后，有的只是空空如也的表面，以及那些没有连续下去的开始，只是孤立存在的毫无相关性的事件，只是范围越缩越小的知识，只是据说是问题的失败，只是令人沮丧的、狭隘的个人视野，以及日常事务那无边无岸的琐屑。一连六个月，我将自己关禁在那犹似修道院的围墙之内，为的是要让这精神病院的生活及风气习以为常。而为了使自己熟悉精神病患者的思想与心理，我又将五十卷的《精神病学概论》从头至尾一页页地阅读起来。我想要找到一个答案，那就是人类的心灵在面对其本身的毁灭情境时会作何反应呢？因为据我所知，精神病学能清楚地表达在精神病出现之时是如何支配那所谓的健康头脑的那种生物学反应的。我的兴趣点不仅在病人身上，也在我的同事们身上。在随后的几年里，暗地里我编制了那些瑞士同事在遗传背景方面的统计数字，并从中学到了许多东西。我这样做一是为了使自己获得些教益，二是为了理解精神病人的智力。

我全身心地投入研究工作中，因此我与同事们的距离越来越远。他们当然不会了解精神病学对我竟然有如此大的吸引力，而我又是多么急于想参透其玄机。那时候，我在治疗学方面的兴趣尚未觉醒，但所谓正常性的病理变异却迷住了我，因为它使我获得了渴望久已的机会，得以更深入地洞察那具有总括性的心灵了。

我既没有超然于我自己并以真正客观的方式来观察自己命运的欲望，也没有这种能力。我乐于去编织一个本来应该是怎样的幻想，或写一部为自己辩解的书，这种为人所熟知的自传作品的错误的书。反正，如果人是一个事件的话，他没法自己给出判断，究竟是好或坏得由他人得出结论。

四、精神病治疗活动

　　在伯戈尔茨利精神病医院工作的那几年就是我的学徒生涯。左右了我的兴趣和研究工作的是下面这些亟须解决的问题：精神病人的内心到底是怎样的？究竟发生了什么事呢？这是我当时并不了解的问题，我的同事们也没人关心这样的问题。精神病学的教师对于病人自身要说的话没有任何兴趣，他们只关心如何做出诊断或如何去描述其症状和编制出统计数字。从当时流行的临床观点来看，病人的人格及其个性是毫无关系的。相反，医生带着一长列剪贴好的诊断病历及详尽记录的各种症状来见其病人。病人们被定性、分类，诊断书上也盖上了橡皮图章，在大多数情况下，事情至此便算解决了。精神病人的心理，不管怎样，是根本不起作用的。

　　在这里，弗洛伊德的重要性便又显现出来了，特别是他在癔症和梦的心理学方面进行的基础性研究，我深受其影响。对我来说，他的观点指明了对个别病例进行密切调查和了解的道路。尽管他本人是个神经病学家，但他却把心理学引进了精神病学。

　　时至今日，我还能十分清楚地回想起那时候引起了我极大兴趣的一个病例。一位年轻妇女由于患"忧郁症"而被收纳进这所医院。医生像往常那样对她进行了仔细的检查：询问了既往病史，进行了各种检验及体格检查之类。诊断结果是精神分裂症，用人们当时的术语来说就是"早发性痴呆"。预后：不良。

起初我对这个诊断深信不疑。而且我还是个年轻的新人，身为一名初学者，我更不敢鲁莽地提出疑问。但是这个病例却使我觉得奇怪。我觉得，这不是那种精神分裂症的事，而是属于一般性的抑郁症，于是我便决心施用一下我自己的治疗方法。那时候，我正忙于诊断性联想研究，于是我着手与病人一起进行了一次联想实验。除此之外，我还与她一起讨论她所做的各种梦。我以这种方式成功地揭示了她的过往，也弄清了既往病史中没有弄清楚的地方。我直接从潜意识中获取了部分信息，而这种信息又预示着这是一件颇为凄凉的事情。

在这位女士结婚以前，她曾结识过一位男士，一个富有的大企业家之子，他是邻近地区所有姑娘们感兴趣的对象。这名女士当然也不例外，而且她长相出众，她认为自己能获得他的青睐。但他表面上对她毫无好感，于是她便嫁给了另一个男人。

五年之后，一位老朋友前去拜访她。他们一起谈起了这些往事，她的朋友告诉她说："在您结婚之时，某个人——您那位某某先生（那个富有的企业家之子）——却吃惊非小。"就是这个时刻，她的抑郁症就开始了，几周之后便导致了一场大灾难。她正在给她的孩子洗澡，先给她那四岁的女儿洗，然后再给她那两岁的儿子洗。她住在乡下，那个地方的水源并不十分卫生，喝的倒是泉水，但洗澡和洗衣服却用的是河里的脏水。在她给小姑娘洗澡时，她看见这孩子啜那海绵，却没有制止她，她甚至还给她那小儿子一杯这种脏水喝。自然，她这样做全是潜意识的，或者只是半意识到了。因为她的大脑已经受到那刚产生的抑郁症的影响。

一段潜伏期过后，她那可怜的女儿得了伤寒病，很快就死掉了。那小姑娘是她的掌中之宝，那小儿子倒是侥幸没有受到感染。在那时候，抑郁症到了急性阶段，这位女士便被送了进来。

从这一联想试验里，我看出了，她是一个谋杀犯，而她那秘密的详情我也知道得实在太多了。事情马上就真相大白了，这就是她患抑郁症的一个重要原因。从本质上说，这是一种心理发生性扰动，而不是患的精神分裂症。

那么，应该采取怎样的治疗措施呢？直到这时，这位女士还一直被注射麻醉剂以克制她的失眠症，同时还有人监守她以防止她企图自杀。在其他方面就没有什么措施了。但从体质上说，她的健康状况良好。

我现在面临着一个抉择：我要不要公开地跟她说明呢？我应该负担起这主要的责任吗？对我自身而言，我遇到了职责上的矛盾冲突，这在我的经历中是从来没有过的事。我有一个良心方面的问题须加以回答，而且我必须自己解决它。我要是就此去要求我的同事们帮忙，他们大概会警告我说："看在老天的面子上，这种事情可千万别跟这个女的去说呀。这只会使她疯癫得更厉害。"但在我看来，其效果很可能正好相反。一般来说，心理学上几乎并不存在明确的法则。一个问题可以这样回答也可以那样回答，这完全取决于我们是否把潜意识的各种因素考虑在内。当然，我很清楚我所冒的个人风险：这病人要是病情加重，我便会使自己也陷入困境之中！

即使如此，我仍然想试一试这一结果难以预料的治疗方法。

我把我通过联想试验了解到的一切全告诉了她。我这样做，其困境之大自然是可以想象的——断然地指责某人是个杀人犯，这并非小事。对于必须听取并接受这种指摘的病人来说也是极为痛苦的。但结果却是，待了两周，她便病愈出院了，此后她再也没有进过精神病院。

关于这个病例，我对我的同事们始终守口如瓶。有一个原因让我不得不这样做——我担心他们会对这件事加以讨论并有可能引起法律诉讼。当然了，对这位病人不利的证据倒是未必会有，然而进行这样一种讨论对她来说可能是灾难性的。命运对她施加的惩罚已经够多了！她应该回到生活中去，并在生活中赎罪。这在我看来显得更有意义。她出院时是带着沉重的思想负担离开的。她是不得不背着这个负担啊。失去孩子对她来说已够可怕的了，而她的赎罪行为则在她患了抑郁症并被监禁在医院时便已经开始了。

在精神病学里的大多数情况下，病人来就诊时肯定有一个没能够讲出来的故事，而这个故事通常只有病人自己知道。我觉得，只有对这一完全纯属个人的故事进行调查，对病人的治疗才算是真正开始了。这是病人心中的秘密，这秘密是治疗病人的关键所在。医生的职责就是找出弄清这个关键的办法。在大多数情况下，光是探讨意识方面的材料是不够的。有时候，进行联想试验则可能打通这条道路，对梦境进行阐释，或与病人进行长期而耐心的、富有同情心的接触也有同样功效。在治疗上，问题则总是从病人的整体而绝不是只从症状入手。我们必须提出深刻触及那整个人格的种种问题。

1905 年，我在苏黎世大学担任精神病学的讲师，同年，我又当上了精神病诊所的高级医师，这一职位我保持了四年之久。而后，在1909年，我却不得不弃了此职，原因是这时候我在工作上获得了越级提升。在这几年期间，我私下里给许多人看过病，日常的工作就再也忙不过来了。然而我却保住了教授之职，直至1913年为止。我讲授心理病理学，也同时讲授弗洛伊德的精神分析的基础课程及原始心理学。这些是我所主讲的科目。在前几个学期里，我主要讲授催眠术、雅内和弗劳内伊的理论。到了后来，我主要讲授弗洛伊德的心理分析了。

在讲授催眠术时，我往往喜欢给学生示范，我会找一些病人的既往病史进行详细询问。有一个病例我至今仍然记忆深刻。

有一天，一个显然有着强烈宗教信仰的中年妇女前来就诊。她已经五十八岁了，是拄着拐棍来的，跟来的还有她的女仆。十七年来，她由于左腿瘫痪而吃尽了苦头。我让她坐到一把舒服的椅子上，然后便要求她讲一下她的病史。她开口给我讲了起来，但整个病史是多么可怕啊——她从得病之初讲起，那漫长的故事极为详细地讲了很久，她一面讲一面哭。到最后，我打断了她的话说："嗯，好吧，我们先谈到这里。我现在就给您进行催眠。"我的话音未落，就听到了浅浅的呼吸声，她已经闭上双眼进入了深深的沉睡之中。但是我还没有进行催眠啊！我吃惊不已，却没有搅扰她的安睡。她仍然继续说着话，而且还讲到令人惊异的各种梦境，这代表着潜意识的极为深刻的体验。然而，很久之后我才弄懂这些。我当时觉得她处于一种神志昏迷状态。但这使我很不舒服。当时有二十个学生在场，而我正想展示我的催眠呢！

这种情形维持了半个小时左右，我想将她从睡梦中唤醒，可是她怎么也醒不过来。我震惊了：我立即意识到，有可能我无意中深入她那潜伏的精神病之中了。我又花了大约十分钟才将她唤醒。与此同时，我也不想让我的学生们看出我的紧张来。当这位妇人醒过来后，她觉得头昏脑涨。我尽力使她平静下来，并对她说："我是医生，您一切正常。"听到这话，她大声地喊道："我的病好啦！"随后便扔掉拐棍，开始大步走路了。我尴尬得面红耳赤，却硬着头皮向学生们说道："你们现在该看出来催眠术有多大奇效了！"可实际上，我却根本不知道发生了什么事。

在促使我最终放弃催眠术的经历中，这就是其中之一。我不知道到底出了什么事，可是那妇人确实病愈了，而且是兴高采烈地离开的。我告诉她让我获悉她后来的情况，因为我当时猜想最迟过了二十四小时之后她就会重新拄着拐杖。可是她的老毛病却没有再犯，虽然我心里怀疑万分，但是仍然得接受她确实已被治好了这个事实。

第二年夏季那个学期，在我进行第一次授课时，她又来了。这一回，她抱怨说背部产生了剧痛，而这，据她说，只是最近才开始有的。很自然，我自问道，这是否与我重新开始讲课有某种关系呢？也许是她在报纸上看到了我开设这一讲座的通告吧。我问她这疼痛是什么时候开始的，又是什么原因造成的。她回想不起来在什么特定的时间发生过什么事，也提不出一点儿解释生这病的原因。我只能根据她的表现得出这样的结论，她这背疼正好发生在她在报纸上看到这则通告的那个时刻。虽然我的猜想是对的，但我仍然不明白那奇迹般地治愈了她病的原因。我再次对她催眠，而这次她仍然自动地进入了昏睡状态，醒来后她的背疼便没有了。

讲完课后，我挽留她，想打听一下有关她生活的更多情况。结果我得知，她有一个弱智的儿子，正好在这所医院我所在的部门接受治疗。我并不知道这点，因为她跟随她第二个丈夫的姓，而她的儿子却是跟随她第一个丈夫的姓，这孩子是她的独子。很自然，她本希望有一个才华出众并在事业上有所成就的儿子，岂料他却在很小的时候得了精神病，这对她来说当然是一个可怕的打击。那时候，我还是个年轻的医生，并代表着她希望她儿子所成为的一切。她热切地渴望成为一位英雄的母亲，因此便把希望转到了我身上。她把我认作了她的干儿子，并到处宣扬我奇迹般地治好了她的病。

我在当地获得了"巫师"之名，这还要归因于她，我还有了自己的第一批病人，我的心理疗法也因此展开了，这些都得益于这位有精神病儿子的母亲！自然喽，我向她详细地解释了整个事情，连细枝末节也讲到了。她很理解地接受了这一点，而她的病也从此没有再复发过。

这就是我首次的真正治疗体验，应该说，这也是我所做的首次分析。我至今仍清晰记得与这位老妇人的谈话。她很聪明，对我认真的态度、对她及她那儿子命运的关心表示出感激之情。这的确帮了她的忙。

在我进行私人诊疗的初期，我也采用了催眠术，但很快我就放弃了这种做法。因为在使用它时，更像是在黑暗中摸索前行，你并不了解病情的改善或疗效能维持多久，而以这种毫无把握的方式进行工作，我也是非常反感的。我也非常不愿意由我决定病人应该做什么。我更为关心的是从病人本人那里知道他天生的倾向会把他引导到何处去。为了找出这一点，对各种梦境进行仔细的分析及对潜意识的其他表现进行研究乃是必要的。

在 1904 年至 1905 年，我在精神病院开设了一个实验性的精神病理学实验室。我找了几个学生同我一起工作，进行了心理反应（即联想）的调查研究工作。老弗兰茨·里克林是我的协作者。路德维格·宾斯旺格当时正在写他那篇有关联想实验与心理电击疗法效用关系的博士论文，而我也在撰写我的论文《对事实的心理学诊断》。在我们的同事中还有几个美国人，如卡尔·彼特森、查尔斯·里克什等。他们的论文是在美国期刊上发表的。正是这些联想研究，才使我在 1909 年接到克拉克大学的讲学邀请，到那里就我的研究工作举办学术讲座。与此同时而且也与我无关，他们也邀请了弗洛伊德。我们两人均被授予了"荣誉法学博士"的头衔。

联想实验和心理电击实验是使我在美国获得声誉的主要原因。那个遥远国度的许多病人也来找我治疗了。在第一批病人中有一病例让我印象很深。

这是一位美国同行给我介绍的病人。他拿来的诊断结果是"酒精中毒性神经衰弱"，预后是"无法治愈"。我的那位同行怕我的治疗不起作用，同时采取了相应的补救措施，建议那名患者到柏林某位神经病权威那里也去瞧瞧。那患者前来诊治，我就和他谈了一会儿，随后我便发现，这个人患的是一般性的神经官能症，而对于这病的精神上的起因他却只字不提。于是我就对他进行了一次联想试验，结果表明，他正受着恋母情结的可怕折磨。他生在一个富有而有名望的家庭，有个可爱的妻子，生活也毫无忧愁，这些只是从表面得出的结论。他常常饮酒过量，而他这样做只是极力想使自己处于麻痹状态，好忘掉那压抑性的情境。这自然毫无用处。

他母亲是大企业的拥有人，而这位智力非凡的儿子也在这公司里占据一席之地。确实，他早该挣脱从属于母亲的这种压迫性处境，可是他却鼓不起勇气来，下不了决心抛弃这一优越的职位。因此，他便常常受制于他母亲，因为是母亲给了他这一切。每当他和她在一起，或只好屈从于她对他的工作的干涉时，他便开始喝酒以麻痹或消除他的情感。他身上的一部分并不真的想离开这个温暖舒适的家，尽管这有悖他的本能，他却忍不住让自己受到财富和舒适的诱惑。

短时间的治疗有了效果，他不再喝酒，他觉得自己已经被治愈了。可是我跟他说："要是您重新回到您以前的情境之中，我并不能保证您不会旧病复发。"他并不认同我的话，而是高高兴兴地返回了美国的家。

在他重新回到母亲的影响之下时，他再次饮酒了。为此，他母亲专门来瑞士找我，询问解决的办法。她是个精明而聪慧的女人，却极其看重权力。我明白了她儿子不得不进行抗争的原因，而且也认识到，他是没法与之对抗的。因此我便采取了一种强迫性的治疗办法。背着他，我给他母亲开列了一张医疗证明，大意是说她儿子的酗酒已使他无法完成他的工作，并建议把他解雇。我的建议被接受了——而那儿子，当然要对我大发雷霆了。

在这里，我做了一件事，对一个医疗界的人来说，这件事按常理来说是被认为不合伦理道德的。不过我却知道，为了病人，我是不得不采取这个步骤的。

他后来的发展情形如何呢？从他母亲那里独立之后，他自身的个性得到了充分的发展。他取得了光辉的成就，这也正因为我给他开出了一剂烈性的药。因此，他的妻子十分感谢我，因为他不但克服了酗酒的毛病，还开拓了自己的事业并获得了成功。

尽管如此，对于这个病人我多年来良心上一直有一种犯罪感，原因是我背着他开了那张证明，尽管我确信只有这样做才能使他解脱出来。而且确实如此，他一旦解脱出来了，他的精神性神经病也就消失了。

在我挂牌行医时，人的精神对于潜意识犯下的罪行所作出的反应方式不断地给我留下很深刻的印象。说到底，那个年轻妇女最初并没有意识到她杀死了自己的孩子，然而她却落入了似乎对罪恶极有意识的状态。

我还有一个与此相似的、使我难忘的病例。一位夫人来到我的诊所，她并不想通报自己的姓名，觉得这无关紧要，因为她只想看这一次。很明显她是上层社会人物。她也曾经抱有从医的志愿。她说的是一件自我忏悔的事：大概在二十年前，因为妒忌心作祟她杀人了。她毒死了她当时最好的朋友，原因是她自己想嫁给这位朋友的丈夫。她本来觉得，要是谋杀不被人发现的话她就不会受到谴责。她觉得要想嫁给这个男人，最简洁、最直接的方法就是除掉她的这位朋友。她认为，道德方面的考量不在她的思考之内。

结果呢？她确实与这个男人结了婚，但不久他便死掉了，去世时年纪还很轻。在之后的几年时间，一桩桩奇怪的事情接连发生。他们婚后所生的女儿一长大成人便设法远离了她。

这位太太是个热情的女骑师，拥有几匹她极为喜爱的乘用马。有一天，她发现，这些马在她乘骑时开始变得十分不安，甚至连她最为宠爱的那匹马也躲着她并要把她摔下来。最后，她只好放弃了骑马。从此之后，她便转爱起她的狗来。她有一只她极为喜欢的不同寻常的漂亮的猎狼狗。仿佛命中注定了似的，就是这只狗，却不知怎的得了瘫痪症。至此，可以说她是不幸之极了，她感觉她在道德上完全破产了。她一定要坦白自己的过错，于是便来到了我这里。她是个杀人犯，她不仅谋杀了别人，更谋杀了自己。因为犯下这种罪的人把自己的灵魂也毁灭了。杀人者已经对自己做出了判决。若某人犯下了类似的罪行而且被捉住了的话，他会受到法律的严惩。若他是暗中犯罪，而道德上又没有意识到这是犯罪，并且一直没被发现的话，惩罚仍然会随之而来，迟早会降临到他的头上。就像这个女士一样，这种情形最终会出现。有时，仿佛连动物和植物也"了解"这种罪行一样。

因为谋杀，这位女士便落进了一种无法忍受的孤独之中，连动物也与她疏远起来。为了脱离这种困境，她让我加入她的秘密之中。她是得有某个不是杀人犯的人来参与她这一深藏心底的秘密的。她要找到某个不带偏见地接受她的坦白的人，因为这样一来，她会再次取得犹如与人类建立联系的某种结果一样。而这个人应该是个医生而不是那种职业性的忏悔牧师。由于牧师的职责关系，她对听她自白的牧师是心存疑忌的，担心他不会就事论事而是从道德上来判断她的行为。她看到人们和动物纷纷疏远她，她受到了这种无声的判决，而这种判决又是如此厉害，因此她实在无法忍受任何进一步的谴责了。

我并不知道她的身份，也没有任何证据证明她所说的故事是确实存在的。有时候我会自问，她最终可能落到怎样的结果呢？因为她的自白并不是她旅程的终点啊。可能她最后被迫自杀了。我难以想象，在这种完全孤独的情况下，她会如何继续生活下去。

临床诊断之所以重要，是因为这能给医生提供某种方向，但对病人来说却没有什么帮助，至关重要的是病人所讲述的往事。因为只有它才揭示了病人的背景及他所受的痛苦，而只有到了这时，医生的治疗才能起作用。有一个病例极为有力地给我证实了这一点。

这与病房的一位女性病人有关。她已经七十五岁了，有四十年卧病在床。大约五十年前，她就住进了这家医院，时间太久了，以至于医院里的人已经记不起她入院的情景，而她入院时的工作人员也已经过世了。只有一位在这间医院工作了三十五年的护士长，还有依稀的记忆。这位老太太已经无法说话了，只依靠流质和半流质食物来维持生命。她用手指进食，沾上食物后让它慢慢滴进嘴里。她喝一杯牛奶就得用两个小时的时间。不吃东西时，她便用双手和脚做些古怪的律动动作。我不知道这些动作意在何为。精神病所造成的毁坏性程度我是有深刻印象的，但对此却仍然找不出任何合理的解释。在讲授临床课时，这往往被用作精神分裂症的一种紧张征形式加以解说，但这种解释却无法说服我，因为这丝毫无助于搞明白这些古怪手势的意义。

这一病例给我的感觉正体现这一时期我对精神病学的思考。虽然身为助理医师，但我对于精神病学到底意味着什么却是一无所知的。每当我站在主治医师和我的同事们身边时，我便周身不适，虽然他们满脸自信、神气活现，但我觉得自己像是在黑暗中摸索前行一般。我认为，精神病学的主要任务是弄清楚在病人的头脑里到底正在发生什么事，而到目前为止，我对这些事情却仍然一无所知。我在这里所从事的这一职业，我却一点不内行！

一天深夜，时间已经不早了，当我穿过病房时，我又见到那老妇人在做着她那神秘的动作，我便自问道："为什么会这样呢？"接着，我就去找那位老护士长，问她这位病人是否一向是这样。"是的"，她答道，"但我的前任护士长跟我说过，她过去是做鞋的。"于是我再次翻阅她那发了黄的病历，确实无疑，上面有一段话，大意是她有做鞋动作的习惯。过去，鞋匠往往把鞋子夹在两膝之间，精确地以这样的动作拉扯出穿过皮革的线。（时至今日，仍可见到乡下鞋匠的这种动作）这位病人不久后去世了，她的哥哥前来参加葬礼。"您的妹妹是怎么精神失常的呢？"我问他。他告诉我说，她本来与一个鞋匠相爱，但后者却由于某种原因而不想娶她，当他最后与她断绝关系后，她便"出事"了。鞋匠的动作实际上是表示她与她那恋人的认同，这一认同一直持续到她的去世。这个病例告诉了我有关精神分裂症的心理起源的第一点暗示。从此开始，我便把全部注意力集中到了精神病中的具有含义的种种联系。

另一个病人的往事也给了我启示，从她的故事中，我了解了精神病，尤其是"荒唐幻想"的心理学背景。从这个病例中，我首次明白精神分裂症患者的语言，而这种语言直到目前还一直被认为是没有意义的。这个病人名叫巴贝特·某某，她的故事我已在别处发表了。1908年，我在苏黎世的市政厅做了有关她的病的讲座。

她从小生活在苏黎世旧城，那里狭窄而肮脏的街道与贫困不堪的环境是相互映衬的。她就在这样的环境中出生、成长。她的姐姐是妓女，父亲是个酒鬼。在三十九岁的时候，她患上了带有典型夸大狂特征的偏执狂式精神分裂症。当我见到她时，她在医院里已经住二十年了。她的故事被当作直观教学课的实例向好几百个医学院的学生展示过。从她的身上可以看到精神分裂的整个发展过程。可以说她是颇具代表的典型病例。巴贝特是个精神完全失常患者，她说些根本没有任何意义的话，而且没人能理解。我尽了最大努力企图弄明白她那些莫名其妙的胡说八道。比如说，她会说："我就是罗累莱。"她之所以这样说是因为每当医生们想弄清楚她的病情时总是说道："这意味着什么我可无从知道。"或者她会号哭道："我是苏格拉底的代理人。"我发现，其用意是："我像苏格拉底那样受到了不公正的指责。"突然爆发出的荒唐话如"我是双料的不可取代的工艺学校""我是玉米面底下的葡萄干蛋糕""我是日耳曼和赫尔维提亚的特别甜的奶油""那不勒斯和我必须给全世界供应面条"等则意味着她那增大了的对自己的估价，也就是说，以此来补偿她的自卑感。

我着迷于巴贝特和其他这种病例的研究，这些研究也使我确信，我们至今认为没有意义的话，并非像乍听之下那么毫无用处。我曾多次发现，即使就连这种病人，其内心深处依然存在着必须被看作是正常的一种人格。这一人格在旁边袖手旁观着，只是在偶然的时候它才会出现，通过各种声音和梦的方式来表达它的诉求，发出那完全合乎理智的评论和反对之声。即使在发病时，它有时候也会跑出来，让病人显得跟正常的样子没什么差别。

我曾经医治过一个患有精神分裂症的老妇人，从她身上我十分清楚地看到了潜藏在她内心的那个"正常的"人格。这种病无法治愈，我所能做的只是表示关怀而已。说到底，每个医生都会碰到他无法治愈的病人，遇到这种病人，他也只能为他把通向死亡的道路弄得平整。这位老人说她听到了散布于整个身体各处的声音，而在胸膛中间的那个声音就是"上帝之声"。我告诉她："我们必须要相信它。"话一说出我便对自己有勇气这样说而感到万分惊讶。一般而言，这一声音会说出些富含理性的话，而通过这个媒介，我便得以很好地与病人交流了。有一次那声音说道："让他考验一下您对《圣经》的信念！"她于是便带来一本很旧的、破破烂烂的、被翻阅过很多次的《圣经》，我每次巡视，便指定其中一章让她阅读。第二次，我又对她进行这种考验。我一连这样做了大约有七年，每隔两个星期进行一次。开始时，我对于扮演这样一个角色感到很不自在，但不久之后，我认识到了给她布置这样的作业的意义。通过这一方式，她的注意力可以保持活跃状态，于是她便不会越来越深地陷入使她精神分裂的梦境中去。经过约六年，以前本来周身存在的各种声音，这时退缩到她身体的左半部了，而右半部的声音则完全消失了。在左半身，这一现象的强度也没有加倍地增强，而是跟过去没有什么两样。因此，结论是，病人被治好了——至少是治好了一半。这是一次出乎意料的成功，因为我根本没有想到，这些记忆练习竟能产生治疗作用。

通过这些治疗，我逐渐认识到，妄想狂病人的思想和幻觉中间是有某种联系的。精神病的背后其实潜藏着一种人格、一部生活史、一种希望与欲望的形式。要是不能够明了这一点，我们便无法接近治疗的成功之路。我这时忽然明白过来，人格的一般性心理是隐蔽地潜藏在精神病之内的，而甚至就在这里，我们仍然遇到了那古已有之的人类的各种矛盾与冲突。尽管病人可能显得麻木不仁和悲怆，或完全像个白痴，但是他们的思想仍然在活跃

141

地活动着，而有意义的东西要比乍看之下所具有的要更多。从本质上说，在精神病里我们没有发现什么新鲜的和毫不了解的东西，相反，我们遇到的是他们自己本性的基础。

我为了获得精神病所包含的内容，竟然花了这么漫长的时间，对此我感到惊讶无比。甚至没有一个人想花费哪怕是一丁点儿的心思去弄清楚幻想的意义所在，或者是哪怕问一下为什么这个病人有这样一种幻想，而那一个人的幻想却又是截然不同的样子；或者，例如，一个病人想象着自己正受到耶稣会会士的迫害，而另一个则将自己想象成被犹太人毒死的样子，而第三个人则十分肯定地认为警察想要追捕他，这三种截然不同的幻想到底意味着什么呢？这样的问题，当时的医生是完全不感兴趣的。这些幻想只是以某种属名如"受迫害幻想"等被堆到了一起。在我看来，显得同样古怪的是，我那时的调查研究在今天几乎被人遗忘掉了。在这个世纪之初，我开始用心理疗法来治疗精神分裂症。因此，这一方法并非只是刚刚被发现的某种东西。然而，的确经过了很长一段时间，人们才开始把心理学引入精神病学中去。

我当时仍然在医院工作，因此，在处治那些精神分裂症患者时我必须要小心谨慎，如果不这样，就会落下"做法不实"的话柄。精神分裂症向来被人认为是不治之症。要是有人在精神分裂症的治疗上取得了进展，别人通常会说，这个病人患的并不是真正的精神分裂症。

当弗洛伊德于1909年来苏黎世探访我时，我把巴贝特这个病人让他看了一下。后来，他对我说道："您知道，荣格，您在这个病人身上所发现的东西肯定是很有意思的。但您到底为什么愿意对这个奇丑无比的女人花上这么多小时和这么多天呢？"我一定给了他令他很不高兴的一眼，因为我从来没有过这种想法。我甚至有点儿认为这个女人是个令人愉快的老家伙，而且她竟有这么多可爱的幻想，她还说给我这么多有趣的事情。不管怎样，甚至在她疯疯癫癫的时候，人性毕竟还是透过异常的表现透射了出来。从治疗的角度来看，巴贝特并没有康复。但是我还是见到了其他成功的病例，这些病人通过此方法出现了为时长久的疗效。

从表象看来，我们从精神病人身上见到了他们悲惨的毁灭，他们心灵的另一方面是背向我们的，因而其活动我们便不得而知。表象是具有欺骗性的，这一点在我的一个年轻的患有紧张症患者的病例中得到了证实。她那年十八岁，是一个有教养的家庭的女儿。她十五岁时被她哥哥诱奸，后又被她的一个同学凌辱。从十六岁时起，她便自动与他人疏远，退缩进孤独之中。她避不见人，到了最后，她所剩下的唯一感情关系是邻家的一只恶狗，她一直想把这只狗争取过来。她变得越来越古怪，到了十七岁时她被送进精神病院，而后便在那里待了一年半。她听到各种声音，拒绝进食，并变得完全缄默了（就是不再说话）。我第一次看见她时，她正处于一种典型的紧张症状态之中。

经过几周的治疗之后，我才慢慢地听到她开口说话。她克服了许多心理障碍之后，告诉了我关于她一直住在月亮上的事儿。月亮似乎是有人可以居住的，而她首先见到的却只有男人。他们将她拖走了，将她送到月亮下的一个地方居住，那里居住着这些男人的孩子和他们的妻子。因为在月亮的高山上住着一个吸血鬼，它专门劫夺并杀死女人和孩子们，因此月亮上的人类便遇到

了灭绝的威胁。这就是为什么月亮下面居住着占半数月球人口的
女人。

她接着讲，自己要决心为月球上的人做些事情，她计划消灭
这个吸血鬼。经过长时间的准备，她便等待着这个吸血鬼出现在
她为之专门建造的一个高塔的平台上。过了许多个晚上，她终于
看见了这个吸血鬼从远处向她飞近，这怪物像一只大黑鸟那样拍
着翅膀向她飞来。她拿着藏在她长袍下面的一把杀牲献祭用的长
刀，等着这只吸血鬼的到来。突然之间，它已站在了她的面前。
它有好几双翅膀，他的脸和整个身体都被这些翅膀遮住了，因此
除了它的羽毛之外她什么也看不见。她惊奇得很，在好奇心的驱
使之下，她很想看一下它到底长什么样子。她手握刀子走了过
去。突然之间，翅膀张开了，一个具有天神般美貌的男人站在她
的面前。它用它那带翅膀的双臂像铁钳那样紧紧夹住了她，因而
她便再也无法挥动她那长刀了。总之，她完全被这吸血鬼的容貌
给迷住了，因此总是无法挥刀杀它。它把她从平台上提了起来，
夹着她飞走了。

做了这大段的叙述之后，她便能够不受拘束地说话了，但她
的阻碍又出现了：看起来仿佛是我制止了她返回月球，她再也无
法逃离地球了。她说，这里并不美丽，但月亮却是美好的，在那
里生活也非常有趣。没过多久，她的紧张症又复发了，好一阵
子，她都疯癫着。

大约两个月之后，她出院了，也可以再次跟她谈话了。慢慢
地，她明白过来了：在地球上生活是不可避免的。于是她拼命地
与这一结论及其后果进行斗争，于是再次被送进了疗养院。我再
次到她的病室里看望她，并说："这一切对您不会有帮助的，您

绝不可能再回到月亮上去了!"她默不作声地接受了这一事实,面无表情。这一回,她在医院里待了没多久就出院了,从此便不再抗争了。

她在一所疗养院当了一段时间的护士。那里有位助理医生想与她融洽地相处,最后她居然举起了一支左轮手枪朝他开枪。幸好这个人只受了点轻伤。这令人惊奇,她不论走到哪里身上都随时带着左轮手枪。在此之前,有人还看见她带着一支子弹上了膛的步枪。在我最后一次见她时,也就是在那次治疗结束之时,她把那支枪交给了我。当我吃惊地问她准备用枪干什么时,她答道:"要是您骗了我,我就开枪把您打倒!"

这次开枪射击的激动平静下来之后,她返回到了她的家乡。她结了婚,生了几个孩子,并在东部地区历经了两次世界大战还幸存了下来,旧病也从此再没有复发过。

通过解释她的种种幻想,我们可以得出哪些结论呢?在她幼年的时候,她便有了乱伦的关系,这种情形造成了她在世上的耻辱感,但在幻想的世界里她却感到自己变得高尚了。她转而进入一个神秘的国度,因为从传统观念来看,乱伦是只有王室和神才拥有的特权。这样的结果造成她与世界的隔离,从而使自己身处一种精神病的状态之中。结果,她变得"超尘绝俗",她与别人的联系就中断了。她一头扎到了千万里之遥的宇宙中,进入外太空,还在那里遇到了带翅膀的魔鬼。就像这种事情所常有的那样,在治疗期间,她把魔鬼的形象投射到了我的身上。因此,我也就自然会像劝她回复到人的正常生活的任何人那样,受到了要被置之死地的威胁。她把她的故事讲给我听,她便在某种意义上背叛了那魔鬼,并把自己依附在一个尘世的人的身上。这样,她便能重归人世并可以结婚了。

从此之后，我便以另一种眼光来看待精神病人所受到的痛苦了，因为我已洞察到，他们的内心体验是丰富的和重要的。

我常常对我的心理疗法或分析疗法提出各种疑问，因为我深知，对于这类问题我是无法给予明确解答的。病例不同，疗法也就大不相同。当有个医生跟我说，他严格坚持这一或那一疗法时，我对他的疗效是抱有怀疑态度的。有个资料对病人的抵制性反抗谈得很多，原因就在于其疗法几乎使人觉得医生是在千方百计把某种东西强加到病人身上，而实际上，疗法本应根据病人的情况而自然地生发出来才是。

心理疗法和心理分析是因人而异的。我对每个病人都是尽可能地把他分别对待，因为问题的解决办法从来就是独特的。即使有普遍的法则，其适用性也是有保留的。心理学上的真理之所以为真理，就因为它可以颠倒过来。对我来说，完全不适用的解决办法对某个个别的人却可能正好合适。

当然，一个医生必须熟悉其所谓的种种"方法"。但他必须小心，谨防落进特定的、一成不变的方法之中。总之，一个人对理论上的各种假设必须小心处理。虽然今天有效，而明天就未必如此了。在我的分析过程中，它们根本不会起任何作用。我是有意这样做的。在我看来，在与以个人身份出现的人打交道时，对待每一个病人都需要使用一种不同的语言。所以，在与病人交谈时，我可能用阿德勒[①]的语言说话，也可能用弗洛伊德的语言说话。这也是因人而异的。

---

① 阿德勒：奥地利精神病学家，弗洛伊德的学生，人本主义心理学先驱，现代自我心理学之父。著有《神经病的形成》《自卑感》等。

　　至关重要的一点是，每逢我面对病人，我总是以一个人面对另一个人的态度来对待。分析是一种要有两个参加者才能进行的对话，分析者和病人面对面地坐着，四目相对，医生固然有话要说，但病人同样也有话要说。

　　心理疗法的本质既然不是一种方法的应用，那么光进行精神病学方面的剖析显然是不够的。我在参加工作很久之后，才掌握了心理疗法的手段。在1909年时，我就懂得了，要是不弄懂精神病人的那些象征的含义，我是没法治疗这些隐性的精神病患者的。也正是那时，我开始了对神学的研究。

　　对于有教养的和智力高的病人来说，精神病学家需要有比专业知识更广博的知识。除了所有的理论假设外，他还必须弄明白，促使病人发病的真正原因是什么。不然的话，医生就只能引起病人不必要的反感。说到底，重要的并非是一种理论是否被证实，而是病人能否了解自己是一个个体的存在。然而要做到这一点，不参照集体性的看法又是无法做到的，医生必须要懂得这一点才行。所以，光有医疗性的训练是远远不够的，因为人的心灵的视野，其包容性是无限大的，这远比医生诊室的有限范围要大得多。

　　显而易见，心灵要比躯体更为复杂且更不容易接近。它就是只有当我们意识到了它才呈现出来的那个世界的一半。由于这种缘故，心灵并不只是一个个人的问题，而是世界性的问题，因此精神病学家所要打交道的是整个世界。

　　到了今天，我们可以比以前任何时候看得更清楚，威胁着我们所有人的那种灾难，并非来自大自然，而是来自人类自己，来自人的和大众的心灵。人的精神失常就是这一危险的所在。一切取决于我们的精神是否能正常地起作用。今天，要是某些人失去了理智，氢弹就会爆炸。

然而，心理疗法学家不但要了解病人，同样重要的是他还必须了解自己。对于这一原因，分析者的分析对象就是"绝对必要的条件"，也就是所谓的训练性分析。也就是说，病人的治疗始于医生。只有当医生懂得如何处置他自己和他本人的问题之后，他才有可能去教导病人也这样做。只有到了这时才行。所以，对于训练分析来说，只掌握一些概念性的论述是远远不够的。精神分析对象必须能对他本人进行分析，这是他职业生活的一小部分，并非是通过那些不理解就加以背诵的方法实现的。学习者在其本身的训练性分析中如果不认识到这一点，就一定要为未来的失败付出代价。虽然有那叫作"附属心理疗法"的诊治方式，但在任何全面性的分析里，病人和医生二者的整个人格都是要调动起来发挥作用的。有许多病例，医生要是不介入是无法治愈的。事关重大之时，医生是否把自己看作是一出戏的一部分，抑或装出一副权威的样子，是与不是的结果就会大不相同。在生命处于重大危险之时，在生死存亡的问题刻不容缓之时，拐弯抹角地进行一点儿暗示是没有什么用的。在这种时刻，医生便受到了挑战。

医生在任何时候均必须对自己、对病人所做出反应的方式认真对待，因为我们并不只对我们的意识做出反应，还要不断地自问："我们的潜意识将是如何看待这种情境的呢？"他必须就像我们小心谨慎地对待病人那样观察我们自己的梦境，否则，整个治疗就会出现问题。我在下面举的这个例子就能很好地说明这一点。

我有过一个病人，她是个十分聪慧的女子，因为各种原因，她引起了我的不信任感。起初时，我们的心理分析进行得很好，但是过了一阵之后，我开始感到，对于她的梦境，我无法正确地阐释了。而且我还觉得，我们的谈话变得越来越空洞了。因此我便决定把这一点跟我的病人谈一谈，因为出了点什么差错的情形也自然没能逃出她的注意。在我准备跟她谈话的前一天晚上，我做了下面的这个梦。

在夕阳西下的时候，我正沿一个山谷的公路走着。我的右方是一座险峻的山，山上矗立着一座城堡，在城楼的最高处，一个女子正坐在栏杆上凭栏而望。为了看清她的容颜，我只得拼命仰高了头。梦醒了，我的后颈阵阵酸痛。即使在梦里，我也认出了那个女子就是我的这位病人。

这个梦具有十分显著的象征性：在梦中，我必须用抬头仰视的方式才能看清楚这位病人，而在现实中我可能是垂着眼看她的。梦境，说到底，是对意识态度的某种补偿。我把这个梦和对梦的阐释的情形告诉了她。她立刻在情境上发生了变化，于是治疗再次取得了进展。

身为一名医生，我常常自问，病人所传递给我的信心是什么？它对我又意味着什么？要是它什么都不是，那我就没法打开治疗的缺口。医生只有在他本人感情上受到感染之时，治疗才会起到作用。

"只有受过伤的医生才会医伤。"但要是医生的个性之强犹如一身盔甲之硬时，他是起不了作用的。我对我的病人是认真对待的。我也许也会遇到像他们所遇到的那样棘手的问题。往往有这种情形，病人正好是医治医生痛处的一贴良药。由于有这种情形，医生也会遇到困难的情境——或更准确地说，这种情境是专门为医生而产生的。

每个治疗医生都要由某个第三者来支配他的控制力，为的是使自己能接受另一种观点，甚至罗马教皇保罗都有忏悔神父的。因此，我总是对心理分析师这样建议："找个告解神父吧！或找个年长的女忏悔师！"对于扮演这种角色，妇女是具有特别天赋的。她们往往具有极好的直觉及犀利的批判性洞察力，她们可以看出男人暗地里的心思，有时甚至还能看透男人本能性的种种诡计。她们能看出男人所看不到的某些方面。没有什么女人会相信自己的丈夫是个超人，原因就在这里了！

不难理解，若一个人得了精神病，那他应该经历了心理分析的过程。要是他感到自己是"正常的"，那就不必逼迫他这样做了。但是，我可以肯定地说，对于所谓的"正常"，我是有过十分惊人的体验的：有一回，我碰见了一位完全"正常"的学者。他曾是个医生，被我一位老同事介绍到我这儿来的，他曾是我这位同事的助理，后来还接手了他的诊所。现在，他拥有人数正常的病人，取得了正常的成就，有一个正常的妻子和几个正常的孩子，住在一个正常的小镇子里的一幢正常的小房子中，他收入正常，大概饮食也正常。他想当一个心理分析学家。我对他说道："您知道那是什么意思吗？它意味着您首先得学会懂得您自己。您本人就是这一工具。要是您不对，您怎么可能使病人纠正过来呢？要是您说服不了您自己，您怎么能说服病人呢？您本人必须就是这真正的材料。您要不是，那就请上帝帮您的忙吧！否则，您就会把病人引入歧途。所以，您本人必须首先接受心理分析。""这很好。"那人说道，但几乎马上接着又说道，"我根本没有什么问题可以跟您说的。"这对我来说就是一个警告信号了。我说道："非常好，那我们来检查一下您的梦吧。""我不做梦。"他说道。"您很快就会有梦做的。"我回答道。任何其他人在那天晚上大概都是会做梦的，但是他却无法回想起任何梦。于是这样继续约两个星期，而我则开始对整个事情感到相当不自在。

最后，他终于做了一个记忆真切的梦。他梦到自己坐火车去旅行。这火车行驶了两个小时，停靠在了某个城市的车站。他并不知道是哪里，所以他迫切想了解这个地方，便动身向市中心走去。在市中心，他发现有一座中世纪的建筑，大概就是市政厅吧，于是便走了进去。他顺着长长的走廊随意乱逛，看到了一些很漂亮的屋子，屋子的四壁悬挂着些古画和精美的壁毯，到处摆放着贵重的古董。突然间，他意识到，天色已经黑下来了，太阳也早已落山了。他心想，我一定得回到火车站去。就在这时，他发现自己迷路了，再也不知道门口在哪里了。他吃惊地跳了起来，同时他还认识到，在这座建筑物里他一直连一个人影也没有碰到过。他觉得十分不安，赶紧加快了脚步，希望能见到一个人。但他却仍然没有见到任何人。此时，他终于见到了一扇大门，便松了口气，想着：这就是出口了。他把门打开，却发现自己又撞进了一个更大的房间里。这个房间又大又黑，他根本看不到对面的墙壁。他恐慌极了，飞跑着横穿过这空无一物的大房间，想着没准儿在房间的另一头会找到出口。这时候，就在房间的正中间，他发现了一个白色的东西。他走近了才看出是个大概两岁的痴呆小孩。这小孩坐在周围沾满屎尿的尿壶上。他大声叫喊着，梦就醒了。醒来后，他心里还是怦怦直跳。

我所需要知道的一切我现在都知道了——这是一个隐性的精神病患者！我得承认，当我竭力把他引出这一梦境时我周身都冒汗了。我只得把这向他解释为某种没什么害处的东西，并对所有有害的细节极力掩饰。

其实这个梦大致是这种暗示：他动身前往苏黎世。然而他在那里只待了不长的时间。那房间中央的痴呆孩童就是他自己两岁时的模样。在小孩子方面，这种肮脏的行为是有点不寻常，但还是有可能的。孩子很可能对自己的屎尿产生兴趣，因为屎尿是有色有味的。尤其是一个在城市里长大并且平时家教很严的孩子就容易发生类似的事情。

但是做梦者即那位医生却根本不是小孩而是大人了。因此，在房间中央的梦的意象是一种恶毒的象征。当他把这梦告诉我时，我便认识到，他的正常其实就是这种情形的补偿。我在关键时刻挽救了他，因为这位隐性的精神病患者只差那么一丁点儿就要发病而使精神病变得明显化。这是必须加以阻止的。最后，在他的其他梦的帮助下，我成功地找到了结束这种训练性分析的一个令人可以接受的借口。我们两人都十分高兴结束此事。我没有把我的诊断结果告诉他，不过他大概意识到了，他已处身于产生极大恐慌的边缘。

因为他又做了一个梦，梦见自己被一个可怕的疯子追赶。在这之后他立刻回了家。从此以后，他再也不敢去惊扰那潜意识了。他那显著的正常性反映出一种不会再发展，但是会在与潜意识的对抗中遭到失败的人格。这些隐性的精神病患者是心理分析师最"不欢迎的人"，因为他们不好辨别，因而对梦境的分析能力就显得至关重要了。

有鉴于此，我们得谈谈由外行来进行心理分析的问题了。我非常赞同由非专业医学背景的人来研究心理疗法并施行这种疗法，但对于那些隐性的精神病人，可能会存在犯重大错误的危险。因此，我虽然赞同让外行来完成分析工作，但建议有职业性医师在旁指导。只要外行觉察出甚至最细微的不确定，他都应该咨询其指导者。就连医生，要确认并处治一个隐性精神分裂症患者也是十分困难的，因此，外行就更加难以分辨了。我曾经多次发现，有些多年从事心理分析治疗并曾对自己进行过心理分析的外行者，都是精明能干的。此外，也不可能让很多医生都从事心理疗法。从事这种工作，进行长期而彻底的训练是非常必要的，此外这种人还要有广博的知识，而这种知识还是极少数人才拥有的。

　　医生与病人之间，尤其是当病人方面发生移情，或医生与病人在潜意识方面有些地方达成认同的时候，这时便会导致灵学现象发生。我曾经多次遇到过这种情况。令我印象特别深刻的是这样一个病例。这位患者，我后来帮助他摆脱了心理发生性沮丧。他回家后结了婚，但我对他的那位妻子却没有好感。我第一次看到她便产生了一种不舒服的感觉。她丈夫对我很感激，不过我看得出来，我却成了她的眼中钉，原因是我对她丈夫有很大的影响。往往有这种情形，并不真心实意地爱自己丈夫的女人是心存妒忌的，并且还要破坏其丈夫与他人的友谊。她们要丈夫完全属于自己，原因是她们自己并不属于自己的丈夫。所有这一切妒忌的症结所在，乃是缺乏爱情之故。

　　这位妻子的态度给这位病人造成了压力，他无力承受这巨大的负担。结婚刚刚一年，他就旧病复发了，再次落入了新的沮丧之中。因为我早预见到了这个结果，于是事先与他约定好，一旦他精神不振，就立刻来我这里就诊。而他妻子觉得这种萎靡不振根本不值一提，最终他并没有来找我。而我对他的情况也就并不知晓。

　　就在那时候，我在某市举办了一次讲座。我回到旅馆时已近午夜。讲座结束后我与几位朋友坐着聊了一小会儿，然后便上床睡觉去了，但不知怎么却久久不能入睡。大约就在两点钟时——那时我一定是刚刚睡着——却不知怎的心里一惊，醒了过来，并感到有人走进了我的房间。我甚至还有门是被急急忙忙打开的这种印象。我立刻开亮了灯，但什么也没有发现。我想，可能是有人走错了门，于是我向走廊望了一眼，可那里也是一片死一般的寂静。"怪了，"我想道，"确实是有人进过房间里的呀！"然后我仔细地回想了之前所发生的事情，这时我突然明白过来了，我是被一阵不那么剧烈的疼痛给弄醒的，仿佛什么东西敲了一下我的前额，然后又敲了一下我的后脑勺。第二天，我收到一份电报，说我的那位病人自杀身亡了，他是开枪自杀的。后来我了解到，那颗子弹穿过他的前额后便留在了脑袋里。

这一体验是一次真正意义的同时性现象，这种现象可以在一种重大的具有某种原始意象的情境中出现，而这一次的死亡便是这种情况。通过潜意识中的这种时空的相关，我已经觉察出了实际上正在别处发生着的事情。集体潜意识是所有人所共有的，它是古人所谓的"一切事物皆有的同情心"的基础。在上述这一情况里，我的潜意识是知道我那位病人的状况的。实际上，那天晚上，我一直都莫名其妙地感到不安与神经紧张，这种情绪与我平日的情形是恰好相反的。

我并不试图让病人改变信仰，也绝不施加任何压力强迫病人行事。我觉得最重要的是，病人应该有他自己对事物的看法。在我的感受中，异教徒就是异教徒，基督徒就是基督徒，犹太教徒就是犹太教徒，一切应顺乎命运为自身做出的安排。

我对一个犹太妇女的病例仍然记得很清楚，这是个失掉了其宗教信仰的病人。开始时我做了一个梦，梦见一个我不认识的年轻姑娘成了一个前来向我求医的病人。她把她的病情向我作了大概的介绍，在她正谈着话的时候，我心里想道："我根本就不了解她，也不知道这一切到底是怎么回事。"但突然之间，我恍然大悟，她一定是患有一种不同寻常的恋父情结（Father Complex）。这个梦果然应验了。

第二天，我忙完预约门诊已经是下午四点钟了。这时候一个新的病患出现了，她是个犹太姑娘，十分年轻，有个富有的银行家的父亲，长得漂亮，穿着入时，又十分聪明。她已经作过心理分析了，但是那位医生却移情于她，最后只得请求她千万别到他那儿看病了，否则，就会毁了他的家庭。

这姑娘多年来一直受着一种严重的忧虑性神经病的折磨，由于遇到了这种情况，自然使得其病情加重了。我从查看她以往的病史入手，但未发现什么特殊性的东西。她是个生活方式完全改变了的、西方化的犹太人，是个彻头彻尾的开明人。开头，我并不知道她有什么麻烦。我忽然想起了做过的梦，于是便想道："天啊，原来这就是我梦中见到过的那位姑娘。"但我无法在她身上看出恋父情结的丝毫痕迹，因而便问她有关她祖父的情况，这是我在处理这类病人时的习惯。这时，她把眼睛闭了起来，虽然只有一会儿，我却立即明白，问题的症结就在于此。我便要求她告诉我有关她祖父的情况，进而了解到她祖父是属于犹太教中的一个小教派的法师。"您是说'虔敬派'吗？"我问道。她回答："是的。"我接着提出问题："要是他是个法师，那他曾有机会当圣徒吗？""对的。"她接着回答道，"据说他是某种圣人并能预言，不过这根本是不可能的事，完全是胡说八道！"

听到这里，我便结束了询问，因为从既往病史和谈话中，我已经得出了结论。我跟她说："此刻，我将跟您说点儿您可能不能想象的事情：您的祖父是一位圣徒。父亲却变成了犹太教的叛教者，他背叛了那种秘密并背弃了上帝。于是您便有了精神病，原因是对上帝的惧怕已钻进了您的心里。"这句话给了她犹如晴天霹雳那样厉害的一击。

第二天晚上，我又做了一个梦：我在家中正举行招待会，这个姑娘也到场了。她走到我跟前跟我说："您有雨伞没有？外边正下着大雨呢。"我便找来把雨伞，东按西摸地想将它打开。就在我要把它递给她时，却发生了这样的事：我竟跪下来将伞交给了她，仿佛她是个天神。

我把这个梦告诉了她，过了一周后，她的精神病便好了。这个梦告诉我，她并非是个浅薄的小姑娘，而是在这种表面现象之下隐藏着一个圣人的素质。她没有什么神学的观念，因此她天性中的这一最根本的特质便无法找到表现自己的方式。一切她所意识到的活动因而被引到卖弄风情、衣饰和性的方面去了，因为除此之外她别无所知，她虽有理智却过着一种毫无意义的生活。而事实上，她却是上帝之子，命中注定得完成她那秘密的意旨。我所需做的是唤醒她身上神学和宗教的意识，因为有了那种精神活动她才能完整。这样，她的生活便呈现出意义，而疾病自然就消失了。

这一病例，我没有应用任何的"方法"，而是觉察到一种引导性的力量。我将这个力量解释给病人听，她的病便完全好了。方法已经退为其次，对上帝的敬畏才是首要的。

我常常遇到这样的情形，由于满足于对人生问题做出的片面或错误的回答而变成了一位精神病患者。他们追寻着社会地位、荣耀的婚姻、个人名誉、外表上的成功和大量的财富，这些人甚至已经获得了他们所追求的一切，却仍然觉得不幸，还患上了神经症。这种人通常局限于一个极为狭窄的精神生活的范围之内。他们的生活缺乏充实的内容和充实的意义。如果他们能够发展成为眼界更为宽阔的人，那么他们的精神病一般来说便会消失。由于这种原因，发展的观念对我来说向来具有最大的重要性。

我的病人大多数都不是拥有信仰的人，他们失掉了自己的信仰，都是些不知道该信仰什么的羔羊。甚至在今天，信徒们还有机会在教堂里过那象征性的生活。关于这一点，我们只需要想一下弥撒、洗礼、效法基督，及宗教上的许多其他方面的体验就可以知道了。但要体验和生活在这些象征里却要求信徒以积极参与为先决条件，但这确实是今天的世人所缺乏的。而大部分精神病人，其实是缺乏这种信仰的。在这种病例里，我们就得观察一下潜意识是否会自发地引出取代所缺乏的东西的各种象征。但即使到了这时，一个在梦中见到各种象征或有过幻觉的人是否也能够理解这些象征的意义并承担起这种种后果的问题仍然没法解决。

比如，我曾在《集体潜意识的原始意象》里描述过一个病例。有位神学家总是被某个梦所困扰。梦中他站在一个山坡上，从那里向下看，一个长满了茂密树林的山谷的美景尽收眼底。他在梦里还知道，在这树林的中央处有个湖，他还知道，直到目前，某种东西总在阻止他走到那里去。但这一回他想最终走到那里去。当他走近湖边时，气氛变得神秘莫测起来。突然之间，一阵轻风掠过这个湖的水面，湖水便泛起了阴暗的涟漪。他吓得惊叫一声醒了过来。

起初，这个梦似乎无法解释。但身为一名神学家，这位做梦者本应知道这个被阵风吹得失去平静的"水塘"，其实就是病人受洗的水塘——贝提斯塔水塘。一个天使下凡并触动了水面，水塘之水便有了治病救人的奇效。那阵轻风就是可以随心所欲地被吹到各处的圣灵。但这却吓坏了做梦者。这暗示了有一位看不见的存在，一位守护神，他过着自己的生活，他一旦现身，人就被吓得发抖。这位做梦者却难以接受"贝提斯塔水塘"这一联想。这种联想他根本不想接受，因为这样的事情只有在《圣经》里才可能遇到，或最多只是作为星期天早晨布道的题目而谈到，跟心理学毫无关系。在有些场合里提到圣灵当然是很好的——但这却不可能是一种可以体验得到的现象！

我深知，这位做梦者必须要克服这种惊恐心理，而他也确实这么做了。如果病人不愿意照我给他指明的方向行事，并不愿意承担由此而带来的后果，那我也绝不去强加给他们。我并不赞同病人只是由于一般人所共有的那种反抗性才拒绝做那种敷衍了事的假设。反抗性，特别是在顽强地反抗时，是值得注意的，因为它们往往是不能小看的警告。治疗所用之法可以是并非每个人都可以服用的毒药，也可以是如果遇上了禁忌症便可能致命的手术。

一旦触碰到内心深处的体验、触及人格的核心时，大多数人便会因过分惊恐而选择逃避。这位神学家的情形就是这样。我也深知，神学家们比起其他人来更容易陷入这样的困境之中无法自拔。一方面，他们更为接近宗教；但在另一方面，他们受教会和教规的束缚更大。探究内心体验，探究精神，对于大多数人来说，在任何情况下，都是难以接受的。这种体验有可能具有心灵的真实性，这更是他们厌恶的事。要是这具有一种超自然的或至

158

少有一种"历史性的"根基,那一切均会变得十分顺利。但至于心灵的东西呢?病人要是面对面地遇到这个问题,他往往会对心灵表示出一种毫不怀疑的浅薄的藐视态度来。

在当代的心理疗法中,通常要求医生或心理治疗师顺从病人的情感,并最好与之形成"共鸣"。我并不觉得任何时候都应该如此。有时候医生方面的积极干预也是十分重要的。有一回,我遇到一位贵族夫人病患,她有用巴掌扇人的习惯,甚至连她雇佣的医生也不例外。她其实是患了强迫性神经症,她一直在医院里疗养治疗。她很快就给主治医生她那义务性的一记耳光。不管怎样,在她看来,他就是个高级跟班而已。她不是为他付了工资吗?这位医生把她送到另一所医院,而到了那里,这同样的情景也发生了。因为这位夫人并不是真疯,显然需要灵活而温和地加以处理,于是那位不走运的医生便把她送到了我这里。

她是个个头高挑又体态强健的人,足有六英尺之高,我敢肯定,她那巴掌扇起人来,可真是够受的!她来了,我们聊得非常好。然而,我得说点令她不快的事了。她越听心里越气,而且一下子跳了起来,举起手威胁说要给我一巴掌。我也跳了起来,对她说道:"太好了,您是位夫人啊。您先打——女士优先!不过等会儿我是要还手的!"我是真的要那样做的。她一屁股坐回到椅子上,在我面前火气一下子泄光了。"以前可谁也不敢对我这样说啊!"她抗议地对我说道。从那一刻起,我的治疗便开始取得成功了。

这位女病患需要一种男子汉式的反应方式。在这个病例中,要是一味地"顺着"病人,那就完全做错了。那可要比不起作用还要坏。她患上强迫性神经症的原因就是她无法给自己施加道德的约束力。必须对这种患有强迫症的病人进行限制，加以某种特别的约束。

好些年前，我曾对我所诊治过的病人的结果作过统计。这些统计数字我无法准确地回想起来了，但保守地估计一下，我的病人中有三分之一确实治愈了，三分之一症状大有好转，还有三分之一根本没什么效果。但正是这些毫无好转的病例才是最难于判断的，因为好多事情是好些年之后病人才能认识到和有所理解的，而只有到了那时候，这些东西才能产生作用。我以前的一些病人经常写信告诉我说："我到您那里诊治，结果过了十年之后，我才认识到这一切到底是怎么回事。"

我也曾有将少数病患转诊他人的做法，但我不得不让一个病人到别处求治的情况确实罕见。而在这些病患中也有人写信告诉我说，我给他们的诊断起到了积极作用。因此，对治疗是否成功作结论往往是一件十分困难的事。

显然，医生在行医过程中，往往会遇到对自身产生影响的一些人和事。他会遇到这些人，他们的幸福是绝不会引起公众兴趣的，但就是因为这样，他们才具有非同寻常的资质，或命中注定得经受不寻常的发展与灾祸。他们之中还具有非凡才华的人，可能还会激起他人愿意为之贡献自己的一生，但这些有才华的人可能具有一种天然的不良心理特质，使得我们分不出来这到底是个天才，抑或是个发展不平衡者。常常还有这样的情形，在这片收获难有保障的土地上，罕见的心灵之花时见怒放，在社会的平原上，这样的花是我们绝对难以找得到的。心理疗法要有效，是需要建立密切关系的，密切到要求医生对人的各种痛苦无论是惨烈或深切，均不应视而不见。这种关系，说到底，就在不断的比较和相互的理解中，在于辩证地正视两种相对立的心灵上的现实。要是由于某种原因，这些相互产生的印象无法互相撞击，那么心理疗治的整个过程就会始终不起作用，病人的症状就会依然如故。除非医生和病人双方都有一定的联系，否则是无法找到解决办法的。

在现今的那些精神病人中，要是身处其他时代，这些人中的许多人可能不会成为精神病患者，也不会产生这些内心的矛盾对立。若他们生活在另一个时空里，如通过神话而与他们祖先的那个世界联系起来，也就是与真正体验到了的而不只是从外部所看到的本质联系起来，他们本可消除掉自身的这种人格分裂。我这里所指的是无法忍受神话的失落的那些人，还有就是下面所说的这样一些人，这些人既无法找到通向一个只是外表性的世界、一个从科学的角度来看世界的道路，同时又不满足于聪明地玩弄字句以自欺欺人，因为这样做跟智慧无论如何是格格不入的。

我们时代所造成的这些精神分裂的牺牲者只是些非强制性的精神病患者。自我与潜意识之间的鸿沟一旦弥合，他们那明显的病症便跟着消失了。对于这种分裂本身深有所感的医生，也就能够更深入地理解潜意识的心理过程，并可能避开心理学家易犯的那种沾沾自喜的危险。医生如果不从自身的体验中懂得各种原型的神圣性，那他在疗治这些原型性病人时几乎无法避免只获得消极性的疗效。他之所以过高或过低地估计它，原因就在于他只从理智的观点而不是按经验性的尺度来看待问题。危险的心理失常就在此时发生，首先企图让理智来占据主导，这暗地里便把医生和病人远远地与本源性作用隔开了。用一种比较稳妥的、人为的，但纯粹是两维的概念来解释症状，这样，生活的真实性就被所谓的清晰概念掩盖了。经验的本质被剥夺殆尽，取而代之的只是些名称，而这些名称进而又取代了现实。对于一种观念，谁都不必承担道义上的责任。这就是观念性如此令人乐于接受的缘故，人们也可以免受经验的侵犯。但是，经验并不是生活在观念之中的，它栖身于行为和事实里。换言之，这样做根本就无济于事。即使这样，这种无聊而无用的做法却被人们一再重复。因此，在我的经验里，除了说谎成癖者外，最为忘恩负义和最难对付的病人就是那所谓的知识界人士。对于他们，可以有一只手不知另一只手在干什么的情况。他们养成了一种"各自为政的心理"。理智往往可以不受感情控制，因此也没有什么问题无法解决，但就是这些知识界人士往往最容易受到精神病的折磨。

从与病患的深入接触中，从我与各类心灵现象的深入探索中，我获得了受益匪浅的体验，它们以无穷的形象展现在我面前，我不但获取了知识，还洞悉了自己的本性能力，还从我自身的错误和失败之中获益不少。我的病患多半是女性，这些人往往有着非同寻常的自觉性、理解力和聪慧才干。从根本上说，正是因为她们，我才有可能在治疗方面开辟出种种新途径。

我的一些病人变成了我的真心实意的弟子，并把我的想法传播到了全世界。我跟这些人所建立的友谊可以说山高水长，经受了几十年的考验。

病患是途径，他们使我得以深入人生的现实之中，从他们身上我获悉了更多带有根本性的东西。对我而言，遇见形形色色的各类具有不同心理状况的人，往往比与名人们进行片言只语的交谈更富有价值，其重要性实在无法比拟。我一生中所进行过的最美妙和最具意义的交谈，都是与那些默默无闻的人进行的。

五、西格蒙德·弗洛伊德

　　我成了一名精神病学家并踏上了探索心灵发展的道路。我十分确定地开始从外部和临床角度去观察精神病患者，并再次发现了那些带有显著特色的心理过程。虽然我丝毫不明白它们的内容，但我还是将这些事情逐一记录下来并进行归类。关于这些事情，人们认为已经对其进行过充分的分析与评价了，因而被认为是"病理学上的"而放任之。但时光流逝，我的兴趣点也逐渐发生了改变，愈发集中于我体验到的某种我可以理解的东西的病例，即那些妄想狂症、狂躁抑郁精神病及精神性障碍患者。我自开始执精神治疗业后，便研读了布鲁厄、弗洛伊德及皮埃尔·雅内的著作，这些著作给了我极大的启迪与教益。但最重要的是，我发现弗洛伊德对梦进行分析与阐释的技巧在精神分裂症的各种表达形式方面使人大开眼界。早在 1900 年，我便读了弗洛伊德的《梦的解析》。那时候，这本书我读过后便放到了一边，因为我仍然无法把握它。在我二十五岁时，我仍然缺乏足以欣赏弗洛伊德的理论的经历。直到后来我才有了这种经历。1903 年，我再次捡起《梦的解析》读了起来，发现它与我自己的想法殊途同归。主要使我产生兴趣的是把受压抑机制的概念应用到梦的方面，而这一概念则是从精神病人的心理导源出来的。这对于我是很重要的，因为我们在进行词语联想测验中经常会遇到压抑性机制。病人对某些激发性词语所作出的反应，要么根本不做出联想性回答，要么其反应时间来得不合适的慢。后来我才发现，每次发生这种障碍几乎都在于所使用的激发性词语触到了一种心理上的创伤或矛盾冲突。在大多数情况下，病人对此并未意识到。因此，当被问及出现这种障碍的原因时，病患的回答往往做作而缺乏真实性。而弗洛伊德的这本《梦的解析》则向我表明了，在这个地方，压抑机制正起着作用，而我所观察到的事实与他的理论相一致。我用事实证实了弗洛伊德的论点。

但就受压抑的内容方面，我与弗洛伊德的观点产生了分歧。他觉得，压抑的原因是性方面的某种损伤。然而，根据我的实践，我熟悉许多精神病方面的病例，在这些病例里，性的问题只起到次要的作用，其他因素则占据了主要地位。比如说，社会适应性问题、生活中悲惨的事件所造成的压迫感、声誉的考虑等就占有重要地位。后来，我把这些病例向弗洛伊德作了阐明，但他却认为是性方面的原因而非这些因素才引起的。这使我觉得很不满意。

起初，要让弗洛伊德在我的生活中占有重要的位置对我来说并非易事，也难于对他采取一种正确的态度。在我逐渐熟知了他的著作之后，我也开始了对我的学术生涯的规划，我正要动手写一篇论文以求得大学给我晋级的机会。但弗洛伊德在当时的学术界无疑是个不受欢迎的人，因而与他有任何的联系在学术界都只会有害而无益。"要人们"最多只是暗地里提及他，在各种代表大会上，人们只是在过道的地方讨论他，而在会议室里人们却三缄其口。因此，当我发现我的联想测验竟与弗洛伊德的理论一致时，我根本不会感到有什么可高兴的。

有一回，当我身处实验室并反复思考这些问题时，魔鬼向我耳语道，将我的实验结果和所得出的结论发表，然后避免提及弗洛伊德就可以了。说到底，早在我搞懂他的著作之前，我便已经得出我的实验结果了。但此时，我的第二人格也发表了他的意见，他说："要是假装不知道弗洛伊德而做这样一种事情，那不过是一种诡计而已。你可不能把自己的生活建立在谎言之上啊！"听到这样一句话，这个问题便解决了。从那时候起，我变成了弗洛伊德的公开支持者并为他进行斗争。

在慕尼黑举行的一次代表大会上，我首次站出来为弗洛伊德进行辩护，这是一次关于强迫症的会议，却避而不谈弗洛伊德的名字。1906 年，联想起这一事件，我为《慕尼黑医学周刊》写了一篇文章，就弗洛伊德的精神病理论的重要性作了评述，这一文章对于了解强迫观念性精神病起了很大作用。而这篇文章也引来了两个德国教授的信件忠告：若是我依然站在弗洛伊德一边并仍然为之摇旗呐喊的话，我的学术生涯便会处于危险之中。我回信说道："要是弗洛伊德所说的是真理，我就会站到他一边。要是学术必须基于限制探索及取消真理这个前提，对于这种学术我将弃如敝屣。"我继续为弗洛伊德及其思想进行辩护。但基于我自己的发现，我仍然无法认为一切精神病均由性压抑或性损害所造成。在某些病例中确是这样，但在其他病例中却不是。尽管这样，弗洛伊德却在调查研究方面开辟了一条新途径，而对此震惊的人反对他的一片叫嚷当时在我看来实在觉得荒唐。

我在《精神分裂症心理学》中所表达的看法并没有获得多少

赞同之声，实际上，我的同事还嘲讽我的观点。但就是这本书让我得以逐渐认识弗洛伊德。他还邀请我去探访他，那是 1907 年 2 月的事，我们在维也纳进行了首次会面。我们是在下午一点钟见面的，然后便一口气进行了十三个小时的交谈。弗洛伊德是我所遇见过的第一个非常重要的人，在我那时的经历中，没有任何一个人可以与他相比。他的态度中根本没有一点儿浅薄的东西。我发现他极为聪明、机敏和卓尔不群。然而他给我的第一印象却一直有点不明确，我无法清楚地把我对他的印象写出来。

他所谈到的有关性的理论吸引了我。然而，他的话却无法消除我的犹豫与怀疑。有好几次我尽力把我的保留性意见提了出来，但每次他都把我的看法归因于我缺乏经验。而他这样说也确实是对的，因为在那个时期，我确实未能拥有足够的经验以支持我自身的观点。我也能够明白，无论是他个人方面还是从他的哲学理论方面，他那有关性的理论对他来说都是甚为关键的。这一点给我留下了深刻的印象，但是我不敢肯定对性加以这样的强调与他主观的偏见的联系到底到了何种程度，它与有据可查的经验之谈的联系又到了何种程度。

最重要的是，弗洛伊德对精神病症的态度在我看来也是存疑的。不管是在一个人身上还是在一件艺术品身上，只要显现出那种智慧的灵性，他定会加以怀疑，并拐弯抹角地指出这一定是压抑性欲的表现。若是无法直接从性欲方面来阐释的话，他就会转而认为这是"精神性性欲"。我对此表示不同意，这种假设要是按其逻辑推论下去，便会导致做出文化寂灭的判断。文化因而显得只是一种闹剧，只是受压抑的性欲的病态结果。"对呀，"他表示同意说，"情形就是这样，而这正是一种厄运，对此我们无力与之抗争。"我对他的这一观点根本不想同意，或就此罢休，但是我仍然感到无法与他争个水落石出。

这初次会面对于我还具有特别意义的东西，这点直到我们之间的友谊结束后我才弄明白。弗洛伊德已在情感上深陷他那有关性的理论中而无法自拔了，这是确信无疑的，每当他提到它时，他说话的声调也变得急迫起来，甚至达到了焦急的程度，而他那常态的批判性和怀疑性在此时也随之消失不见了。这时他脸上便会出现一种奇怪的、深受感动的表情，这到底是什么原因我可就无从知道了。但我有一种强烈的直觉，我觉得性欲对于他来说已变成了一种神秘之物。三年后（1910年）我们再次在维也纳进行的一次谈话证实了这一点。

我仍然记得弗洛伊德当时跟我说的话："亲爱的荣格，请您答应我终身都不会放弃性欲的理论。这是一切事情中最根本的东西。您晓得，我们得使它成为一种教条，一座不被动摇的堡垒。"他感情激动地，如同父辈的口吻那般，就像是在对我说着："亲爱的孩子，请答应我每个星期天您一定要上教堂去。"我十分惊诧，禁不住地反问道："一个堡垒，又要防卫些什么呢？"对此他回答道："防卫烂泥沼的黑潮。"到这里，他犹豫了一会儿，然后补了句："关于神秘主义的。"首先使我感到震惊的是"堡垒"和"教条"这两个字眼。因为教条，也就是说，一种不准批驳就加以相信的东西，其设立的目的只是为了一劳永逸地压制各种怀疑，但这与科学的判断没有任何关系，而只与个人的冲动有关系。

这便是插进我们友谊的心脏里的东西。甚至我自己是不可能接受这样一种态度的。弗洛伊德所说的"神秘主义"的含义，实际上是哲学与宗教，其中包括当代正在兴起的灵学，在精神方面

167

所了解的一切。对我来说，性欲的理论实在玄得很，也就是说，也像许多其他推测性的观点那样是一种未加证明的假设。而我所认定的则是，一种科学真理可以是假设，可以在一个时期内存在，却不应当作神物而被永远信奉。

虽然在当时我并不是十分清楚这一点，但我还是看出了弗洛伊德身上存在的潜意识的宗教因素。很明显，他是要我帮助他建立起一道防卫这些威胁性的潜意识的堤坝。

这次谈话使我更加思想混乱，直到此时我仍不认为性欲是人们所必须遵奉的一种靠不住而又会使人陷入危境之中的观念。显然，性欲对弗洛伊德来说，其含义要多于对于其他人。对他来说，这是某种要以宗教般的虔诚来观察的东西。它是人们所必须遵奉的，否则就会陷入危境之中。而面对如此根深蒂固的信念，一般人可能避而远之，不再谈及了。我有好几次想说话，但却没法充分反对什么，没多久，我们的谈话便结束了。

我既迷惑不解又尴尬狼狈。我觉得，我已经有机会一瞥那个未知的新王国，那里的各种新思想纷纷向我涌来。有一件事很清楚：以往一直对神性大加利用的弗洛伊德，现在却创造了一种教条，或更确切地说，他失去了一个好妒忌的上帝，在本该是上帝的地方他却代之以另一个咄咄逼人的形象，即性的形象。比起原先的形象来，这个形象也同样固执、苛刻、盛气凌人、险恶并在道德上自相矛盾。如同所有的精神强大者为之命名的诸如"神圣的"或"恶魔的"形容词一样，"性本能"也取代了那个躲藏在背后的神。对于弗洛伊德而言，这样一种转换对他有利，能够显而易见地使他将这一精神上的新原则看作科学上无懈可击的存在，还能去除一切宗教色彩的束缚。但是从本质上来说，虽然耶和华和性欲在合理性上是根本无法相互比较的对立物，但是两者在神秘的心理特性上依然是相同的，只是名称的差别罢了。当然，随着这种改变，观念也随之改变了：那失去的神而今只能在下界寻找，而非在天上找寻了。那么它叫什么名字又有何本质的差别呢？要是心理学并不存在，存在的只有具体的物体，那其中一个便会被另一个所毁灭和取代。但在实际生活中，即个人的心理体验中，却丝毫没有什么是较不紧迫的、较不焦虑的、较不强迫性的，等等。问题依然没有解决，还要面临如何去摆脱或克服我们自身的焦虑、蒙昧、内疚、冲动、潜意识和本能性。我们要是无法从光明的、理想主义式的方面来做到这一点，那我们从黑暗的、生物学方面来寻求这个问题的解决办法，也许希望更大。

像熊熊燃烧的烈火，这些想法在我的脑海里猛地闪现。过了很久，当我想起弗洛伊德的性格时，它们便给我显现出其意义。最主要的是，他的性格中被一种特色吸引住了：他的痛苦。在我们第一次见面它就给我留下了深刻的印象，但我却一直无法解释，直到我把它与他对待性欲的态度联系起来时才恍然大悟。对于弗洛伊德来说，尽管性欲是一种神秘之物，但他所用的术语和理论却似乎只是把它看作一种生物学上的功能。他只是谈及它时才带有感情色彩，这时才会显示出在他内心深处激荡并回响着的种种深刻的成分。从根本上说，或至少在我看来是如此，他想教导人们说，从内心处看，性欲包括了灵性并有着一种本质性的意义。但是他那具体主义化的术语却过于狭隘，因而无法表达这种观念。因此，他留给我的印象便是，就本质而言，他所做的是有悖他自己的目标和他本人的，而没有什么比自己是自己最大的敌人更加痛苦了。用他的话说，他感到自己受到了一种"诽谤的黑潮"的威胁,他尽力想战胜这种黑潮却又感觉力不从心。

弗洛伊德从不反躬自问为什么会不断地谈论性,为什么他对这种想法如此痴迷,他也并未认识到,他只是在用"单调的阐释"来逃离自身,或者是逃避他身上大概可以叫作神秘性的那一部分。只要他拒绝承认有这一部分,他就没法与自己达成共识。他对于潜意识内容的矛盾性和模糊性都是盲目的,而且不知道从潜意识中产生的一切是有其顶端和底部的,有内也有外的。在我们谈及其外时——而这正是弗洛伊德所做的——我们所考虑的实则只是一个整体的一半而已,结果便造成从潜意识中产生了一种反作用。

对于弗洛伊德的这种片面性,我们是无计可施的。也许他本人的某种内心体验会使他睁开眼明白过来,不过这时候他的智力便会把任何这样的体验归于"纯性欲"或"心理性性欲"。他自始至终都未能挣脱这一看问题的角度,由于这个原因,我将他看成一个悲剧性人物,虽然他仍是个伟大的人,但他同时也是一个被恶魔所摆布的人。

在我们进行了在维也纳的第二次交谈之后,我还知道了阿尔弗雷德·阿德勒的权力假说,而之前,我对这一假说向来很少问津:像大多数儿子一样,阿德勒所做的,不是从其"父亲"之言,而是从其行,来加以仿效。自那以后,我觉得爱(厄洛斯,即希腊神话中的爱神)与权力如同重铅一般压在我心头。弗洛伊德曾亲口跟我说,他从未读过尼采的著作。而今我却将弗洛伊德的心理学看作一种向理智历史的巧妙靠拢,是对尼采的权力原则有力的补充。而问题就该改写为"弗洛伊德对尼采",而不是"弗洛伊德对阿德勒"了。因此,我觉得,这远非是精神病理学范畴内的一场国内之争了。我恍然大悟，觉得厄洛斯和权力驱动力可能在某种意义上有似同一个父亲的两个意见相左的儿子，或像一个单一的促动性精神力量的两种产物，这一精神力量用相对抗的形式以经验性的方式来表现自己，一如正负电子那样，其中厄洛斯为被动的一方，权力驱动力则为主动的一方，或反过来。厄洛斯对权力驱动力有很大要求，而后者对前者亦然。没有了其中一个，哪里还能有另一种驱动力呢？一方面，人屈从于驱动力；另一方面，人又企图驾驭它。弗洛伊德表明了客体如何屈从于这种驱动力，而阿德勒则表明了人如何利用这种驱动力把自己的意志强加于客体之上。因为无法支配自己的命运，尼采便只好自己创造了一个"超人"。我的结论为，弗洛伊德一定是深受厄洛斯的权力的影响，因而他便希望把它提高到一种教条的地步，如同宗教守护神那样的永恒之灵。"查拉图斯特拉"为福音的宣布者，这已是众所周知的了，但弗洛伊德却企图超过教会并把一种理论神圣化。可以确定，他这样做时并不想大吹大擂，因为他怀疑我想成为这方面的先知。他提出了他那灾难性的要求，但同时又将它放弃了。人们对于神秘而不可控的东西，往往都会这样做，而且这样做也是有原因的，因为一方面它们是真实的，而另一方面它们又显得不那么真实。神秘的体验将与崇高和卑微同在。弗洛伊德要是对性欲是神秘的这种心理真实了解，他便知道它既有神圣性又有邪恶性，若他对此稍加考虑，他就不会将自身束缚在生物学观念的范畴了。而尼采则更为牢固地站在人类的生存基础上，因而他不会走向像弗洛伊德那样的感情极端。

某个地方有神秘的体验使精神处于激烈震荡之时，那就会有支撑一个人重量的绳子可能断掉的危险。在这种情况下，有人会掉进绝对"正确"的状态中，也有人会落入绝对"错误"的状态。超脱（摆脱二者对立物）是东方人给出的解释，这点我记忆深刻。而心灵的指针是在理智和非理智之间进行的摇摆，而不是在正确与错误之间。神秘之物之所以危险就在于它把人引向极端，因而一种适度的真理便被看作就是真理，而一个次要的错误便等同于致命的大错。一切均会流逝——昨天的真理在今天却是欺骗，而昨天虚假的推论却可能是明天的启示物。在心理学方面事情更是这样，在这方面，说真的，我们仍然知之甚少。我们仍然远不理解下面这种情况到底意味着什么，除非意识已稍微或极短暂地意识到了它，否则什么都是不存在的。

我与弗洛伊德的两次交谈使我深信，他过分担心他对性的顿悟这一神秘之光会被"泥沼的黑潮"所淹没。因此一种神话性的情境便出现了：即光明和黑暗的斗争。这解释了其神秘性，还解释了弗洛伊德为什么立刻借助其教条，以此作为一种宗教性的辩护手段。我的另一著作《性本能的变化与象征》论述了英雄人物为争取自由而斗争，弗洛伊德对此所作出的反应是古怪的，这促使我进一步对这一原型性的题材及其神话学方面的背景进行研究。一方面受其教条对性的阐释，另一方面受其权力驱动力的影响，那几年我对象征论进行了考虑。研究精神的极性和动力学便有了必要。我还开始了对延续好几十年的"神秘论泥沼的黑潮"的研究——也就是说，我竭力想弄明白，作为我们当代心理学基础的意识方面的和潜意识方面的种种历史性假设。

我很想听听弗洛伊德谈论一下他对未卜先知和一般性灵学的看法。我于1909年到维也纳拜访他时，便问他对这些事情有何看法。由于他具有实利主义者式的偏见，他对这一大堆问题进行了诘难，认为这些是胡说八道，而且还是以如此浅薄的实证主义方式来诘难。我好不容易才把溜到嘴边进行尖锐反驳的话咽了回去。直到好几年之后，他才认识到灵学的严肃性并承认"神秘"现象的真实性。

在弗洛伊德进行反诘时，我身体里有一种异样的感觉。我的横膈膜仿佛变成了正在烧热的铁块，这是一个红光闪闪的横膈膜。就在这时，书架突然发出了十分响亮的砰的一声，而这书架就在我们身边，结果我俩被吓得跳了起来，担心这东西兜头倒下来压在我们身上。我对弗洛伊德说道："瞧，这就是一个所谓的催化性客观现象的例子。""哈，"他说道，"这可是胡说八道。""您错了，教授先生。这并不是胡说，"我回答说，"为了证明我的看法正确，我现在就能预言，过一会儿还会有同样的声响发生！"不出所料，我的话音刚落，书柜又发出同样响亮的声音。

直到今天，我仍然不知道是什么让我敢这样确信不疑。但我毫不怀疑地知道，这砰的一声会再响一次的。我无从知道他心中所想，或他的眼神中流露出了什么。无论如何，这件事使他开始不信任我了，而我也觉得我做了一件令他十分不悦的事情。此后，我便决不与他就此事进行探讨了。

1909 年对于我们的关系是具有决定意义的一年。这年我被邀请到麻省伍斯特市的克拉克大学就联想测验开设讲座。与此无关的是，弗洛伊德也接到了邀请，于是我们便决定一起前往。我们在布来梅会合，弗伦兹也在这里加入我们中间。在布来梅发生了后来那件人们议论纷纷的事儿，即弗洛伊德晕了过去。我对"泥煤沼尸体"的兴趣间接地造成了这件事的发生。我听说，在德国北部的某些地区，有时会发现这种所谓泥煤沼死尸。而这些是史前人类的尸体，他们有的在沼泽里淹死，有的死后被埋葬在那里。这些尸体所浸泡的泥煤水是含有腐蚀酸的，而这种酸能腐蚀尸骨，又能硝化皮肤使其成棕褐色，因而皮肤和头发便得到完好的保存。其实这是一种天然的木乃伊化过程，而因为泥煤重量的压力，这些尸体被完全压扁了。在荷尔斯泰因、丹麦和瑞典，这种尸体的残余常常被泥煤采挖者所发现。

在布来梅时，我在报纸上读到有关泥煤沼尸体的报道，便想起了它们，但是还是搞不清楚，便把它们混同于该市铅棺里的木乃伊了。我的这种兴趣使弗洛伊德感到很不愉快。"为什么您对这些尸体竟如此关心呢？"他好几次问我。他对这一整件事感到非常恼火，并在我们正一起进餐就这件事交谈的时候突然晕了过去。过后，他对我说，他确信，就这些尸体所进行的一切交谈，含有我盼他早日死掉的成分。这样进行阐释实在让我吃惊不小。对他这样强烈的想象我实在震惊——竟然这样强烈，难怪会使他晕倒了。

还有一次与之类似的事件中，弗洛伊德再次晕了过去。这次晕倒发生在1912年，是在慕尼黑所举行的一次心理分析大会期间。会上有人提到了阿曼诺菲斯四世（依克纳顿）。谈话提出了这样的观点，由于阿曼诺菲斯对其父亲抱有一种否定的态度，因而便毁掉了他父亲所竖立的石柱上的象形文字花框，他自己所创立的一神教行为的背后也隐含有一种仇父情结在里边。这种看法激怒了我，于是我便企图说明，阿曼诺菲斯是个有着深刻宗教信仰的人和富有创造性的人，他的所作所为是不能通过他反对他父亲的行为来加以解释的。相反，我说道，他一直尊敬地保留着对其父亲的纪念，而他所热衷的破坏只是针对阿曼这个神的名字，什么地方有这个名字，他就会把它销毁。他还凿去了他父亲阿曼霍特普石柱上象形文字花框上的"阿曼"两个字。此外，其他法老也有用他们自己的名字来取代纪念碑和雕像上他们真正的或神话性祖先的名字，因为他们觉得自己既然是这同一个神的化身，便有权力这样做。但是我指出，他们既没有开创一种新风格，也没有开创一种新宗教。

当话说到这里的时候，弗洛伊德就晕了过去，他从椅子上滑落了下来。大家束手无策，只得将他团团围住。我将他扶了起来，背进了隔壁的房间里，他被安放在一把沙发上。就在我背他的时候，他的知觉恢复了一半，而我则永远忘不了他看向我的眼神。在他浑身没有一点儿力气时，他瞧着我，仿佛我是他父亲似的。造成他晕过去的不管是什么原因——当时的气氛十分紧张——但这两次晕倒的共同原因显然是父杀子的幻觉造成的。

那时候，弗洛伊德曾不止一次地做出暗示，表示他把我看作他的继承者。这些暗示使我十分难堪，因为我深知，我是绝对不会恰如其分地，像他所希望的那样坚持他的看法的。而我自身没法提出让他觉得十分有分量的批评意见，显然我对他又相当尊敬，因而也就不想强迫他认真地对待我自己的看法。而在我的脑海里，实际上我对充当某个党派的领袖没有半点兴趣，甚至觉得这是一种思想上的包袱。第一，这种事情不合我的性格；第二，我不想牺牲我的思想独立性；第三，这样的荣耀是很不为我所欢迎的，因为这只会使我偏离我的真正目的。我关心的是探索真理，而不是个人威望的问题。

1909 年，我们的美国之行持续了七周。我俩天天都聚在一起并对互相的梦进行分析。那期间，我做了几个重要的梦，但弗洛伊德却无法给出可以让我信服的解释。我并不认为这对他是什么丢人的事，因为，即使是最好的分析者也有无法揭破一个梦境的谜底的时候。这是一种凡人皆会有的失败，而我也绝不想因此便停止我们对梦的分析。相反，这种分析对我意义重大，而且我发现我们的关系极为宝贵。我把弗洛伊德看作自己的长辈，他相较于我来说是更成熟也更历练的一个人，在这方面我是以晚辈自居的。但之后发生了一件事，这件事对于整个的关系，确是一个严重的打击。

　　弗洛伊德做了一个梦，我不能将这个梦所包含的问题公之于众。当时我用了最大的能力去解释它，解释完我补了一句说，要是他能给我提供更多有关他私人生活的补充性细节，我会做出更好的解释。听了我这句话后，弗洛伊德的反应是古怪地瞧了我一眼——十分怀疑的一眼。然后，他便说道："我可不想拿我的权威性来冒险！"这时候，他便完全失掉其权威性了。这句话深深地烙进了我的脑海里，随之而来的，我们关系的结束便已可预见了。弗洛伊德已把权威性置于真理之上。

　　正如我前面所提到过的，弗洛伊德对我的梦没有给出令我信服的解释。这是些含有集体性内容的梦，带有大量象征性材料。有一个梦对我特别重要，因为它第一次把我引导到"集体潜意识"的观念上来，并因而形成了我后来那本书《性本能的变化与象征》的一种序曲。

　　梦境是这样的：我身处在一所我自己都不认识的两层楼的屋子里。它是"我的家"。我发现自己走在二楼上，这里很像是客厅，洛可可风格的做工精致的老式家具摆列其中，墙上悬挂着古老的珍贵名画。我对这竟会是我的家感到万分惊讶，于是便想道："还不错。"但然后我便想起来了，我并不知道一楼到底是什么样子的。于是我沿着楼梯走到了一楼。在这里，一切东西显得更加古老，于是我便认识到，房子的这一部分一定可以追溯到15世纪或16世纪。这里的陈设是中世纪式的，地板是红砖铺就的。这里相当阴暗。我从一个房间走到另一个房间，心里想道："嗯，我实在得探究一下这整幢房子。"我走到一道厚重的门前，用力打开了它。在门那边，我发现了一道向下通到地下室的石砌阶梯。我再次走下去，结果发现自己处身于一个有拱顶的美丽的房间中，而这房间则显得极为古老。在仔细察看四壁时，我发现在普通的大石块上砌有一层层的砖，而且在灰浆里也有砖头的碎块。一看到这个，我便知道这墙壁可以追溯到罗马时代。至此我的兴趣便高涨起来。我更仔细地观察起地板来。它是用石片铺成的，在其中一个石片内我发现一个环。我拉动这个环，石片便被抬了起来，我再次看到了一道窄窄的石阶通往地下更深处。我顺着这些石阶走了下去，最后走进了一个从岩石里凿成的低矮的洞穴。石洞的地面上盖有一层厚厚的灰土，灰土中散布着一些骨头和陶片，像是一种原始文化的遗物似的。我找到了两个人的头盖骨，显然年代久远，并且快要裂成碎块了。这时，我便醒了。

在这个梦境中最使弗洛伊德着迷的是那两个头盖骨。他不断地绕回到这方面，并怂恿我找出与此有关的愿望。对这两个头盖骨我到底是怎么想的呢？这是谁的头盖骨？我十分清楚他问这话的意图：掩盖在梦中的秘而不露的死亡之愿望。他到底想从我这里搞出点什么呢？我心里想道。我对谁抱有死亡愿望呢？我对任何这样的阐释都极为反感。这个梦到底意味着什么，我也有点隐约的预见。但那时我并不相信自己的判断，而想听听弗洛伊德的看法，想向他学习。因此，我对他的意图作了屈服，说道："我的妻子和妻妹——"不管怎样，我得提提其死值得我祝愿的某个人的名字啊！

我那时刚新婚不久，所以内心非常肯定，我根本就没有这样的愿望。但我要是将我自己对这个梦的看法跟弗洛伊德说了，要不引起误解和激烈的反对，那是不可能的，我还犯不上和他争吵，此外，我要是坚持自己的观点，我也担心会因此而失去他的友谊。另外，我很想知道他会将我的回答派何种用场，要是我说某种适合他理论的东西来骗骗他，他又将做出何种反应。于是我便对他撒了一次谎。

我也深知，我的这种行为在道德上是很坏的。如果让他洞悉了我的内心世界，我们势必会产生冲突，因为我们之间的差异实在太大了。实际上，弗洛伊德对我的回答显然是感到轻松了许多。从他对这件事的反应上来看，他在阐释某些梦上是完全无能为力的，便只好在其教条中寻求答案。而这该由我自己来找出这个梦的真正意义了。

对我来说，很明显，屋子所代表的是一种精神的形象——也就是说，我那时的意识状态及直至此时的潜意识的附加物。大厅代表的是意识，尽管其建筑风格是古代的，它却有有人居住的气氛。

地板代表的是潜意识的第一层，我越往下走，景象就变得越陌生和黑暗。在那洞穴里，我发现的是一种原始文化的遗留物，即我心中的原始人世界，这个世界是意识几乎无法接近的和照亮的。人的原始性精神近乎动物灵魂的生命，恰如史前时代的洞穴在被人所占有之前通常是由野兽所占据的一样。

那时我就慢慢认识到，弗洛伊德和我对于理智的态度，我们二人之间的差异是多么明显啊。我是在 19 世纪末巴塞尔那富有历史气氛的环境中长大的，读了很多古代哲学家的著作，也获得了某些心理学史方面的知识。每当我想到梦及潜意识的时候，我就难免会作些历史方面的比较。在念大学时，我还一直使用克鲁格那本老哲学词典。我对于 18 世纪和 19 世纪初期的作家特别熟悉。他们的世界便是形成我那二楼的大厅气氛的那个世界。通过对比，我产生了这样的印象：弗洛伊德的知识始自毕希纳、莫勒斯霍特、杜波依斯、莱蒙德和达尔文。

这个梦指出，我刚才所描写的意识状态有着更进一步的范畴之意：具有中世纪风格的长久无人居住的那一层，还有那罗马人的地下室及最后那史前洞穴。它们意味着意识的过去年代及阶段。

在做梦之前的好几天，好些问题一直在我脑海中挥之不去：弗洛伊德的心理学是建立在什么前提之上的？他那几乎排他性的个人人格至上论与一般性的历史假定又有什么关系呢？我的梦境给了我答案。它所指明的显然是有关文化史的基础问题，一种意识层面相继性的历史。我的梦境构筑了人类精神的一种结构图，它假定有某种完全非人化的本性潜藏其间。正如英国人所说的，它"咔嗒"地响了一声，于是这个梦变成了我的指导性形象，这一形象在将来得到证实，证实的程度则达到我一开始就无法怀疑的地步。

我一直无法认同弗洛伊德对梦的这种看法，即梦是一个"表面"，梦的含义便隐藏在其背面，它虽然为意识所知晓，却被意识恶毒地扣押了。在我看来，梦是天性的一部分，它根本不怀欺骗的恶意，而是尽所能去表达某种东西，生命的这些形式也没有欺骗我们的观察力的愿望，我们之所以可能欺骗我们自己，那是因为我们的眼睛患上了近视症的缘故。也许是我们自己听错了的缘故，而我们的双耳并不骗人。在我与弗洛伊德相识之前，我便认为潜意识及潜意识的直接表达者——梦，是再自然不过的存在，它没有诡计花招的存在，也不是随便发生的。我不明白以什么理由可以这样假定，意识的种种花招是能够推及于潜意识这种过程的。恰恰相反，日常经验告诉我，潜意识对于有意识的头脑的种种倾向，向来是给以激烈的反对的。

　　屋子的梦境对我形成了一种奇特的作用：它重新激起了我对考古学的热情。在我返回苏黎世后，我就找了一本有关巴比伦考古发掘品的书来读，此外还阅读了大量的神话著作。在这一阅读过程中，有一本书使我大开眼界，那就是弗雷德里希·克鲁泽的《古代民族的象征和神话》。我废寝忘食地读了起来，随即又以更大的热情读完了一大批堆积如山的神学文献，然后又通读了诺斯替派①的资料，最后却掉进了一片混乱之中找不到出口。仿佛回到了我在医院里所经历过的那次一样，当时我极力想弄清楚精神病患者心理状态的含义。我仿佛身处在一所想象中的疯人院里，并着手像对待我的病人那样诊治和分析克鲁泽著作中的所有马人、林神和男女神。就在我这样忙着的时候，我无意中发现了古代神话和原始人的心理之间有着密切的联系，而这导致我深入地研究起后者来了。

---

① 诺斯替派：又称灵智派，起源于1世纪。它集希腊的哲学、波斯的琐罗亚斯德教、埃及的神秘宗教、巴比伦的占星术等于一体。内部派别复杂，故其思想极为庞杂。

在进行这些研究的时候，我无意中发现了一位并不相识的年轻美国小姐的幻想资料。这位小姐叫米勒，她的这一材料被登载在《心理学档案》（日内瓦版）上，作者是我所敬重和有着慈父般温情的我的挚友西奥多·弗劳内伊。这些幻想所具有的神话性的特色将我深深地触动了。它们就如同化学催化剂一般，将我内心存贮已久的、看来毫无条理的种种想法激发了出来。渐渐地，我的那本《性本能的变化与象征》在此和之前的基础之上逐渐成形了。就在我写上述这本书时，我又做了一些别的梦，其梦境预示了我即将和弗洛伊德分道扬镳。最重要的一个梦境中出现了瑞士和奥地利交界处的一个山区的景象。梦中时近黄昏，我看见了一位穿着奥地利帝国海关官员制服的一个上了年纪的人。他的背有点驼，从我身边走过时对我理也不理。他面带怒气，心事重重，满脸苦相。梦中还出现了其他人，其中有个人告诉我，说这个老人并不是活人，而是一位死去多年的海关官员的鬼魂。"他是仍然不愿死去的人之一。"这就是我那梦的第一部分。

我开始分析我的这个梦境。与"海关"相联系，我立即想到了"检查"这个词。而"交界"则一方面是意识和潜意识之间的交界，而另一方面则是弗洛伊德的观点和我的观点的界限。边境上十分严格的海关检查，我个人觉得是对分析的暗喻。一般来说，在边境海关接受检查时，人们的提包得打开，以便发现是否有违禁品。而在此过程中，潜意识的假设便被揭示出来。而那位年老的海关官员在工作中显然得不到快乐和满足，所以，他对这个世界保持偏激而刻薄的看法。这里与弗洛伊德极其相似。

虽然在当时（1911年），弗洛伊德在我这里已经失去了权威性，但他对我来说还是个重要人物，对于他我曾投射父亲的形象，这在梦境中也有所体现。只要有这种投射存在，我们便无法客观。我们就会处于一种判断无法一致的状态。因为，一来我们有依赖性，二来我们又有抵制性。在这一梦中，我对弗洛伊德的评价很高，但同时又对他有批评的态度。这种不一致的迹象表明，我仍未意识到这种局势，这是所有形象投射所共有的特色。这个梦促使我不得不弄清这种局势了。

在弗洛伊德的个性影响下，我尽可能地把我自己的判断抛到一边，把我的批评性看法也束之高阁。这可是与他合作的前提条件啊。我跟自己说道："弗洛伊德可比你聪明和练达多了。目前，你就只有听从他并向他学习的份儿。"然后，出乎我的意料，我在梦中竟把他看作是奥地利王国的一位性格乖僻的官员，一位虽已去世但其鬼魂仍在到处游荡的海关检查员。这会是弗洛伊德暗示说我对他所抱有的想他死掉的愿望吗？我没法证明持有这种愿望的人是正常的，因为我确实希望获得与弗洛伊德合作的机会，并分享他的经验，而他对我的友谊也关系重大，因此，我实在没有理由希望他死掉。但是否还有这种可能：这个梦是一种自我意识中高度评价他和钦佩他的一种补偿呢？我对此十分反感又觉得很离谱。这个梦其实是建议我对弗洛伊德拿出批评性的态度。这显然让我有点不知所措，虽然梦的结局像是暗示了弗洛伊德有可能变得不朽。

这个梦并没有就此结束，过了没多久，我便做了第二个梦，而这个梦显然比第一个梦境重要得多。在梦里我身处于意大利的一座城市中，时值正午左右，约在十二点到一点钟之间。灼人的阳光猛烈地照射着狭窄的街道。这个城市很像巴塞尔的某个地方，依山而建，使我不禁想起巴塞尔的一个特别的地方——科伦堡。街道向下通到山谷区伯西格塔尔，这山谷横贯整个城市，而街道有些部分则是由层级的台阶组成的。梦中有一道台阶向下通到巴弗塞普拉茨。这个城市就是巴塞尔，但也是一个意大利城市，有点儿像贝加莫市。时值夏季，烈日当空，万物均被暴晒在骄阳之下。一群人川流不息地向我涌来。我知道，商店正在关门，人们在路上行色匆匆，赶着回家吃饭。在这人流中间，一位骑士全身顶盔掼甲地走着。他从台阶下方向上朝我走来。他头戴那种叫作轻型钢盔的头盔，眼睛处有缝隙，身穿锁子甲。锁子甲上罩有一件法衣，法衣的前后面均织有一个大红十字。

您可以想见：在一个现代城市午后时分，正是人潮汹涌的下班时间，有个古代十字军正向我走来，这是多么奇怪啊。可是那向四面八方走来的人们并没有注意到他的存在，甚至都没有人掉过头去瞧上他一眼。他就像是个隐身人，只有我看见了他。我自问道，这个幽灵到底意味着什么呢？然后仿佛有人回答我的问题似的——却又没有人在场说话——说道："不错，这是一个准时出现的鬼魂。这个骑士总是在十二点和一点之间经过这里，而且长期以来（我想是好几个世纪了吧）一直这样，大家也就习以为常了。"

这名骑士和那位海关官员显然是两个对比鲜明的形象。海关官员是不清晰的，是个"没有彻底死掉的人"、是个正在消逝的幽灵。而那位骑士却是生机勃勃的。就像一个真实的人物一般。这梦的第二部分实在是神秘莫测，而在边界上的景象却是再平常不过了，本身也并非使人印象深刻的，只是在后来的回味中我才领悟到。

在做过这两个梦后的一段时间里，我对骑士这个神秘的人物想得很多。但我对这个梦冥想了很长一段时间之后，才获得了有关其含义的某种想法。甚至就在梦里，我便已知道这个骑士属于12世纪。这也就是炼金术开始出现的时期，也是寻找圣杯的时期。我自从在十五岁时第一次读到这些故事之后，圣杯的故事对我便有着最大的重要性。我多少明白一点儿，在这些故事的后面隐藏着一个巨大的秘密。因此，这个梦召唤出来的圣杯骑士团及他们寻找圣杯过程的那个世界对我便显得是很自然的了。因为从我心底深处来看，那便是我的天地，这个天地与弗洛伊德的天地毫无关联。我终其一生都在寻找着某种仍然不可知的东西，而这才是我平庸的生活中最充满意义的所在。

对我而言，这确实有一种极端的失落情绪，因为喜欢探索的头脑的努力研究并非在心灵深处所发现的，而是极为熟悉的人情世故的考量。我是来自于乡下的小孩，而这一切我无法从马厩中学习到，我从拉伯雷式的智慧及我们那些农民的民间传说的种种不受限制的幻想中获得了灵感。乱伦和性反常对我来说并不是什么了不起的新发现，也无须有什么特别的解释。它们与犯罪行为一起构成了阴暗面的一部分，并由于极为明白清楚地显示给我看人的种种丑恶和没有意义而破坏了生活的意趣。蔬菜在粪堆上才会生长茂盛，这我向来是视之为理所当然的。毫不作假地说，在这样的知识中我是发现不了什么能给人以启示的洞察力的。"只有那些城里人才会对大自然和人的肮脏一无所知。"我想道，心里对这些丑恶的事情实在感到厌烦。

对大自然不甚了解的人较容易患有神经病，因为他们适应现实的能力弱。他们像孩童般天真无知，因而必须解释给他们听，生活中实情究竟是怎样的，就像他们应该清楚，自己跟他人是一样的人。但这样的启蒙也没法治好他们，只有从平庸这个泥沼中爬出来，他们才能获得新生。但他们却过于眷恋他们先前的受压抑的状态，甚至当理论能说服他们并向他们提供要他们放弃这种幼稚性的、合理的或"有道理的"命令时，要是分析无法使他们认识到某种不同的和更好的东西，他们又怎么会跳出这种状态呢？这正是他们无法做得到的。而要是他们找不到立脚的地方，他们又怎么会这样呢？一种生活方式是不能简单地放弃的，除非它可以改换成另一种。至于完全合理的生活方式，正如经验所表明的，是不可能有的，特别当一个人从本质上说犹如精神病人那样是不可理喻的时候。

　　而今，我终于意识到为何弗洛伊德的个人心理学会对我产生如此强烈的吸引力了。我是如此强烈地想了解有关他那"理智答案"的真谛，而为了获得这个答案，我也准备好了做出应有的牺牲。如今我终于确认，弗洛伊德本人也有一种神经症，这病无疑是可被诊断出来的，因为他有十分令人担心的表现，我在我们那次美国之行中便已发觉了这点。而那时他还在教导我说：每个人都是有点儿神经症，因此我们必须要宽以待人。不过我却根本不以此为满足。相反，我还想知道一个人怎样才能避免得精神病，很明显，要是甚至连导师也无法对付自己的精神病，那么无论弗洛伊德还是其门人均无法理解精神分析的理论与实践到底意味着什么。因此，当弗洛伊德宣布他意图把理论与方法结合起来并使之变成某种教条时，我便再也无法与他合作了。对于这种情形，我别无选择，只能与之脱离关系。

　　在我书写那本《性本能的变化与象征》里有关"献祭"这一章节的内容时，我便预估到，这本书的出版必将使我与弗洛伊德的思想越走越远，而我们的友谊也将宣告终结。因为我在这一章中会讲述性本能的观念上具有重大变革性的思想，还有我自己对乱伦的看法，以及其他许多我与弗洛伊德意见不同的看法。在我看来，只有在稀有的情况之下，乱伦才意味着个人的精神错乱。而通常来说，乱伦则是一种高度宗教性的表现。由于这种原因，乱伦的题材在几乎所有的宇宙起源说和神话中起着一种决定性的作用。但是弗洛伊德却对其坚持进行就事论事的阐释，而不能把握作为一种象征的乱伦在精神方面的意义。我知道，他是绝对不可能接受我在这方面的任何看法的。

我和妻子谈到了这件事，还将我的担心直言相告。她想方设法消除我的疑虑，她觉得弗洛伊德会表现出大度来，他自己也提不出什么反对意见，所以他有可能接受我的观点。我本人也相信他不会那样干。一连两个月，我一直为这种内心冲突所苦，以至无法执笔写作。我应该把自己的想法秘而不宣呢，还是冒一下失去如此重要朋友的危险呢？最后，我决心继续写下去——而这的确使我失去了弗洛伊德的友谊。

与弗洛伊德决裂之后，我的很多朋友和熟人都相继离开了我。我的这本书也被宣布是无稽之谈。我被看成是个彻头彻尾的神秘主义者，眼看事情已经无法挽回了。只有里克林与梅达受了我的影响。不过我早已预见到会受孤立，对我的所谓朋友们的反应也早就不抱什么幻想。这是我事前就彻底考虑过的。我早已知道，一切事情都得冒点风险，而且也得为自己的信念表明立场。我认识到，"献祭"那一章意味着我得牺牲自己当祭品。由于洞察到了这个，我又果断地写了下去，尽管我知道我的想法会不被世人所理解。

　　回想起来，我敢说只有我才注定会继续研究弗洛伊德所最感兴趣的两个问题："古代遗迹"的问题与性欲问题。一种广泛的错误在于把我想象成看不到性欲价值的人。其实相反，在我的心理学中，作为精神的完整性的一种本质上的——但不是唯一的——表达，性欲起着重大的作用。但是我最关心的兴趣点却并非是越过其个人性格的意义和生物学上的功能，而是去探究它精神性方面的内容以及它的神秘意义，从而解答使弗洛伊德如此醉心但又未能把握住的东西。这方面我写了《感情转移心理学》和《神秘的联系》两篇文章来阐述自己的这一主张。作为神秘心灵的表达，性欲起着首位的重要作用。这一精神是"上帝的其他方面"，即上帝形象之阴暗角落。从我开始着迷于炼金术的世界之后，对神秘心灵的疑问便一直在我脑海中挥之不去。就本质而言，这一兴趣是我同弗洛伊德最初的一次谈话中发生的，当时他描述性欲现象时的沉醉让我困惑，并使我心怀疑窦。

　　我认为弗洛伊德严肃认真地对待精神病患者才是他最大的成就，他能够深入病患的怪僻而独特的心理之中。他勇敢地让病例说话，使得自己得以深入病人的真实心理之中。他用病人的眼光来看待周遭的世界，从而使自己比任何人都更深刻地理解精神病患者。在这些方面，他确是不为偏见所动，有勇气并成功地纠正了大量的偏见。他像《圣经·旧约》中的一位先知，动手推翻了虚假的神祇，撕去了掩盖种种不诚实与虚伪的幕布，从而无情地揭露了当代精神的腐朽性。在面对这样一种工作所引起的人们的冷落时，他并不畏缩踌躇。他对我们文明的推动源自他发现了一条通向潜意识的坦途。由于肯定了梦是有关潜意识的种种过程的最重要的信息之源的价值，他把一种看来不可挽回地已丢失了的

187

工具重新交回到了人类的手里。他用经验证实了潜意识心理的存在，而这过去只被看作是一种哲学上的假设，即存在于 G.G. 卡鲁斯和爱德华多·冯·哈特曼的哲学中。应该说，尽管现代人面对潜意识已超过了 50 多年的历史，但是当代的文化意识仍未把潜意识的观念及其所包含的全部意义吸收进其一般的哲学里去。将精神生活有两极性的基本思想加以吸收消化仍然是未来的一项使命。

六、正视潜意识

　　与弗洛伊德彻底决裂之后，在我的内心深处，甚至相当长的一段时间里，我都感到不安和无所适从。毫不夸张地说，我觉得自己失去了方向，仿佛身处半空中，脚下没有我的立足之地。最重要的是，我觉得应该对病人采取一种全新的态度。我决定先不将任何理论性前提加在他们头上，而是先让他们发出内心的声音。随后，我再根据他们的病情来规划出相应的治疗方案。我的目的是让事物听其自然。结果，病人便自发地向我报告他们所做的梦和种种幻想了，而我则只问问"与此有关您发生过什么事"或"您怎么会认为是这样呢""您的这种想法是从哪里来的呢"及"您对此有何想法"之类的问题。于是对梦的解释便显得是从病人自愿做出的回答和联想中得出的了。我避免一切理论的观点，只是帮助病人自发地理解梦的意象，其间并不应用什么法则和理论。

　　没多久，我便得知，采取这种方式作为释梦的基础是对的，因为梦所想达到的目的就是如此。梦境也是我们据以为出发点的事实，自然，从这一方法大量的产生各个方面的问题，因而需要有一种标准变得日益迫切了——我几乎可以这样说，这就是需要有某个初始的出发点。

就在那时，我体验到了一种非比寻常的清醒状态，头脑清晰地思考着我的来路。我想："现在我已经掌握了打开神话学大门的钥匙，并可以自由地打开潜意识精神的所有大门。"而就在这时，在我内心有某个东西低声地说："为什么把一切大门都打开呢？"于是，我到底取得了什么成就的问题便产生了。我把古人的种种神话进行了解释，我出了一本有关英雄及人总是生活在其中的神话的书。但是今天，人们是生活在什么样的神话当中呢？答案可能是：生活在基督教神话里。"你也生活在其间吗？"我问自己。说句老实话，答案是否定的。对我来说，根本不存在我以什么为生的事。"那么我们不再有任何神话了？""对，我们显然不再有任何神话了。""但是，你的神话——你生活在其中的神话——是什么呢？"在这一点上，我与我自己的对话就变得令人不舒服了，于是我不再想下去了。我已经走进了死胡同。

然后，或许是在 1912 年的圣诞节前后，我进入了一个梦境。在梦里，我身处一间富丽堂皇的意大利凉廊里，凉廊有不少柱子，这里的地板是大理石做的，栏杆也是。我正坐在一把文艺复兴时代的金色交椅上，摆在我面前的是一张漂亮的桌子，桌子是用绿色的石头做的，很像绿宝石。我就坐在那儿，朝外面的远处望去，因为这凉廊是高高建在一座城堡的塔楼上的。我的孩子们也围桌而坐。

忽然，一只白鸟落了进来，可能是一只小海鸥或是一只鸽子。它姿态优雅地慢慢伏在桌子上，我让孩子们坐着别动，免得惊扰了这只漂亮的小鸟。转眼之间，这只鸽子变成了一个小姑娘，年纪大约六岁，长着满头金黄色的头发。她跟孩子们一起跑着离开了桌子，在这城堡的廊柱间玩耍起来。

我沉思着，琢磨着我所体验到的一切。这时候，这个小姑娘回来了，温柔地用双臂抱住我的脖子。随后她便消失不见了，而那只鸽子又回来了，并且用人的声音一字一句地向我说道："只有在晚间的最初几个小时里我才能变回人，因为雄鸽子此时正忙着埋葬那十二个死掉了的人。"然后她便飞进了湛蓝的天空，而我也在这时醒了过来。

在我讲述的所有梦境中，只有这次是清晰地表现出潜意识非比寻常的、活跃的梦境。但我却没法深入地探究我这种内心过程的底蕴。一只雄鸽子与十二个死人又有什么关联呢？还有那绿宝石色的桌子，此时那个关于"绿宝石禁忌"的故事突然在我的脑海中闪现出来，我想起了炼金术传说里所说的霍姆斯·特里斯米基斯托斯的那张绿宝石做的桌子。据说他死后留下了一张桌子，炼金术的基本条文便用希腊文刻在了这桌子上。我还想到了那十二个门徒，一年中的十二个月，黄道带的十二个星宫等。但这个谜题的答案究竟在哪里呢？最后我只得选择了放弃。我肯定知道，但是我却找不出来。因此我便无事可做地等着，一如既往地生活并密切关注我的各种幻象。

有一个幻象不断去而复返，目前有某种东西死去了，但同时它又仍然活着。比如说，尸体放进了焚化炉，但发现它仍然是活人。这些幻象进入头脑中同时转变成梦的形式。

我处在犹如靠近阿尔的阿尔斯冈那样的一个地方。那里有一条由大理石的石棺构筑成的巷道，而这些石棺则可追溯至梅洛温王朝时代。梦境中，我从城里来到这里，并发现在我前方有一条一长列陵墓所组成的巷道。这些陵墓是些带石板的基座，而死者就被安放在那里。这使我想到了教堂里那古老的墓穴，那些全副武装的骑士们就是那样双手紧握着躺在那儿的。而梦中的死者就是这样躺着的，他们身着盔甲，双手交叠在胸前，与教堂中的景象不同的是，他们并非用石头凿出来，而是木乃伊。我一动不动地站在第一个坟墓前瞧着那死者。死者是个19世纪30年代的人。我很感兴趣地看着他的服饰，这时他却突然活动起来并恢复了生命。他的双手松开了，但这只是我看着他的缘故。我产生了一种极为不快的感觉，于是便走开，来到了另一个尸体的旁边。这具尸体属于18世纪。在这里，发生了与刚才完全一样的事：当我看着他的时候，他活了过来并把握紧的手松开了。我顺着这一整排的尸体走了下去，一直走到12世纪的尸体处——就是说来到一个穿着锁子甲的十字军尸体的地方，只见他紧握着双手躺在那儿。他的形体像是用木头刻成的。好长一段时间，我看着他并心想他确实是死了的。但突然间，我看见他左手的一只手指轻轻地开始动了起来。

对于这个梦我也想了很多。当然，最初我是坚持弗洛伊德的看法的，觉得在潜意识中有古代经验的种种迹象。但是像这样的梦及我对潜意识的实际体验告诉我，这样的痕迹并非死去了的、已然成为过时了的形式，而是带有生命特征的鲜活的存在。随后的研究也证实了这一点，并在多年之后据此而发展出有关各种原型的理论。

然而，这些梦却没法让我觉得自己找到了方向。与之相反，我仍然像生活在恒定的内心压力之下。时不时地，这种感觉便愈加强烈，以至于我都怀疑自己是否有了某种精神障碍。因此，我把自己整个一生的细节过了两次，其中我特别注意童年时代的各种记忆，因为我觉得，在我的过去可能有某种我无法明白的东西，而这可能就是导致这一精神障碍的原因。但这种回顾除了重新承认自己的无知外未导出任何结果。这时，我便对自己说："既然我什么也不懂，那我就干点儿心中所想的事情。"这样，我便有意识地使自己服从于潜意识的种种冲动之下。

第一件浮现在我记忆中的童年情景是我十岁或十一岁时的事儿。那会儿，有好长一段时间，我喜欢玩各种积木类的游戏。我仍然能十分清楚地回忆起自己用积木搭小房子和城堡的情形，我还拿瓶子当作门窗和拱顶。稍后，我便用一般的石头来这样玩了，并用泥浆作灰浆。这样建造的建筑物使我着迷了很长一段时间。使我感到惊异的是，与这一记忆同时而来的还有大量的情感。"哈哈，"我自言自语道，"这些东西仍然具有生命力呢。那个小孩仍然就在不远处并具有我所缺乏的一种富于创造性的生命。不过我怎样才能找到通向这种创造力的路呢？"因为作为大人来说，我不可能在我现在和我十一岁这么大的一段距离上搭起一座桥来。然而我要是想与那个时期重新建立起联系的话，我别无选择，只能返回那个时期并再次过起那个小孩的生活及玩他幼稚的游戏。这一时刻是我命运的转折点，只是经过无穷的思想斗争并带着一种欣赏之感，我最后作了让步。因为我认识到，除了玩幼稚的游戏之外而别无他法实在是一种痛苦而丢脸的体验。

尽管这样，我还是开始收集一些适用的石子来，这些石子有些是从湖边捡来的，有些则是从湖里捞起来的。然后我开始建造别墅、城堡、村庄等。这中间仍然没有教堂，于是我便建造了一个长方形的建筑物，它有一个圆形的顶，在顶部有一个六角形的鼓。一座教堂还要有个祭坛，但在动手建造它时我却有所犹豫。

　　一天，就在我想着如何才能完成这项任务时，我如同往常一样沿着湖边散步边找石头。突然一块红色的石头吸引了我，我一眼就看上它了，这是块棱锥体的方石，大概四厘米高。显然它是石头的碎块，因为长期被湖水冲刷才被打磨成了如今的样子，这是自然的创造。我眼前一亮：这就是那祭坛了！我把它捡拾回来之后，就将它放在圆顶的正中处，而就在我这样做的时候，我又回想到童年梦中那个地下室里的阴茎。这种联想使我感到非常舒服。

　　每天吃完午饭，只要天气不错，我就会继续玩我这个建筑游戏。每次都是吃完饭就开始玩，一直玩到我的病人到来之时。要是诊治工作完成得早，我就转去继续玩建筑游戏。在这个活动期间，我的思想变得清楚了，于是便能够把握住只是模模糊糊地出现在我脑海中种种幻象的含义了。

　　我自然想到了我现在正干着的工作的意义，于是我便自问道："说实在的，你现在在干些什么呢？你是正在建筑一个小城镇，还是在举行某种祭礼呢？"对于这个问题，我没有给出答案，但我的内心却十分清楚，我正走在发现我自己的神话的谜底中。因为这建筑游戏仅仅是一个开始，它释放出了一系列的我后来慢慢记忆起来的种种幻象。

　　这类游戏在我身上一直发生着，对我来说它是连贯性的，在我的后半生中，每当我遇到难题时，我便会画一幅画或雕刻石头。这样的体验是那些难以深入下去的想法和工作的入门礼。今年和去年我所写的一切东西，如《未被发现的自我》《飞碟：一个现代的神话》《从心理学上看良心》等，这些都是源自我妻子去世后我所刻的石雕给予我的灵感。生命的行将结束、死亡及它所能使我认识到的，猛烈地使我与我的自身分离开来。这使我花了很大力气才重新站稳了脚跟，而与石头的接触则对我大有裨益。

快到1913年秋季的时候，我感到我身上的压力似乎正在向外移动，仿佛空气里有什么东西似的。周围的气氛在我看来也确实比原先的沉闷，像这种压迫感并非来自精神方面的压力，而是来自具体的现实世界。这种感觉也变得愈加强烈。

当年10月，当我孤身旅行时，我眼前被一种压倒一切的幻觉迷住了：这是一场大洪水，它将北海和阿尔卑斯山之间的北部和地势低洼的土地都淹没了。洪水从英国流向俄罗斯，从北岸一直淹到了阿尔卑斯山。当它来到瑞士时，我觉得群山变高了，它们似乎在保护我们的国土。我意识到，一场可怕的大灾难正在发展之中。我看见了滔天的黄色巨浪，漂浮在水里的文明的残片及成千上万具被淹死的死尸。整个汪洋大海变成了血海。这一幻觉持续了大约一小时。我感到迷惑不解和心里作呕，同时又为自己的无能为力感到惭愧。

两周过去了，在同样的情况下，这一幻觉再次出现在我面前，景象比上次更加生动，血海更加明显。我心里深处的一个声音说着："瞧瞧这个，这完全是真实的，世界会变成这样。对此你不用怀疑了。"

那年冬天，有人问我对不久的将来的世界政治形势有何看法。我答道，我对此未作深思，但是我看见了尸积如山和血流成河。

我自问道，这些幻觉是不是意味着要爆发一场革命？但是实际上，我根本没法想象这些事。因此，我便对自己说，这跟我个人有关，我正面临着精神病症的威胁，因为我根本没有得出会有战争的想法。

此后不久，即在 1914 年的春季和夏初，我一连三次做了同样的一个梦。梦中时值仲夏，一股北极的寒流猛地袭来，把大地全冻得结了冰。比如说，我看见整个洛林地区及其运河全冻上了，人们逃离了这个现已一片荒芜的地区。严霜把一切活着的绿色植物全冻死了。这个梦是在 1914 年的 4 月和 5 月做的，最后做这个梦的时间是 6 月。

1914 年 7 月末，英国医学协会邀请我在阿伯丁举行的学术大会上作题为"潜意识在精神病理学上的重要性"的学术报告。我做好了要出事的准备，因为这样的幻觉和梦都是预言性的。在我那时的精神状态以及感到了种种恐惧的追踪的情况下，我竟得在这样的时刻就潜意识的重要性作报告，我觉得这不是命运是什么！

在第三个梦境中，令人畏惧的严寒再次从天而降，不同的是，这个梦有个出人意料的结局：有一棵只长树叶不结果子的树在那里（我想这大概象征着我的生命之树），其叶子由于霜的作用而变成了饱含治病的果汁的葡萄。我摘下葡萄，送给那些等待着的人们。

在 1914 年 8 月 1 日这天，第一次世界大战爆发了。我的职责现在明确了：我得竭力了解发生了什么事，以及我自己的体验总的说来与人类的体验到底巧合到什么程度。因此，我毅然开始探究我自己的精神的深处。我将我在做建筑游戏时期出现在头脑中的幻想一一记了下来作为这种探究的开始。这一工作的重要性显然高于其他任何事。

在我脑海中出现的各种幻象蜂拥而至，我尽力冷静地分析，并竭力在错综复杂之中找寻一条可行的解决之道。我觉得难以入手，因为眼前是一个如此异己的新世界，这世界里的一切显得那么别扭而又那么地不好解释。我正生活在一种不断加压的紧张状态中，我经常觉得巨大的石块正滚滚向我飞来，随后是雷鸣闪电。要经受得住这些暴风雨，我就要有兽性的力量。其他人曾经被这种暴风雨所吓倒——尼采、荷尔德林及其他许多人都是。但是我身上却有着恶魔般的力量，因此，从一开始，我便觉得毫无疑问，相信自己一定能发现我在这些幻象中所体验到的事情的意义。我在经受潜意识的这些猛烈冲击时毫不动摇地相信，我正在服从一种更高的意志，而这种感觉一直支持着我，直到我把握住形势。

我常常感觉烦乱不安，因此我只好做做瑜伽动作来使自己的心情平静。但我的目的是要知道我心中所想，因此，我练瑜伽只练到足以使自己平静下来，一旦能恢复我对潜意识的探索就停止练习。我觉得自己已经平静下来时，我便放弃对情感的这种束缚并让各种意象和内心的声音重新开始说话。与此相反，印度人练瑜伽却是为了完全忘怀大量的心灵内容和种种意象。

每当我把各种情感变成意象，即发现了隐藏在这些情感中的意象后，我内心就会变得心平气和起来。要是这些意象潜藏在情感中而没有被发现，我便有可能被它们撕个粉碎了。我可以成功地把它们一个个分离出来的机会只有一次，但要是这样，我便会不可挽救地变成精神病人并最终会被它们所毁灭。从我的实验里知道，从治疗的观点来看，对找到潜藏在情感后面的特定意象来说，这是极有助益的。

我竭尽所能地将我的种种幻觉写下来，并认真地分析这些幻觉产生的精神条件。但我只能通过笨拙的语言来完成这一点：起初，我常常按我所观察到的样子以"高雅的语言"将事情加以描述，因为这对应于原型的风格。原型是用赋予高度修辞性的、有点儿做作调调的语言来说话的。在我看来，这是一种使人觉得难堪的语言风格，它刺激我的神经，如同有人在抹了灰浆的墙上向下刮指甲，或是用尖利的餐具刮着用餐的盘子。但我既然不知道正在发生着的事情，我除了用潜意识本身所选定的风格写下一切之外别无他法。有时候，我仿佛在用自己的耳朵听它说话，有时候又用嘴来感觉它，仿佛我的舌头正在编造字眼儿一样；时不时地，我听见自己在大声嘀咕着。在意识的阈限以下，一切均沸腾着生命。

我起初就把我自愿面对潜意识设想成一种科学实验，这一实验是我本人进行的，并且我对实验的结果十分感兴趣。而今我确实可以心安理得地说，这是一次在我身上的实验。就我而言，实验中最大的困难是要对付我那采取否定态度的情感。我当时所写下的幻觉往往使我觉得纯是胡说八道，而且我对它们抱有强烈的反感。因为只要我们无法明白其意义，这样的幻觉便是崇高与古怪的邪恶混合。我费了好大力气才忍受住了它们，但是我却仍然受到了命运的挑战。只是做出了极大的努力，我才最后得以从迷宫里走出来。

为了把握住"暗地里"活跃在我身上的那些幻觉，我知道我得让自己深入其中。对此，我不但极为反感，而且还抱有一种明显的恐惧。因为我担心失去对自己的控制而变成幻想的牺牲品，作为一个精神病专家，这到底意味着什么我是最清楚不过了。然而经过长期的犹豫之后，我明白了，除此之外别无他法。我得冒冒风险，得设法取得驾驭它们的权力，因为我认识到，要是我不那样做，我就得被它们获得驾驭我的权力了。一个使我敢于做出这种冒险的有力的动机是，我相信若我身为医者都不敢去做的话，那我更没法希望我的病人去做同样的事了。而除了病人，也没有什么人能够帮助我了。我清楚，这个帮助者，比如我自己，是无法从自身的观点出发去认识这些幻觉材料的，最多只能提出一些具有令人质疑的理论上的判断而已。此外，我也知道，就如今来说，我不但为了自己，而且还为我的病人承担起一种危险的事业，这个想法帮助我度过了好几个关键的阶段。

正是在1913年基督降临节期间——准确地说也就是12月12日——我决定采取决定性步骤。这时我正坐在桌子旁，反复思考着我的恐惧到底是怎么回事。然后，我让自己从椅子上滑落下来。突然之间，地面在我的脚下仿佛真的裂开了似的，于是我便掉进了黑暗的深渊。我心里不禁产生了一种恐怖感。但猝然一下，我的脚便踩到了一堆软绵绵、黏糊糊的东西，原来这个洞并不深。虽然处身在一片黑暗之中，我却大大地松了一口气。没过多久，我的眼睛也渐渐习惯了这种黑暗。我发觉，我面前是一个黑森森的洞穴入口，一个侏儒就站在那里，他的肤色如皮革，他自己更像是个木乃伊似的。我就从他身边挤了进去，进入洞里，然后涉过没膝深的冰水，来到这洞穴的另一个洞口，这里突出在一块岩石上，而上面正有一块闪闪发光的红色水晶石。我两手抓住这水晶石，将它拿起来，它的下面竟然是个空穴。刚开始我什么也分辨不出，过了一会儿，我才听到里面发出的流水声。一具尸体从水里流了过去，这是具年轻人的死尸，满头金发，在他的头上还有伤口。尸体后跟着一只非常大的黑色圣甲虫，然后便是一轮从水底向上升起的红色朝阳。炫目的阳光迷幻了我的眼睛，我正想把石头放回洞口，但这时一股液体涌了出来，这是一股血水。我直想呕吐。我想，这血要继续喷涌了，这简直令人无法忍受。很久之后，它才最终停止喷涌了，而幻觉也就此停止了。

我被这一幻觉惊得目瞪口呆。我当然意识到，这是一个有关英雄与太阳的神话，是一出死亡和复活的戏剧，而那只埃及圣甲虫则象征着再生。在结尾处，接着而来的本应是代表新的一天的黎明，可是代之而来的却是令人无法忍受的喷血——在我看来这是一种完全不正常的现象。我后来又回想起了在同一年的秋季所有的血的幻觉，于是便放弃了想进一步理解的一切努力。

六天之后（即 1913 年 12 月 18 日），我做了下面这个梦：我跟一个棕色皮肤、不知姓名的年轻人同在一个人迹罕至、风景优美的荒野中，那里有片石山。此时曙光来临，东方渐露鱼肚白，群星已隐没。这时，我听到了西格弗烈[1]的号角声，我立即意识到我们得把他杀掉。我们拿着来复枪，在一条狭隘的岩石小道埋伏起来。

西格弗烈出现在山巅处，周身沐浴在朝阳射出的第一道金光里。他驾驭着一辆用死人骨头制成的战车，飞速驶下陡峭的山坡。在他拐弯的时候，我们开枪向他射击，他中弹应声倒下死掉了。

我们居然杀死了如此伟大、如此出色的英雄人物，我心里充满了厌恶感，后悔万分，又害怕这一谋杀被人发现，于是赶快逃跑了。但这时却忽然下起了瓢泼大雨，我知道这可能是上天在帮

---

[1] 西格弗烈：又译"齐格弗里德"，德国中世纪的伟大史诗《尼伯龙根之歌》第一部里的英雄。

助我们冲掉死者的一切痕迹。我已经逃离了危险，生活还可以继续下去，但是有一种难以言说的犯罪感萦绕不散。

当梦醒之后，我在心里反复琢磨它，但始终未能明白它的意思。因此我便尽力想再次入睡，但我内心的一个声音却向我说道："你一定得弄明白这个梦，而且必须马上这样做！"内心的催促越来越紧，最后，可怕的时刻终于来了，于是我听见这声音说道："要是你无法明白这个梦，你必须开枪把自己杀掉！"在我晚上使用的桌子的抽屉里就放着一把子弹上了膛的左轮手枪，我被吓坏了。我再次陷入深思，就在这时，我理解了这个梦境的含义。"嘿，这不就是世界上正在发生的事情吗？"西格弗烈代表的是德国人希望得到的，即把自己的意志强加于人，并不受拘束地自行其是。"有志者事竟成！"我也曾经这样想过。但现在这却不可能了。这个梦意味着，西格弗烈这位英雄所代表的一切，再也不适用于我了，所以，这种态度就需要消灭。

在这件事以后，我感受到了一种压倒一切的怜悯之情，一如我本人已被枪杀了一样：这是一种我暗中把自己等同于西格弗烈的迹象，以及一个人被迫牺牲其理想及其自觉的态度时所感到的那种悲伤。但是这种同一性和英雄式的理想主义必须要放弃，因为有一种比自我的意义更崇高的事物存在着，而对这些事物，个人必须低头服从。这些想法在目前为止算是站得住脚的，因此，我便再次入睡了。

那个棕色皮肤的矮个子野人一直伴随着我，他是促发这次杀人事件的始作俑者，他便是那原始的影子的体现。那场雨表明，意识和潜意识之间的紧张关系已经解决了。虽然当时除了这几点暗示外，我无法明白这个梦的更多的含义，但是我身上种种新的力量却得以释放了出来，从而帮助我把对潜意识的实验进行到得出结论的地步。

为了紧紧把握住这些幻觉，我常常想象自己在走一段陡峻的下坡路。我甚至还努力了好几次，企图弄个水落石出。比如说，第一次探究到达了约一千英尺的深度，第二次我却发现自己处于一个无底的深渊的边缘。这深渊就像是一条通到月球或踏进空无一物的空间的无穷远的路。最初出现的意象是一个火山口，于是我便觉得自己处身于一个死人的国土之中，其气氛是另一个世界的气氛。在靠近一块岩石的陡坡处，我看见了两个人，一个是长着白胡子的老人，另一个则是美丽的年轻姑娘。他们仿佛活人似的，我鼓足勇气走了过去，他们对我说的每一句话我都十分认真仔细地听着。那老人解释道，他就是以利亚[①]，这让我惊讶万分。但更令我吃惊的是那位姑娘，她竟然说自己是莎乐美[②]！她是个盲人。多么奇怪的一对夫妇，莎乐美与以利亚。但是以利亚跟我信誓旦旦地说，他和莎乐美从开天辟地那天便是夫妻了，我完全被镇住了。除了他们之外，还有一条黑色的大蛇和他们生活在一起，它对我露出了欢迎的神色，显然它很喜欢我。我紧紧贴近以利亚，因为我觉得他似乎是三者中最讲道理的，也算是明智的人。而莎乐美，我却心存怀疑。以利亚和我谈了很久，然而他所说的好多话我完全听不明白。

显然，我竭力为出现在我幻觉中的这两个《圣经》人物寻找一种可以说得通的解释，这多半是我父亲一直是个牧师的缘故。

[①] 以利亚：意即"耶和华是我的神"，是《圣经》中重要的先知，被称为活神的代表。

[②] 莎乐美：《圣经》中古巴比伦国王希律王和其兄弟腓力的妻子所生的女儿，以美丽绝伦闻名。

不过这根本不是什么解释，因为那老人到底意味着什么呢？莎乐美又意味着什么呢？他们为什么在一起？只是多年以后，由于我比那时的我懂得了更多东西，老人和那年轻姑娘之间的联系在我看来才显得完全自然。

通常的梦境里，人们常常遇见有个年轻姑娘陪伴着老者的情形，而这种情形在许多神话故事里也可以找到。因而按照诺斯替教派的传统，西蒙·马格斯便会带着他在妓院里结识的一位年轻姑娘到处走。这个姑娘的名字叫海伦，而她则被认为就是特洛伊的海伦的化身。克林格梭与肯德利、劳泽与舞女等均属于这一类。

我曾经提到，在我的幻觉中除了以利亚和莎乐美外还有个第三者：那黑色的大蛇。在各种神话中，蛇往往是英雄的对等者。其中很多神话故事就讲到他们的相似性。譬如，英雄具有蛇那样的双眼，或者说英雄死后变成了一条蛇并被人供奉，或蛇是英雄之母，等等。因此，在我个人的幻想中，蛇的出现表明了这是一个有关英雄的神话故事。

莎乐美则是女性意向的形象。因为她不明白事物的含义，因此她的眼睛是看不见的。以利亚则是聪明的老先知的形象，他代表的是理智与知识；而莎乐美代表的则是情欲的要素。我们可以说这两个形象是逻各斯与厄洛斯（理性与性爱之意）的体现。但这样一个定义会过于理念化。暂时不对这两个形象的意义作引申——就是事件和经验而已——对我来说含义反而更丰富。

这一幻觉出现之后不久，又一个形象在我的潜意识中产生了。他是从以利亚的形象引申而来的，我将之命名为费勒蒙（又译腓利门），他是一个英雄形象，又是个异教徒，他身上具有诺斯替教派色彩，兼具埃及与希腊混合气质。他的形象最初出现在我下面的这个梦里。

梦中出现了一个像大海那般蔚蓝的天空，天上飘浮着的不是云彩，而是平平的棕色土块。土块像正在散裂开似的，于是在这些土块之间，蔚蓝的海水便可以让人看见了。但是这海水便是蓝天。转瞬间，一个带翼的人从右方驶过天空。我发现这是个长着牛角的老年人。他腰上系着结成一串的四把钥匙，他握着其中的一把，像是要打开锁一样。他长着翠鸟的羽翼，颜色就跟翠鸟的一样。

我由于不明白这梦中的意象，于是便把它画了下来以使它印在自己的脑海里。当我正忙着画这幅画的时候，我在那靠湖边的花园里竟真的发现一只死了的翠鸟！我仿佛被雷击中了，这太惊人了，在苏黎世这一带，翠鸟是极少出现的，在此之前我也从未发现过一只死翠鸟。而这种极少出现的偶然现象，却出现在我身上。这只翠鸟显然是死了两三天的样子，身上也未见什么外伤。

幻觉中的费勒蒙及其他形象使我顿悟了，在心灵中确实存在着事物的联系，它们并非由我生发出来的，而是自发性出现的，它们拥有生命。费勒蒙代表的并非我自己的一种力。在我的幻觉中，我与他进行交谈，而他则说些我心中并没有想到的东西，因为我清楚地看出，说话的是他而不是我。他说，我对待思想就像是这些思想是我自己产生的似的，但在他看来，思想却像森林里的各种动物，或像一个房间里的人们，或像天上飞的鸟儿，他又接着说道："要是您看见了一个房间里的人们，您就不会认为是您造就了这些人，或认为您应为他们负责了。"正是他，教会了我应该具有精神上的客观性，即精神的现实性。通过他，我自己和我的思维对象之间的区别变得一清二楚了。他以一种客观的方式面对我，于是我便懂得，我身上存在着某种东西，它会说些我并不知道和并不想说的事，甚至说些反对我的东西。

从心理学层面来分析，费勒蒙所代表的是更高层次的洞察力。对我来说，他是个神秘的存在。不时地，他让我觉得真实无比，如同是个有生命的存在一般。我与他在花中漫步，他对我来说就是印度人称之为宗教导师一类的存在。

每当一种新的化身的轮廓出现时，我便觉得这是我个人的一种失败，因为它意味着："这又是您直到现在仍然不懂得的某种东西！"这样一连串的形象可能是没有穷尽的，而我可能会被困在无知的无底深渊，这种恐惧悄悄地爬上了我的心头。我的自我感到了贬值——尽管我在世俗事情上取得了不少成就，这件事可能会打消我的疑虑。而在我的黑暗里（"把我们头脑里可怕的黑暗清除掉。"《曙光同现》里说道），我真希望能有一个真实的、活着的宗教导师，希望有某个拥有更渊博的知识和更有能力的人，帮助我清理我的想象力不自觉地创造的各种东西。而费勒蒙这个人物承担了这一职责，在这方面，虽然我未必心甘情愿，但是我还是得承认，他是我的心灵导师。实际上，他传给我许多使我顿悟的想法。

十五年后，一位修为甚高的印度老者来探访我，他是圣雄甘地的朋友，我们就印度的教育谈了起来，最使我感兴趣的是有关宗教导师和弟子之间的关系，这方面我们谈的很多。我犹豫不决地问道，他能否告诉我点有关他的宗教导师的个人和性格方面的事情，对此他以一种实事求是的口气说道："啊，不错，他就是商羯罗。"①

"您不是指那个对《吠陀经》②进行评论的死去已有几个世纪的人吧?"我问道。"对,我说的就是他。"他冷静地答道。

"那您指的是一种精神吗?"我问道。"这当然是精神。"他同意道。

这时候,我想到了费勒蒙。

"还有幽灵性的宗教导师呢,"他接着说道,"大多数人有的是活着的宗教导师,但也有人让鬼魂来当导师的。"

这种说法对我既有启发性又使我安慰。显然,我并没有完全脱离尘世而存在,因此我只是体验到了只能发生在做出了相似努力的人身上的事情而已。后来,费勒蒙变得具有相对性了,因为这时出现了另一个我称之为"护卫灵"的形象。在古埃及,"国王的护卫灵"就是其尘世的形,也就是有形体的灵魂。在我的幻觉里,护卫灵灵魂来自下方,来自大地,像是从一个深井出来的似的。我画下了他的一幅画,通过他尘世的形来表现他,把他画成了一个座基是石头而上部是青铜的隐士。在画面上方有一对翠鸟的翼,在这翼和护卫灵的头之间则是一个团圆形的、发光的星云。护卫灵的表情有某种邪恶的部分存在,很像是靡菲斯托弗里斯的表情。他一手拿着像是有各种颜色的宝塔或是圣骨盒般的东西,另一只手持一支铁笔,并用这支铁笔在圣骨盒上画着。他说着:"我即为将众神埋进金玉中之人。"

费勒蒙虽然一只脚残疾,却是个有翅膀的精灵,而护卫灵代

---

① 商羯罗:印度中世纪最大的经院哲学家,吠檀多不二论的著名理论家。
②《吠陀经》:婆罗门教和现代印度教最重要和最根本的经典。吠陀是"知识""启示"的意思。

表的则是一种地精或金属之精。费勒蒙是精神层次的存在。而护卫灵却像希腊炼金术中的安提洛巴里恩一样，是个自然之精。而我在那时对炼丹术仍然知之甚少。使一切变得真实的是护卫灵，但他也会使富饶的精神即"含义"变得含混，或用美这一"永恒的影像"来取而代之。

随着时间的推移，我对炼金术的研究也逐渐深入，我便将这两类形象结合在一起了。

当我写下这些幻觉时，我再次自问道："我到底在干些什么呢？可以肯定，这与科学毫无关系，那么它又是什么呢？"这时，我心中的一个声音给出了解答："它就是艺术。"对此我吃惊不已。我从来没有想过，我正在写的东西会和艺术产生联系。然后我便听到那个声音继续说着："也许我的潜意识正在形成一个并非是我的人格，它又坚持要通过表达显现出来。"我立即知道了，这是一个女人的声音。她曾是我的一个女病人，具有很高的才华，并曾热烈地钟情于我。

她已变成了我心灵中的一个有生命的形象了。

显然，我正在做的并不是科学。那么除了艺术之外它还可能是什么呢？这些，仿佛是世界上唯一的选择对象了。这便是一个女人的思考方式。

我极端反感地对这个声音抗议道，我的幻觉与艺术无关，随后，没有声音传出来了，于是我又继续写了起来。然后，又出现了第二次的重大疑问，而回答又是那同样的断言："那就是艺术。"这一次，我抓住她不放并说道："不，这不是艺术！恰恰相反，它是自然。"然后我便准备与之进行争论。但那样的事却没有发生，于是我想起，"我心里的这个女人"并没有我所具有的语言中枢。于是我便提议她使用我的。她照办了，并借此发表了一通长篇大论。

一个女人竟然从我心里来干扰我，这件事引起了我很大的兴趣。我得出了这样的结论：她一定是原始意义上的"灵魂"，我还开始深思为什么赋予灵魂以"女性意向"的名字。为什么把它设想成是女性呢？后来我慢慢理解了，这个内心的女性形象在男人的潜意识中起着一种典型的或者说是原型性的作用，因此我称她为"阿尼玛"。而在女人的潜意识中，与之对应的男性形象我称之为"阿尼姆斯"。

开始时，使我印象最深刻的是女性意向的否定性方面。我感到有点儿被她镇住了，其情形犹如感到房间里有个看不见的人在里面。然后，我突然有了一个新想法：在写下所有这些材料以供分析时，我实际上是在给女性意向写信，亦即由我的意识部分从不同的观点出发给我自己的一个部分写信。这样下来，我获得的是非同寻常的和意料之外的答案。我就像对一个鬼魂和一个女人进行分析的病人一样。每天晚上，我不停地写着，因为我发觉我要是不写，便没法让阿尼玛明白我的那些幻觉。另一个原因就是，通过把它们写出来，从而避免她编织阴谋来歪曲真相。然而想把某件事说出来和从笔下将它叙述出来是有巨大差别的。为了尽可能对我自己忠诚，我遵照希腊的古老格言来行事，即"有施于人者才能受之无愧"。

慢慢地，我才学会了区分我自己及这种干扰。当情感上某种庸俗的东西涌上心头时，我便会对自己说道："千真万确，在此时或彼时，我曾想到过和这样感到过，但我现在却可以不必这样想和感到这样了。我不必永远接受我的这种平庸，因为丢这种脸

208

实在没有必要。"

最为重要的是通过使这些潜意识的内容拟人化，以便把意识与潜意识区分开来，同时又使它们之间相互联系。这是剥夺它们权力的技巧。要把它们具象化并不难，因为它们总是具有一定程度的自主性，一种它们自身的独立存在。它们的这种自主性，要是让人迁就它，是一件十分不舒服的事。然而，潜意识以这种方式来表现自己这一情形，使我们获得了控制它的最佳手段。

实际上，阿尼玛所陈述的内容，我觉得处处充满了狡狯。从我同事的事例中就可以得到证明，阿尼玛曾使他深信自己是一位不被世人所接受的艺术家。他对此坚信不疑，并诉诸努力，结果却让他心碎不已。他之所以失败，是因为他没办法认同自己，而是通过别人的嘴来得以确认。这将十分危险，也让他非常不安，他是受了阿尼玛的蛊惑，其充满诱惑力的话往往缺乏验证。

要是我也将潜意识中的幻觉当作艺术的话，那么便会如同观看一部电影，那样只带有视觉的观念不会使人深信不疑。因此，我会觉得对它们不负道德的责任。这时，阿尼玛便可能很容易诱使我相信自己也是一个被人误解的艺术家，而我那所谓的艺术天性便可以使我忽视现实的考量。要是我听从了她的话，她很有可能在哪一天对我说着："您设想您正忙着写的这些乱七八糟的东西真的是艺术吗？这完全是胡扯。"这样，阿尼玛这一潜意识的喉舌的讽刺便能将一个人毁灭于无形。归根到底，只有意识才具有决定性的作用，它可以理解潜意识的种种表现形式并对其采取应对之策。

但女性意向也有一种积极的方面。把潜意识的各种意象传达给有意识的心灵的正是她，而我看重她的也主要是这个。几十年来，每当我情绪不安或某种东西模模糊糊地积聚在潜意识中时，我总是转向女性意向求教。这时，我便会问女性意向："您现在在耍什么把戏？您看见了什么啦？告诉我，我会乐于知道的。"伴随着这一意象的出现，不安和压迫感会随之消失。我这些情感的全部能量便随之转移为兴趣与好奇。随后不多时，我便会与阿尼玛谈论她所传达给我的这些意象，因为我很想像对待梦那样尽最大努力去理解它们的含义。

如今，我已不必再去和阿尼玛进行这类对话了，因为我已不会产生这类情感了。但若这种情感还存在的话，我还会以同样的方式来处理它们。今天，我能直接地意识到阿尼玛的想法，因为我已学会接受潜意识的内容并理解它们。我懂得了如何对待这些内心的意象。我可以从我的梦里直接读出它们的含义，因而便无须再有一个沉思默想者来为它们传信了。

最初，我把这些幻觉写进了"黑皮书"中，后来又把它们转记在"红皮书"里，在这本"红皮书"里，我还画了些插图来装饰这本书，这些插图大多是有关曼荼罗（魔圈）的图画。在"红皮书"里，我想着可以从审美的角度来阐述这些幻觉，但这么做显然有点不妥当。我感觉到，我仍未找到合适的语言，我到那时做的还仅是将其改变成某种别的东西。因此当意识到这一点时，我便放弃了这种审美化的倾向，转而思考其深意来。我知道，犹如许多幻觉脚下需要坚实的土壤一般，我必须完全回到现实中去寻求答案。在我看来，现实意味着合乎科学的理解。我必须从潜意识所给予我的洞察力中提取具体的结论，而这一任务则成为我竭尽平生所做的工作。

从审美的角度出发，为"红皮书"增添一些图是必要的，但我也因此会有不舒服的感觉，因为从伦理职责来看，这些为了美观而放进去的插图会起到相反的效果。它会对我的生活态度产生一定的影响。我自己也深知，再完美的语言也不能替代现实的生活。这样做不仅会使语言变得贫乏无力，也会使生活失去光彩。为了从各种潜意识条件的压制中解脱出来，需要的不仅是超人的智慧，还要有无上的伦理道德，两者互为补充，不可或缺。

我这个精神病医生，在我的实验中几乎每一步，碰上的都是同样的精神性材料，而这种材料是精神病方面的且又是在精神病人方面发现的，这当然很有讽刺性。这是使精神病人产生致命的失常的那些潜意识意象的贮备物，然而它又是自我们的理性时代开始后便已经消失得无影无踪的创造神话的想象力的本源。尽管这样的想象力到处都是，但是因为长期以来被视为避而不谈的话题和为人所害怕，因而无论谁踏上了通向潜意识深处的这条变幻莫测的路，都被看成是一种十分危险的实验或是前途堪忧的冒险之旅。人们将之看成是一条错误之路，这条路充满未知，又会让人迷失方向。此时，我的脑海中浮现了歌德的一句话："现在让我放胆走进那人类的脚步，从不曾犹豫地跨越过的大门吧……"《浮士德》的第二部也超越了一部文学作品的界限。它是《金链》里所提到的一种连接，从最初的哲学上的炼金术和诺斯替教派起，直至尼采的《查拉图斯特拉如是说》一直存在着。尽管很少被世人知晓、难以辨识，又充满着危机，这却是一条驶向新世界另一端的航程。

特别是在这个时候，也就是我正在深思这些幻觉的时刻，我需要在"此世界"有个支撑点，而我也找到了这个，即我的家庭和我所从事的工作。在这个现实世界里过着一种正常的生活并以此来抗衡那个奇异的内心世界，对我来说实在至为重要。我的家庭和我的职业一直是我可以随时回归的根基，它们让我知道我是一种实际的存在，是一个普通人。潜意识的内容本来会把我弄得失去理智，但是我有家庭，此外我还知道，我有一个一所瑞士大学颁发的医科学位证书，我必须帮助我的病人，我有妻子及五个子女，我住在库斯纳克特市西斯特拉斯 228 号——这些实实在在的存在对我提出了种种要求，并再三再四地向我证实，我确确实实存在着，我并不像尼采那样是一张白纸，在精神的强风中到处翻飞。尼采失去了其立脚的根基，原因就在于他除了他思想里的内心世界外便一无所有——应该说，他的内心世界拥有他要比他拥有前者更甚。他断了根并在大地的上空飘荡，因此他不得不采用虚夸和不现实的办法行事。但对我来说，这种不现实却是可怕的根源，因为说到底，我是以今生今世作为宗旨的。无论我是如何执着或如何洋洋自得，我总是懂得，我正在经历的一切，最终总会归结到我的这种现实的生活。我决意要履行生活的职责并使生活的意义更臻完美。我的座右铭是：于此务须立，即以真实行为昭示大众，不可搪塞！

因此，我的家庭和职业总是一种愉快的现实，并且还是我确实过着一种正常生活的保障。

缓缓地，一种内心变化的轮廓开始在我身上出现了。

1916 年，我有了一种要形成自己的思想的渴望，我的内心产生了具体的冲动。这一内心冲动逼着我去详细阐述并表达，比如说，费勒蒙可能要表达的。这就产生了"对死者的七次布道词"以及其中所使用的怪僻用语。

这篇文章的开头就显出我内心的惶恐不安，不过我却不知道要说什么，或"他们"要我表达些什么。在我身边有一种令我不安的、不祥的气氛。我甚至觉得周围的空气中都存在着鬼魅似的。果然，我的屋子开始闹起鬼来了：先是大女儿说见到了一个穿白衣的人穿过房间；我的二女儿跟她姐姐不一样，她说，夜里睡觉时她的被子两次无缘无故地给扯掉了；而那同一天晚上，我九岁的儿子做了一个焦虑不安的梦。第二天早上，他就吵着要他妈妈给他蜡笔，蜡笔到手之后，平常从来不画画的他，这时却画了一幅有关他梦境的画。他把此画叫作"渔夫之画"。一条河流从这幅画的中央处流过，河边上站着个拿着钓竿的渔夫。他钓到了一条鱼：在渔夫头顶的上方是个烟囱，熊熊的烈火和浓烟喷薄而出。河的另一边，魔鬼正从天空中飞来。他为他的鱼被人偷走而咒骂着。但是渔夫的上空盘旋着一个天使，天使说："不准你动他一根毫毛，他只钓你那些作恶的鱼就是了！"我儿子是在星期六画出这幅画的。而就在第二天，也就是星期天的下午五点钟的时候，门铃发疯似的丁零丁零响着。这是一个阳光灿烂的夏日，两个女佣在厨房里干活，从这里可以看到大门外那空旷的地。大家立刻起身去看看谁在那儿，但是一个人影也看不到。我当时正坐在门铃旁边，因此我不但听到了铃声，而且还看到了铃在动。我们都目瞪口呆地互相望着，当时的气氛十分沉闷，这话我可不是说着玩的！然后，我便意识到发生某种事情了。整个屋子仿佛进来了一大群人似的塞得满满的，全都让鬼挤满了。它们密密麻麻地一直挤到门口，空气沉闷得使人都喘不过气来。至于我自己，则周身抖个不停，心里道，"看在上帝分上，这到底是怎么回事啊？"然后，它们便齐声喊叫起来："我们是从耶路撒冷回来的，我们要找的东西在那里却找不到。"这便是《对死者的七次布道词》开头的话。

　　随后，我的思绪如泉涌，那些想说的话从我的笔下喷涌而出，经过三个晚上，这篇文章便写成了。我一拿起笔来，这群幽灵便立刻烟消云散了。房间也变得分外安静，空气也清新不少。一直到第二天夜晚，当大家又齐聚一堂的时候，似乎什么都没有发生。这大概是 1916 年的事。

　　这一体验得按其本来的或其看来应该的情形来对待。它与我当时的思想状态有联系，这是毫无疑问的，而这种思想状态，对于灵学现象是有利的。它是一个潜意识的世界，其怪僻的气氛，我认识到它就是一种原型的引导力量。"它到处走动，它是在空中飞着的！"当然了，理智往往会自称对这种事情拥有某种科学的和物理的知识，或者宁可把整个事情一笔勾销，说这违犯了科学法则。但若是这些法则不是时有被违反的情形，这个世界将是多么沉闷无趣啊！

　　就在这次体验之前没多久，我就有一次有趣的幻觉，我将之记录了下来。这是一个很重要的事件，因为我的灵魂从我身上飞了出去。灵魂，意即阿尼玛，她与潜意识相关。在某种意义上看，这也是对死去的全部人类的一种关系，因为潜意识对应于全部死者的神话世界，对应于先人的世界。因此，要是有人产生了其灵魂消失了的幻觉，便意味着灵魂退缩进了潜意识或者说退到了全部死者的国土。在那里，它产生了一种神秘的活力并赋予祖先的种种形迹，即集体性的各种内容以令人可见的形式。它就如同一种媒介，使死者得以有机会显现他们自己。因此，在我的灵魂消失之后不久，那"死去的"便在我面前出现了，结果便有了《对死者的七次布道词》这篇东西了。这就是所谓"丢魂"的一个例子——这种现象在原始人中是经常会遇到的。

从那时候起，死者作为那没被回答、没被解决和没获赎救者的声音，对我来说显得愈发清楚了；既然命中要我回答的这些问题和要求并不是由外部世界给予我的，因此它们就得经由内心世界来给予我了。与死者进行的这些谈话便成了我的途径。这本书便是我将潜意识方面的内容传达给世人的一种序言，而我所要传达的就是潜意识的一种有序的格局及对其所做出的阐释。

现在，每当我对所有这一切进行回顾并思考这期间发生的事件时，我对种种幻觉所进行的研究使我觉得这是一种降临到我身上的不能抗拒的使命。在这些意象里存在着的种种事物，它们关联到我自己，也关联到好多其他人。从那时候起，我的生命便属于大多数人了。我所关心的，或者说正在找寻的知识，在当时的科学里仍然无法找到。我本人还要经历那独特的体验，此外还要尽力把我的体验所结出的种子种在现实的土壤里，要不然这种体验仍然是没得到证实的主观性假设。正是在这时，我才把自己献身于精神服务。我对它是既爱又恨，不过它却是我的最大一笔财宝。我把自己托付给了它，而这结果便成了我得以忍受自己的生存并尽可能充分地享受它的唯一方式。

直到现在，我也可以坦诚，我一直从未割断我与这些初始体验的联系。我所有的著作，我的一切创造性活动，都始于1912年，即差不多五十年前所发生的，那些最初的幻觉和各种梦境。我晚年所取得的一切均已包含于它们之中，不过最初只包含在各种情感和意象的形式里就是了。

我的科学知识是使我挣脱那种混乱的唯一手段，否则，这些材料便有可能使我陷入荆棘丛中不得脱身，或像原始森林里的匍匐植物那样因窒息而死。我非常小心谨慎地设法去理解每个单独的意象，我的精神存货中的每一项，我都尽可能将它们科学分类、合理归纳，但最重要的，还是在现实生活中理解它们。这正是我们平时所忽视的。我们会产生意象，也会对这些意象惊诧不已，但只是这样。我们不想费力去理解它们，更不必说从中引申出伦理方面的结论了。这种不思考的态度便会对潜意识产生消极的影响。

认为对这些意象获得某种肤浅的理解便认定已经了解了一切的想法也是不好的，因为这种浅尝辄止的态度是一种严重的错误。若一个人不将自身的知识转化为伦理的职责，便会成为权力原则的牺牲品，而这便会产生种种危险的后果，这种后果不但对其他人是毁灭性的，对洞察者本人其实也是毁灭性的。潜意识的意象把一种重大的责任放到了一个人的肩上：无法理解它们或逃避伦理上的责任会使一个人失去完整性，并会造成生活痛苦。

就在我全神贯注于潜意识的这些意象期间，我决定辞掉大学的教职，作为一个有职无薪的教师，我已在那里讲了八年课了（自1905年始）。我对于潜意识的体验和实验已使我的智力活动走向了止步不前的状态。在完成了《潜意识心理学》的写作之后，长达三年的时间里，我无法阅读任何科学方面的书籍。我甚至觉得，我再也无法与知识界并驾齐驱了，也再没有能力去谈论那些使我着迷的事情了。从潜意识中找寻的这些材料已然公之于世，结果我却变得无语了，因为我既无法理解也无法使之具有形式。而在大学授课时，我处于一种暴露的地位，若想继续下去，我首先得找出一种全新的、不同的方向。要是以我目前的智力状况并带着一堆怀疑与困惑继续我的教学，那我可能要误人子弟了。

所以，我觉得我现在面临着两种选择：继续我的教学生涯，当然这条路是一条平坦的大路；或者听从我内心的人格法则，即一种更高的理性的安排，向着我那令人诧异的任务进发，对潜意识继续做各种实验。

我的选择有了答案之后，我便放弃了我的教学生涯。因为我深知在结束这项工作之前，我最好少在公众面前露面。我感到，某种伟大的事即将发生在我身上，而且我是信任这种事情的，我感到这件事在永恒性方面是更重要的。我知道它会充实我的生活，而为了这一目的，我是不惜冒任何一种危险的。

说到底，我能否当上教授又有什么关系呢？当然了，我不得不放弃这一教职是很令人讨厌的。在很多方面，我不能使自己局限于通常为人所理解的材料上，我对此是感到遗憾的。我甚至会有某些片刻的突然反抗命运之举。不过这种情感都是转瞬即逝的，因而并不会有什么作用。相反，另一方面的情形却是重要的，要是我们留意内心的人格所希望的和所说的是什么，这种痛楚便会消失得一干二净。这是我不断体验到的事情，这不仅发生在放弃我的教学生涯之时，应该说，在我还是个小孩的时候，我已经有过几次这类体验了。我在青年时期脾气很大，但每当情感上升到高潮时，它便会突然熄灭掉，随后便是一种宇宙般的寂静无声。每当这时，我便觉得飘然物外，而刚才使我激动万分的事情，这时看来却显得像属于遥远星球的事了。

我的这一决定以及我介入了不管是我自己还是其他人都不能理解的事情之后，我便落入一种极端孤独的状态中。我很快就发现了这一点，我四处游走，头脑中充斥着各种思想，但我却找不到一个可与之交谈的人，这些思想只会让人误解。我觉察到了外部世界和这些意象所构成的内心世界之间，存在着以其最痛苦的方式所表现出的鸿沟。我仍然看不到现在我所理解的这两个世界的互相作用，我看到的只是"内"和"外"之间存在着的不可调和的矛盾。

但是，我却十分清楚一点，那便是，只要我能够成功地证明这些心理经验的内容是确实存在的——虽然这需要付出很大的努力——而这种心理经验不仅仅是我自己的体验，也是其他人所拥有的那种集体性的体验，并且能够在任何人身上出现，那么我便能找到与外部世界及与人们的接触点。后来，在我的科学工作上，我极力去证明这一点并尽我一切能力给交往甚密的友人们介绍一种看待事物的新方法。我知道，我要是不能成功，便会落入绝对孤立的境地。

当第一次世界大战快结束时，我才渐渐地从黑暗中走了出来。有两件事导致了这样的结果：第一件事是我与那个决心要使我相信我的幻觉便是艺术的女人切断了一切联系；第二件而且是主要的事件是我开始理解曼荼罗的绘画了。这件事发生在1918年至1919年。在我写就了《对死者的七次布道词》之后，我画出了第一张曼荼罗的画。自然，我当时并不理解它。

在1918年至1919年，作为英军战区战俘监管上校，我奉命驻扎在夏托达堡。那时，每天清晨我都会在笔记本上画一幅小小的圆形图，就是一朵曼荼罗，它正对应着我当时的内心状态。在这些图画的帮助下，我能够逐天观察我的精神变化。譬如，有一天我收到了一位审美较好的夫人的来信，她在信中再次固执地觉得，从我的潜意识中所产生的这些幻觉具有艺术价值，因而这些便是艺术。这封信使我非常不悦，它并非愚蠢的，因此便具有危险的说服力。说到底，现代的艺术家是设法从潜意识中来创造艺术的。掩藏在这一论点后面的功利主义与妄自尊大触到了我身上的一种怀疑，也就是说，我不敢确信我正在产生的这些幻觉确实是自发的和自然的，也并非我自己随心所欲的种种虚构编造。我还算不上在意识里有偏执或狂妄自大，有这种情形的人便会乐于相信，任何中间性的高尚的灵感都是一个人行为高尚的结果，而卑下的反应则只是出于偶然，或者源自异己的各种源泉。由于我自身的这种刺激和不协调，因而第二天我便画了一幅改变了的曼荼罗的图画：图中周边有部分断开了，于是对称性便被破坏了。

事后我才渐渐发现，什么才是真正的曼荼罗："成形、变形、不变的含义，不变的创造。"而这便是自性，即人格的完整性，若一切顺遂的话，自性便是协调的，但它却无法容忍欺骗自己和欺骗他人。

我所画的曼荼罗图是关于自性状况的一些密码，这些密码呈现出我的状态。在这些密码里，我看到了自性，即我的整体存在，即我如今在活跃地工作着。可以肯定地说，起初我只能含混地理解它们，但对我来说，它们在当时就十分重要了，而我也像珍珠那样保存着它们。我明确地感到，它们是某种至关重要的东西，随着时间的推移，我通过它们而获得了有关自性的一个活生生的观念。我觉得，自性就像我的个体、我的世界。曼荼罗所代表的就是这个个体，并对应精神的那种微观世界性。

这期间我到底画了多少幅曼荼罗，我也记不清楚了，不过肯定是非常多。在我画它们的时候，总是会浮现出来一个问题："这样的一个过程是导向哪里的？其目的又是为何？"根据我自身的经验，我知道，我不能擅自选择一个在我看来显得没有价值的目标。事实已经向我证明，我一定要放弃"自我更重要"这类想法。在我本来企图保有它时，还是被迫放弃掉了。就像我本来想继续从事的神话科学分析工作一样，在《性本能的变化与象征》中就已经开始了。这仍然是我的目标——但是我绝不能再考虑它了！我此时正被迫经历潜意识的这一过程。我必须让自己被这股急流裹挟着前进，根本不知道它要把我引向何处。然而，当我开始画曼荼罗时，我便看出，一切东西，我一直在走着的所有道路，我一直在采取的所有步骤，均正在导向回一个单一点——也就是说，导向居中的那个点。事情对我来说变得越来越明白，曼荼罗就是中心。它是一切道路的代表，是通向这个中心，通向个性化的道路。

在 1918 年至 1920 年，我就懂得了，精神发展的目标就是自性。它并非直线性的演变过程，而是弯弯曲曲的螺旋式发展。直线型的发展只有在开始时才会存在。后来，便向着这个中心点而发展了。这样的理解让我坚定下来，也渐渐平静下来。我明白，曼荼罗可作为表现自性的工具，使我获得在我看来是终极性的东西。也许某个别的什么人会懂得更多，但这不会是我。

几年之后（1927 年），我做了一个梦，而这个梦使我对有关这个中心及自性的想法得到了证实。我可以用我称之为"望向永恒的窗户"的一幅曼荼罗画来表示其本质。这幅画后来印在了《金花的秘密》一书里。一年之后，我又画了一幅同样是曼荼罗的画，在此画的中央处则是一个金色的城堡。这幅画画完后，我问自己："这画怎么中国画色彩这样重？"我对于其形式和色彩的选用印象很深，而且尽管外观上没有什么中国画的东西，我却觉得很有中国画的味道。而这确实是它所给我的感受。恰巧，此后不久，我便收到了一封理查德·威尔海姆的来信，信中附有一篇论述道教炼金术的文章草稿，题目就是"金花的秘密"，他还请我就此写一篇评论文章。我一口气就将这篇草稿读完了，而文中所述的内容也给了我启发，它对我关于曼荼罗及这中心的想法给予了某种证实。这件事也打破了我的孤独感。我感觉到了这种共鸣，我终于不再孤独，可以与某件事和某个人建立起联系了。

回想起这种巧合，这种"同步性"时，我不禁在这幅曼荼罗画下写了这样的说明文字："此画作于1928年，图中是一个防卫森严的金色城堡。此时，身居法兰克福的理查德·威尔海姆给我寄来了论述黄色古堡即长生不老之源的一篇三千年前的中文文章。"

以下是我在前面所提到过的那个梦境：在梦中，我身处在一个煤灰满地的肮脏城市中。正是黑暗的冬夜，天上下着凄厉的冷雨。这里像英国的利物浦。我和六个瑞士人在一起，走在好几条黑漆漆的街道上。我似乎感觉到，我们都是来自海边，正从港口往外走，而那真正的城市实际上在上方，位于悬崖之上。我们顺着悬崖攀到了那儿。这个地方让我想起了巴塞尔。这里的市场位于下方，然后我们便经过死者之巷往上走，这条巷一直通到上方的一片高地之上，尽头是彼得广场和彼得大教堂。我们到达这片高地后，发现有一个由昏暗的街灯照着的大广场，许多街道就向这里汇聚。这个城市的各个街区呈辐射状绕着广场分布。广场的中央是一个圆形的水池，水池的中央则是一个小岛。由于雨、雾、烟和昏暗的灯光无法照透黑暗，周围的一切全无法看清，但是这个小岛却被阳光照耀得光辉灿烂。岛上只长着一棵树，是一棵木兰，树上开满了千百万朵红花。这棵树仿佛就立在阳光之中，但同时它又是那光源。我的友人们对这恶劣的天气说三道四，但他们显然没有看见这棵树。他们谈起了住在利物浦的另一个瑞士人，对他竟在此定居感到吃惊。我对千花怒放的这棵树的美及阳光灿烂地照耀着的这个小岛感到心旷神怡，心里想："他为什么定居这里，我可是清楚得很啊。"然后我便醒了过来。

梦中还有一些细节，我还得做些补充性的说明：这个城市的每个街区的布局都围绕着一个中心点呈辐射状排列。这个点形如一个开放性的广场，有一盏巨大的街灯照耀着这个广场，它更像是那个岛的复制品一般。我心里清楚，那"另一个瑞士人"就住在这些次级的中心点之一的附近。

这个梦是我当时心境的映射。直到现在，我还对黄灰色的雨衣及其上面闪烁着的水光记忆深刻。这一切都让人不舒服，除了黑，就是灰蒙蒙的，如我当时所感觉到的那样。但是我却有过一次具有非尘世之美的幻觉，而这便是我生活过来了的原因。利物浦就是"生命之池"。"利物"一词据古人的看法，就是"生命之根"之意——而这便"创造出了生命"。

随此梦而来的还有一种命运感。我感觉到，在这个梦境中，对于目的已经做出了启示。人是无法走到这个中心之外的。这个中心就是那目的，而一切都是引向这个中心的。通过这个梦，我懂得自性就是原则，它是方向与含义的原则与原型，其治疗性作用就存在于其中。而对我来说，有关我本人神话的第一点细微迹象也从中产生了。

做过这个梦之后，我便不再画曼荼罗了。这个梦描绘了潜意识发展全过程的最高阶段。它使我感到了完全的满足，因为它描绘出了有关我心境的一整幅图景。可以肯定地说，我知道了自己正忙着的是某种重要的事，虽然我仍然不甚了解，而我的周遭也没人能了解。但这个梦境却使我得以客观地看待存在于我内心的各种事物。

要是没有这一幻觉，我也许已经失掉了方向并被迫放弃我那命定的事业了。但是这个梦境，却将其含义作了清楚的揭示。在我与弗洛伊德毅然决裂之时我就知道，自己已经一头扎进了那未知的世界之中。我对于弗洛伊德学说以外的世界毕竟是一无所知，但是我还是向着黑暗迈出了决定性的一步。而这种情况一旦发生，然后又做了这样的一个梦，一个人便难免觉得这是一种天意。

我花了整整四十五年的时间将它们装在科学器皿里，它们就是那些我所体验到并写下了的各种各样的事情。身为一个青年，我一直致力在科学上有所成就。但是当我又触到了这股熔岩流，于是其火焰和热便又让我的生活焕然一新了。促使我去研究它的便是这种根本的东西，而我的著作便是把这种闪闪发光的东西结合进这个世界的当代图景的一种或多或少算是成功的尝试。

追溯我那些内心意象的岁月是我一生中最为重要的时刻，那时候一切根本性的东西几乎已经可以确定了。那时是一切的开端，后来的岁月只是对其中的细节详情补充叙述而已。这些从潜意识中爆发出来的材料在开始爆发时几乎将我淹没了。此后，我做的所有工作都是在此基础上进行研究，而它们也是那可供终生进行研究的"原始素材"。

七、著作

　　我的生命之旅经历过半之后，我已踏上了面对潜意识的探索之路。对潜意识的研究是一件年深日久的事，经过大约二十年的研究之后，我才可以说自己对各种幻觉获得了一点粗浅的认识。

　　首先，我得找出我这些内心体验的历史先例。也就是说，我得问自己："我的这些特定的前提在历史上的什么地方已经出现过？"要是我无法找到这种例证，我便绝不可能使我的想法具体化。因此，接触到炼金术对我来说具有极其深远而重要的意义，因为我终于找到了那个例证。

　　分析心理学基本上是一门自然科学，但是它与任何其他学科相比更大程度上受观察者的个人偏见所左右。因此，使用心理疗法的医生要想排除至少是判断上的最粗率的错误，他就得在最大程度上有赖于历史上和文学上的类似性人物。在 1918 年至 1926 年，我仔细研究了诺斯替派作家的著作，因为他们的文章中涉及了潜意识的最早现象，并深入探讨过其内容，以及受到直觉世界所污染的种种意象。但是因为可查找到的资料十分匮乏，他们是怎样去理解这些意象的已经无从考据了。而眼前这少得可怜的资料，也大都出自他们的反对者，即基督教产生后前六个世纪的早期神学家们。但是至少有一点我是十分清楚的，那就是，他们对这些意象的解释不可能出自心理上的概念。又因为诺斯替教派与我的年代相隔太遥远，因此也没法就我所面临的各种问题与他们建立起任何联系。据我所知，这一教派所推崇的神秘直觉与现今的联系已经被切断了。要想找到从诺斯替教派或新柏拉图派通向当代世界的桥梁也已被证明是完全不可能的。但当我开始理解炼金术时，我便找到了这种联系，它就是代表着与诺斯替教派的历史性联系，它便是过去和现在之间的桥梁，因为炼金术是基于中世纪的自然哲学。它一方面形成了通往过去之路，另一方面又是通往未来和现代潜意识心理学的通道。

潜意识心理学的开创者是弗洛伊德，他引入了古典的诺斯替教派的性欲动机及邪恶的父辈的权威。诺斯替教派的耶和华与造物者之神的动机则出现在弗洛伊德那本有关源性父亲及衍生自这位父亲的阴暗的、超我的神话之中。在弗洛伊德的神话里，他变成了创造出无穷无尽的失望、错觉及痛苦的魔鬼。在炼丹术士对物质秘密的专注里，物欲的倾向便已经流露出来了，这一倾向对弗洛伊德来说有着掩盖诺斯替教派的另一本质性方面的作用：作为另一个更高神祇精神的原始意象，这位神祇送了一个混合器皿给人类，一个转变精神的器皿。这个器皿是一种女性原则，在弗洛伊德的家长式世界里是没有其地位的。附带说一下，在这种偏见方面他绝不是独一无二的。在天主教思想的王国里，上帝之母及基督的新娘只是最近才被接纳进神圣的内室（洞房），而这是经过千百年的犹豫后才有了这种变化的。因而可以说，至少这种看法已获得了部分的承认。但是在新教和犹太教的范围里，父权却一如以前那样继续起着主宰性作用。另外，在哲学意义上的炼丹术里，女性原则却起着与男性原则同样重要的作用。

在我认识炼金术之前，我一直被同一系列的梦缠绕着，梦境中的主题总是反复出现：梦中，在我的住房旁边立着另一栋房子，它像是另一个配房或附属建筑物，我在梦中常常觉得这很古怪，因为这栋房子好像一直坐落在那里，但是我自己却对此并不知晓。最后的那个梦境是，我自己走进了这栋房子，我发现这房子其实是一座奇妙无比的图书室，像是在 16 世纪或 17 世纪时就已经存在的。包以猪皮面的又大又厚的一册册对开本的书沿着墙的四壁摆放着。这些书中有几本饰有特色古怪的铜版画，其插图则包括有一些我前所未见的古怪的象征性符号。当时我并不懂得它们的用意何在，只是较久之后我才认出它们是炼丹术的符号。在梦里，我只意识到这些符号及整个图书室所产生的令人心旷神怡的美。原来这是一个中世纪的古版书和 16 世纪印刷品的收藏所。

我住房旁边的这一附属建筑物其实是我人格的一部分，是我自己并不清楚的另一个方面。它，特别是那个图书室，涉及的是炼金术，对此我仍然一无所知，但很快我会对之加以研究。大约十五年后，我收集的书就已经构成了一个图书室，样子与我梦中所见的那个十分相像。

大概在 1926 年出现的一个梦境预示着我与炼金术有着不解之缘：

梦中，我正在南蒂罗尔，时值战时，我身处意大利前线，正坐在一位个子矮小的农民赶着的马车上从前线回来。炮弹在我们周围爆炸，四周烟尘滚滚，我明白，我们只能尽快赶路，因为此地十分危险。

我们必须通过一座桥，然后穿过一条隧道，这隧道的拱顶已部分被炸弹所摧毁。在穿过隧道到达其另一头时，我们看见，在我们面前展现的，是一片阳光灿烂的美景；我认出，这是维罗纳附近的一个地区。在我们下面横卧着的就是维罗纳市，在明亮的阳光下显得光彩照人。我如释重负般地松了口气，我们继续驱车前行，进入生机勃勃、一片葱绿的伦巴第平原。一路上经过春意盎然的可爱乡村，我们看到了不少的稻田、油橄榄树和葡萄园。然后，我看到在这条路的斜对过处，有一座富丽堂皇的大庄园，很像某个北意大利公爵的宫殿。这是一座典型的庄园，有许多附属建筑物和外屋。就像卢浮宫一样，这条路穿过一个大庭院，再从这座宫殿旁边经过。那个矮小的马夫和我坐着车穿过一道门进入庭院，在这儿，透过远处那头的第二道门，我们可以再次看见那一片春光明媚的风景。我向四周看了看：右边是这庄园的正面，左边是仆人住宅区、马厩、谷仓和其他建筑物，一直伸展了好长一段路。

就在我们到达庭院中间的时候，一件出人意料的事发生了：只听见沉闷的"当"的一声响，庭院的两道门突然关闭了。那矮小的车夫从马车上跳下来，并且喊道："好啊，我们现在可被关在 17 世纪了。"我垂头丧气地想："嗯，确实如此啊！那该如何是好呢？从此刻开始，我们可要被关上好几年了。"随之而来的是一种安抚性的想法："再过几年吧，总有一天，我一定会走出去的。"

做了这个梦之后，我在一大堆有关世界历史、宗教史和哲学史的浩繁卷帙里东寻西找，可是有助于解释这个梦的东西却一点儿也没有找到。直到过了很长一段时间之后，我才认识到，它指的是炼丹术，因为这一科学在 17 世纪时发展到了巅峰时期。而

227

令人惊奇的是，我居然忘记了关于炼金术赫伯特·西尔比勒到底写了些什么。那时候，他的那本书已经出版，而我当时却认为炼金术是一种很可笑的歪门邪道，但是我仍然欣赏西尔比勒的神秘和建设性的观点。因此，那时候我便与他有书信来往，还让他知道我对他的作品很欣赏。就像他那悲剧性的死亡所表明的一样，他虽然对这一问题有所察觉，但未能完全理解它。他所使用的都是炼金术发展后期的材料，而我对此却并不了解。有关炼金术的后期文本是奇特怪异的；只有深入了解了它的内涵，才能认识到它里面所蕴含的宝藏。

在读了中国的炼金术文章《金花》之后，我才对炼金术的本质逐渐有所了解，而这篇中国文章我是在 1928 年才读到的，那是理查德·威尔海姆寄给我的。被一种欲望激励着，迫切想进一步知道更多的有关炼丹术的文本，我委托了一个慕尼黑的书商，要是有什么炼丹术的书到了他手里便立刻通知我。不久之后，我收到了这些书的第一本《炼丹术卷二》（1593 年），这是一本包容广泛的拉丁文炼丹术论文集，其中有几篇堪称是炼丹术的"经典之作"。

起初这本书无法引起我的兴趣，我将其束之高阁差不多两年时间。只在偶然的情形下我才翻看了一下里面的图画，而每次翻看都不禁想道："天啊，这是什么无聊的东西！简直看不下去！"但是我不能就此放弃，于是我决心更为深入彻底地研究它。我于第二年冬天开始研究，不久就发现它令人兴奋和引人入胜。可以肯定地说，这些文本在我看来仍然显得不知所云，但有些章节我却觉得甚为重要，偶尔还可发现几句我觉得能懂得其意思的句子。最后，我认识到了，原来炼丹术士是用象征来说话的——而这些象征，可是我的老相识啊。"嘿，这可真是太富于幻想了"，我心里想道，"我只好学习对这一切进行破译了"。到现在，我可是完全着迷了，只要一有时间我便埋头研究起这些文本来。一天晚上，当我正研究它们时，突然回想起我陷身17世纪里的那个梦。这时，我终于把握住了其含义。"原来是这样！现在，我可不得不从头开始研究炼丹术了。"

因为没有阿里阿德涅塞进我手里的线团，过了相当长的一段时间，我才在炼金术的思想发展过程的迷宫中找寻到了自己的路。在阅读16世纪的一篇名为《哲人的玫瑰园》的文章时，我发现，某些奇怪的表达方式和措辞往往重复出现，像是"分解与凝结""神秘管""石头""本源物质""水银"，等等。我明白过来，这些表达方式是按特定的含义而被不断使用的，但是我却没法弄清楚这些含义的具体意思。因此，我便想着可以编写一本主要用语的词典，其中的用语可以相互参照。在那期间，我积累了几千个这样的词条，抄下来的摘录也占满了好几本。我沿着语言学的方向来开展研究，就像我正猜破一种未知的语言的谜一般。我用这种现代方式渐渐弄明白了炼金术中这些词条的具体含义。这一工作，我专心致志地做了十余年。

随后我便看出，分析心理学以一种十分奇特的方式与炼金术惊奇地一致。炼金术士们的体验在一定意义上便成了我的体验，而他们的世界便是我的世界。这一点发现对我至关重要：因为无意中我触到了我那潜意识心理学历史上的对等物。可以与炼丹术进行比较及存在着一条向后通到诺斯替教派的不曾中断的智识链条，这便为我的心理学提供了具体的例证。在我研读这些古老的文本时，一切全都各归其所了：各种幻觉意象、我在实践中所积累起来的经验性知识及我从其中所得出的各种结论。我现在开始明白，这些精神性的内容如果从历史观点上来看到底是什么意思了。我对它们的典型特征的理解得到了加深，而这种理解，在我对各种神话的调查研究里便已经开始了。在我的调查研究里，本源性的意象及类型的性质占有主要的地位。对我来说，很清楚，要是没有历史就不可能有心理学，当然也绝不会有潜意识心理学了。可以肯定，一种有意识的心理学是根据个人的生活而获得材料的，但只要我们希望解释一种精神病，我们便需要一份既往病史，因为它比意识里的知识反映得更深刻。而在疗治过程中，每当需要做出非同寻常的决定时，我们便会做梦，而对梦进行阐释，则需要比个人所记得的还要多的知识。

在对炼金术进行深入研究时，我发现了自己与歌德有着内在联系的一种迹象。歌德的秘密在于他处于被一种原型性变化过程的支配之中，而这一过程，千百年来一直在发生着。他认为他写作《浮士德》是一种"重要的工作"，或者说是一项"神圣的工作"。他自己的形容更为贴切，即"主要事业"，而且他将自己的一生都融入其间。因此，在他身上活跃着的便是一种具有生命力的本质，是一种超人的过程，是原型世界的伟大之梦。

我自己也落入了被梦境所掌控的境地之中。因此从十一岁时起，我便从事一种是我的"主要工作"的独一无二的事业。我的生命被一种观念和一个目标所浸润，并通过它们而得以维系在一起：这就是渗透人格的秘密。一切都可以根据这个中心点而得到解释，而我的所有著作所述说的也就是这一个主题。

我真正从事科学研究的时间始于1903年，从那时的联想测验实验算起。我觉得这是我从事自然科学意义上的首次科学研究。《诊断性联想研究》完成后，我又写了两篇起因我已经述说过的精神病学方面的论文：《论早发性痴呆症的心理》和《精神病的内容》。1912 年，我的那本《性本能的变化与象征》出版了，也因此，我与弗洛伊德的友谊走到了尽头。从那时候开始，我便开始了自己的独立研究之路。

由于我对自己的潜意识的种种意象十分迷恋，因此也就有了一个起始点。这个时期从 1913 年持续到 1917 年，此后，接连不断的各种幻觉便逐渐减少了。在这些幻觉尚未消退殆尽，而我不再是个在魔幻之山内的迷途者时，我便对这整个体验采取客观的态度并开始对之加以深思。我给自己提出的第一个问题是："人们是怎样看待潜意识的呢？"我的答案写在了《自我与潜意识之间的关系》一文中。1916 年，我还曾就这一问题举办了一次讲座，为此我来到法国的浪漫之都——巴黎。但是这次讲座的心得和更多的想法直到十二年后才以德文出版。在这本书里，我描述了潜意识的某些典型性内容，我还阐明了意识对这些内容抱什么态度并非那么重要。

与此同时，我还忙着为出版《心理类型》一书做准备工作，此书于 1921 年首次出版。我写此书的原因始自我需要界定我自己的观点不同于弗洛伊德的和阿德勒的观点。在解决这个问题时，我碰到了"心理类型"这个问题；这种心理类型是个人所独有的，它决定并限制了一个人进行判断的方式。而我的这本书就是想探讨个人对于世界，对他人和事物的相互作用，书中论述了意识的各个不同表象，还有意识对于世界所可能采取的各种不同的态度，因而，整本书也就构成了从临床角度上来看待的一种意识心理学。我还将大量相关文献糅进了这本书里。斯比特勒的作品更是其中的一个代表，而引用最多的就是他的那本《普罗米修斯与厄皮墨透斯》。此外，还有席勒、尼采和古典时代及中世纪的一些文献。我还十分冒昧地给斯比特勒寄去了我的一本书。我并没有收到他的回信，但随后不久，他在自己的一次报告中十分肯定地说，他的那本《普罗米修斯与厄皮墨透斯》根本就没有表示什么特殊含义，就像他说他能唱"春天来了"，若是唱"五月来了"也会唱得很好一样。

论述"类型"的这本书使我了解到，单个人所作出的每一项判断是由他所属的类型所制约的，且每一种观点都必定是相对存在的。这就出现了必须将这种多样性进行统一的问题，于是，这一问题便将我直接引导到了中国的道教上来。我已经详细阐述过我内心的变化发展与理查德·威尔海姆寄给我的那些道教文本之间的关系了。1929 年，我和他合著了《金花的秘密》。只是在我的思想和我的研究达到了关键之处时，就是说接触到了自性的时候，我才再次找到了重返这个世界的归路。我开始到处进行专题讲座并作了好几次旅行。这些各种各样的论文和讲演稿便成了我这些年所进行内心探索的一种衡量其轻重的砝码。它们还包含我的读者和病人向我提出的各种问题的答案。

自从我那本《性本能的变化与象征》问世后，我深深关切的课题便是性本能（里比多）理论的问题。我把性本能设想成具有物理性能量的一种精神类似物，因而也就或多或少是一种具有数量性的观念，所以它是不应该用质的术语来加以界定的。我的想法是跳出目前学界对性本能的理论阐释，即性本能是一种具体化的存在。换言之，我不希望再提起饥饿、侵略和性本能等外部表象，而是将所有这些现象当成是精神性能量的表现形式。

　　就如同在物理学界，我们会讲到能量及其表现形式，像电、光、热等。在心理上，我觉得也一样。我们所要关注的也是能量，即其数值是大是小，是强是弱，等等。这种能量会以各种形式表现出来。我们要是设想性本能是能量，我们就得采取一种综合性的和统一的观点。至于性本能——不论其是性欲、权欲、食欲或别的什么——的性质问题，便消隐于背景性的地位了。我希望为心理学所做的事是得出某种合乎逻辑的并且是彻底的看法，这种看法有似能量学理论在物理各学科中所提供的一样。这正是我在论文《论精神性能量》（1928年）里所追求的东西。比方说，我把人的各种动机看作能量变化过程的五花八门的表现方式，因此这些动机也就有似于热与光等各种各样的能量。恰如不会发生现代的物理学家只从比如说热能里导源出一切的力一样，同样，心理学家也应该警惕把一切的本能都归之于性欲的观念的做法。这是弗洛伊德最初的错误，但他后来又提出了"自我本能"一说，因而便纠正了这一差错。再往后，他又提出了"超我"一说并赋予它一种实际上至高无上的地位。

　　在《自我与潜意识之间的关系》一书中，我并没有就潜意识本身做过多的描述，而只是指出了我对潜意识的着迷。当我对自身的幻觉进行研究时，我才渐渐发现，潜意识也会经历变化的过程。这一点在我谙熟了炼金术之后更得以确认。潜意识是一个过程，而精神则利用自我的关系而变化或发展成潜意识的内容。在个性方面，这种转变可以从梦和幻觉中推断出来。在集体生活中，它主要残留于各种宗教体制及其变化着的各种象征里。通过研究这些集体转变过程及通过了解炼丹术的象征性，我便得到了我的心理学的关键性概念：个性化的过程。

我的研究工作有一个根本性的方面，即它在研究之初就触及个人的世界观问题，还触及心理学和宗教之间的相互排斥的关联。我对这些问题做了详尽研究，研究的结果最早写进了《心理学与宗教》（1938年）一文，作为这一文章的直接产品，之后又写进了《自大狂》（1942年）里。这本书的第二篇文章"作为一种精神现象的自大狂"从这种观点来看显得特别重要。巴拉塞尔索斯的著作充满了大量独创性的看法，书中还清晰地阐述了炼金术的相关问题，尽管这些问题裹上了巴洛克式的古怪外衣。提起巴拉塞尔索斯，就不得不讨论炼金术与宗教和心理学的相关性，或者换句话说，讨论作为一种宗教哲学的炼金术来。这种观点我在《心理学与炼丹术》（1944年）里曾经阐明过。因此，我最终有了借以落下的根基，而这根基便是从1913年至1917年的各种体验的土壤中得来的，而在那段时间里我所经历的过程与那本书中所述及的炼金术上的变化过程不谋而合。

潜意识的象征性与基督教及其他宗教有何关系？这个问题不断地在我头脑里打转，这种情形实在是最自然不过了。我不但为基督教的启示打开了大门，而且我还认为它对西方人具有非同小可的重要性。然而，它需要以新的目光，需要按照当代精神所造成的种种变化来加以对待。不然的话，它便会与时代脱节并对人的整体性不具有任何作用。我在我的著作中力图阐明这点。对于三位一体的教义及弥撒文本，我曾从心理学角度阐释过。而且，对于这二者，我曾与佐西莫斯·冯·帕诺波利斯这位公元3世纪的炼金术士和诺斯替派教徒所描写的种种幻觉进行过文本对照。我的意图是使分析心理学与基督教发生某种关联，这样最终引向了作为一个心理形象的基督的问题。早在1944年，我在《心理学与炼金术》一文中便已论证了基督形象和炼金术士的关键性概念"石"的某种对应关系。

1939 年，我就依格纳蒂乌斯·洛尤拉的《精神修炼》举行了一次讲谈会。与此同时，我忙着为《心理学与炼丹术》的写作而进行研究。一天晚上，当我从梦中醒来后，我看到在明亮的月光映衬下，床脚处有个身背十字架的基督形象。虽然并没有真人大，但清楚无比，而且我还见到了他那带点绿色的金子构成的身躯。这景象具有十分庄严的意味，我深切地为之震撼。虽然我对这样的幻觉已经习以为常了，因为我经常在将醒未醒时看到这类极为生动的形象。

那时候我正在考虑写一篇有关"耶稣基督的阿尼玛"的文章，而这是对于精神修炼的冥想之一的基督之灵。这一幻觉的出现似乎向我指出了，在我的沉思中被忽略掉的部分：基督与炼丹术士的非凡之金及带点绿色之金有其类同性。当我认识到这一幻觉所指的是这一关键性的炼丹术的象征，认识到我已对基督获得了本质上乃属炼丹术方面的幻觉时，我便感到释然了。

那带点绿色的金是炼金术士看到的生命力的质。这不但在人身上存在，在无尽的自然物中也同样存在。它是让整个宇宙为之沸腾的人类的一种外在表现。它是一种生命之精神、人之灵魂或者说是宏观世界之子。这一精神把自己倾泻进一切事物里，甚至还进入无机物里，它出现在金属与石头中。我的这一幻觉因而便是基督的形象与其在物质中的相似之物——宏观世界之子的一种结合。如果我不是被那带点绿色的金所震慑的话，我大概会假定，某种本质性的东西正从我那"基督教的"视野里消失——换句话说就是，我那传统性的基督形象不知怎么回事仍是有缺陷的，我仍然还得跟上基督教发展的某些部分。然而，对金属的强调却向我表明了，炼丹术毫不掩饰基督的观念乃是一种精神上活着的物质和肉体上死了的物质的结合。

在 1951 年出版的《伊涌》一书中，我再次谈起了基督的问题。与之不同的是，我关切的不是各类历史上的基督形象，而是基督的形象与心理学的关联。我想揭示他所代表的、绵延了数千年的宗教的发展历史，而不是一个失去了外在性的人物形象，从而发现占星术会如何预言基督的到来，还有我最关心的就是当时的人们对他的看法，即基督所处时代的时代精神，以及在两千年的基督文明发展中，人们又是如何看待他的，这对我来说同样重要。这一点以及在几千年的过程中积聚在他周围的一切古怪而有争议的种种光辉，也正是我们所要描绘的。

就在我对所有这些事情进行探究的时候，那个历史人物——作为人的耶稣——的问题也跟着出现了。这对我而言意义重大，因为他所在的时代的智力，我们也可称之为已经集聚而成的原型，也就是所谓的人类本源性形象，就已经凝聚在这位无人不知的犹太预言者的身上了。人类的古老观念的产生，一方面形成于犹太人的传统中，另一方面则植根于埃及霍律斯神神话之中，而它们在基督教纪元的初始之时就已经被人们所接受了，因为它是当时时代精神的组成部分。它为"人之子"，即上帝之子，他站到被神化了的奥古斯都大帝这个世界的统治者的对立面去了。这一观念与原本是犹太人的弥赛亚[①]问题成了一个世界性的问题。

[①] 弥赛亚：《圣经》中的词语，在希伯来语中最初的意思是受膏者。受膏是一种宗教仪式，经由先知，以圣膏油涂在候选者的头上，确认此人是上帝所选中的人，将可以成为君主或祭司。

　　认为耶稣这位木匠的儿子传播福音并变成了救世主只不过是出于"纯粹的偶然"，这实在是一种严重的误解。他一定是个具有非凡天赋的人，因而才能如此完美地表达和陈述那个时代人们普遍的却又是潜意识的种种期望。没有任何别的人能成为这一希望的传播者，只有耶稣才能如此。

　　在那个时代，由神圣的恺撒大帝所代表的权力至上的罗马帝国主宰着这个世界。在这个世界里，无数的个人，甚至是所有的民族，都被剥夺了文化上的独立性及精神上的自主性。今天，个人和文化面临着同样的威胁，就是说被大众所吞没的威胁。因此，许多地方的人们渴望基督再次出现，甚至说看见基督再世了的谣言也不胫而走，这种情形表达了人们希望获得赎救。然而它所采取的形式与过去的任何事情均无法相比较，只是"技术时代"的一个典型的产物。这就是遍布于全世界的"飞碟"现象（不明飞行物体）。

　　因为我的目的是充分论述我的心理学与炼丹术相对应，或者二者相反，我便希望连同上述那些宗教方面的问题一起，看看在炼丹术士的著作中有关心理疗法方面的特别的问题。临床上的心理疗法的主要问题就是移情。而在炼金术中，我也找到了与之相关的某种对应移情之物，具体地说就是相合的概念。这一点已被西尔比勒注意到了。在我的著作《心理学与炼丹术》中就列举出了这种对应性的证据。两年之后，即1946年，我在《移情的心理学》中对这个问题又进行了阐释。正因为我在这方面的研究，《神秘的结合》一书才能得以出版。

　　与我在个人方面或科学方面的其他研究课题一样，相合的问题一旦出现，有种种梦境便随之而来，或者作为预言而在梦中出现。在这些梦境之中有一例，这个问题及基督的问题都被凝聚成了一个十分显著的意象。我再次梦到我的屋子旁有一座我从未进去看过的附属建筑物。我决心去看看，最后便走了进去。我来到一道很大的重门之前。打开门时，我发现自己处身于摆设成实验室的一个房间里。窗户前面摆着两张桌子，上面摆满了许多玻璃器皿和动物学实验室的一切用具。这是我父亲的工作室，然而他却不在里面。沿墙放着的书架上摆着几百个瓶子，里面盛着各种各样可以想象得出的鱼类。我大吃一惊：原来我父亲正从事鱼类学的研究！

当我站在那儿向这个房间的四周看时，我感觉到有一道布帘偶尔会鼓起来，仿佛不时有强风吹进来似的。就在这时，一个叫汉斯的乡下年轻人出现了，我叫他去瞧瞧在这布帘后面的房间是不是开着窗户。他走进去了，好长一段时间他才回来，而我发现他脸上现出一副可怕的神色。他只是说着："对，有某种东西在里面！"

随后我便走了进去，原来这儿有一道通到我母亲房间的门。房间里并没有人，还有点神秘的气氛。这个房间很大，天花板上悬吊着五个一排的两排柜子，柜子离地约两英尺高。它们看起来就像花园里的小亭子，每个面积约六平方英尺，每个均装有两张床。我知道，这就是我那实际上早已去世的母亲还在阳世时所居住的房间，她摆上这些床就是为来访的鬼魂睡觉用的。它们是成双结对的鬼，也就是鬼夫妻，它们来到这里过夜，甚至连白天也在那里过。

与我母亲的房间正对着的是一道门。我将门打开，随即便走了进去。眼前是一个大厅，这大厅使我想起了一间大饭店的门厅。大厅里安放着安乐椅、小桌子、豪华挂饰品，还有柱子。一切都是那么富丽堂皇。一个铜管乐队正大声地演奏着，我本来在后面的这些房间里已听到有音乐声，但不知道它是从哪里传来的就是了。大厅里一个人也没有，只有这铜管乐队在大声吹奏着舞曲和进行曲。

大饭店大厅的这支铜管乐队意味着寻欢作乐的奢侈和世俗性。谁也不会想到，在这吵吵闹闹的门的后面会是阴间，而这阴间又位于这同一幢建筑物之内。大厅的这个梦的意象可以说是对我这个好好先生或世俗的欢乐的嘲讽。但这都是外表而已，在这后面隐藏着的却是截然相反的东西，即那鱼类实验室和那为鬼魂而悬吊着的亭子的含义。而这些是人们从铜管乐队演奏中所无法获取的。这两者都是神秘感的所在，既让人印象深刻，又为一片寂静所笼罩。我觉得，这里就是黑夜的居所，而大厅则代表着白天的世界和庸俗浅薄的表象。

这个梦境中最重要的意象就是"鬼魂招待室"及那个鱼类实验室。前者以一定程度的闹剧性方式表现了相合；后者则暗示了我对基督的先入之见，即他本人就是鱼类。二者都是我接连不断地研究了有十余年的课题。

让人觉得奇怪的是，对鱼类的研究却落到了我父亲的头上。在这个梦里，他成了照管基督徒灵魂的人，而按照古代人的观点来看，这些人都是被基督的门人彼得的网所捉到的鱼。同样令人惊异的是，在这同一个梦里，我母亲却成了被拆散了的鬼魂的保护人。这样，我的梦境中，我的双亲担负起了"治疗灵魂"的重担，而这的确是我现实中所承担的工作。这预示着某些没有完成并且仍然压在我父母身上的责任，即这件事仍然藏在潜意识之中，只能在未来的某个时刻得以解决。我仍未解决"哲学上"炼金术的主要事情即相合的问题，因此，也就是还不能够解答基督徒的灵魂向我提出来的问题。此外，我的妻子想为之奋斗终生的有关圣杯传说的研究工作也还没有实现。我甚至想到当我在《伊涌》中讨论到鱼类的象征时，我脑海里还会浮现出翠鸟的形象及追寻圣杯的景象。要不是想到这是我妻子的研究领域，我会毫不迟疑地把圣杯的传说写进我对炼金术所进行的研究之中。

在我的记忆里，我父亲是个受了安福塔斯式伤的受伤者，是一只伤口无法治愈的"翠鸟"——这种伤亦即基督的受罪，而炼丹术士则正是为了治疗这伤而去寻找治病的万灵药的。作为一个"口哑的"帕斯法尔，在我童年期间，我是这种病症的见证人，并且也像帕斯法尔一样，纵然有口也说不出话来。我只能做点暗示。实际上，我父亲从未能使自己对兽形的基督等于符号象征产生过兴趣。另外，他实际上直到去世，一直生活在由基督所预见的和许诺的痛苦里，而且并未察觉到这都是由于效仿基督的结果。他认为这种痛苦只是他个人的病痛而已，是可以听从医生的忠告而得以治疗的，他并不觉得这是基督徒普遍意义上的痛苦。《加拉太书》[①]里的话说"我活着，但那已经不是我，而是基督活在了我的身上"，我的父亲从未仔细考量过这句话的全部深意，因为一想到宗教的种种问题，他便会浑身战栗。他仅仅想满足于信仰，但他自身信仰却又打破了他的忠诚。一遇到此，他便以牺牲理性为代价做出妥协以自我蒙蔽。"不是所有人都能接受这一戒律的，只有那些该接受它的人才会接受……有这样的阉人，他

---

① 《加拉太书》：基督徒保罗所著，本书为驳斥律法派的错谬，申明福音真理，特别是因信称义的要道，是宗教改革的奠基性著作之一。

们为了天国的缘故而使自己变成了阉人。能够接受这一点的人，让他接受就可以了。"(《马太福音》)这种盲目的接受并不能解决问题，只会让思想停滞不前，还会给下一代增加压力。

众神的兽形特征表明，众神不但延伸到超人的范围，而且还进入不属于人类的王国里。可以说，各种动物便是他们的影子，大自然本身把这种影子与神的影像联系起来。"基督之鱼"代表着那些效法基督的人本身便是鱼。它们是需要那些动物式的照料、具有潜意识的魂灵。以此可看出，那鱼类实验室就是教会"对灵魂的照管"的同义词。就像那些因自己而受伤者一样，治愈者也是他们自己。在这个梦境中，具有决定性意义的行为就是那些已逝者在意识之外的那个世界，也就是在潜意识的世界里，对死者所作出的一切。

其实在我生活的那个时期，我仍然没有意识到我肩上的责任的本质意义，也没法对这个梦做出合理的阐释。我只能感觉到其含意。在我能写出《答约伯书》之前，我仍需克服内心最大的反抗。

写《答约伯书》的源起可以追溯到《伊涌》这部著作中。在《伊涌》中，我讨论了基督教的心理问题，而约伯则可以说是某种基督的先兆。二者通过受苦受难紧紧相连。基督是代上帝受苦的仆人，约伯也应如此。世界上的种种罪恶便是产生苦楚的根源，因而基督徒的受苦是普遍性的结果。这不可避免地便产生了这样的问题：谁应该为这些罪恶承担责任呢？归根结底，创造了这个世界及这些罪恶的正是上帝本人，因此，为了替人类受苦，于是他便变成了基督。

《伊涌》里有多处提到这一神圣形象的光明与黑暗的方面。我列举了"上帝的愤怒"、敬畏上帝的戒律及这样的祈求"别让我们受到诱惑"。上帝形象的矛盾性在《答约伯书》中得到了完整的体现。约伯希望，在某个特定的时刻，上帝能站出来反对自身，通过这种情形，我们可以获知上帝是处于怎样的一种悲剧性的矛盾状态之中的。这便是《答约伯书》的主旨。

促使我写这本书的还有其他一些外在性的力量。公众和病人们所提出的许多问题使我感到，对于现代人的种种宗教问题，我必须更加鲜明地表明自己的立场。多年以来，对此我一直犹豫不决，因为我充分认识到了这样做会掀起多么巨大的一场风暴。但是到了最后，我却不能不被这问题的全部紧迫性所支配，尽管勉为其难，我还是不得不对之做出回答。于是我这样做了，回答的方式就跟问题摆到了我面前的方式一样，就是说，以作为充满感情的一种体验的方式。我是有意为之，这样就会避免给人留下我一心想宣布某种永恒真理的感觉。我那《答约伯书》只是表达了我个人的意见而已，当然我也希望能借此引起公众的深思。我最不想得到的是这样一种阐述，即我在宣布某种玄妙的真理。但是我仍然受到了神学家们的指责，因为他们已经太习惯于与永恒的真理打交道了，因而对其他学科的真理性问题也就有所不知了。当一位物理学家说，原子的结构是像这样的，画出相关的结构图时，他其实并不是想表达这就是什么永恒真理之类的想法。但是神学家们却并不明白这就是自然科学的定律，他们更加不懂得心理学的思维。分析心理学的材料，即其各种主要的事实，构成了表述，而且它们是以相一致的形式在不同的时间和不同地点出现的各类表述。

约伯的问题在其所有的派生表述方面同样在梦里已有所预

示。这个梦以我去看望我那早已去世的父亲开始。在梦中我去看望我的父亲，他仍住在乡下，但是我并不知道这里叫什么。我见到一座房屋，像18世纪的建筑样式，房间有很多附属建筑，也特别大。我后来获悉，这座房屋原是坐落于一处矿泉疗养院的旅店，许多要人、名人和王亲国戚也常常在这里小住。后来，这些人中的好些个都已经死去了，他们的尸身就放在这座房屋的地下室里。而我的父亲就是它们的看守人。

我很快发现，我父亲不但是看守人，而且还是一个合法的著名学者——这在他在世时可绝没有这种事。我在他的书斋里与他见了面，不过说来奇怪的是，某位医生——年纪与我相仿——及其儿子（两人都是精神病医生）竟也在场。不知道是否因我提了个问题还是我父亲主动想解释点什么，只见他从一个书架上取下了一本很大的书——一部对开本的沉甸甸的《圣经》，跟我图书室里那本梅里安的《圣经》一样。我父亲拿在手里的这本《圣经》是用闪闪发亮的鲨鱼皮包装的。他将《旧约全书》打开，我觉得大概是翻到了首五卷处的部分，便就某一章节进行了阐释。他解说得非常快，又十分流利，还显得学识渊博，我都跟不上他的节奏了。我只感觉到，他所说的话里显露出他知识的博大精深，虽然这些知识的意义我约略领悟，但却无法加以评判或掌握。我发现那位医生一点儿也没听懂，而他那儿子则开始笑了起来。他们肯定是在想，我父亲正在做某种不恰当的事，就像是老年人的某种喋喋不休一样。不过我知道，他并不是一种病态的激动，说的话也并非愚蠢的。与之相反，他高谈阔论、知识渊博而又十分理智，只是因为我们的资质有限而无法领悟罢了。他所说的都是极为重要的事，他自己为之着迷，而我也被他所吸引了。他讲得专心致志，并且富有深刻的内涵。可是，我却既感恼怒而又深觉可惜，因为他说这番话简直是对牛弹琴。

那两位精神病医生所代表的是一种目光短浅的医学观点，这种观点也影响到了作为医生的我。他们代表着我的阴影——这个阴影的极为相似的两个人，即父与子。

接着，景象改变了。父亲带我来到了这座房屋的前面，这里是堆放着木材的仓库。我们听到了沉闷的砰砰声，好像有人把大厚块的木板扔到了地上或到处乱扔似的。我觉得，一定至少有两个工人在那里忙着，但我父亲却向我示意，说这个地方在闹鬼。显然某种鬼怪正在弄出这样的喧闹声。

随之我们便进入了这个屋子，我发现这里四壁厚重。顺着一条狭窄的楼梯我们来到了二楼。一种奇异的景象呈现在了我们的面前：一间跟法特赫布西克里、苏丹阿克巴的会议厅完全一模一样的大厅。这是一间高高的圆形房间，沿其墙壁是一道环形回廊，回廊有四座桥通到一个盆形的中心。这盆形的中心置于一根大圆柱的顶端，作这位苏丹的圆形座椅之用。他便从这高高在上的地方向其谋士和哲学家们讲话，而这些人则绕着回廊的圆形墙壁而坐。这个整体成了一个巨大的魔圈，精确地与这真正的会议厅相对应。

我突然发现，在这个梦里，中央处有一座陡直的楼梯，向上直通至这墙的一个高处——这个地方与真实却完全不对应。在这楼梯的顶端有一道很小的门，这时我父亲向我说道："现在我要引领你到最高的存在处。"说完，他便跪了下去，还在地板上叩头。我也跟着他做相同的动作，心里激动万分。但是不知道为什么，叩头时我的头却无法碰到地板上，还差一毫米左右。但是我的动作和父亲的是一样的。突然之间，我立即明白过来，或者是父亲早已告诉我的，这道门通往的是一个凄凉冷落的房间，而大卫王的大将乌利亚就住在那里，为了得到乌利亚的妻子拔示巴，大卫王竟狠毒地命令兵士在对敌战场上抛弃了乌利亚，从而卑鄙地出卖了他。

关于这个梦我还要作几点解释。梦中开头的情景描述的是潜意识的任务是如何完成的，而这个任务我是留给了我"父亲"，即潜意识来办的。他对《圣经》十分痴迷，也许是《创世记》部分吧，还急于将他的顿悟转达给我。《圣经》蒙上了鲨鱼皮就是这层代表，这是一种潜意识，因为鱼没法说话也没有意识。我那可怜的父亲并未能成功地把二者传达出去，因为听众对于有些部分无法理解，而有些甚至是愚蠢至极又居心不良。

其次，第一次努力失败之后，我们横越过那街道来到了"另一边"，鬼怪就活跃在此。鬼怪现象一般常常出现在青春期之前的年轻人的身上，这就代表着我仍然处于未成熟和潜意识的阶段，梦中那印度样式的会议室也表明了这一点。在我去印度时，那种带魔圈结构的会议室让我印象十分深刻，我觉得它代表着与一个中心有关的某种联系。这中心就是阿克巴大帝的宝座，他统治着一个次大陆，是像大卫王那样的一个"这个世界的君主"。但是位在大卫之上则是那位无辜的牺牲者，即他那位忠心耿耿的大将乌利亚，后者是由于大卫的出卖才死在敌人手里的。乌利亚是基督的预示，而基督这位神人却被上帝抛弃了。"主啊主，您为什么抛弃我啊？"在这种喊叫声之上的则是大卫把乌利亚的妻子"取而享之"。只是后来我才明白这个有关乌利亚的暗喻到底意味着什么：对于《旧约全书》中上帝形象的这种二重性矛盾，我不但被迫公开地讲出来——这对我是有害而无利的，而且死神将把我妻子从我手中夺去。

这就是隐藏在潜意识里并等待着我的事情。对于这种命运，我只好逆来顺受，并确实应该叩头到地，好使我的谦恭驯顺臻于完美。但某种事情却使我不能完全地这样做，与之相差尚有一发之距。我身上有某种东西在说道："一切都很好，但不是完全很好。"我身上的那种不肯俯首听命的力量发话了，它并不想做一条没法说话的鱼，若不是自由人身上的这种东西长存，在基督诞生前的几百年就不会有《答约伯书》问世了。人总是要有某种思想上的自由度，即使面对神谕也该如此。不然的话，他哪里还能有自由呢？而要是这种自由不能给阻碍自由的上帝以震慑，这种自由又有何用呢？

所以，乌利亚便生活在高于阿克巴的某个地方。正如梦中所表现的那样，他甚至是"最高的存在"，这种描述恰当地说是只适用于上帝，否则就是某种阿谀奉承之物了。想及此，我便想到了佛祖及其与众神的关系。不用怀疑，对虔诚的亚洲人来说，如来佛是万物之中的至高者。基于这种想法，小乘佛教一直被人怀疑为信奉无神论，这着实冤枉。靠着众神之力，人便得以洞察造物主。人甚至被授予了在本质性方面消灭"万物"的权力，就是说消灭人对这个世界的意识。今天，人已可以利用放射性现象来消灭地球上的一切高等生物了。佛祖对世界归于无有的观念已做出过暗示：通过大彻大悟，轮回（Nadna）的链条——不可避免地导致年老、疾病和死亡的因果关系的链条——便可以被打断，于是乎存在的幻觉便结束了。叔本华对意志的否定预言性地归结到现已迫在眉睫的未来的问题。这个梦揭示了早已存在于人类中的一种思想和预兆：造物以一个虽小但具有决定性的因素而胜过了造物主的观念。

此处涉猎甚远，我必须再回到我的写作上来。在《伊涌》里，我还触及了其他需要分别加以解决的各类问题。我还想指出，基督的出现将和一个新的时期相同，即与鱼类的一个时代相互映照。基督的一生与客观的天文学事件相互映衬，从春分进入黄道十二宫的双鱼宫处，它们具有某种同步性。所以，基督就是"鱼"（这如同汉谟拉比就是"白羊"一样），它即为这个新时代的统治者。这种情形便导致了我的那篇文章《共时性是一种非因果关系的原则》所论及的问题。

在《伊涌》中所提到的基督的问题最后便导致我如何根据个人的体验来表达安索洛波斯（人）——用心理学术语来说就是自性——的现象这个问题了。在《出自意识之根》（1954年）里，我企图对这一点做出回答。在此处，我最关心的便是意识和潜意识之间的相互作用，从潜意识到意识的发展过程，以及更大的人格，也就是内心中的人，还有意识对单独个体的生活所产生的种种影响。

这种研究至《神秘的相合》而臻于充实，在这本书里，我再次谈到了移情的问题，但主要是按我原来的意图去写，即把炼丹术的全部内容作为一种炼丹术心理或作为深度心理学的炼丹术基础来加以表述。这本书至少让我在我的心理学中赋予了它一种现实的地位，它也因此有了历史的根基。而此时，我便完成了自己的使命，这方面的研究工作也告一段落了，它现在也站稳了脚跟。我一旦接触到了根底，便达到了从科学上加以理解的程度，深入到了超越感觉的直觉之地，深入到了原型本身的特性里去。

对于这种特性，已经没法做出进一步的科学陈述了。

我在此处对我的研究工作所做的概述性陈述当然只是个简单的总结。其实，我还能说得更多些或者可以更少些。这篇东西是即兴的产物，其情形就跟我在这里所述说的一样。它是随想随写的。

我所写的一切可以认为是内心放到我肩上的任务，其本源是一件命中注定的不得不做的事。我所写的都是涌上我心头的事情。我的人生就是我所从事的事业，亦即我的科学工作：前者与后者是不能割裂来看的。我让那些我为之感染的灵魂大声说出它所要说的话。对于我的著作，我从不指望会引起什么强烈的共鸣，它们代表着我所身处的这个时代的某种互补性，虽然出于无奈，我也不得不说出这些可能没人想听的话。也因此，我常常陷入极为凄凉孤独的境地，特别是在最初的时候。我也深知，我所说出的这些东西会受到人们的抗拒，因为身处我们时代的人是很难接受对这个有意识的世界所唱的反调的。今天，我倒可以说，我获得了人们所赋予我的极大成功——远比我能预料到的还要大——这倒是令我倍感吃惊。我觉得，我只是做了我所能做到的一切。毫无疑问，我这一生的工作本应更多并干得更好才是，但也有很多事情是我力所不能及的。

八、塔楼

　　通过我的科学工作，我渐渐地将我的种种幻觉及潜意识的内容置于一种坚实的基础上了。但那些文字在我看来显得如此不真实，我还需要一种可以看得见、摸得着的切实之物。我要为我内心最深处的想法和我所掌握的知识找到像石头那样确定的一种表述方法，或者换句话说，我要以石头那样坚实的方式来袒露我的信念。这就是"塔楼"的起源，也就是在波林根我为自己所建造的房屋。

　　从一开始便已确定，我要在近水处建筑。我一直奇怪地被苏黎世湖上的美景所吸引。于是到了1902年，我便在波林根买了点土地。这块地坐落在圣梅恩拉德地区，而且是一个老教堂的地产，早先属于圣嘉尔修道院。

　　刚开始时，我并没有对房屋作什么具体的规划，就只是单纯地想将它建成一种极为原始的平房。它将会是圆形的结构，在房屋的中央处有个火炉，四周的墙壁则嵌上大块的木板。我是按照心中所设想的非洲人的小屋的样子进行设计的，还有几块石头围成一圈的火堆放在屋子的中间，全家人的生活就围绕这个中心展开。这间原始的小屋体现出一种整体性的观念，在这种整体性概念中，我让所有驯养的小动物也加入其间。原始的小屋把一种观念的整体性具体化了，把家庭式的整体性具体化了。不过就在建筑的最初阶段，我便更改了这个计划，原因是我觉得这太原始了。我认识到，它应该是一栋二层的正规房屋，而不应只是一座低矮的趴在地上的小屋。于是，在1923年，第一座圆形房屋建立起来了，竣工之时，我看出它已经变成了很合我胃口的塔楼式住屋了。

对于这个塔楼，一开始我就对它抱有一种宁静和新生的强烈感情。对我来说，它代表着一种母性的温热。但是我却日渐认识到，它并未能表达出需要说出的一切，它仍然缺少某种东西。于是，四年之后，也就是1927年，我便给它增加了一个中央性的结构，还添上了些塔式的附属建筑物。

又过了些时候——又是隔了四年——我再次产生了不完整之感。这座建筑物在我看来仍然显得过于原始，于是在1932年，塔形的附属建筑又有所扩大。在这座塔楼里我要有一间只供我独用的房间。这时候，我的心里早已有了印度人房屋的样子，我最喜欢的就是那种可以进退有据的小屋，尽管这地方可能只是用一块布帘隔开的一个角落。但对于做瑜伽或者冥想都足够了，他们随时都可以在其中静虑一刻钟甚至半个小时。

一旦在我退居的房间里，我就感到释然。我无论什么时候总把钥匙带着，没有我的许可谁也不许进入那里。在几年的时间里，我在屋子的四壁上画了好多图画，从而体会出我从时间里跳出来而进入孤独，从现今跳出来而进入永恒的所有感受。这个角落我留给了思考，虽然常常在这里思考一些令人不悦的幻想和难题。因此，这里便成了我的精神专注之地。

1935 年，我有了一个要有一片围起来的地的深切愿望。我需要一片这样的空间，一个能够向天空与大自然张开怀抱的空间。于是——又是过了四年——我添加了一个庭院和一个靠近湖边的凉亭，这二者构成了第四种成分。它们与这座房屋统一的三位一体性是分离的。这样，便出现了四位一体的情形，四个不同的部分构成了这座建筑物，而且还是用十二年的时间建成的。

在我妻子于 1955 年去世后，我内心产生了要恢复我自己的本来面目的念头。用波林根这座房屋所用的语言来说就是，我突然认识到，趴伏得如此低、如此藏而不露的屋子正中的那个小小的部分就是我自己！我再也不能将自己隐藏起来了。于是，就在那一年，我将这个部分增添了一层，来表示自我突出的部分，或者说自我的人格。此前，我不会这样做，因为这样可能被看作是自以为是。但是如今，它却意味着老年时所达到的意识高度。因此，在我妻子离世一年之后，整个建筑又再次完成了。第一层塔楼是在我母亲离世后两个月，即 1923 年破土动工的。这些建筑日期都有深刻的内涵，因为我们会发现，塔楼是与死者相联系的。

在建筑之初，我便觉得塔楼在某一方面是可促使人成熟的，因为它就如同母体的子宫或者一位母性的形象，我可以在其中变成过去之我、现在之我或者未来之我。它赋予我一种新生的感觉，如同我在石头中重新活过一般。因此，它便是一种个性化过程的具体化，一种比青铜还更经久的纪念物。当然了，在建造期间，我是从来没有考虑到这些事情的。我把房子建造成一个个的部分，总是按照当时的具体需要去做。因此，也可以说，我是在犹如做梦的情形下把它建造成的。只是到了后来，我才看出所有这些都是多么配合得当并造成了多么富有含义的一种形式了：精神完整性的一种象征。

在波林根，我生活在现实生活之中，我极为真切地恢复了本来的面目。在这里，我成了"母亲的上了年纪的儿子"。这也是炼金术中提过的真知灼见。而在我童年时期，我便已经体验到了"老人"和"年长者"，就是第二人格，这一人格从不曾远离，一直存在着，将来也会存在下去。第二人格存在于时间之外，并且是具有母性的潜意识的儿子。在我的幻觉中，他以费勒蒙的形式出现，而在波林根，他又再次恢复了生命。

我不时觉得自己仿佛化入周围的风景与物体中，于是我自己便生活在每一棵树里，生活在波浪的拍击中，生活在云彩里和来来去去走动的动物里，生活在互相交替的四季里。塔楼里没有什么事物经历了十余年的时间而没有改变，也没有什么会与我不相关。这里的万物都有其历史，我也是这样。这里就是预留下来的空间，是这个世界的没有空间的王国。

在塔楼里，我没有引来电力，我亲自打理壁炉和火炉，黄昏一到，我便把那几盏老灯点上。这里没有自来水，我自己动手从井里把水抽上来。我劈柴烧饭。这些简朴的行为使人变得淳朴，而要淳朴，那是多么困难呀！

波林根的周遭寂静无比，连最微小的声音都能够听得到，而我就在"与大自然朴素的协调"中生活着。在这样的环境下，思想便浮现出来，有时会回溯至百年之前，有时也会预见遥远的将来。在这里，没有了那么多创造的痛苦，创造性几乎等同于游戏。

1950年，我做了一个石块纪念碑来阐释这座塔楼对我的意义。而关于这块石头的由来还有一个奇异的故事：我需要些石头修建那所谓的花园的围墙，于是便从靠近波林根的采石场订购了石料。当石匠把所需石头的大小尺寸告诉采石场的主人，而他则在笔记本上记录下来时，我正好站在旁边。当工人用船把石头运来并卸到岸上来时，结果却发现，拐角用的石头的尺寸完全弄错了。原本要一块三角形的石头，可送来的却是一块方块石，其大小足足比订购的大了一立方多，厚度则约有二十英寸（1 英寸约为 2.54 厘米）。砌石匠火冒三丈，要船上运石的人立刻把它运回去。

当我见到这块石头时，便肯定地说："不用，这块石头我要了。我要定了！"因为我立刻觉得，这石头对我极为适用，我想用它做点什么，但一时之间还没有想好要怎么用。我首先想到了炼金术士阿诺德斯·德·威拉诺瓦（1313 年去世）所写的一首拉丁文的诗。我用凿子把它刻在了石头上。这诗翻译过来就是：

> 一块平凡的石头摆在这里，
> 论价钱它实在便宜得很，
> 因此傻瓜们便瞧不上它，
> 而智者贤人却愈是爱惜。

这首诗所指的就是炼丹术士所梦寐以求的石头，即哲人之石，这样的石头自然为世人所看轻和不欢迎了。

很快，某种别的事情发生了。我开始在这石头正面的自然结构里看见了有点像只眼睛那样瞧着我的一个圆圈。我把它在石头上刻了出来，其中央处则刻出一个小小的侏儒。这个眼仁对应这个小矮人，一种有似迦比尔①或阿斯克里庇阿斯②那样的人。就像古代雕像所表现的那样，他身穿风帽斗篷、手持一盏明灯，而且，他还是一个指路者。我为此想了几句话，这些话是工作时偶尔想起的，我将这话雕刻上去作为献词，那是用拉丁文写的，翻译过来就是：

> 时光就如同小孩，它像个小孩般玩着纸牌游戏，这是小孩的国度。他就是泰雷斯福鲁斯，他在这个宇宙的黑暗领域游荡，如同一颗星星在那里闪闪发光。他指引着那通往太阳、通向梦幻国度的康庄大道。

这些词句在我雕刻着石头时便一个接一个地浮现在了我的脑海中。

在这块石头的第三面，即朝着湖的那一面，我也给它刻上了表达它心声的拉丁文。这些话来自炼金术方面的语录，其译文是这样的：

> 我是个孤儿，举目无亲，然而我却浪迹天涯。我是一个人，但却与自己相反。我同时是青年人和老人。我不知有父也不知有母，因为我过去曾像鱼那样被人从深水中捞起，或像一颗白色的石头那样从天而降。我游荡于树林和高山之中，但又藏在人那最深处的灵魂里。对每一个人来说，我是必死

---

① 迦比尔：1440年生于印度，神秘主义者、诗人。他同受印度教及伊斯兰教的推崇，还被认为是锡克教的先驱。
② 阿斯克里庇阿斯：古希腊神话中的医神。

254

的，然而我又不在时光的轮回之中。

最后，在阿诺德斯·德·威拉诺瓦那首诗的下方，我刻上了这样的拉丁文："为纪念其 75 周岁，C.G. 荣格为了表示感谢，于1950 年制作并安放这块石头于此地。"

安放好了这块石头之后，我有空就去看看它，我对它十分好奇，心里总自问道，在我雕刻它的动机后面到底有些什么呢。

这块石头立在塔楼的外面，并且就像对上述这个问题的解释。它是塔楼的居住者心态的表露，只是这种心态却不为其他人所理解就是了。您了解我在这块石头的背面刻了些什么内容吗？"梅林的叫喊声！"看到这块石头我便想起梅林从这个世界消失后在森林里生活的情况了。相传，人们仍然可以听到他的叫喊声，却没法给这种叫喊声以解释。

梅林正是潜意识的某种代表，它象征着潜意识想制造一个巴斯法尔的对等物。巴斯法尔是基督教中的英雄，而梅林则是他阴间的兄弟，他是魔鬼与纯洁的处女所生的儿子。在 12 世纪这个传说产生的时候，仍然没有存在什么可以据之以了解他那固有的含义的任何前提。因此他的故事便以流放作结，也就有了"梅林的喊叫声"一说，而这喊叫声在他死后仍然从森林里传出来。没有人能够理解的这种喊叫声意味着他仍然以无法赎救的形式活着。他的故事仍然没有结束，他仍然在到处走动着。可以这样说，梅林的秘密由于炼丹术而流传下来了，而且主要是通过墨丘利乌斯这个人物而传下来的。因此，梅林这个人物便在我那潜意识心理学里再次被提及，而且直到今天仍然是谜一样无法理解！这是因为大多数人觉得，要与潜意识密切地一起生活，那他们可太难做到了。我反复多次才懂得了，要做到这样对于人们来说是多么难了。

就在塔楼的第一层快要完工时，我正在波林根，那时是1923～1924年的冬天。就我所记得的，当时的地面上没有积雪，时间也许还是早春了呢。我只身独处了也许有一个星期，也许时间还要长。那时一种无法言传的沉寂笼罩着一切。

我至今还依稀记得，一天黄昏，我正坐在壁炉前，在炉子上有一大壶水，我正想烧开它，洗洗脸。水开了，水壶在歌唱。它听起来就像许多声音在合唱，或者说像一支弦乐队在演奏。它就像一部多声部的音乐，这种音乐要是在现实中我可受不了，但在这种情况下，我觉得它特别有趣。其情形就像塔楼里有一个管弦乐队，而塔楼外则还有另外一个一样。一会儿这个声音占了主导地位，一会儿另一个又盖过了这个，仿佛它们在互相应答一样。

我一动不动地坐着，听得十分起劲儿。这一自然的旋律响了有一个多小时。这是多么迷人而悦耳的音乐啊，它又包含着大自然的所有不和谐的音。这样说当然没错，因为大自然本身就是不协调的，不但如此，它还是充满矛盾和混乱。而这音乐就是这样，那大量涌流出的各类声音，仿佛是流水声和清风，它是如此的奇妙，简直无法形容。

在另一个也是这样万籁俱寂的晚上，我又独自一人待在波林根（1924年冬末及1925年春初），我被一阵绕着塔楼走动的轻微脚步声惊醒了。远处响起了音乐声，这音乐声越来越近，然后我便听到了笑声和谈话声。我心里想："谁在走来走去窥伺着呢？这一切到底用意何在？沿着湖边只有那条脚踩出来的荒径，而且还几乎没有什么人在上面走过啊！"想到这些事情时，我便完全醒过来了，于是我便起身走到窗口向外瞧。我把窗板打开——一切便沉寂了下来。看不见一个人，也听不到一点儿声音——没有风——根本什么也没有。

"这太古怪了。"我想着。我确信，脚步声、笑声和那些谈话声的确存在。很显然，我刚才应该做了一场梦。我重新躺到了床上，细细思量着到底是怎么了，我居然将梦境当作了现实。这样想着想着，我便再次入梦了，而相同梦境又出现了：那脚步声、那谈话声、那笑声和那音乐声。这时候，我还见到了几百个穿着黑衣服的人，他们像是穿着主日服装的农家小孩儿。他们从山上走下来，像潮水一样从两边涌到我那塔楼附近，拼命地踏着脚，大声笑着、唱着、拉着手风琴。我十分恼火，心里想："这可真是太过分了！我本以为是做梦，可现在却变成真的啦！"就在这时，我醒过来了。我再次从床上跳起来，打开窗户和窗板，结果发现一切又跟刚才的情形一样：月光如水，死一般的万籁俱寂。然后我便想："这是怎么回事，简直就像闹鬼了！"

我当然要自问，一个这么逼真的梦境反复出现到底是什么意思呢？通常只有我们见鬼了才会遇到这种情形。醒着的状态就能够觉察真实了。因此，这个梦便表示一种等同于真实的情境，而在这种情境里它创造的是一种醒着的状态。在这种与一般的梦相反的梦里，潜意识似乎倾向于给做梦者传达一种与真实有关的有力印象，而这种印象由于重复而得到加强。这种真实的来源，人们认为一方面是来自身体的感觉，另一方面则来自原型性的人物。

那天晚上，那个重复的梦境是那么逼真，或至少我感觉是这样的，我几乎无法区分它是不是梦。因此，从这个梦本身我也难以下定论。排成长长的行列而走过的这些奏乐的农家孩子到底意味着什么呢？在我看来，他们是出于好奇，出于要看一眼这座塔楼而从家里出来的。

此后我再也没有经历过这样的梦境或与此相似的梦，那一次的梦境让我惊愕万分，我也记不起是不是听到过与此类似的事情。过了很久之后，我才找到了答案。这是我翻看 17 世纪伦瓦德·塞萨特写的《卢塞恩编年史》的时候明白的。他写了下面这个故事。

比拉图斯山的一个高山牧场以有鬼而特别出名，而瓦坦直至今天仍在那里施行魔法驱鬼。一天深夜，塞萨特在爬这座山时，他看到一长队奏着乐从他那牧羊小屋两边蜂拥而过，这情形跟我在塔楼所经历的十分相似。

第二天早上，他问与他一起过夜的牧羊人这到底是怎么回事。那牧羊人倒有一个现成的解释：这些人一定是那些去世了的老乡，亦即那些受到祝福的死者——由死者的灵魂所组成的瓦坦的大军。他说，这些人往往到处走动并把自己显现出来。

那么，我的梦境也许是一种过于孤寂时的表现，外表性的空虚和寂静通过一群人的形象来加以补偿。这就使它与隐士所见到的幻影同属一类，因为后者同样也是补偿性的。然而我们能知道这种故事是建立于什么现实的基础上的吗？同样可能的是，我由于对当时的孤独过于敏感，于是便觉察到一大队"死去的老乡"经过我身边了。

把这种体验解释成一种心理补偿一直未能使我完全满意，但若说这不过是一种幻觉我又觉得像是用未经证明的假定来作证。我觉得有必要认为这种情形是有可能实有其事的，特别是在我无意中看到了这个 17 世纪的记载后。看来很有可能就是一种同时发生的现象。这就意味着，那些预兆和幻觉在外在的真实世界中具有某种对应性，这是时有发生的事。而正如我所发现的，也确实存在着与我的体验相类似的真事。在中世纪，由年轻男子聚集的这种集会确实有。这些人是雇佣军，他们通常在春季时召集，从瑞士中部行军到洛迦诺，在米奴西奥的卡萨迪法劳汇集，然后便一起继续行军到米兰。他们在意大利当兵服役，为外国的王公、王储作战。因此，我的这种幻觉，便很可能是这样的一次召集，这种召集定期地在每年春季进行，这时这些年轻人便欢乐地又唱又跳，以表示向他们的故乡告别。

1923 年，我在波林根开始建造塔楼时，我的长女就前来看地基，她惊叫起来："怎么，您要在这里盖房子？这里可都是尸骨啊！"我很自然地回应着："不要瞎说！"但四年之后，当我们建造那附属建筑时，我们挖到了一具骷髅。它埋在地下两米深处。在尸体的肋骨处嵌有一颗旧式来复枪子弹。从各种各样的征象来看，很明显，这具尸体是在已经腐烂时才被扔进坟墓的。这是 1799 年在林斯河被淹死的几十名法国士兵之一，后来才被冲到上湖的岸上的。这些人是在奥地利士兵炸掉当时法国士兵正在猛攻的格里诺桥时掉到河里淹死的。墓被挖开后，我们给这骷髅拍了照片并在照片上面写下了发现它的日期——1927 年 8 月 22 日。这照片现在还保存在塔楼里。

我在我的那块地产上举行了一次正规的安葬仪式，并在这士兵的墓上鸣枪三响，然后我又为他立了块写有墓志铭的墓碑。我女儿已觉察到这死者的鬼魂的出现。她能感觉出这种东西的能力是从我外祖母那里继承过来的。

　　在 1955 年至 1956 年的冬季，我将父辈以上祖先们的名字刻在了三块石板上，还将这三块石板立到了塔楼的院中。随后在天花板上画上我与妻子及女婿的纹章图案。荣格家族的纹章起初是凤凰，这意味着"青春""活力"和"返老还童"的意思。因为对父亲怀有反抗的意味，我的祖父将纹章的部分地方作了些许的改动。因为他疯狂追寻共济会，也是共济会瑞士分会的领导者。我提及的这些事看似无足轻重，但其实它归属于我的思想及我的生活的历史性。

　　为了保留我祖父所做的改动，我的纹章的涂层不再有原先的凤凰图案了，取而代之的是在一片金黄色的底子上，右上方是一个蓝十字，左下方则是一串蓝葡萄，把这二者隔开的则是其上有一个金星的蓝带。这样的纹章象征着共济会或玫瑰十字会。十字架和玫瑰花则是玫瑰十字会的对立物（即十字架对应玫瑰），也就是指基督教和纵欲，而十字架和葡萄就是天国和地狱的象征，而金星是起联结作用的哲人之金。

　　玫瑰十字会原出自隐逸派哲学或炼丹术哲学。其创立者之一便是迈克尔·梅厄（1568 ～ 1622 年）这位著名炼丹术士，他是相对来说名气不大但却更为重要的杰拉德斯·多尼乌斯（16 世纪末）的较年轻的同时代人，后者的论文充塞于 1602 年那本《炼丹术大全》的第一卷里。这两人都住在法兰克福，这地方一直是当时炼丹术的中心。不管怎样，作为鲁道夫二世的宫廷医生和巴拉丁伯爵，迈克尔·梅厄在当地也多少算是个名人了。那时，在邻近的美因茨住着医生兼法官的卡尔·荣格博士（1645 年逝世），除此之外，我们别无所知，因为荣格的家谱是从我的高曾祖父便中断了的，而这位高曾祖父是生活在 18 世纪之初的人。他叫西

格蒙德·荣格，从前的莫根廷（现称美因茨）的市民。之所以会
使谱系中断，是因为美因茨市档案馆的一次大火，在西班牙王位
之战的一次围城战中被毁之一炬。只能做这样的假设，这位学识
渊博的卡尔·荣格博士应该是对这两位炼金术士的著作熟知的，
因为当时的药物学还深受帕拉切尔苏斯的影响。多尼乌斯一直是
帕拉切尔苏斯的信徒，他还出过一本厚厚的关于帕拉切尔苏斯的
论文《长生》的评论集。与其他炼金术士相比，他对个性化的谈
论最多。而我所从事的工作的大部分也是围绕对立物而展开的，
特别是对立物在炼金术中的象征性，因此所有这一切对我也十分
有影响，这一点读者应该明了。

从我提笔在那几块石板上刻字时起，我便意识到自己命定要
与先人产生某种关联。我强烈地意识到，我受到了种种事情和问
题的影响，而这些事情和问题则是我的父辈、祖父辈与列祖列宗
们并没能实现或没做出回答的。事情往往会这样，在一个家庭
里存在着一个非个体性的命运磨难，就像某种因果，由父辈传给
子辈。我一直觉得，我一定得回答命运加到我的先辈们身上但他
们却一直没做出回答的种种问题，或者我必须完成（也许是继
续）以前各时代因未完成而遗留下来的事情。这些问题是具有较
多的个人性还是具有较多的一般（集体）性，实在难以确定。不
过在我看来，其情形却是后者。一个集体性的问题，要是不这样
认识，便总是显得像是一种个人的问题，因而在单个个人的情况
下，这个集体性的问题会给人一种在个人的精神王国里某种事情
乱了套的印象。个人的领域的确受到了干扰，但是这种干扰却不
一定就是占主导地位的，它可以是附属性的，其结果便造成了在
社会气氛上发生不能容忍的变化。因此，产生这种干扰的原因并

不一定得在个人的环境中去寻找，相反应到集体性情势中去找寻。直到如今，心理疗法对这种事情的考虑实在是太不够了。

像任何具有某种内省力的人一样，我早就理所当然地认为，我人格上的分裂纯属我个人的事并应由自己负责。可以肯定地说，浮士德由于坦露心迹说"天呀，我的心里居住着两个灵魂呢！"时，便已在更早些时给我提出这个问题了，只不过他对造成这种二重性的原因何在却未做任何说明就是了。在某种意义上，他的这种洞察力似乎是直接针对我的。在我首次读到《浮士德》时，我并没有意识到这一点。可以说，歌德的这一奇妙的英雄式神话其实是一种集体性的体验，而且它还预言了德国人的命运。因此，我便有自己介入的感觉。而当浮士德由于自大傲慢和目中无人而导致费勒蒙和波西斯被杀害时，我便感到自己也有罪孽在身，就像我自己在那样的处境下也会帮助谋杀一样。这种看似癫狂的想法令我震惊，所以我觉得自己有责任这样做，或为罪行而赎罪，或为防止罪行的再度发生而做些什么。

由于早年期间听到了一点儿古怪的消息，我这一错误的结论便进一步有了根据。我听人说，人们大肆宣扬，说我这位荣格曾祖父是歌德的私生子。这个令人讨厌的故事给我留下了这样一种印象：它马上证实了并似乎解释了我对《浮士德》所产生的古怪的反应。确切地说，我并不相信再生，但我对于印度人叫作羯磨（命运）的这一观念却好像生来就熟悉。

在这个时期，我根本不知道会存在潜意识，因此，对于我的反应，我无法从心理上加以理解。我也不知道——甚至时至今日，我也不比其他人知道得更多——未来早就事先潜意识地确定好了，因而可以由具有千里眼能力的人猜测出来。因此，当凯泽·威廉一世在凡尔赛加冕登基的消息传来时，雅各布·伯克哈特便惊叹道："德国的末日到了！"瓦格纳的原型已经在敲着门，而随着这种原型而来的还有尼采那狄俄尼索斯的体验——这种体验，归属于狂喜之神瓦坦会更为合适。威廉时代的狂妄自大使欧洲各国壁垒森严并为 1914 年的灾难开辟了道路。

在我还是个青年时（约 1890 年），便不知不觉地成了这种时代精神的俘虏，并无从脱身。而《浮士德》震撼了我的心灵，并以某种方式深深地打动了我，而这种影响我觉得只是属于我个人的。最为重要的是，它唤醒了我心中的善与恶、精神与物质、光明与黑暗的二元对立的问题。浮士德就遇到了他那存在的黑暗的一面，他那邪恶的阴影就是靡菲斯托弗里斯，靡菲斯托弗里斯有着消极性的气质，却代表着与那彷徨在自杀边缘上的死气沉沉的学者相对立的人生的真正精神。我自己的内心矛盾便以戏剧的形式出现在这里了，歌德实际上把我自己的矛盾和解决办法全都写了个基本提纲和格局。浮士德与靡菲斯托弗里斯这一两重性在我身上合二为一而成了一个单独的人，而这个人就是我。用别的话来说，我是直接受到了震动并认识到这就是我命中注定的事。因此，这出戏中的一切呼喊都使我受到深切的影响。在某个地方，我会热烈地同意，而在另一个地方却又会反对。无论是什么解决办法，我均不能对其麻木不仁。后来，我有意识地把自己的工作与浮士德所忽略的事情联系起来：敬重人的永恒的权利，尊重"古人"，并承认文化和知识具有连续性。

我们的灵魂与肉身均是由元素所构成的，而这些元素在我们世代相传的祖辈身上就有了。存在于个人精神中的"新鲜"的部分只是年代久远的各种成分的重新排列组合罢了。灵与肉因而具有深刻的历史性，而在新的、刚存在的事物里，无法找到合适的位置。换言之，构成我们祖先的各种成分只能部分地存在于新事物中。现代的精神表现出我们与中世纪、与典型的古代、与原始的特性不同的样子，但事实上并非如此，我们已纵身跳进了前进的急流之中，还被迅速裹挟着冲向未来，我们被冲离，我们的根离我们越远，这种狂暴性就越凄厉。要是一旦与过去断裂，过去通常便成了无，于是这种前进运动想停也停不下来了。但是，正是由于失去了与过去的联系，正是由于失掉了"根"，这种情形才造成了人们对文明的种种"不满"，造成了这样的慌慌忙忙，我们才不是生活在现在而是生活在未来，生活在未来那黄金时代的虚无缥缈的许诺里，只可惜我们的整个进化背景仍然未能跟得上去。由于日益高涨的不足感、不满感和惶惶不安感的驱迫，我们便匆匆忙忙一头扎进了种种标新立异之中。我们不再靠我们所拥有的而生活，而是靠诺言来生活，我们不再生活在现今的光明里，而是生活在未来的黑暗中，对于这种黑暗，我们期待着它能最终带来辉煌的日出。我们拒绝承认一切更美好的东西都是以某种更大的代价而换来；拒绝承认，比如说，更大自由的希望正由于国家所施加的奴役的增强而烟消云散，更不要说那些杰出的科学预言使我们所面临的可怕的灭顶之灾了。我们的父辈和祖先寻求的是什么，我们对此了解得愈少，相对而言，对自己的了解也就不会多。这样，我们便无疑是在尽我们的一切力量去帮助斩断维系个人的各种根系及其指导性的天性，从而促使个人变成大众中的一个微粒，并只由尼采所谓的地心引力精神所左右。

以新的方式来促进的改革，最初会使人有眼前一亮的感觉，但从长远来看，却是令人怀疑的，并且付出的代价也是巨大的。

总的来说，这类改革没办法使人们生活得更加美满幸福、心怀满足。在大多数情况下，它们像生活中更高速度的通信那样是裹着糖衣的骗人的苦药，因为这种高速通信令人不快地加快了生活的节奏，而留给我们的则是前所未有的更少的时间。正像古时的大师们常常挂在口头上的老话，"只有魔鬼才会匆匆忙忙"。

而通过回溯历史而促成的改革需要付出的代价就小得多，时间上也相对更长久一些，因为它回溯到更为简朴的试验和考验过的道路上去，并极少利用那些看似能节约时间的新事物，像报纸、电台、电视等。

在这本书里，我所写的大都是我对于这个世界的主观性的看法，这种看法并非是合理思维的产物。相反，它是一种幻觉，其情形犹如一个人故意半闭着眼和半堵着耳朵而去细察静听存在的形式和声音时所见到的幻觉那样。要是我们的印象过于清晰，我们就会局限于当前的时刻并因而无法懂得我们先人的心灵是如何去聆听和理解现在了——换句话说，就是我们的潜意识如何对其做出响应。我们也没办法知道，这样做使我们的先人获得了一种本质性的满足，还是会遭到他们的强烈排斥。个人内心的平静与满足感在相当大程度上取决于在个人身上与生俱来的历史上的家族是否能与眼前那转瞬消失的各种情况协调一致。

住在波林根的这座塔楼里，我仿佛与别人生活在不同的时代。这个地方将长存于世，这是我无法比拟的，而在其地点和风格上，它指向久远的过去。在它身上出现的现在的东西实在乏善可陈。一个 16 世纪的人搬进这座房子，在他看来恐怕只有煤油灯和火柴是新鲜的了，不然的话，他便会熟悉得跟他家里一样了。没有什么东西会惊扰死者，既没有电灯也没有电话。此外，我列祖列宗的灵魂也受得了这座房子的气氛的影响，因为我给他们回答了他们生活所遗留下来的种种问题。我尽我的最大力量刻画出了一些粗略的回答，我甚至还把这些回答画在了墙上。其情形仿佛是一个默默无言的大家族正在这座房屋里聚族而居，而这个家族的人则包括往后延续了好几个世纪的人。在这里，我以我第二人格的方式生活着，并生动地把人生看成某种来而复去、循环不息的现象。

九、旅行

北　非

1920 年初，我的一个朋友跟我说，他将要去突尼斯办事，问我想不想陪他一起去。我立即答应了。我们在 3 月出发，先来到了阿尔及尔，又沿海岸东行，抵达突尼斯市，再南行到苏萨。在苏萨，我朋友和我分手去办他的事了。

最终，我到了梦寐以求的那个地方，一个欧洲以外的国度，这里的人不说欧洲语言，占上风的也不是基督教观念，这里有两种截然不同的种族共生，不同的历史传统和哲学在每个当地人脸上刻下印记。我一直有这种想法，从外部观察一番欧洲人，观察一番被一种几乎是陌生的环境反映到他身上的形象。的确，我不懂阿拉伯语，我为此深感遗憾。为了弥补这一缺憾，我在观察本地人及其行为时就更加集中注意力。我在一家阿拉伯咖啡馆常常一坐就是几个小时，聆听我只字不懂的种种谈话。不过，我仔细观察本地人的手势，尤其是他们的表情。我观察他们和欧洲人说话时手势的细微变化，因而学会了用或多或少有别于以往的眼光看待事物，并且了解了离开自己原有环境之后的白种人。

　　欧洲人所广泛认知的东方人的冷静和冷漠，我觉得是一种戴面具的躯壳，在这面具的后面应该是某种我所无法说明的不安，甚至躁动。很有趣，当我一踏上摩尔人的这块土地时，就发觉有一种我自己无处解说的印象：这儿的土地有股奇怪的味道。就像某种血腥之气，仿佛这里的泥土浸透了鲜血。我蓦地意识到，这里已经承受过三种文明的冲击：迦太基文明、罗马文明及基督教文明。技术时代对伊斯兰教徒会发生什么作用，还要拭目以待。

　　离开苏萨，我便南下去了斯法克斯，随后又从那里进入了撒哈拉沙漠，前往绿洲之城托泽尔。这是一座高原之城，它比周围城市的地势高些，高原脚下，稍带碱性的温泉泉水汩汩而流，成千条小溪灌溉着绿洲。高耸入云的椰枣树形成绿荫的拱顶，下面生长着桃树、杏树和无花果树，果树下还有一片碧绿茂密的紫花苜蓿。几只翠鸟悠闲地在万绿丛中飞舞着。在较为清凉的绿荫中，我见到一些穿着白色衣服的人影，这些人多是热恋的情侣，他们紧紧相拥，显然是同性之恋。

　　这景象给了我错觉，我仿佛回到了古希腊时代，那时这种倾向构成了男人社会和以这种社会为基础的城邦国家。我知道，在这里，男人只跟同性讲话，女人也是如此。能见到的女人更是少之又少，她们像修女一样戴着厚重的面纱。我只见过很少的、不戴面纱的女性，翻译跟我说，那是妓女。在城市的大街上，一眼看去多是男子和儿童。

　　翻译告诉我，同性恋在这里普遍存在，也是理所当然的。他还向我表示了这种意图。这个单纯的人一定没有想到他的举动如闪电一样掠过我的脑际，我立即头脑清明了。我觉得自己被突然抛回到许多世纪以前天真烂漫得多的少年世界，那些少年们凭借他们一星半点的《古兰经》知识，正在逐渐脱离他们自古以来一直生活在其中的那种朦胧意识的原有状况，开始意识到他们的自我存在，以面对来自北方的威胁而保卫自己。

正在我沉湎于对这种静止的、古老的存在遐想之际，我突然想到加速了欧洲时间的象征物——我的怀表。毫无疑问，这是阴沉沉地悬挂在那些纯真无邪的灵魂头上的黑云。突然间，我明白了他们全像是狩猎的对象，虽然不见猎人的存在，但他们仍隐隐感到不安，因为他们嗅到了恐怖的气息。而这就是时间，它将最近似于永恒的延续的时间击成碎片，将它分割成日、小时、分、秒。

离开托泽尔，我来到了奈夫塔沙漠。清早，当太阳升起来后，我和翻译又踏上了旅程。我们的坐骑是脚力不错的高大骡子，走得非常快。在快到绿洲的时候，一个身着白衣的行者迎面走了过来，他神态狂傲，昂首而过，仿佛并没有看到我们似的。他的黑骡子的挽具套着银条，布满银钉。高雅的仪态让我印象深刻。这个人肯定没有怀表，更不用说手表。显然，他不自觉地保持着一贯的风采。他没有欧洲人那种抹不掉的几分傻气。的确，欧洲人都深信自己已经不是很久以前的自我，但是又不知道自己变成了什么人。他的表不断地告诉他，从"中世纪"以来，时间及其同义语"进步"已经暗暗地爬到他身上来，而且，毫无疑问，也从他身上撷取了一些因素。他不断地轻装旅行，速度稳步加快，走向形体不明的目标。他以自己幻影般的节节胜利，如轮船、铁路、飞机和火箭来补偿重量感的丧失与相应的不完备感，而这一切产品却剥夺了他的延续感，把他推进了速度和爆发性加速度的一种现实中去。

我们越深入撒哈拉沙漠，便越觉得时间变慢了，甚至还有时光倒流的感觉。冉冉升起、熠熠闪烁的热浪将我带入更深重的梦幻之境。直到我们走到了第一批棕榈树下，看到不远处的民居时，我才恍惚觉得这里的一切都同原来一模一样，仿佛向来如此。

第二日的清晨，旅店门外那种陌生而喧闹的嘈杂声将我吵醒。店前有个十分宽阔的广场，昨晚到达时广场还空荡无比，现在却挤满了各色人、骆驼、骡子和毛驴。骆驼叫着，发出高低快慢音调不一的声音表示它们的不悦。而驴子则野声野气地长叫不已，与之竞赛。人人都十分兴奋，到处走动，粗声大气、指手画脚地呼喊。他们样子野蛮，却又相当机警。翻译解释说，那天是一个大节日，人们正在庆祝。几个沙漠部落昨天夜里来到这里，要为圣人干两天农活儿。圣人是穷人的救济者，他在绿洲里拥有许多田地。人们到这儿来准备开辟一块新地，并挖出水渠。

在远离旅店的广场另一端，一团灰尘被扬了起来，展开了一面绿旗，鼓声雷动。几百个强壮而气势不凡的人提着篮子和扛着又短又宽的锄头列队走过来了，队首是一个仪态高雅的白胡子老者。他有着某种自然的尊严，像是个百岁老人。这就是圣人，他的坐骑是一匹白骡。男人们打着小鼓围着他跳舞。这是充满野性的兴奋、粗犷的吼叫、弥漫着尘土和热气的场面。大队人马狂热而威严地拥挤着走过，开入绿洲，俨然如奔赴战场。

我跟随着这支大队，谨慎地保持着距离，翻译并没有让我离他们更近一些。我们最后到了"工作"的地段。在这里，人们依然热烈而兴奋。人们依然在打鼓，兴奋地呼喊，工地就像是一个被打扰的蚂蚁窝，热火朝天的男人们踏着鼓点搬那装满泥土的筐子，另一批人以狂癫的速度掘地，挖沟垒堰。穿过这兴奋狂乱的喧嚣场面，圣人骑着白骡缓步走过，显然是在赐予教导，连连做出已入老境的人的尊严、缓和、疲惫的手势。他所到之处，那匆忙、呼叫和节奏就立即强化，在这样的背景上，圣人安然闲适的形象自然显得极为突出。到了傍晚，人群显然已经精疲力竭，很快便倒在骆驼身边，立即进入梦乡。夜里，在狗群每晚必举行的大合唱之后，一切才完全归于沉寂。晨光熹微之时，报号人呼喊起来（他那声音总是深深地刺激着我），人们去做早祷。

这个场面对我有很深的启示：这些人摆脱了他们的情感，经受了感召，将其置入某种情绪之中。他们的意识指导他们在空间的位置，将来自外界的印象传导，而意识本身也受到了内部冲动和情感的驱使。但是，意识并不指向思考，自我几乎是没有自主权的。欧洲人的这类境况与此区别不大。但是，我们，归根结底，是更为复杂一些的。无论如何，欧洲人具有一定程度的意志和明确的意向。我们所缺乏的是生活的强度。

我无意陷入这种原始气氛的魔力之中，但是在精神上依然受到了感染。在外部则表现为肠炎，病几天就已治好，药物是本地的大米汤和甘汞。

随即我便返回了突尼斯市，我心里充满了疑问。在登船前往马赛的前夜，我进入了一个梦境。我觉得这是对我此行的总结性启示。这是理所当然的，因为我一直习惯于同时生活在两种境界之中。一种是意识境界，这个境界力臻完美，想达到完全洞察，但是达不到目的；另一种是潜意识境界，这种境界想要表达某种事物，但是只能以梦境的形式出现。

我梦见我到了一个阿拉伯城市，就像在大部分这种城市中一样，城里有一个城堡。城市建在一个广阔的平原上，周围有城墙，城墙的形状为方形，有四个城门。

城中的这个城堡周围被一道很宽的护城河所环绕，实际上，在阿拉伯国家情况并非如此。我就站在护城河边上的一座木桥的一端，而木桥的另一端则通往马蹄形的大门。门开着。我想看看城堡里是什么样，就迈步踏上了桥面。大约走了一半，有一位相貌堂堂的黑皮肤阿拉伯青年男子向我迎面走了过来，他很有王公的气派。他披着白色连帽斗篷，我猜想，他可能就是这座城堡的王子。他一走到我面前就攻击我，要把我打倒。我们格斗起来。在扭打中我们撞坏了扶手，扶手散开，我俩都掉进护城河里。他竭力把我的头按下水去要淹死我。不行，我想，这太过分了。于是我把他的头也按到了水下。我虽然这样做，心里却极为喜欢他，但是，我不想让他把我杀死，我也无意杀死他，我只想让他昏过去，不再扭打。

就在这时，梦境变了。这回我们俩在城堡中心的一大间八角拱顶的房子中间。房间是白色的，简约而典雅。在浅色大理石墙边摆放着低矮的长沙发椅，在我面前的地板上摊开着一本书，纸张是奶白的羊皮纸，黑色的书法字非常漂亮。不是阿拉伯字母，我看倒像是西土耳其斯坦所用的文字。我曾见过吐鲁番摩尼教经文残片，所以对此有些熟悉。我不懂内容，但是我觉得这是"我的书"，是我写的。刚才和我扭打过的青年王子坐在我右面的地板上。我对他说，既然我打败了他，他就必须读这本书。但是他拒不接受。我用胳膊搂住他的肩膀，以一种慈父般的善意和耐心迫使他读这本书。我明白，这是绝对必要的，最后他屈服了。

这个梦境让我印象深刻。阿拉伯王子是那个骑骡走过却视而

272

不见的傲慢阿拉伯人的替身。作为城堡的居民，他是自性的化身，或者，自性的报信人或者使者。因为他从中走出的城堡是一个完美的曼荼罗：一个有四个大门、城墙为正方形的城堡。他要杀死我的企图是雅各与天使搏斗主旨的回声；用《圣经》中的语言说，他是上帝的天使、神的使者，因为他不认识人，所以要把人杀死。

实际上，天使的居留地应该在我的身上。但是，因为他只明白天使的真理，而完全不认识人。所以，他初见我时觉得我们是敌对的，我与之抗争，我没有让步，并战胜了他。在梦的后半部，我便是城堡的主宰了，他坐在我的脚下，必须要读书学习，从而理解我的思想，或者说，了解我。

显然，我同阿拉伯文化的接触给我留下了极为强烈的印象。这些比我们更接近生活的人不善反思，他们的情感特征对我们身上的历史积淀产生了启发性的影响，这些积淀我们刚刚克服，并留在身后，或者我们认为我们已经克服。这很像童年的天国世界，我们想象着自己就是从那里走出的，但是，这个天国像气球，稍一戳刺就会让我们经历新的挫折。而我们对进步的崇拜确实盲目而激烈，我们因此容易陷入对未来的更为幼稚的梦幻中去。

另外，童年是一种自性的表达，因为它的天真无邪和无意识，它能比少年勾勒出更为完整的自性形象，纯粹个性中完整的人的形象。因此，一个儿童或者原始人的眼光会在成年人、文明人心中唤起某种憧憬，这种憧憬与人格的某些未得满足的欲望和需求有联系，而这些欲望和需求，为了已被接受的人格面具，已被从完整的形象中删除了。

在非洲之旅的过程中，我一直在寻找欧洲环境之外的精神观察站，从而将我潜意识中的人格部分释放出来，这一部分在身为欧洲人的影响和压力之下很难被释放出来。这一部分人格与我的自性处在潜意识的对立之中，我的确是企图将其压制下去的。为了遵从它的特性，它要把我变得无意识（把我强行按下水去）以便杀死我。但是，我的目的是通过自知力使它变得有意识，这样我们就可以找到一个共同的暂订条约。阿拉伯人黝黑的脸色标志着他是一个"阴影"，但不是个人的阴影，而是种族的阴影，与我的人格面具没有联系，而是与我的人格整体，亦即自性，有联系。作为城堡之主，他就是一种自性的阴影。大半的欧洲人心存理性之光，因而他们便对许多人性的东西感到生疏，以此为傲却茫然不知。这种理性之光是以牺牲生命活力为代价的，因而欧洲人人格的原始部分也成为一种暗藏于地下的存在了。

梦境也揭示出我的北非之行是如何影响了我的。首先，危险就是，我的欧洲人意识会遭受到潜意识精神出其不意的袭击。从意识上说，我一点儿也没有注意到这种情况。相反，我不由自主地觉得优越，因为我时时刻刻想到我那欧洲人的特质。这无法避免：我的欧洲人身份，令我与周遭的环境产生一种无法言说的距离感与疏离感。但是我对于自己身上这些潜意识力量的存在毫无知觉，这些力量是坚定不移地站在陌生人方面的，也造成了极为强烈的冲突。这在梦境中就以蓄意谋杀的象征出现了。

这种干扰的真正性质，直到几年之后，我才解析出来。那时我在热带非洲作了短暂的逗留。事实上，这是一种"骨子里变黑"的迹象，这种精神危险威胁着在非洲生活的欧洲人，其程度尚未得到充分认识。"哪里有危险，哪里就有拯救。"在这类情况下，荷尔德林的至理名言常常萦绕我的脑际。这种拯救就是在警告性梦的帮助之下，我们将潜意识的欲求提高到意识的某种能力。这些梦生动地阐释出我们身上存在着某种东西，不只是单纯消极地屈从于潜意识的影响，而且还会带着某种迎合的意味去迎接这种影响，让现实的状态跟那些梦吻合。正如对于童年的一般回忆可能突然以一种十分活跃的情绪控制住意识一样（我们觉得被全然推送到了原有的情景之中），这种看起来陌生而且完全不同的阿拉伯环境，唤醒了我们对已经完全忘却、却又十分明了的史前过去的原型意向的回忆。我们应时时记得被文明的成长掩盖的生命潜力，但是这种潜力在某些地方依然存在。如果我们想要天真地重温它，那就无异于归返于野蛮时代。因此，我们宁愿忘记它。但是，如果它又以某种冲突的形式复现在我们面前，我们就必须将其储存在我们的意识之中，并且相互测验这两种可能性，即我们现在的生活和我们已经遗忘的生活。因为，已经丧失的东西若无充分的理由是不会复现的。在活的精神结构中，一切都不会以单纯的机械方式发生，每种现象都要适应整体的组织，与整体有关。也就是说，它是具有存在的价值和意义的。而意识并没有整体观，所以一般也不能理解这种意义。我们的解决之道只是暂时注意到这类现象，并且寄希望于将来或者深入的研究，希望终有一日能探究出自性阴影这种冲突的意义何在。实际上，当时我一点儿也不理解这种原型意象感受的性质，对于历史上的类似情况也知之甚少。虽然当时我没有把握这个梦的全部意义，它却一直在我的记忆之中挥之不去，同时我一直期待有机会重访非洲。五年之后，我实现了这个愿望。

美国：普韦布洛印第安人

为了使批评的杠杆能够起作用，我们必须寻找一个外部支撑点，在心理学中亦是如此，因为这一学科性质的决定，我们受到主观因素的影响比在任何其他学科中都多。例如，若我们没有机会从旁观者的角度来观察自己的民族，我们又怎么能意识到自己的民族特性呢？从外部观察意指从另外一个民族的观点来进行观察。为此，我们必须获取关于外国集体精神的充分的知识，在这一学习的过程中，我们会遇到构成民族偏见和民族特质的种种矛盾。凡是我们恼怒于他人的一切，都会促使我们了解自己。我了解英国，因为我是瑞士人，对英国的某些方面感到不适。我了解欧洲，了解我们最重大的问题，只因我是欧洲人，对世界其他地方的某些方面感到不适。通过我和许多美国人的交往，通过我在美国的逗留、在美国的旅行，我获得了许多对欧洲人性格的深入了解。我一直认为，对于一个欧洲人来说，最有用的莫过于一度从摩天楼顶上远眺欧洲。我第一次从撒哈拉沙漠观察欧洲时，发觉这是一片被文明包围之地，这种文明与我们的关系和罗马古代与现代的关系有些类似。当时我就深刻了解到，在美国，我仍然受到白种人文化意识的感染并囿于其中。然后我便有了一种想法，试图以一种水平更低的文化的视角来观察欧洲，从而进一步进行历史的比较。

我第二次在美国旅行期间和一群美国朋友访问了新墨西哥州的印第安人，即筑城村社的普韦布洛人。"城市"一语用在此处自然太大。实际上，他们建筑的都仅仅是小村庄而已。但是，他们居住的环境是层层叠起的拥挤住房，而这又符合"城市"这个词的含义。他们的语言和习俗也同样有这种内涵。在那里，我第一次十分幸运地与一个非欧洲人交谈，他不是白种人。他是印第安人村社的首领，年龄大概在四十岁到五十岁。他叫奥奇维艾·比阿诺（意为高山和湖泊）。我和他的谈话十分有趣，也很顺利。显然，他沉湎于自己的世界之中，就像一个欧洲人也容易沉湎在自己的世界中一样。但是，欧洲人的世界又是怎样的呢？在和欧洲人交谈时，我常常觉得自己身处沙洲，那种既熟悉又深陷其中的感觉，但并不理解。和这个印第安人交谈则完全不同，虽然船只驶向深沉而陌生的海域中去，但是它却是自由的。当然，我们并不明白哪种情况乐趣更多：发现新的海岸，还是发现了通向几乎被忘记的古老知识的新方法。

比阿诺说道："你瞧，那些白种人个个看着都那么凶狠。他们嘴唇那么薄，鼻子那么尖，满脸皱纹，他们的眼睛总像是在瞪着什么，又像是在没完没了地寻找着什么似的。他们到底在找什么呢？白人们时时刻刻都想要得到些新东西，他们总是有事要做，无法平静下来。我们不知道他们想干什么，我们也不了解他们。我们觉得他们可能是疯子。"我问他，他们怎么会觉得所有白人都是疯子呢？

"他们说他们是用脑袋想事情的。"他回答道。

"那是自然的。你用什么想事情呢？"我觉得奇怪，问他。"我们用这个。"他指着心脏说。

我立即不说话了，想了很久。有生以来，我头一次觉得有人为我勾画出了真正的白种人的肖像。而似乎到现在，我所见到的也都是那些感伤的、经过美化的彩色图片而已。而这个印第安人击中了我们的弱点，将我们全都视而不见的真实揭露了出来。我深感体内有某种莫名的却又非常熟悉的东西，像迷雾、像阵雨又像微风一样在我心中升腾。从这升腾的迷雾之中，一个又一个的形象涌现了出来：先是杀进高卢城的罗马军团，尤里乌斯·恺撒精练的军队，西皮奥·阿弗利卡努斯和庞贝他们线条分明地出现在我眼前，随即是出现在北海岸和白尼罗河城市上空的罗马雄鹰。奥古斯丁也来了，他将基督教信条挑在长矛尖上交给了不列颠人，看到了查理大帝促使异教徒皈依基督教的宏伟之举，接着是四处烧杀的十字军。我猛然间醒悟过来，明白了传说中十字军的浪漫是那么空洞虚无。接着是哥伦布、科尔特斯和其他的征服者。他们带着火、刀剑、折磨手段和基督教教义来到这里，让这些享受安宁、梦想着天父太阳神的遥远村庄的人们惊恐不已。我也见到了太平洋岛屿上的人被烧酒、梅毒和猩红热虐杀的情形。

够了。我们依据我们的观点大谈特谈开发殖民地啦、向异教徒传教啦、传播文明啦，等等，还有另一副面目，这就是以凶残目光搜寻远处猎物的食肉猛禽的面目，只配江洋大盗和拦路抢劫好汉们享有的面目。装饰我们武器外衣的全部雄鹰和猛兽形象在我看来，都是我们真正本性的最佳心理代表。

比阿诺与我谈起的其他内容也意义深刻，它们都深深扎入了我的记忆深处。这些话，在我看来，与我们会面的特殊气氛极其吻合，如果略去情景不提，这篇叙事就不全面。我们谈话的地点是在主楼的五层屋顶上。谈话时有中断，从这里可以看到其他各层屋顶上的人，这些印第安人裹着羊毛毯，静静观察着每天升入晴空的太阳。我们周围是一座座用土坯盖的低矮方形房屋，有奇特的梯子连接地面与屋顶，或者从屋顶到更高层房屋的屋顶（从前危险更多，所以入口多开在屋顶）。我们眼前是直达地平线的起伏的陶斯高原（海拔约 7000 英尺），地平线上有几座锥形山峰（古代火山），高度超过 1.2 万英尺。我们身后有一条清澈明亮的小河潺潺流过房屋，对岸有一个红土坯房屋的村社，房屋层层叠起，通往居民点中心，颇为奇异，预示了中心为摩天楼的美国大城市的布局景观。沿江逆流而上行走约半小时处，拔起一座巨大而孤立的山，但没有名字。相传山顶出现云雾之日，人们就会在那个方向消失，去完成神秘的仪式。

与我交谈的普韦布洛印第安人性格内敛深沉，在谈到宗教问题时，更是惜字如金。他们的方针是对自己的宗教礼仪守口如瓶并严格保密，所以，我看出要他直言相告是没有指望了。在此之前，我还没有遇到过这样神秘的气氛，而今文明民族的各类宗教的种种情况都是公开而并非秘密的，圣礼也已为世人所司空见惯了。但是，在这里，到处呈现出全部教友所熟悉的一派秘密气氛，白人无法得知一二。这一奇异情景令我稍微领略了古希腊埃留西斯的气氛，那座古城的秘密只为本国所知，从未外传。我理解了鲍桑尼亚斯或者希罗多德的感觉，他写道："我没有获准道出那个神的名称。"我认为这不是神秘化，而是一种重大的秘密，泄露了它就可能导致一个村社或者个人的毁灭。保住这个秘密，普韦布洛印第安人就能保持自豪感和抗拒统治一切的白人的力量。这种秘密给印第安人带来了团结和统一，我相信，作为独特的村社，只要他们的秘密不被亵渎，村社就将会继续存在下去。

令我觉得奇异非常的还有，这位印第安人谈到他的宗教观念时有了明显的感情波动。在平时生活中，他总有一定程度的、近于宿命论者般泰然自若的自我节制和尊严。但是，他一谈及关系到他的秘密的事物，就会陷入令人惊奇的激动情绪之中，这种改变极大地满足了我的好奇心。我已经陈述过，我对直接提问不抱任何希望了，因此，在我想要了解本质事实的时候，我会发表一点试探性的评论，同时观察他的伴随着那些我所十分熟悉的动作而来的表情。如果我偶然提及什么紧要事物，他就会保持沉默，或者做出模棱两可的回答，却又全然显示出深沉的激动，泪水频频充满眼眶。他们的宗教观念对他们来说不是理论（这的确是十分奇异的理论，竟会使一个男人流泪），而是事实，像相应的外部现实一样重要而激动人心。

我和比阿诺坐在屋顶上详谈着，炽热的太阳逐渐升高。他指着太阳说："那不正是我们的父亲在走动吗？还能有什么别的话可说吗？怎么会还存在另外一个神呢？若失去了太阳就什么也没有了。"他的兴奋心情显然可感，而且越来越强烈。他费尽力气寻找词句，最后惊叹道："单独的一个人在山里能做什么呢？没有太阳人连火也生不起来。"

我随即询问他，是否想过太阳也许是一个看不见的神造的一个火球。我的问题没有引起惊奇感，也没有任何愤怒的反驳。很明显，他根本就没有注意到，他甚至不认为我的问题十分可笑。他的反应冷漠至极。我顿时觉得我碰到了一堵不可逾越的高墙。他唯一的回答是："太阳是神，谁都明白。"

虽然人人都自然而然地感受到了太阳的巨大力量，但当我见到这些谨慎而富有尊严的人们在面对太阳竟表现出那么强烈的激动神情时，我也有了一种新奇和为之动容的触动。

又有一次，我站在河畔，仰望巍然屹立在这片高地上的几乎高 6000 英尺的山岭。我悠然想到，这是美洲大陆的屋脊，人们在这儿生活，面对着太阳，就像这些裹着毛毯站在村社最高屋顶上仰望太阳默然沉思的印第安人一样。忽然，一个深沉的声音，因为激情受到抑制而颤抖，从我身后对着我的左耳说："你不认为一切生命都是从这座山上来的吗？"这个声音出自一位年长的印第安人，他悄无声息地走到我的身边，对着我的左耳说出这句话。这是一个那么遥远而又那么不切实际的问题。我眺望着从山上飞流而下的河水，这是造成这一结论的外部形象。很明显这里的全部生命都来自这座山峰，因为凡是有水的地方都有生命。这是十分明显的佐证。在他的问话中，我明显觉察出那"大山"一词所包含的一种正在涌动的情感，于是我想起了有关山上举行的秘密仪式来。我便回答道："谁都知道你这句话所具有的真理性。"

遗憾的是，谈话很快就被打断，我没有能够进一步深探水和山的象征意义。

我感觉到，普韦布洛印第安人虽然闭口不谈与他们宗教相关的事，但是能随时随地乐意谈论他们与美国人的关联。比阿诺说："美国人为什么就不让我们安宁呢？他们为什么要禁止我们跳舞？当我们要将后辈们从学校里接回来，送到基瓦（礼仪场地）去，把我们的信仰传给他们时，美国人为什么要捣乱呢？我们并没有伤害美国人呀！"沉默了一阵之后，他又继续说道："美国人就是想消灭我们的宗教。为什么他们不让我们过宁静的生活？我们做的事不仅是为了我们自己，也是为了美国人着想。哦，对，我们是为了全世界。人人都能从中获得好处。"

从他的兴奋情绪中我可以看出，他所指的是他们宗教中某种极为重要的因素。因此我问他："那么，你认为你们宗教所做的事情会造福于全世界了？"他极活跃地回答说："当然，如果我们不这样做，世界会变成什么样呢？"于是，他庄重地指了指太阳。

　　我预感到，我们的谈话已经接近极为微妙的部分了，即触及这个部落的秘密。他接着说道："说到底，我们是居住在世界屋脊上的民族，即太阳父亲的儿子，而凭着我们的宗教信仰，我们帮助父亲每天早升晚落。我们这样做不仅是为了我们自己，还是为了整个世界。如果我们停止我们的宗教仪式，不出十年，太阳就不再升起。到那时候，就是茫茫黑夜了。"

　　此刻我顿时明白了每个印第安人的"尊严"，及其安然镇静神态的依据。这一切都来源于他们太阳之子的身份。他们的生命具有宇宙意义，因为他们协助天父及一切生命的保护者每日升降。如果我们把自己的种种自我辩白、我们的理性所规定的生命的意义与此相比较，那么，我们就只能看到我们的贫乏。而仅仅是因为嫉恨之情，我们对印第安人的天真只会报以嘲讽的微笑，还以我们的某些乖巧来装扮自己，否则我们就会觉得自己是如此贫乏。知识并没有使我们的心灵丰富，还让我们脱离了那个神话的世界，那是我们原本最熟悉的存在。

　　当我们暂时放弃了欧洲样式的理性主义，身处这个孤寂的高原之中，享受那儿的清新空气时（这个高原的一侧延伸至大陆的草原，另一侧则通往太平洋），我们将对世界已了然于胸的那些认识置于一旁，取而代之的是广阔无垠的地平线对地平线之外的一切一无所知的无意识状态。直到此时，我们才能透彻地了解普韦布洛印第安人的观念。"一切生命来源于这座大山"，对于印第安人来说无疑是千真万确的，他们也同样确信，他们生活在最靠近上帝的屋脊之上。他们较之其他人最先听到神祇的声音，他们的仪礼会最先及于遥远的太阳。山峦的神性，耶和华在西奈的显灵，尼采在恩加庭所得到的灵感，这一切都是说同样的一种语言的。仪式行为竟能够神奇地影响太阳，这样的观念在我们看来固然荒谬，但是，如果进一步审视一番，就不仅不是不合理性的，而且，对于我们，比最初设想的要熟悉得多。我们的基督教像其他宗教一样也掺和了这一观念，即特殊的行动，或者某种行动能够影响上帝，例如某种仪式、祈祷，或者神所喜欢的美德。

在我看来，人类的这些仪式行为，可以看成对上帝施予人的行为的回复和反应，或者还要更深一层，还可能旨在"净化"，即一种特别的强制形式。人类觉得自己有能力对上帝无所不在的强大影响做出回答，能够做出某种重要事情回报上帝，这一切会引发出自豪感，因为这种行动把人类个人提高到了某种形而上因素的尊严程度。"上帝和我们"，即使这仅仅是一种潜意识的含义，这种等同做法也是普韦布洛印第安人令人羡慕的安然静谧的底蕴。这样的人的的确确是适得其所的。

肯尼亚和乌干达

世间万物都出自造物主之手。

——卢梭

1925 年，我应邀参观了伦敦温勃利展览会，在英国统治下各部落的出色介绍给我留下了深刻的印象，因此，我便萌生了不久以后到热带非洲去旅行的想法。长久以来我一直有这样的想法，即远离欧洲，到一个地方与当地人长久地接触一段时间，这有利于我的研究工作。

当年秋天，我和两个朋友，一个是英国人，一个是美国人，启程前往蒙巴萨。我们乘的是沃尔曼轮船公司的一艘蒸汽轮船，同行的有许多前往非洲各殖民地岗位的英国青年。从船上的气氛判断，这些旅客不是去度假，而是去闯天下。表面自然是一派轻松祥和，但是也有种严肃的低调在里面。而实际上，我在返航之时就听说了这些旅伴们的命运。在后来的两个月时间里，有几个人死于热带疟疾、细菌性痢疾和肺炎。死者之中，有一位青年还曾坐在我的对面同桌进餐。还有一位是艾克利博士，以中非大猩猩保护委员会奠基人的身份而闻名各地，在这次旅行之前，我在纽约还会见过他。我们启程的时间差不多，但是地点不同，他从西部出发，先是在大猩猩地区进行了探险。当我在艾尔贡山上旅行时，他已经葬身此处了。而这事直到我返航回来时才听说。

我记得蒙巴萨是个非常闷热难耐的地方，这里散居着各色人种：欧洲人、印度人和黑人，他们的居住地被棕榈树和杧果树密林覆盖。景色极为优美，是一个天然港湾，城市上方高耸着一座葡萄牙风格的城堡。我们在蒙巴萨逗留了两天，傍晚乘窄轨火车前往内地的内罗毕，很快就沉浸在热带的夜晚之中。

在海岸平原上，我们经过了许多黑人村庄，人们围着小火堆闲谈。不久以后，火车开始爬坡。居民点已经没有，夜色一片漆黑。凉爽的微风吹了进来，我很快便入睡了。当我再次睁开眼时已是旭日东升，天大亮了。火车裹在一团红色尘埃之中，正在绕着一个陡峭的红色悬崖转弯。在我们上方一块峻峭的岩石上，一个细高的黑褐色人一动不动地站着，他倚着一根长矛，俯瞰着火车。在他旁边是高耸着的类似烛台的仙人掌。

这一景象迷住了我，尽管画面全然陌生，超出了我的经验范围，但是，另一方面，却给我带来了一种极为强烈的似曾相识之感，就像我已经感受过这一瞬间一样，我从来都是理解这个同我只有时间距离的世界的。似乎此刻我正在返回我青年时代的土地，似乎我早就认识这个黑肤色的人，而他等待我已有五千年之久。

在非洲旅行的整个过程中，这一奇异的体验一直伴随着我。对于这种自古以来人所共知现象的认识，我能记起的仅仅一次。这就是我同我以前的上司，欧根·勃罗伊勒教授一起首次观察到了一种心理玄学现象。在此之前我曾想象，如果我见到这种奇幻现象我会瞠目结舌的。但是，这一现象一出现，我却不感到奇怪。我觉得这完全合乎情理，视其为理所当然，因为我对它早已熟悉。

我不能断言，见到这个孤独的黑肤猎人时我的哪根心弦被拨动了。我只知道，千万年来，他的世界也一直是我的世界。

我一直觉得茫然懵懂，直到中午抵达了内罗毕，这是一座海拔 1800 米的高城。这里光线明亮而耀眼，我立即联想到每逢从恩加庭谷地冬日的雾霭中走出时，那满目所见的强烈日光。还有更有趣的发现，那些在火车站上聚集的等活的男孩子戴的旧式灰色或白色滑雪帽，我曾在恩加庭见过，那里的人也戴，而我自己也戴过。这种帽子人人喜爱，因为上翘的帽边可以折下，像帽舌一样，在阿尔卑斯山中可以挡住寒风，在这里可以遮挡炽热。

我此行的目的地是当地的野生动物保护区，该区位于阿西平原，从内罗毕市区出发乘一辆福特牌小车就可以前往了。保护区就位于一座低矮的小山上，这片地区宽广而平坦，一眼望去热带草原的气势尽收眼底。在地平线边缘上，我们看见了大群的动物：小羚羊、大羚羊、角马、斑马、疣猪等。它们边吃草，边低头缓缓移动，就像一条缓缓流动的河流一样。除了一只猛禽的忧郁鸣叫声之外，几乎没有任何声音。这是永恒初始的寂静，世界是一向如此的，处于这种非存在的状态之中，在此之前，没有人出现并得知这是一个世界。我离开了伙伴向前走，直到看不见他们为止，在这里我品味了完全孑然一身的感受。我站在那里，我是悟觉到这是一个世界的第一个人，但是这第一个人在当时并不明白是他首先真正地创造了它。

在这个时刻，意识之于宇宙的深意变得极为清晰明确了。炼金术士们曾说过："凡是自然未能将之形成完美者，艺术必定会实现。"人类，当然也包含我自身在内，以一种不可见的创造活动给世界带来了一种全新的完美，让世界成为客观的存在。我们通常把这一行为归结于造物主，却没有考虑到，这样一来，就无异于把生命看作是一架设计精良的机器，它随着人类的精神毫无意义地向前发展，同时遵从着预知、先定的法则。在这样一种毫无意趣的钟表般的设想中，没有人的世界和上帝的戏剧，没有走向"新岸"的"新的一天"，而只有枯燥乏味的计算程序。我想起了我那位普韦布洛的老朋友。他认为他的村社存在的理由是一直在帮助他们的父亲太阳每天走过天空。我曾经羡慕过他，因为那种信仰有充分的意义，但我也一直在寻觅我们自己的神话，却毫无希望。而今我终于明白了，而且明白得更加深刻：为了完成创造，人的存在是必不可少的。人类本身就是世界的第二个创造者，也只有人才能将客观的存在提供给世界，如果没有这种再创造，世界就会是另外的样子，人们不会被听到、被看见，只会在寂静中吃、生育、死去、点头，这样经历亿万年，在非存在的黑夜中继续下去，直至走向终结，虽然是否有终结尚不明确。在创造客观存在和意义上，人类的意识功不可没，在伟大的存在之路上，人类也由此发现了自己必不可缺少的地位。

那时乌干达铁路正在修建过程中，我们乘火车来到了它的临时终端，第六十四站。那些热情的青年们卸下了我们的装备。我坐在一个装杂物的大箱子上，里面有各种食品，每一箱都够让一个工人搬运一次。我点上烟，默想着我们此刻的境地，据说这里是地球上有人居住的地带的边缘，从这儿，只有羊肠小道延伸下去，穿越整个大陆。片刻之后，一位年长的英国人，显然是一位牧场主，来和我谈话。他坐下，也掏出了烟斗。他问我们到哪儿去，我大致介绍了我们各不相同的目的地之后，他又问："你们是第一次到非洲来吧？我在这儿已经住了五十年了。"

"是第一次，"我告诉他，"至少是非洲的这一地区。"

"那么，我给你一点忠告好吗？先生，你知道，这个地方不是人的地方，这是上帝的地方。如果出了什么事，你就坐下来，不必惊慌。"于是他站起来，再没有说一句话，就消失在我们周围拥挤忙乱的黑人人群之中。

我回味着他的话，觉得有些深意，我竭力想象他说这话的心理状态。很明显，这些话表现出了他的经验本质：在此处，人不是主宰，上帝才是主宰，那些不可思议的设想才是。

我还没想出个所以然来，我们的两辆大卡车就要出发了。我们一组人连同行李挤得满满当当的，足足有八个男子，我们尽量坐得稳当些。随后的几个小时里，车一路在颠簸着，我没法再思考下去了。下一个居民点比我原先设想的要远很多：那里叫卡卡梅加，是专区特派员驻地，也是非洲步兵守备小队司令部的所在地。那里有一所医院，还有一座很小的精神病院。傍晚时刻，夜幕很快就黑了下来。暮地，一场热带暴风来临，雷电大作，大团乌云顷刻化为倾盆大雨，把我们从头到脚浇得湿透。每条小河也顿时变成汹涌的激流。

这场雨下的时间很长，直到午夜后半小时天才转晴，我们也终于抵达了此行的目的地——卡卡梅加。我们疲惫不堪，区特派员早已在客厅等候多时，威士忌酒让我们好受了不少。炉子里升起活泼可爱的火苗，优雅的客厅中间有一张大桌子，上面摆着英国杂志。这个地方真是和苏塞克斯乡间的房屋一样。我疲惫不堪，全然不知自己是从现实转入梦境，还是从梦境转入了现实。后来，我们还得搭起帐篷，这是第一次。幸而没有丢失什么东西。

翌日清晨，醒来后，我觉得自己有些发烧，还有些轻度的喉炎发作，便只好卧床一天。因为患了这种病，我了解了所谓的"脑膜炎鸟"，此处值得一记。这种奇特的小鸟能够正确地唱出一个音阶，但是总会漏掉最后一个音符，然后从头开始唱。一个患病发烧的人有这类歌声"陪伴"，我的神经真的要崩溃了。

香蕉园里还有另外一种鸟儿，它的鸣叫声由两种最甜美、最优雅的笛声组成，但是结尾则伴随了三个难听的讨厌音符。"凡自然未能使之完美者……"不过，"钟鸟"的歌声依然显示出一种纯粹的美，它鸣叫的时候似乎有一阵钟声沿地平线飘荡。

第二天，在专区特派员的协助下，我们集合了一队搬运工人，外加三名土著士兵作护卫。前往艾尔贡山的旅行开始了，地平线上 1.4 万英尺高的火山口壁很快映入了眼帘。大车先后经过了较为干燥的草原，长着伞形阿拉伯橡胶树的草原。这里到处布满了密密麻麻的两米至三米高的小圆土丘，那是很久之前的白蚁窝。

沿途有供旅客用的休息室，它们通常是圆形草顶涂泥的小屋，门敞开着，里面什么都没有。夜晚，可以在入口处挂灯，来防止陌生人闯入。我们的厨师没有灯，可是，作为补偿，他一个人分得一间很小的草屋，对此他很满意。可是，随即又证明，这对他几乎是致命的。前一天，他在草屋前面宰了我们用五个乌干达先令买的一头羊，为我们的晚餐烹制了极为美味的炖羊肉。晚饭之后，我们正围着火坐着吸烟，忽然听到远处传来奇怪的声音。声音越来越近。侧耳听去，一会儿像是熊吼，一会儿像是狗吠。接着，声音又变得尖厉，像是尖叫，又像歇斯底里的笑声。我的第一个印象是，这好像是巴纳姆与贝利剧院的滑稽演出。可是，紧接着，场面变得咄咄逼人了：我们被一大群鬣狗团团包围住，鬣狗显然嗅到了羊血的气味。它们上演了一场令人毛骨悚然的音乐会，在火光照耀下，它们的眼睛在高高的茅草丛中闪闪发亮。

虽然我们十分了解鬣狗的天性，据说它不会对人发动攻击，但是此时，我们仍然觉得不安全。而此时，在休息室屋后传来一阵惊人的尖叫声。我们抄起武器（一支9毫米曼利契步枪和一支霰弹枪），对着草丛中间闪亮处连连射击几次。我们刚放完枪，厨师就惊恐万状地冲到我们中间，语焉不详地说，一只鬣狗蹿进他的屋子，几乎把他咬死。宿营地一片混乱喧闹。这阵喧闹，看样子镇住了鬣狗，它们汪汪着退了场。搬运工们哈哈大笑了好长一阵。后半夜很平静，再没有出现麻烦。第二天清晨，地方长官带着两只鸡和一篮子鸡蛋来送礼。他恳请我们再逗留一天打鬣狗。他说，前一天鬣狗把一个睡觉的老人拖走吃了。非洲真是一个神秘之地！

天亮了，工人驻地又响起了此起彼伏的大笑声，原来他们在重演昨晚的那一幕。一个人假装是正在睡觉的厨师，另一个士兵则是爬行的鬣狗，他慢慢凑近厨师。这一路上，这个闹剧演出了无数次，大家都觉得很有趣，一直笑个不停。

此后，厨师有了个外号叫"鬣狗"。而我们三个白人早已有了各自的外号。我的朋友，那位英国绅士叫"红脖子"，因为在当地人眼中，英国人都长着红脖子。而那位美国朋友，因为总是穿一身漂亮的服装，外号叫"花衣裳"。而我当时已经有了很多的白头发（当时我年近五十），我就变成了"长者"，他们都觉得我已经有一百岁了。在那些地方，上岁数的人很少见，我几乎没见过白头发的人。"老头儿"是尊称，这么称呼我还因为我的身份是"布吉舒心理学考察队"的队长，这是伦敦外事处强加的有名无实的称号。的确，我们访问过布吉舒人，但是在艾尔贡人当中逗留的时间更长些。

很快地，同行队列中的黑人便展现出他们最擅长判断他人性格的能力来。他们得以洞察一切，最为有效的方式之一就是模仿。他们能够模仿人们的表达方式，标志各种意图和目的的手势、步态，而且入木三分，令人叹为观止。我还发觉他们对别人情感性质的理解也十分令人惊异。我常常抽出时间和他们闲谈，他们非常喜欢聊天。就这样，我从与他们的交谈中学到了很多东西。

我们这种半官方式的旅行好处很多，因为这样容易雇用搬运工，我们还获得了士兵护送队。这两点都非常重要，因为我们要走过的地区并非白人的管辖地。一名班长和两名士兵与我们同行，一起来到了艾尔贡山。

乌干达总督给我们寄来了一封信，信上写明，请我们保护一位取道苏丹返回埃及的英国女士。此举对我们的行程没有任何影响，而且我们在内罗毕已经认识她了，知道她是位意气相投的人，因此，我们很乐意她同行。更不用说，总督对我们无微不至的关切，更让我们自然地想承担些责任。

我提出这一细节，是想指出某种原型对我们的行动产生影响的细微方式。我们是三个男人，这纯粹是偶然的机遇。我曾请求过我另一个朋友和我们同行，那样就有了第四个人。但是情况不允许他接受我的请求。此事便形成一个潜意识的，或者命定的群体，即三位一体的原型意象，需要第四个成员来补充，这种情形在原型意象的历史中屡见不鲜。

既然机会摆在眼前，我当然乐意接受，我十分欢迎这位女士加入我们三个男人的小组。她喜欢运动，又坚强、细心，对于我们这个男性小组来说，她是一个有用的平衡因素。小组里的一位男士患了热带疟疾，当时十分危险，幸好有这位女士在"一战"中积累的护士经验，这帮了我们的大忙。

在经过了荒唐的鬣狗之夜后，我们谢绝了总督的好意挽留，继续踏上了未知的旅途。越往前地形越向上，第三纪熔岩断层的标志也渐渐增多了。我们穿过了到处长着高大凤凰树的原始森林，那些树都开着红艳艳的花朵。巨型甲壳虫，还有一只只五颜六色的更大的蝴蝶飞来飞去，这些让林间空地和丛林边缘生机勃勃。我们很快就深入了灌木林，那些逗趣的猴子拨动着树枝。穿过丛林，我们来到一片开阔的草原，这是一个天堂般的存在。这里的土地是由平坦的紫红色土壤构成的。随后我们又走入了丛林之中，我们在蜿蜒曲折、急转弯多的土路上迤逦前进。这里的转弯甚多，每隔三米至六米就是一处。

攀登了几个小时以后，我们来到一块宽阔的林中空地，空地被一条明澈清凉的小溪一分为二，溪上还有一个约十英尺高的瀑布。瀑布下面的水池变成了我们的澡堂。我们的宿营地约在三百码（1码约为0.9米）以外，在一个平缓、干燥的山坡上，附近有伞形橡胶树绿荫。附近，步行约十五分钟，有一个土人村庄，有几间茅屋和用一道荆棘篱笆围起来的小院。

首领热情地向我们提供了运水工：一个妇女和她的两个未成年的女儿。她们赤裸着，只配有贝壳制成的宽带。她们的肤色呈现健康的巧克力色，很好看，身材苗条，动作从容不迫，十分有气度。每天早晨，她们从小溪边走来，可以听到她们脚镯发出了铃响声，十分悦耳，接着她们又走出金黄色的高茅草屋，为平衡头顶的水罐而婀娜地走着，看着很赏心悦目。她们浑身上下都装饰着小饰物，像脚镯、铜手镯和铜项圈，铜制或木制耳环。下唇还用骨片或铁钉穿孔。她们礼节周到，一见到我们就害羞地微笑。

只有一事我要简述一下，我没有和本地妇女说过话，虽然有人预料我会这样做。这儿和南欧一样，男人和男人说话，女人和女人说话。不然就意味着两人想谈恋爱。如果有哪个白种人喜欢和女子交谈，就会损坏他的名誉，甚至要冒"与黑人有染"的危险。我听说过这样的几例事件，非常具有警示的作用。我常常听到本地人评论一个白人："他是个坏人。"问及他原因时，他的回答总是："他跟我们的女人上床。"

在这里，男人和女人的分工不同，男人一般忙于喂养家畜和狩猎，女人们则是在香蕉园和白薯、高粱以及玉米地里工作。在他们所住的圆形茅屋中，儿童、山羊和鸡也住在一起。她们的尊严和天性表现于她们维持生计方面的作用。她们在经营管理中积极合作。妇女平等权利的概念是这种合作失去意义的时代产物。原始社会是由一种潜意识的利己主义和利他主义调节的，两种态度都得到了恰当的器重。如果发生紊乱，就必须通过一种意识行为来调节，那么，这种潜意识的秩序也就会遭到破坏。

写到这里，我回忆起了一位和我相处融洽的人，他向我介绍了艾尔贡人的家庭关系，这件事对我十分有意义。他是一个仪表堂堂的青年，名叫吉勃罗亚特，是部落酋长的儿子。他举止谦和，我博得了他的欣赏。虽然他十分乐于接受我的雪茄，但他并不贪婪，也不索要东西。他时常前来探望我，举止得体，还总向我讲述种种趣事。我觉得他有某种想法，但是仿佛难以开口似的。我们结识相当长一段时间之后，他开口请我去他家做客。此举令我惊奇，我知道他还没有结婚，双亲已经故去。他家指的是他姐姐的家，她是她丈夫的第二个妻子，有四个小孩。吉勃罗亚特很想让我去访问她一次，让她有机会见我一面。显然，在他的生活中，她扮演了母亲的角色。我同意了，因为我希望通过这种交际方式能够稍稍深入了解本地人的家庭生活。

"女主人正在恭候。"我们来到的时候，她走出来致意，十分自然大方。她是一个好看的中年妇女，就是说，大约有三十岁。除了必不可少的贝壳宽带之外，她还戴着手镯和脚镯，大长耳垂上挂着一些铜制装饰品，胸前佩有某种小动物的毛皮。四个小孩被关在了房里，他们透过门缝露出圆圆的眼睛，发出咯咯的笑声。在我的建议之下，他们最终被放了出来，但是费了好大劲儿，他们才大方地走出来。她的风度同她弟弟一样，而此时，吉勃罗亚特正得意地微笑着。

我们站着说话，因为这里是充满尘土、鸡屎、羊粪的泥地，没法坐下聊天。我们聊的都是些半家庭式的日常内容，例如家庭、小孩、房屋、菜园等。旁边就是大太太的家产，那边有六个子女。这位"姐姐"的院子与她相距八十米远。大约在两个妇女的茅屋中间，有一个三角形的顶端，是她们的丈夫茅屋的所在地，在这间茅屋后面约五十码处，有一小间茅屋为大太太长子占用。两个女人各有各的田地。这位女主人显然为她自己的一块地感到骄傲。

我很快便发现，她那仪态中所显露出的信心和泰然，绝大程度上是基于她对自己的完整的认同，她的个人世界已经由孩子、房屋、小家畜、土地所组成，还有那最终的一项，也是很重要的一项，即她那具有吸引力的体态。虽然她只是偶尔地提及丈夫。他应该是有时候在这儿，有时候不在这儿。目前，他正在某个不知道的地方逗留。我的女主人显然毫无疑问是坚定性的化身，是丈夫的依凭。看来，问题不在于他在或者不在那里，而在于她是否能够保持她的完整，为赶着畜群跋山涉水的丈夫提供一个地磁中心。这些"淳朴的"灵魂心中的活动是非意识的，因此是不知的，我们只能从"先进的"欧洲分辨法的比较证明中这样推断。

我怀疑，白人妇女的日益男性化是否与其自然完整性（土地、孩子、家畜、自己的房屋、火炉）的消失有关，对于白人妇女的日益贫困化，这是否是一种补偿，男人的女性化是否是进一步的后果。在现代社会中同性恋的作用十分巨大，一部分是母亲情结导致的，另一部分是一种目的性现象（防止人口过速增殖）。

我和同伴们何其有幸接触了不同凡响的非洲世界，体会到这里的极致之美和那令人惊诧的苦难。在营地的那段岁月是我此生最值得怀念的插曲之一。我享受到的仍然是一片原始土地的"神性和平"。我从来没有如此清晰地看到过"人和其他动物"（希罗多德）。在我和一切魔鬼之母的欧洲之间，横亘着几千英里（1 英里约为 1609.34 米）。在这里，各种魔鬼对我可谓鞭长莫及，这里没有电报，没有电话铃声，没有信件，没有来客。我的精神力量得到了解放，自由自在地归返到了原始的广阔天地。

每天清晨，我都能轻而易举地找个本地人闲谈，因为他们整天蹲在我们营地外看着我们的举动，兴趣盎然，并且乐此不疲。我的工人领队易卜拉欣向我传授了当地的聊天礼仪。所有的男人（女人不能走近）都必须席地而坐。为此，易卜拉欣还给我找来了部落酋长的四腿红木小凳。然后我开始发言，提出聊天程序。本地人都能说一种还算过得去的斯瓦希里语，我也努力说这种语言，我充分利用了一本小字典。这本小书是他们不断赞美的对象。我的词汇量有限，说话非常简单。我们之间的谈话常常像是一种有意思的猜谜游戏，因此，这样的闲谈大受欢迎。闲谈很少多于一个或者一个半小时，因为人们露出倦意，做出戏剧性的手势说："唉，我们累坏啰。"

当然了，我很想知道本地人的梦境，可是没人愿意讲这个。为了听到他们的梦，我还会送给他们些小礼物，就像雪茄、火柴、图钉之类的，虽然他们非常想得到它，但仍然耻于讲起自己的梦境，这一点我并不能理解。我想可能是因为恐惧且没能充分地相信我。众所周知，黑人怕照相，因为他们担心照相术将夺走他们的灵魂，可能同样的惧怕也在此发生，怕别人通过梦境会加害于他们。不过，这一点并不适用于我们的工人，他们都有一本释梦书，旅途中每天都要翻阅。如果对书上的解释有怀疑，他们就会向我求教。他们称我是"知书人"，因为我有《古兰经》的知识，所以他们认定我是一个隐蔽的伊斯兰教徒。

有一次，我们和本地的一位老医生谈话。他穿着一件蓝色猴皮做的华丽斗篷，贵重而值得炫耀。我问起他的梦，他当时热泪盈眶，回答说："古时候，医生们都会做梦，以便知晓会不会发生战争或者瘟疫，天是不是要下雨，应该让牲口躲在哪里。"他的祖父也曾做过类似的梦。可是，从白人来到这里以后，再也没有人做梦了。人们不再需要梦，因为英国人全知全能！

他的回答向我表明，医生已经失去了存在的理由。启发本地人的神圣声音已经不再需要，因为"英国人知道得更多"。在过去，医生曾经与众神或者命运之神洽谈，然后劝导世人。那时，医生在人们日常生活中有巨大的影响，就像古希腊阿波罗神庙女祭司一般，具有权威性。而今，医生的权威已被专区特派员所取代。生命的价值在当今只属于现今的尘世世界中。据我所理解的那样，黑人能否意识到自然力量的重要性，这仅仅是时间和他们种族活力的议题。

这位医生绝不是一个凛然不可侵犯的人，而仅仅是一个有些胆小怕事的老人而已。对于一个已遭破坏的、过时的、无法复原的世界日益加剧的解体局面来说，他是一个活的见证。

在许多时候，我都把谈话向神灵引导，特别是仪式和典礼方面。这部分的体会只有一次得到了见证。村里有条热闹非凡的街道，街道中间有一座空茅屋，在屋子前方有一块空地被扫得很干净，其中心放着一个贝壳带子、耳环、各种陶片和一把掘地木棍。我们能够打听到的全部解释是：一个女人曾在这间茅屋里死去。关于殡葬他们却只字未提。

在闲谈中，人们以相当强调的语气告诉我，他们西边的邻村人是"坏人"。如果那儿有人死了，下一个村子就会得到通知，晚上，遗体被放在两个村子的中界点上。而邻村会将各种礼品放到那里。到了次日清晨，放在两村交界处的遗体就不见了，意思是另一个村子的人吞食了死者。他们还强调，在艾尔贡人中间绝对不会发生这种事。而实际上，死者遗体被放置在灌木丛中，很可能被鬣狗拖走吃掉了。我们也确实没有看到丝毫安葬死者的迹象。

但是，我从当地人口中得知，至少人死了以后，遗体是要放在茅屋中间地面上的。医生还会绕着遗体来回走，同时念着："阿伊克阿迪斯塔，阿迪斯塔阿伊克！"然后将碗中的羊奶洒到地上。

我从早些时候的一次记忆犹新的谈话中理解了这些词的意义。那次闲谈结束时，一位老人突然说："早晨，太阳一升起我们就走出茅屋，把唾沫吐在两只手里，对着太阳举起双手。"我请他表演，并且准确地解释这种仪式。他把双手放在嘴的前方，啐一口唾沫，或者使劲吹气，随后将手掌翻转，面对太阳。我问为什么要这样做，往手里吹气或吐唾液呢？他解释说："一向如此啊。"虽然没有得到答案，但我已明白：他们确实只知道需要这样做，却不知道为什么要这样做。他们看不到这种行为的意义何在。而其实，欧洲人同样也遵从我们并不深知意义的那些仪式，就像为圣诞树点蜡烛，将复活节彩蛋藏起来，等等。

老人接着说，这是一切民族的真正宗教，全部凯维伦多人、全部布干达人、登山远望到的和那些遥远地方的全部民族，这些人全遵从"阿迪斯塔"神的指引。阿迪斯塔在此处就是初升的太阳的意思。只有此刻，太阳才是上帝。紫红色西边天上初升的金色弯月也是上帝。只有此刻才是，其他时刻都不是。

意义已经很明朗了，艾尔贡人仪式象征着：当太阳初升时，向太阳神顶礼膜拜之意。而唾沫在当地人眼中是一种含有个人魔力的、可治愈伤口的力量，是富含生命力的象征。如果是吹气的话，那是因为它是"罗勃"，即阿拉伯语的"卢赫"，希伯来语的"卢阿赫"，希腊语的"普纽马"，意义均为风和灵魂。因此，这个动作的意思是：我向上帝献出我活的心灵。这里不用言语的、表演出来的祈祷，用文字译出大意或许是："上帝啊，我把灵魂寄托在你的手中。"

除了"阿迪斯塔"之外，我们还听说艾尔贡人也崇敬阿伊克，即居住在地上的神灵，一种魔鬼。他是恐惧的制造者，是潜伏着等待夜间行路人的冷风。老人以口哨吹出北欧灾神洛基的旋律，生动地表现出阿伊克在高而神秘的灌木草丛中爬行的状貌。

简而言之，人们普遍认为，造物主会将万物创造得十分完美。一切都很好。而造物主超越了善与恶的界限。他是美的化身，他创造的一切也跟他一样。

我问："但是那些咬死你们家畜的凶恶野兽呢？"他们说："狮子好，美。""你们那些可怕的疾病呢？"他们说："你躺在太阳光里，那就好。"

这种乐天知命的感觉让我记忆犹新。但是我很快便意识到，这种乐观想法只是短暂的，在下午六点钟时它就同太阳一起隐没了。从日落算起，世界便是阿伊克的了，这个邪恶、危险又充满恐惧的世界。乐观主义哲学让其于对鬼魂的恐惧和旨在保护自己不受恶的祸害的离奇仪式。黎明时分，乐观主义便又去而复返，人们每天经历这样的过程，内心没有任何的矛盾和苦痛。

在尼罗河的发源地，我听闻了这样的事，奥西里斯神的两个侍者霍卢斯和塞特在此露面，这种感受令人颇为激动。显然，这是非洲的一种原始经验，它随着尼罗河的圣水而涌向地中海海岸区域。这就是阿迪斯塔，即初升的太阳，和霍卢斯一样的光明原理；是阿伊克，即恐惧的散布者——黑暗的原理。在为死者所做的简单祭礼中，医生的话和他泼洒的奶把对立的两者结合起来。他同时对这两种原理作出祭献，这两种原理从其开始统治之时起就具有同等的效力和意义。这是夜与昼的统治，各自延续十二小时。但是，重要的是时刻，随着热带地区昼夜典型的突发性，每当旭日的第一道光芒像箭一样射出时，夜就转化成为充满生命的光明。

这一纬度的日出是一种奇观，虽然每天见到，但我仍忍不住惊叹。这一壮观景象不在于太阳从地平线上出现，更令我为之惊异的是升起后的景观。每天黎明之前，我都会携带我的营地小凳来到伞形阿拉伯橡胶树下坐着等待日出。我面前，在一条小山谷谷底，谷底有一条深绿色、几乎是黑绿色的丛林条带，而山谷对面高地的边缘则巍然高耸其上。最初，明暗对比极为强烈。其后，物体显出轮廓，沐浴在亮光之中，旋即，整个山谷似乎充满了明亮耀眼的光芒。而上部的地平线则变成一片雪白，银光闪烁。强烈的光线似乎渗入了物体的结构，物体的光辉从内部焕发出来，直至最后闪耀出光辉，像一块一块的彩色玻璃一样。一切都变成了火焰般的水晶体。钟鸟的欢歌从地平线上响起。在这样的时刻，我觉得我置身于寺庙殿堂之中。这是一天之中最神圣的一小时。我观赏这一盛景，或者，饱尝这种永恒的迷醉，无限快慰。

在我们营地的观察地点有一个陡峭的岩壁，那里住着大群的猩猩。只有当晨曦来临之时，它们才会纹丝不动地静坐在岩壁边缘上，而一整天的其他时候，它们一定是在丛林里漫游、喧闹、大声尖叫着。跟我相似，它们仿佛也期待着每天的日出时刻。它们令我回忆起埃及阿布·辛拜勒神庙中做出顶礼姿势的大狒狒。它们说的都是一件事实：从远古时代起，人就对这位黑暗中发出万丈光芒来拯救世界的大神顶礼膜拜。

就在那一时刻，我终于领悟到，从天地开创之初，人类的心灵中就一直怀有对光明的渴望，并试图走出最原始的黑暗。尤其当强大的夜晚以不可逆转的形式袭来，一切都显出深深的沮丧之情，每一种心灵都对光明有着不可言状的渴望。而这种感情，我们不但可以在原始人的眼中感觉出，在动物的眼睛里同样能够感觉得到。虽然我们无法判断出这种悲哀是与动物的灵魂息息相关，还是只是出自潜意识的存在。这种悲哀也反映了非洲的情绪，对其种种孤寂的感受。这种原始性的黑暗是一种母性的神秘。清晨太阳的诞生对本地人之所以具有如此深远意义，原因也就在此。光明到来的那一瞬间就是上帝。那一瞬间带来了补偿和慰藉。说太阳是上帝，就等于模糊并且忘记了那一瞬间的原型经验。"灵魂在外徘徊的夜现在已经过去，我们很高兴。"本地人会这样说，但是这已经是一种理性的概括了。实际上，与自然界黑夜完全不同的一种黑暗仍在大地上游荡。这种精神的原始黑夜，今天和亿万年来一直是一样的。对光明的渴望就是对意识的渴望。

在艾尔贡山的愉快旅程就要结束了，我们依依不舍地收起帐篷，整理心情，并默念着一定要再来。我当时一点儿也不知道，这是我第一次，也是最后一次体验这种无须伤神的喜悦。从那以后，在卡卡梅加附近发现了黄金，采矿开始，而与此同时，茅茅运动也在这些清白无辜而又友好的人中间兴起了，而我们也从文明梦中骤然醒悟过来。

我们沿着艾尔贡山南坡继续徒步旅行。景色特点渐渐变了。平原的边缘上耸立起盖满浓密热带森林的更高的山峦。居民的肤色更黑，身躯更笨重而高大，缺乏马塞人的优雅风姿。我们进入了布吉舒地区，在布南巴利的休息室里逗留了一些时间。它的海拔很高，我们饱览了宽广的尼罗河谷地的美景。从那里，我们又来到了穆巴拉，随后乘坐两辆福特牌汽车前往维多利亚湖畔的金贾。因为汽车装不了那么多行李，我们便托运在一列窄轨铁路火车的车厢里，这车每两周开往基奥加湖一回。随即我们又登上了一艘锅炉烧木柴的轮船。几次事故之后，终于抵达了马辛迪港。随后，我们又改乘一辆卡车到了马辛迪市。该市坐落在一块高原之地，分隔开了基奥加湖和阿尔伯特尼安萨。

在路上，具体说是从阿尔伯特湖到勒贾夫路上的一个村子里，有一个经历让我记忆深刻：当地的地方长官是一个身材高大的青年，他带着随从来看望我们。在我之前所见的非洲人中，他们的肤色最黑。而且他们有点让人摸不透。尼木累人的首领给了我们三个本地人护兵，但是我察觉到，他们和我们的工人并不融洽。他们三个人一共才有三夹步枪子弹。因而，他们来，不过是政府的一种象征性姿态而已。

　　首领提议当晚要举办一场欢迎舞会，我欣然应允了。我希望这场舞会显示出他们的友好态度。到了晚上，我们都困倦不已，在瞌睡连连的时候，突然响起了鼓号之声，然后就出现了六十来个人，他们雄赳赳地全身披挂，手持那些闪闪发光的投枪、粗壮的木棒和锋利的刀剑。在这些人的不远处，依次来了女人和儿童，有的母亲还背着婴儿。很明显这是一次盛大的社交性活动。酷暑难耐，当时温度在华氏九十三度（摄氏三十四度）左右，为表郑重，他们仍然点起了篝火，妇女和儿童在火堆周围围成了一个圆圈。男人们在外围又组成了一个圈。我以往就见过一群暴烈的大象这样排列。面对这一人多势众的场面，我真不知道是高兴好，还是担心好。我环顾四周，寻找我们的工人和政府派的士兵——营地上却没有他们的踪影！为表示友善，我把雪茄、火柴和别针分赠众人。男人合唱队开始唱歌，全是强劲有力的战歌，倒也不算不和谐，同时开始摇摆双腿。女人和儿童围绕着火堆欢欣跳跃，男人们跳着舞向前进，挥动着武器，接着后退，然后伴随着野性的歌唱、鼓声和号角声再趋步向前。

　　在有这样欢快的音乐伴奏的舞蹈中，本地人很容易陷入着魔的境地。现在的情况就是如此。快到深夜十一点钟了，他们兴奋得似乎有点过了头，甚至在某个时刻，整个局面变得十分怪异。我挥舞起犀牛鞭，这是我仅有的武器，和他们一起跳起来。从他们红光焕发的脸上，我看出他们是准许我们加入的。他们的热情猛然倍增，男女老幼全都跺着脚，大唱大吼，汗如雨下。舞蹈和鼓声的节奏渐渐加快起来。

　　我记得，我的一个同乡，萨拉辛的一位表哥，就有不好的遭遇。他曾在印度尼西亚的苏拉威西岛探险，在这类舞蹈中曾误中投偏的长矛。所以，尽管首领想继续舞蹈，我还是将大家都招呼到了一起，给大家分雪茄，然后做出可以睡觉了的手势。随后，我又大声地警告，挥舞犀牛鞭，但此时是面带微笑的。又因为没法用更好的语言交谈，我只能使用瑞士德语冲他们大喊起来，大意是舞跳够了，他们必须睡觉去。我的愤怒自然能看出是假装的，但是看来这发生了效用。人群又发出笑声，蹦着跳着向四面八方散去，消失在黑夜之中。后来很长一段时间，我们还听得见他们在远处兴高采烈的呼吼声和击鼓声。寂静终于来临，我们也累得腰酸腿疼，便立即入睡了。

我们的徒步旅行在尼罗河畔的雷贾夫结束了。在这里，我们把行李装上一艘在勒贾夫停泊的蹼轮蒸汽轮船，水位太浅，停泊相当勉强。此时此刻，我强烈感受到了我所经历的一切给我造成的精神负担。千头万绪在我脑海里翻腾不已，我越来越清醒而痛苦地认识到，我消化新印象的能力已经快到极限了。我需要做的事，是重温我的观感和体验，找出其内在的联系。凡是值得记录的，我都做了记录。

整个旅程中我做的梦都固执地遵循着忽略非洲的原则。这些梦境都是展现家乡情景的，这样看来，梦似乎旨在说明，此时暂时将潜意识过程人格化，此次的非洲之行不是真实的，它更像是症状性，或者某种具有象征性的行为。就连旅途中印象最深的事件也被严格地排除在我的梦之外。在整个探险过程中我只梦见了一位黑人，他的面容我十分熟悉，但是我回忆了很长时间才能确定我以前在什么地方见过他。最后终于想起来了，他是美国田纳西州查塔努加的理发师！一个美国黑人。我梦见他正拿着一把大

303

得出奇的又热又红的烫发火剪放在我头上，要把我的头发烫成短发卷，也就是说，理成黑人头发。我甚至感到头皮热得发痛，结果给吓醒了。

我认为这个梦是来自潜意识的警告，提醒我原始事物是一种危险。但那个时候，我明显地接近于"踏上归途"。我正患沙蝇热，病症可能降低了我的精神抵御能力。为了显示黑人对我的威胁，我的潜意识引发了我对十二年以前我在美国的黑人理发师的回忆，以防备眼下的黑人。

而这一梦境中的某些特别之处也与第一次世界大战期间所记录的一种现象相关联：在战场作战的士兵没有梦见战争而更多的是梦见家园。而军队精神病医师认为，这符合一条基本原理，即要是一个士兵梦见了过多的战争场面，就应该让他离开前线，因为那个人已经失去了反抗外界印象的心理防御机能。

随即我又猜测到，可能我的这次非洲探险也有另一种秘密的目的，就是逃避欧洲及其错综复杂的问题，甚至可以以留在非洲作为交换条件。我这样做也并非空前绝后，之前有过，现在也有人这么做。这次旅行的意义并非对于原始心理的研究（"布吉舒心理考察队"，缩写是 B.P.E，杂物箱上的黑色字母），而是对于一个令人困惑的问题的探讨，即在非洲的荒野之中，心理学家荣格会怎么样？虽然在知识方面我有研究欧洲人对原始条件的反应的意象，这个问题却是我一向力求回避的。我渐渐明确的是，这种研究与其说是一项客观的科学项目，不如说是严格的个人性项目，任何深入的研究尝试都触动了我自己心理上的每个可能存在的痛点。我曾不得不承认，促使我决定旅行的几乎不是温勃利展览会，而是欧洲的气氛对我来说太过沉重这一事实。思绪千回百转，我正沿着尼罗河顺流而下，向北回到我的故土欧洲，向更深远的未来进发。航行到了喀土穆，我们下了船，再往北就是埃及了。我的这次非洲之行可以说圆满完成了，我的计划也得以实现了，即从南面，从尼罗河的发源地接近又一文化地域，而不是从欧洲或者希腊方向。我对埃及文化中复杂的亚洲因素的兴趣不如对含米特人对它的贡献的兴趣大。沿着尼罗河的地理流向，亦即时间的前进方向，我在这一点上有所发现。在这方面，我最重大的启发是在艾尔贡人中间发现了霍卢斯原理。那整个的情节，其全部含义，在我于埃及南大门见到阿布·辛拜勒神庙的犬面狒狒雕像时，又骤然浮现于脑际。

霍卢斯神话是关于神性光明新生的古老故事。这个神话必定是在人类文化，亦即意识，首次把人从史前时代的黑暗中解放出来之后开始世代相传的。因而，从非洲的心脏向埃及的旅行，对于我来说就变成了一种有关光明的诞生的戏剧。这一戏剧是和我的心理密切相连的。

印 度

1938 年，我的印度之行成行，而这并不是在我自己计划之内的。我是应印度的英国政府邀请参加加尔各答大学建校二十五周年纪念活动时做的决定。在那以前，我读过有关印度哲学和宗教史的许多书籍，对东方智慧的价值深信不疑。但是，为了得出我自己的结论，我必须旅行，但我却还像消毒瓶中的人体标本一样没有任何行动。印度对我产生的作用，如同梦境一般，而我依然还在寻求自我，在探索自我的道路上前进。那时，我还在忙于仔细琢磨炼金术哲学，这次旅行算得上暂时冒出的斜枝。而我对炼金术的研究也处于痴迷状态，因此，我便携带了1602年版的那本《炼金术大全》，这里边有格拉尔都斯·多尔奈乌斯的重要著述。在旅途的整个过程中，我从头至尾地研读了这部著作。因此，属于欧洲思想根基层次的这份材料经常与我对欧洲以外的思维方式和文化印象取得平衡。因为它们都是对潜意识的原本精神经验，因而产生了同样的、类似的或至少是具有可比性的某种顿悟。

此次印度之行可以说是我首次体验到一种生疏的、与我所经历的文化有着高度差异的文明。而引领我中部非洲之行的则是完全不同的因素，所占据主导的并非文化。至于北非，我在那里曾有机会和一位有能力用语言表述他们文化的人谈话。而在印度，我则有机会和印度思想的代表人物谈话，并把印度的思想方式和欧洲的思想方式加以比较。我曾和迈索尔的马哈拉贾的权威人士S.苏勃拉马尼雅·伊埃尔多次谈话，我是他的客人，我也和其他许多人聊过，可惜我没有记住他们的姓名。另外，我竭力避免会见一切的所谓"圣人"。我这样做是因为我必须满足自己的真实，不从他人那里接受我自己不能独立取得的东西。我如果尝试向圣人学习，接受他们的真理，我便觉得那无异于盗窃。即使在欧洲，我也不能借用东方学说，我必须从我自身形成我的生命，从我的内在存在告知我的，或者自然带给我的一切来形成我的生命。

在印度，我最感兴趣的是关于恶的心理问题的探讨。这个问题构成了印度精神生活的一部分，这给我留下了很深的烙印，我又以一种新的视角来看待它。在和一位涵养极深的中国人的谈话中，我又加深了这一事实的印象，即这些人善于在不"失情面"的情况下将那些"恶"的东西转变。在西方，我们做不到这一点。对于东方人来说，品德问题看来并不像对于我们那样占有首要地位。对于东方人来说，善与恶包含在自然之中，意义深远，而且，在不同的程度上，就是同一事物。

我看到，印度的神性所包含的恶与善一样多。基督徒追求善而屈服于恶；印度人觉得超脱了善与恶，并且力求通过沉思或瑜伽来达到这个境界。我的反驳见解是，如果承认这种态度，那么，无论善还是恶，都不会具有真正的界线，而这就造成了某种淤滞。人们并不确信有不可更改的恶，也不真正相信有不能转变的善。那么，善与恶最多被视为我的善或者我的恶，被视为在我看来是善或者恶的存在。这一情形向我们提出的结论即为，印度的神性缺乏明显的善恶概念，或者因为矛盾负担过重而不得不超脱，即脱离对立物，脱离万事万物。

印度人的目标不是道德的完善，而是超脱的境界。他们希望脱离自然。为此目的，他们在冥想沉思中寻求无形与空之境地。但我则认为要坚持观察自然与精神形象的境界。我既不愿脱离人，也不想脱离我自己与自然，因为这一切的超脱在我看来是近乎奇迹般地难以实现。自然，即精神与生命，我觉得，这就像毫不隐蔽的神性，我只有这些欲求而已。除此之外，又生有何欢？因而，我觉得活着的最高意义就是存在，而并非虚无或不复存在。

我觉得，那种不顾一切代价的超脱并不可取。那些我不具备、我没有做过或经历过的一切，又谈何超脱呢？在我看来，真正的超脱实现之日，正是我能够完成一切、全心全意献身于某件事并且最大限度地参与其中的时候。若缺乏了参与性，就等同于肢解了我的精神的相应的部分。当然，如果我不能投入某种经历，那大概也是有充分的理由的。但是，那样一来，我就要被迫承认我缺乏能力，而且必须明白我很可能忽略了完成某种具有重大意义的事。这样，由于我明确承认自己能力的不足，我就补偿了缺乏积极行动的理由。

一个人若没有走过情欲的炼狱，就相当于永远没有战胜这些情欲的机会。因而，情欲就寓于近邻，任何时候，一场大火都可能从中蹿出，殃及这个人的房屋。任何时候，如果我们放任、弃置、忘记过多的东西，那么，我们所忽略的这一切时时刻刻都可能更为猛烈地卷土重来。

在康纳拉克（奥里萨邦），我遇到了一位梵学学者，他彬彬有礼地提出要陪我去参观一座神庙和大神系列。有一座塔，从塔基到塔顶全部布满了做工精细的淫猥雕刻。针对这一矛盾而奇诡的事实，我们进行了热烈的谈论，他给出的解读是，这是达到心灵净化的某种方式。我表示不能赞同，指着旁边一群青年农民，他们为我们的这种辩论所吸引，停步不前，看得目瞪口呆。我说，就像这些青年男子在此处一样，他们未必感受到来自内心的净化过程，反而更多的是头脑里面充斥着的各类与性欲相关的联想。他驳斥着："关键并不在此处。如果他们不完成羯磨（佛教术语），又怎样实现净化的过程呢？这些明明白白的淫猥形象正是为了唤醒人们认识自己的途径，不然这些没有意识达到的小伙子们会将此忘记的。"

很奇怪，在谈论青年男人时，他认为他们如同非发情期的动物那样会忘掉自己的性欲，这种见解非常独特。不但如此，他还觉得青年男子也如同动物一样是无意识的，需要加以规劝。而为此目的，在步入殿内以前，这些外面的装饰就提醒他们要有相应的行动，如果他没有意识到这一点而去实现羯磨，那么他们就不能实现内心的净化。

在进入神庙殿门之时，这位朋友让我看那两名"女引诱者"。那是两名舞女，她们都被刻画成有着诱惑性的臀部线条、带着迷人的微笑来迎接来者的姿态。他说："你看见这两个舞女了吧？她们的含义也是一样的。当然，这不适用于像你我这样的人，因为我们已经达到了一定水平的意识，这类事是不在话下的。但是，对这些农民小伙子们，这是一种不可缺少的教育和告诫。"

在离开大殿之后，我们顺着一条小巷行走时，他突然指着一处雕像说道："你看这些石头，你知道这意味着什么吗？这里有一个大秘密。"我感到非常奇怪，并同时想到，这是每个孩子都能看得出来的，明显的阴茎形象。但是他极为严肃地凑到我的耳根轻声说："这些石头是男人的阴部。"我原以为他会告诉我这些石雕指的是湿婆。我惊愕地望着他，但是他只是傲然地点点头，好像是说："是啊，就是如此。就凭你们欧洲人那种无知，你是断然想不出这个道理的。"我把这件事告诉了海因里希·齐默尔，他兴致勃勃地惊叫："我到底听到了关于印度的真实情况，也算换个口味啦！"

我参观佛讲经的桑奇佛塔的时候，感受到了一种强烈的情绪波动。每当我遇到我还意识不到其意义的一件事、一个人或者一个思想时，这种波动就会涌现。这些佛塔建筑在一座小石山上，走过一条铺在绿草地中间的、令人喜爱的大石阶的小路就可以到达山的顶峰。佛塔都是陵墓或者圣器的储存所，呈半圆形，像两个大碗倒扣叠摞在一起，就像释迦牟尼在《大般涅槃经》中的描述那样。英国人已用崇敬之情完成佛塔的修缮工作。这是个建筑群，其中最高大的那个佛塔被围墙所环绕，在墙的四壁有东、西、南、北四个不同的门。一般都是顺着小门走进来，向左拐就能踏入一条顺时针而行的圆形的环绕佛塔的通道，在四个主要的方位有四尊佛像矗立着。完成这一圈之后再进入相同方向的更高级别的第二圈循环。从这个层面往远处看，你就会发现，佛塔本身、庙宇的废墟以及圣地的孤寂宁静构成了完全和谐统一的整体，这让我为之沉醉。我离开了同伴，在这个地方的主导气氛之中独自享受。

片刻之后，我听见有节奏的锣声由远及近。一批日本朝圣者列队上来，一个跟着一个，每个人都敲着一面小锣。他们吟唱着古老的祷词"莲花里的珍珠，神啊"的节奏，每次都正好敲在"神啊"一词上。在佛塔外，他们低头，深深鞠躬致意，随后步入大门。进门后，再度鞠躬，随后便开始诵经。接着，他们完成了两周圆道。在每尊佛像面前，他们都会如唱歌般诵经一番。我就这样目不转睛地注视着他们，我的神思和魂魄也同他们在一处，在这片静默之中，我不由得对他们怀有凝重的谢意，他们的到来奇迹般地抒发了我那无以言表的情感。

我非常激动地感觉到，桑奇山应该是某种中心。佛教的新的现实正在此处向我展现出来。我觉得佛的生命是某种作为自性的现实存在，希求有人格的生命。在佛看来，自性是高于一切神性之上的存在，自性是一个统一的世界，它代表着人类经验的整体存在和世界的本质。自性包含了固有存在方面及其可知性方面，舍此世界就不存在。佛见到并且把握了人类意识的在宇宙中具有开辟性的尊严，因此，他清楚地看到，如果人熄灭了这种光明，世界就会沉沦于无。叔本华的伟大成就在于他也承认了这一点，或者在于他能自己重新发现这一点。

基督与佛相似，虽然含义并不相同，但是他们都是自性的体现。他们都旨在征服现世，不同在于：佛是出自理性的大彻大悟，而基督则是命定要殉道者。在基督教中，痛苦更多，而在佛教中，则所见所做的更多。两种途径都正确，但是印度人认为佛是更为完善的人。他是一种历史性的人格，因此易于被人理解。而基督既是历史的人又是神，因此，理解起来就困难得多。归根结底，甚至对于他自己他都不是易解的，他只知道他必须牺牲自己，而且这一途径是从内心施加于他的。他的牺牲像一种命运的行为一样发生在他身上。佛则享尽天年，寿终而大行归西，而基督所进行的活动，则大约不多于一年。

后来，佛教和基督教一样，经历了变迁：佛变成了自性发展的形象，变成了人所效仿的楷模。他自己也教导世人，只有跳出轮回，大彻大悟，才能最终成佛。同样，在基督教中，基督是一个楷模。在基督教徒心中，他是十全十美的。历史的大潮也逐渐导向以基督为榜样，每个人都放弃选取自己的完整的道路，只是极力模仿基督，向其所走的道路前行。在东方，历史潮流也渐渐导向了对佛的虔诚仿效。释迦牟尼成为被模仿的楷模，其实这本身就是对他观念的某种削弱，这就跟在基督的效仿中对基督思想发展形成了某种停滞一样。释迦牟尼在他顿悟之后，超越了婆罗门诸神，基督也对着犹太人同胞大声疾呼："你们才是神。"（《约翰福音》）但是，人们的无知蒙昧却没法理解这句话的含义。所以，我们发现，所谓的基督教西方，不仅没有创造一个新世界，反而正在大踏步地走向消灭我们所具有的世界的可能性。

印度的阿拉哈巴德、贝纳勒斯和加尔各答授予我三个名誉博士头衔，因为这三个城市代表了伊斯兰教、印度教和英属印度的医学和科学界。这种肯定显然有些言过其实。我需要一次休整。在加尔各答的时候，我正好染上了痢疾，这十天的住院时间正合我的心意。在有如汹涌大海般的印象之中，这是一个可以安然停靠的港湾，我终于站在了一个可以立足的地方，静观万事极其令人愕然的杂沓喧嚣。那就是印度人思想所及的深度、高度以及他们的辉煌过去，还有那些无法言说的魅力，如受难、黑夜等。

在我的健康状况允许的情况下，我出院回到了旅馆。当然，我进入了一个梦境，这个梦记述如下。

我和我的一大批苏黎世友人和熟人来到一个不知名的海岛，大概是在英格兰南部外海上吧。岛屿很小，几乎无人居住。岛屿狭窄，是约二十英里长的一小片土地，南北走向。岛屿南端沿岸上有一座中世纪城堡。我们这一组观光者站在它的庭院中间。我们面前高高竖起一座富丽堂皇的楼塔，透过大门可见石阶梯。我们设法细看，但只能望见石阶上有一个圆柱厅室。厅室有微弱烛光照明。我明白了，这是圣杯城堡，而且当晚要举行那"圣杯庆典"。这条消息显得具有某种神秘性质，因为我们当中的一位酷似毛姆森的德国教授对此一无所知。我和他兴致勃勃地谈过话，对于他的学识和睿智的印象颇深。但是有一件事令我惶惑：他经常谈论死亡，并且旁征博引地讲述英国与圣杯故事及法国渊源的关系问题。显然他没有认识到这个传说的意义及其活生生的体现，而我却强烈地意识到了这两个方面。还有，他似乎没有认清我们直接的现实环境，因为他那姿态好像是在教室里对着学生讲课。我想请他注意环境下的特殊性，但纯属徒劳。他没有看见阶梯，或者厅室里的喜庆光辉。

我茫然无措地环顾四周，我发现自己正站在一座很高的城堡的墙旁边。墙的下半部分布满了装饰的藤架，藤架并不是一般的木头制成的，而是黑铁做的，还精巧地铸成了葡萄藤、叶子、卷须和葡萄串，一应俱全。突然，我看见叶子抖动起来。起初，像是老鼠的走动，但我立即又清晰地见到一个铁制有蹄的小精灵从一间小屋钻进另一间。我很诧异，便对教授说："喂，你看那个，你……"

正说着，梦中的景象变了，另一幅情景出现了。还是我们这一批人，单单是少了那位教授，我们深处城堡的外面，置身于一片没有树木的、岩石林立的景色之中。我知道还有事，因为圣杯还不在城堡中，当晚还要举行庆典。据说圣杯在海岛北端，被藏在一座无人居住的小屋之中，那是那里唯一的房子。我们之中有六人动身前往，徒步北上。

我们长途跋涉了几个小时之后，到了海岛最狭窄的部分，我发现原来海岛被一道海水一分为二了。在海峡最窄的部分，海水大概有一百米那么宽。太阳已经落山了，夜幕迅速降临。我们疲惫至极，于是就地宿营。这里荒无人烟，到处充满着萧瑟的感觉，没有大树，没有灌木，只有草丛和岩石。极目远望，没有桥，也没有船。天很冷，我的同伴都已纷纷入眠了。我想了一下，觉得还是我自己孤身前往吧。我刚要脱衣服下水游泳，然后就醒了。

这是欧洲人的典型梦境，在我的思绪被那强烈深广的印度印象所影响的时候。大约十年前，我的研究发现，在英格兰的许多地区，虽然圣杯神话已经被当作学术课题进行深入的研究，但是在很多种梦境中仍然会出现这个追寻的故事。在我理解这个诗意的神话和炼金术对于这唯一真实、唯一奇妙、唯一板上钉钉的论述两者之间的相符情况之后，这个事实给我的印象愈加真切。白昼所遗忘的神话在深夜中被人们继续叙述，被意识贬低成平庸之辈和可笑、琐屑之人的强大形象又重新得到了诗人们的承认，又在预言中复活。因此，这全新的形象也能够"变换形式"，被那些善于思考的人们所接受。过去那些伟大的形象也并不像我们所想象的那样消失得无影无踪，而是仅仅变换了称呼罢了。"小人物，力气大，隐身的卡比尔来到了新的房间。"

这个梦有力地扫除了我对印度那十分强烈的感觉，我又被推回到了长久到几乎要遗忘的对西方的关注上。而这种关注表现在两个方面，一是对于圣杯的求索，二是对哲人之石的思考。我被从印度世界中拖出，并受到了提示：印度不是我的研究任务，只是推动我达到我目标的一部分途径而已，但显然是一条重要的途径。这个梦似乎在问我："你想要在印度做什么？还是为了你自己、为了你的同伴寻求救世主吧，这是你的急需。你的状况岌岌可危，你正面临毁坏千百年来所建树的一切的直接危险。"

在印度旅行的最后一站是锡兰（斯里兰卡），这里让我有未身处印度的感觉。这里具有某种南海风情，有点儿像天堂，人们在这里乐不思蜀。科伦坡是当地的一个繁忙的国际港口，每天五六点钟的时候，这里的好天气总是要被骤降的大雨浇熄。我们很快便离开了这里，深入丘陵的内陆。在一层薄雾的掩映下，古老的皇城康堤呈现了出来。这里低温潮湿，我觉得这肯定有利于花草树木繁茂生长。佛牙寺非常小，但是不失为一个具有独特魅力的存在。寺中还藏有释迦牟尼的象牙舍利。我在寺中的藏经室待了很久，还和僧人们交谈，观瞻刻在银叶上的佛经。

在这里，我目睹了一次难以忘怀的晚祷。青年男女把大堆大堆的茉莉花撒在祭坛前面，同时轻声吟唱。我想他们是在向佛祈祷，但是陪同我的僧人解释说："不是，佛已经不在了，佛已圆寂，所以我们不能再对他祈祷。他们的唱词是：'今生像美丽的花一样短暂。愿提婆同我共享这一奉献的福祉。'"

仪式的引子是一小时的击鼓，在印度寺庙中所说的侍候厅进行。鼓手有五位，方形大厅的四角每角各站立一位，第五位，一个青年男子，站在中间。他独奏，是一个十分端庄的鼓手。他上身赤裸，深褐色的躯体闪闪发光，佩戴着红花圈，穿着白色长裙，扎着白头巾，双臂上有闪光的镯子。他迈步走向金佛，背着双面鼓去"献乐"。他的躯体和手臂的动作优美，他独自敲鼓，鼓音音调奇特，但在艺术上却很完美。我在他的后边观看，他站在摆满小油灯的门前。鼓声是腹部和后腹部的古老语言，腹部不是"祈祷"，而是促发思绪流露。因此，不是对不存在的佛的崇拜，而是已被唤醒的人所完成的许多自我救赎的行为之一。

初春时节，我踏上了回国的旅途，因为脑海里各种印象过多、过深，我不想下船去孟买观光，而是埋头阅读拉丁文版的炼丹术著作。但是，印度并非没有给我留下印记，印度所留下的路径，从一种无限引向了另外一种无限。

拉韦纳和罗马

在 1914 年，我首次访问拉韦纳的时候，加拉·普拉西提阿的陵墓就对我有重要的影响。二十年后，第二次参观时，我的感受依然如故。在加拉·普拉西提阿的陵墓中，我又一次感受到了一种奇异的情绪，内心又一次受到震动。我是和一位熟人去的，我仍然从陵墓直接进入了正教洗礼室。

在这里，我最喜欢那充盈着柔软蓝光的感觉，不过，我对此并不觉得惊异。我不想指出这光源的所在，这种没有明显光源的奇幻光线令我舒适。我之所以感觉惊奇，是因为我记得我第一次参观时所见到的窗户现在换成了四幅很大的彩色玻璃镶嵌画，极为优美，但是，现在看来我已完全忘记了这些画。我发觉自己的记忆力很不可靠，感到有些气馁。南面窗上的镶嵌画表现了约旦河的洗礼式；北面窗上的第二幅，是以色列的孩子们渡过红海；东面窗上的第三幅，在记忆中很快模糊了。很可能是纳曼在约旦正被洗去麻风病。我的藏书中有一本梅里安古版的《圣经》，书中有一幅同一题材的插画，很像这幅镶嵌画。洗礼室西窗上的第四幅镶嵌画给人印象最深。我们是最后观赏这一幅的，内容是基督向沉没于波浪之中的彼得伸出一只手。我们在画前伫立了至少二十分钟，讨论洗礼的原有仪式，特别是它奇异的古老观念：其起源与死亡的真正危险有关。这种习俗常与灭顶之灾有联系，因而用以表示有关死与再生的原型意象观念。洗礼原本是名副其实的水中没顶，至少暗示出有淹死的危险。

四幅画中，唯有彼得落水的镶嵌画让我最为记忆深刻，这图画中的每个细节到现在我仍历历在目：蓝色的海水，每一片马赛克，彼得和基督所说的话。当时，我想着探索这话的含义。我们走出了洗礼厅，完成了参观之后，我立即去阿里纳里买这些镶嵌画的照片，可是却没有卖的。因为这是短暂的停留，时间十分有限，我只好暂时放弃了这个念头，想着可以从苏黎世订购这些画。

回家之后，我托一位去拉韦纳的熟人代购。他没有找到，因为他发现我所描述的镶嵌画并不存在。

在此期间，我在一次讨论会上也谈到了洗礼的渊源问题，并借此提及了在正教洗礼所见到的那些镶嵌画。我至今对这些画仍有印象。但是那位与我同去的女士一直不敢相信，她"亲眼见过的"东西并不存在。

我们都知道，要确定两个人是不是在同一时间、同一地点看到了相同的东西，这是非常困难的。但是，在这件事上，我可以肯定地说，我和她看到的主要轮廓至少是差不多的。

在拉韦纳的感受是我一生中最奇幻的经历之一，几乎无法索解。在关于加拉·普拉西提阿皇后（公元450年逝世）故事中的一个情节或许可以提供一些线索。有一次，在一个极端的伴有暴风雪的冬日，她从拜占庭前往拉韦纳，并在旅途中发誓说，若此行能够顺利抵达的话，她就建造一座教堂，还要将海上的惊险场景画在教堂里。她顺利抵达目的地之后，便兑现了誓言，在拉韦纳建造了圣乔万尼教堂，并且用镶嵌画加以装饰。在中世纪早期，由于大火，圣乔万尼教堂及其镶嵌画被毁灭一空，但是，加拉·普拉西提阿乘船渡江的草图却可以在米兰的安勃罗西安纳教堂里面见到。

从我第一次参观起，我个人就一直受到加拉·普拉西提阿形象的感染，而且感叹她这样一位有教养、有条不紊的妇女怎么能够在一个野蛮成性的王储身边生活。她的陵墓里似乎留有一份最后的遗产，从中能够窥见她的人格。她的命运和她的性格特质对我而言则是活生生的存在，从她的强硬性格看，她就是我的女性形象的恰当体现。凭借这样的投射，可以将那些我自身的潜意识的永恒之处表现出来，达到暂时性新创造，而到了此时，它与现实的差距就是不值得一提的了。

一个男人的女性意识具有十分强烈的历史性：女性意识是潜意识的人格化的表现，它可返归到史前时代，并且体现出过去的含义。它向个人提供了其所应该获悉的那些有关史前的因素。对于个人来说，女性意向就是过去存在过、至今仍然存在于他身上的全部生命。把自己与它相比，我总觉得我自己像一个没有历史的野蛮人一样，像一个从无中跳跃而出的造物，既无过去，也无将来。

在我和女性意向的交流过程中，我的确已经与我所见到的在镶嵌画中表现出来的那些危险有过一次小接触。我已经接近溺水身亡的境地，当时的情形就跟彼得的境遇差不多，他曾呼救，最后得到了耶稣的拯救。法老大军的这一命运与我何其相似。最后，我像彼得，也像纳曼一样，没有受到任何损伤，我将各种潜意识部分加以整合，使我的人格进一步完备。

当一个人要将以往潜意识的内涵与意识进行相融之时，他心中所想、所及是没法用三言两语表述清楚的，只能用心体验。这是一种无须讨论的主观境界：我自己以某种特有的感觉来感知自身，这是确信无疑的事实，因此，并不存在任何的怀疑成分。同样，我们对于他人也怀有一种特定的感觉，这也是一个不容怀疑的事实。据我们所知，能够消除全部这些印象和见解之间差异的更高权威是不存在的。这种整合结果的变化是否会发生，变化是什么性质，仍然是一个主观信仰的问题。所以，这个事实不能用科学的办法来检验，因此，它在正规的世界中没有地位。然而，这依然是一个在实际中非常重要、后果繁多的事实。无论如何，现实主义的心理治疗医生和对心理治疗感兴趣的心理学家都不能忽略这个事实。

我在拉韦纳洗礼所经历过这番感受之后，确实理解了有些内在的事物看起来是外在的，而某些外在事物也可能是内在的。就我目光所及，我肯定是在洗礼时见到了真正的围墙，但是一种幻象的适时出现将这一眼前形象完全扭曲，而这一幻象也是真实的，和没有变化的洗礼圣水盆一样完全真实。在那个时刻，我们又能说谁是真实存在的呢？

我的这一经历并不是唯一存在的，此类情形屡见不鲜。但是，如果一个人遇到了这种情形，就会不由自主地认真对待——比对待听到或读到的情况更认真。一般说来，对于这类传闻轶事，人们马上都会想到与该神秘遭遇有不解之缘的形形色色的解释。我所得出的结论是，在我们确立有关潜意识的任何理论之前，我们需要对潜意识经历许多许多的感受。

我毕生旅行之处颇多，也一直想去罗马，但是，我总是有这样的印象，觉得目前自己还不足以享有这座城市的历史。单单一个庞贝城就已经如此了，何况其他。在1910年至1912年，我正致力研究获得对古典古代心理学的某些见地，那时我觉得探访庞贝的时刻到了，才第一次前往这座古老之城。1912年，我乘船从热那亚进入那不勒斯。当船接近罗马所在的纬度时，我凭栏远望，感慨万千，罗马古城就在那里，这是古代文化的传播中心，基督教世纪和西方中世纪的错综根基都在这里，现在这里依然留有古典世界的辉煌业绩和残忍冷酷。

　　我一向钦佩那些本来可以去比如巴黎或伦敦但最终却去了罗马的人。当然，可以从美学上领略一番罗马和其他类似的古城，但是，如果那里依然弥漫的灵魂在你每走一步时都会影响你，如果一堵墙或者一根柱子的残躯都以一种立即可以辨别的面目凝望着你，那就完全另当别论了。甚至在庞贝，以往从未见到过的景象也会展现出来，出乎意料的事物也变得有意识，问题也会被提出，而这些问题却是我无能为力加以解决的。

　　在我垂暮之年，1949 年，我本想再次实现这一愿望，但是在买票的时候，我突然昏了过去。此后，前往罗马的各类计划，便就此搁浅了。

十、幻象

1944 年初，我跌伤了脚，心脏病又跟着发作。我经历了昏迷，在无意识的混乱之中，我的头脑中出现了各种幻象，毫无疑问，这一情况是我徘徊在死亡线上、接受输氧和樟脑液注射的时候发生的。许多形象巨大无比，我自己断定我已濒临死亡。后来，护士告诉我："好像您被天国之光笼罩着。"她又说，这是她在正在死去的人身上偶尔见到的现象。我的确已经达到了极限，现在也不知道当时我是在梦中还是处于狂喜的状态。无论如何，在我身上发生了极为奇怪的事。

我似乎是在高空中，我看见地球在我下面，它沐浴在灿烂的蓝色光辉之中。我望见了深蓝色的海水和一块块大陆。我脚下的一块地方是锡兰，再往前面一点儿就是印度次大陆。我没法将整个地球看清楚，只能见到球形轮廓，这是非常清楚的，而且，在奇妙的蓝光的外层还有一轮闪烁的银色光芒。整个地球就如同一个被氧化了的银器一样，在许多地方显出彩色，或者深绿色的点状物。我目光所及的左边远处有一大片荒芜之地，我一眼便看出了那黄中透红的阿拉伯沙漠。大地似乎被盖上了发红的外衣。接着是熟悉的红海，而在后面很远的地方，像地图的左上角一样，隐约可见的是地中海的一角。我一直盯着那个角落，而周围的一切变得模糊起来。虽然我也能见到被大雪覆盖的喜马拉雅山，但是，山顶总是笼罩在迷雾之中，难以看清楚。我一点儿也没向右看。我知道，其实我正在远离地球。

后来我发现了要到什么样的高度才能有这么宽阔的视野：大约一千英里！在这样的高度上，地球是我所见过的最为壮丽、优美的景象。

看完这一切之后，我转了个身。我原来是背朝印度洋站着，当然是面北。而此时，我似乎转向南面了。这又是一个全新的景致。在眼前的近处空中，一大块黑石呈现出来，像陨石一样。有我的房子那么大，或者比那个更大。它正在飘浮着，而我也在太空中飘浮着。

其实我在孟加拉湾海岸上见过这类巨石，那些都是褐色的花岗石，而有些已被凿空建成了庙。我在幻觉中所见的空中的这块石头也是如此。入口通向一间小前厅，入口右面有一个黑肤色印度教徒盘腿坐在一个石椅上。他穿着一件白袍。我知道他在等候我。有两级台阶通向这间前厅，内部左侧有通向寺庙的门。无数极小的神龛中都有小碟形的凹穴，里面灌满了椰油，配有小灯捻，小龛油灯的光环围绕着这扇门。我在锡兰康提参观佛牙寺时的确见过此景：大门四周的确排有几列这样的油灯。

在我走向通向巨石入口的台阶时，一种奇怪的感觉涌现出来：我觉得仿佛一切都在消遁，我所注视的、希望的、正思考着的一切，地球上存在的全部幻影，都渐渐消失不见，或者离我远去了。这种感觉非常难受。但是同时似乎有一些东西被留存了下来，好像还保存着我所经历过或者做过的一切、我周围发生的一切似的。我也可以说：这一切与我同在，我就是这一切。可以说，我就是由这一切组成的。我由我自己的历史构成，我的的确确感觉到：我就是这样。"我是一切存在过、一切已完成的事物的总和。"

还有一件引起我注意的事：在接近寺庙时，我想着自己要进入一间光明的大厅，还会在此遇见我在现实中的同僚。我最终会获悉——这也是必然之选——我或者我的生命将被列入某个历史的一环中。我将会知道，在我之前存在过什么，我为什么存在，我的生命流向哪里。我所经历的生活对我来说常常像一个没有开始也没有终结的故事。我觉得我是一个历史片断，对它来说上文和下文都已全付阙如。我的生活似乎是从一长串事件中剪取出来的，有许多问题仍然没有得到回答。它为什么要摘取这一过程呢？我为什么会带来这些特殊的承诺呢？我把它们变成了什么？以后会怎么样？我觉得一旦进入这座石庙，我就会得到所有这些问题的答案。在那里我会知道为什么一切原是如此而非其他。在那里我会遇到知道以前如何、以后如何等问题答案的人。

我不停地想着这些，这时候发生了一件事，将我的思绪吸引了过去：从下面，即欧洲那个方向出现了一个形象，或者说出现了他的影像。那是我的医生，此时他的头上缠着金链，或者是金月桂花环。我立即觉得："哦，我的医生，当然，他一直给我诊治。但是，现在，他以他的原初形象到来，像科斯的国王一样。在生活中，他是这个国王，即这一原初形象的暂时体现的仆从，而原初形象是从一开始就存在的。现在他正以这种原初形象出现。"

我想到自己也可能是真身。虽然这一点我感觉不出来，我却认为必定如此。他飘浮到我身边，我们之间就默然地交流起来。他是受地球的派遣来跟我说一声的，说反对我离开。我没有权利离开地球，必须马上返回地球。我听闻这一信息时，就立即醒了过来。

我深感失望，因为这一切都显得无缘无故。这种痛苦的脱落过程归于徒劳，我没有得到进入寺庙会见往日同侪的许可。

实际上，过了整整三周的时间，我才下定决心要接着活下去。我没法吃东西，因为一切食物都让我觉得反胃。在病床外呈现的城市和山峦的景致让我觉得空洞无比，它们更像一幅有黑洞的彩色帷幕，要不就是一堆印着没有任何价值的照片的碎报纸。我失望透了，想着："我必须要立即返回'箱子系统'里去。"我觉得，在宇宙地平线之外，已经巧妙地建筑起一个三维的世界，每个人都单独地坐在一个小箱子里。现在我必须再次说服自己，这一点很重要！生活和整个世界在我看来犹如一座监狱，一想到我必须认为这一切合情合理就感到无限烦恼。我曾庆幸自己已经摆脱了这一切，但是，现在的情况是，我和其他人一样又被一条线悬挂在箱子之中。在空中飘荡的时候，我没有重量，也没有任何东西拖住我。而现在，这一切竟已成了明日黄花！

我对这位挽救了我生命的医生有种强烈的抗拒情绪，正因为他救了我的命。同时我又为他担心。哎呀！他有生命危险！他已经以真身出现在我的面前了！谁要是获得了这样的真身，那就意味着他离死亡不远了，他已经回到了"其原型"的群体里了。突然。我又在惊恐地想：他可能必须要代替我而死。我赶紧和他谈这个情况，但是他并不理解，以至于我十分气恼。"他怎么能假装不知道他是科斯国王的臣仆呢？为什么假装他不具备他的原初

形象呢？他居然要我相信他什么都不清楚！"我妻子责备我对他
不友好。她是对的。但是同时我对他很气愤，因为他顽固，拒不
提及在幻景中我和他之间发生的一切。"真可恶，他得小心着点。
他没有权利这么粗鲁！我要警告他，让他小心点儿。"我深信他的
生命危在旦夕。

　　事实上，我成了他最后一个病人。1944 年 4 月 4 日，这一
天我记得十分清楚，我得到了许可，第一次可以从病床上坐起
来。但是，也是在这一天，那位医生却卧病在床了，而且再也没
有站起来。据说他患上了间歇热，不久之后就去世了，死于败血
症。一位不错的医生，有才华。不然，他就不会以科斯国王的身
份出现了。

　　那几个星期，我生活在一种奇异的节奏中。白昼总让我觉得
压抑，我觉得虚弱、凄惨，几乎不敢有所行动。阴郁之中，我
想："现在我被迫回到这个枯燥的世界了。"傍晚时分我总是熟睡，
一直睡到午夜前后。然后苏醒过来，醒后躺一小时，可是精神状
态完全异样。我被一种狂喜或者说是巨大的幸福感包围着。我觉
得我似乎在空中飘荡着，在宇宙的怀抱中安睡。虽然是一种巨大
的空寂状态，但心中充满了幸福。"这是永恒的福分，"我想，"虽
然无法言说，但真是美妙极了！"

　　这一时刻，周遭的环境也变得奇妙无比。在午夜的这一个小
时里，护士会给我送来加热的食物，因为只有这时我才有胃口吃
东西。长久以来，我一直认为她是年长的犹太女性，比实际年龄
要老得多，她每天都为我准备洁净的常规食品。我望着她，她头
部周围就像有一个蓝色的光环。我觉得自己就像来到了安石榴园
里，而蒂费莱特和马尔蒂斯正在进行着婚礼仪式。我自己就是犹

太经师西蒙·本·约斋，这是场神秘的婚礼，像出现在秘教的传统似的。我没法表述我内心的喜悦之情，这实在太美妙了！我只是不断地默念着："这就是安石榴园！马尔蒂斯和蒂费莱特的婚礼仪式！"我并不清楚我到底扮演着什么角色。哦，那就是我自己，我就是婚礼。我的快乐就是这场盛大的婚礼。

安石榴园渐渐隐匿了，变化了。接着是耶稣基督的婚礼，在张灯结彩的耶路撒冷。细节我描述不出来，那是永志不忘的欢愉。天使涌至，一片光明。我自己就是"耶稣基督的婚礼"。

这个场景也结束了，一种新的景象随之而来，即最后的幻景。在一个宽广的山谷里，我最终走到了尽头，眼前是一排起伏的小山。在这处平缓的山谷尽头是一个古典式的半圆剧场，这剧场在一片碧绿景致的映衬下显得绚丽而典雅。在这里，在这个剧场里正在庆祝神圣的联姻。男女舞蹈家登上舞台，在撒满鲜花的长椅上，众神之父宙斯和赫拉完成了神秘的婚仪，和《伊利亚特》中的描写一样。

这些体验是明丽而光辉的。每晚我都会在最纯粹的幸福中飘游，周围的一切都会幻化成各类形象。各种主题和谐共融，隐退又重来。各种主题逐渐混合，失去色彩。幻景一般延续约一个小时，然后我又睡去。早晨来临之际，我就觉得：灰色的早晨又来了，灰色的世界和一个一个的箱子又来了！多么愚蠢，多么丑恶和荒唐！那些内在的境界多么奇异、多么美丽，相比之下，现世就是滑稽可笑的。随着我日渐康复，这些幻象也愈益疏淡，在初次幻象之后不到三周，就已经完全终止。

在幻象时刻所体会到的美和愉悦的情感是没法用语言表达的。那是我所经历过的最为宏大而悦目的景象。白昼是等级鲜明的对比物：我备受摧残，焦躁不安，烦恼不已。周遭的一切都那么鄙俗，那么恶劣，那么笨拙。无论是空间还是精神上都太过拘束，形如坐牢。尽管如此，我依然看出了它的空虚。虽然我对世界的信心已经恢复，但是自那时起我一直没有全然摆脱这一印象，即生活是一种被纳入专门为其设计的三维的、箱子状的宇宙之中的存在的积淀。

另外有一种情况我记得十分清晰。起初，我经受着安石榴园的幻景的时候，我请求护士在她受到困扰的时候原谅我。我简要地指出，室内有一种圣洁性，可能会对她有害。她显然并不明白我的意思。在我看来，圣人到来之时，会产生一种奇幻的气氛，我担心其他人不能接受这个，但我也没有办法。当时我就清楚了为什么有人谈论圣洁的气味，圣灵的"芳香"。就是这种气味，是各种神秘的相合。

我从来没有想象到自己竟会有这般经历。这不是想象的产物。幻象和体验都是完全真实的，毫无主观臆测之处，反而具有一种绝对客观的性质。

我们常常避讳谈"永恒"的话题，但是，我可以将我这一体验说成一种非时间状态的快乐，在此，现在、过去和未来都已合为一体。凡是出现在时间中的事物都被置入一个完整的整体之中。一切都没有被扩散到时间之外，一切都不能用时间概念度量。这种经验最多能用一种感觉状态来形容，但是却不能用想象再现。我怎么能够想象昨天、今天和明天同时存在的状况呢？有尚未开始的事物，有无疑现存的事物，有已经完成的事物，但是这一切都是一个统一体。感觉所能捕获的唯一事物是一种总体，一种有光泽的整体，同时包含对于某种起始的期待，对于正在发生的事物的惊奇感，对于已经发生的事物结果的满足或失望。人被卷入了一种不可形容的整体之中，又以完整的客观态度去观察它。

后来，我又经历了一回这样的体验。那是在我妻子离世之后的事，我在梦中见到了她。如同幻象一般，她站在离我较远处，目不转睛地望着我。她正值青春年华，大概三十岁的样子，穿着一件多年以前我的一位当巫师的表姐为她做的衣裳。那可能是她所穿过的最美的衣服。她的表情既不高兴，也不悲哀，而是聪明达观，毫无激动的表情，似乎她已经超脱了情感的迷惘。我知道那不是她，而是她为我制作或遣送的一幅肖像。肖像包含了我们最初的结识，婚后五十二年的种种经历和她生命的终结。面对这种完整的形象，我们无言以对，因为它几乎不能受到领悟。

在这个梦以及与此相关的那些幻象中我感受到了客观的存在，这是属于已完成的个性化的某一方面。这表明远离了各类评价，以及感情纽带。一般认为，感情纽带对人类至关重要。但是，这种纽带仍然包含着某些投射，重要的是抽出这些投射现象，以期达到自我的客观存在。感情关系是欲望的关系，沾染了强迫与束缚，是一个人对另外一个人的某种期望。正是这一点，令他和我们不能自由。藏匿在感情关系的吸引力之后的客观认识似乎是中心的秘密。只有通过客观的认识才能达到可能的真正的结合。

病愈之后，我的工作开始了一个丰收期。我的很多主要作品就是在这一时期逐渐完成的。我所获得的顿悟，或者万物归宿的种种想法给了我力量，让我得以提笔重新著述。我也不再致力让我的见解完备，而是顺着思想之流写作。这样一来，问题便一个个接踵而至了。

这次患病还给我带来了另外一种变化。我可以将其解释为对现存事物的肯定：对于一切存在的事物无条件地承认，绝无主观的抗逆，接受我所见到和所理解的存在环境，接受我自己的天性，而不管我的天性是怎样的。患病初期，我觉得我的态度有些偏颇，我对这一偏颇要负某种责任。但是，若想遵循个性化的道路，并过自己的生活，就必须承担这一点。没有错误，生活就无从谈起。在任何情况下，我们都不能保证不犯错误，或者不跌入严重的危险之中。有人也可能会想没准儿有一条笔直的道路，但是，那很有可能是通向死亡之路。而死后就什么也没有了，那么就全无意义了。任何想要走捷径的人，都与走向死路毫无差别。

这次病后，我明白了承认自己的命运是多么重要。这样，我们就锤炼出来一个在不解之事发生时也不折断的自我，这个自我耐久，经受得住真实，也有能力对付世界和命运。这样，即使经历了失败也等于面对胜利。万事万物皆不被干扰，不论是内在的还是外在的，因为自我的延续性已经能够抵抗生命和时间的不断流逝。但是，一个人只有遵循自己的命运之路前行，而不去刨根问底地干预命运的安排才能如此。

我还认识到，人必须接受作为自己现实一部分的自己内在的、独自形成的思想。真与假的类别当然是常存的，但是，因为它们没有约束力，所以占第二位。思想的存在比我们对它们的判断要重要得多。但是，这些判断也不宜加以压制，因为它们也是现存的思想，是构成我们的完整性的某一成分。

十一、论死后的生活

　　这篇关于来世、关于死后的生活，是我的回忆。它们包含了我所感知过的形象和一直令我十分不安的思想。这些回忆也以某种独特的方式成为我的著作的基础。因为我的这一著作基本就是针对"今生"和"来世"这两个命题而做出的尝试性的新答复。但是，迄今我还没有明确写过死后的生活，如果要这样，我就必须找到我的种种见解的依据，可是，我没有办法这样做，还是顺其自然吧。现在我来表明我的见解。

　　甚至现在，我也仅仅只能讲故事，讲"神话故事"。也许，人只有在接近死亡时才能得到谈论此话题的必不可少的睿智。这倒不是说我希望我们有死后的生活。事实上，我宁愿不去抱有这类观念。不过，我必须要说明的是，为了忠于实际情况，虽然我并不希望这样，而且在这方面也没有任何系统的研究，但是这类想法却依然在我内心久久徘徊，而且挥之不去。我不能断言这么想是不是正确，但是我知道它们确实存在，而且，如果我不是因为某种偏见将其压制下去的话，那么它们是可以表述出来的。偏见常常损害和挫伤精神生活，而我自身对精神生活也了解得不多，因此，我不能凭借专门的知识来加以明确的陈述。在我们身边，批判理性主义以及许多其他的神话概念，早已经消除了有关死后生活的观念，这种情况能够出现的原因在于，现在许多人几乎都将自己与自己的意识等同起来，而且想象它们怎样理解自己，自己就是那样的人。但是，凡是有些许心理学常识的人都知道这种理解的偏颇之处，这太局限了。理性主义和教条主义是我们所身处的这个时代的病症，它们妄称对一切皆有所知。但是，我们现在有限的知识不可能给出完整的解答，直至今日，还有很多知识没法解答的问题。我们的时空观念只是具有近似的价值，并且还存在着或大或小的偏差。鉴于此，我对涉及精神的奇异神话十分关注，同时还乐于细心观察我所遇到的种种事件，无论这些是否适宜于我的理论研究。

遗憾的是，人的神话现今屡遭排斥。人类不能再创造寓言。结果，人类所失颇多。因为谈论不可思议的事物既重要又有益，这种谈论犹如坐在壁炉旁边，叼着烟斗说一个引人入胜的鬼故事一样。

关于死后生活的神话或者说那些故事的真正含义，以及这些故事背后是一种怎样的现实，我们并不十分清楚。我们也没法说明，除了这些故事作为神与人同形、同性映射所具有的不可怀疑的价值之外，还有什么价值？所以，我们只能承认，对于超出我们理解范围的事物是根本没法确认的。

我们不能想象由全然不同的法律维系的另一个世界，原因就在于我们生活在一个特殊的世界里，这个世界形成了我们的思想方式，确定了我们基本的精神条件，我们也受到了自身先天结构的种种限制。因此，我们的全部存在和我们的思维与我们身处的世界紧密相连。当然，神话中的人往往要"超脱这一切"，但科学验证出，人不可能超脱出来。对于智慧来说，关于一切神话的论述都是些毫无价值的思辨。但是，从情绪来考量，神话又是一种治愈性的、有内在价值的生命活动。它给予我们一种不想消除的声音，这是一种生之光辉，我们没有充分的理由要求消除这一声音。

心理玄学认为，死者显示自己——或者为鬼，或借以他物——死者传达大概只有他们自己才理解的事物，这在科学上都是对来世颇有价值的证明。但是，假若存在证据充足的情况，仍然会有新的问题出现，即鬼魂或声音是否与死者同一，他是不是死者的一种精神上的投射呢？这些描述的事物又怎么证明确实是来自死者的呢？或者怎么证明不是来自潜意识中存在的知识呢？

姑且不管理论上关于这些事物确实性的争辩，我们也不应该忘记，对于大多数人来说，他们觉得自身的生活在现今存在之外会以某种方式无限延续，这具有重要的价值。他们会生活得更明智，感觉更良好，更平和。人们会有数百年无法测算的一段时间供自己支配。那么，这种现时的无意义的疯狂冲撞还有什么目的呢？

当然，这种推理也不是人人都适用的。有人就不追求永恒，一想到自己坐在一团云块之上不断地弹着竖琴，几万年来天天如此，他们就会惊恐不已；也有一些人在生活中多遭坎坷，或者对自己的存在痛感厌倦，就宁愿彻底断绝存在。但是，对大多数人而言，长生的问题甚为紧迫、直接，而且无法根除，所以，我们必须作出努力，提出某种见解。可是，怎么提出呢？

我假定，我们可以凭借潜意识，比如梦，向我们提供启示。我们一般都忽略掉这些启示，因为我们觉得这个问题无解。针对这种明摆着的怀疑论点，我提出以下的相反观点：若存在着我们没法解释清楚的事物，我们一定会认定这是个智力问题从而舍弃掉。比方说，我不知道宇宙是怎么形成的，而且也许永远都找不到答案。因此，我就必定要放弃这个问题，认为它是一个科学和智慧的问题。但是，如果向我提供一种关于该问题的见解——在梦中，抑或在神话传统中——我则应该予以注意。凭借这些启示，我甚至应该构想出一个概念来，即使这一概念依然永远是一种我明知无法证明的假设也是无妨的。

人们能够说，他已竭尽所能地建立关于来世的种种概念了，或者创造它的某种形象，虽然他也不得不承认失败。不作尝试才是一种重大的损失。因为向他提出的这个问题是人类的一种永恒的遗产：这是一种具有神秘感的生活的本源，这种本源附加到我们的个人生活之中，来求得自身的完整性。我们往往被理性所设定的过于狭窄的界限所围，我们只能接受那些已知之物，并且受到非常多的限制，我们的生活也只能在一个已知的范围之内，正如我们仿佛明白生活将延续多长时间一样。事实上，日复一日，我们都远远地生活在我们的意识范围之外，尽管我们不知道，潜意识的生活依然是在我们的内心发展着的。批判性理性统治得越严，生活就变得越贫乏。但是，我们所能意识到的潜意识越多，神话越多，我们就能使生活变得更完整。评价过高的理性与政治上的绝对权力有共同之处：在它的统治下，个人贫乏化了。

潜意识对我们的帮助在于向我们传达事物，或者提供形象性的启示。它具有向我们传达我们凭借逻辑无法知道的事物的功能。比方说，那些常常成为现实的同步性现象，种种生动的预感和各种梦境。

我还记得，在大战的时候，有一回我从波林根坐火车往家里赶。我随身携带着一本书，但是怎么也看不下去，而在火车出发时，我的脑海里出现了某人落水溺死的画面。这是一种回忆，在我服役的时候曾经发生过这样的事故。在整个回家的路途中，我的脑海里充斥着这个画面。我觉得可怕极了，心想："会出什么事吗？真的会有事故吗？"

我在埃伦巴赫下了车，随后便迅速往家赶，但是这个记忆一直纠缠着我。到了家门口，我就见到二女儿的孩子们全都在花园里。他们一家人因为战乱，从巴黎回到瑞士和我们住在一起。孩子们站着，显得闷闷不乐。于是我问："喂，怎么回事呀？"孩子们告诉我说，最小的男孩亚德里安掉到游艇码头的水里了。那儿水很深，他又不怎么会游泳，所以几乎淹死，是他哥哥把他救了出来。出事的时候，就是在火车里那段记忆向我袭来的时候。潜意识给了我一个启示。为什么不给我关于其他事情的启示呢？

我妻子娘家的一个人去世之前，我也有这样类似的体验。那时候，我梦到妻子的床是一个有石壁的深坑，仔细一看，那是一座古代风格的坟墓。接着我听到了一声叹息，就像是有什么人正要咽气。一个长得很像我妻子的人在坑里坐了起来，然后向上浮动。这个人身着一件织了奇怪黑色图案的长袍。我惊醒了，叫醒了我的妻子，看了看时间，是半夜三点钟。梦很奇怪，我立即想到，可能有人死了。七点钟，噩耗传来，我妻子的一个堂姐在夜里三点去世了。

潜意识往往会给出预兆，而并非确认。有一回我梦见自己正在参加一个聚会。那是在花园里举行的某个招待会，我见到了姐姐，这令我十分惊愕，因为她已经去世好久了。我的另一位已经去世的朋友也在。剩下的就是尚在人间的熟人。我发现有一位我熟识的女士陪伴着我姐姐。在梦中我就猜想：这位女士可能会不久于人世。她已经被阎王爷写上名字了。在梦中，我十分清楚她是谁，我知道她住在巴塞尔。可是，我一醒来，尽管我绞尽脑汁，却不能够回忆起她是谁，虽然整个梦境依然历历在目。我逐一回想我在巴塞尔的全部熟人的面容，看记忆中的形象像不像她。可是谁也不像！

几个星期之后，我得到消息，说我的一个朋友出了事，因此而去世了。我立即知道，她就是我在梦中见到的，但是在现实中我一直没法分辨出的那个人。我对她的回忆十分清晰，包括相当多的细节，因为她在死去之前一年多一直是我的病人。但是，在我努力追忆梦中所见的那个人时，唯独她的肖像没有出现在我想象中的巴塞尔熟人肖像画廊之中，虽然她的肖像理应出现在前列。

如果经历过这类事情，那么你绝对会重视潜意识的这种能力。但是，在此我还要叙述其他同类者，这是对潜意识的潜力和技艺表现出某种程度的尊重。但是有一点我们必须明确，即这种信息也可能具有一种主观的含义。它有可能与现实符合，也可能相反。不过，我已经知道，我依据潜意识的这种启示所形成的观点是极富成效的。当然，我并不想写一本关于它们的启示录。可是，我要承认，我已经有了一种鼓励我深入了解全部这个领域的"神话"。神话是科学的最早的形式。我谈论死后诸事的时候，所谈的是内在的启示，而且仅限于告诉你与这个主题有关的梦和神话。

当然，有人从一开始就会反驳说，关于生命在死后延续的神话和梦，都不过是我们天性中固有的、补偿性的幻觉，一切生命都希求永恒。为了对此做出回答，我能举出的唯一论据就是神话本身。

但在很多方面，至少在精神的某些方面是不受空间与时间法则支配的。著名的"莱茵实验"就为此提供了科学方面的证明。那些有关自发性预见、非空间知觉等例子在我身上就能举出许多，除了这些之外，这些实验还能说明，精神有时候会在因果关系的时空规律之外起某种作用。这就说明，我们的时空观念，还有因果关系的观念，是不完备的。世界的完备图景还需要增加一维。只有如此，现象的完整性才能得到统一的解释。因而，唯理主义者至今依然坚持认为，心理玄学的经验并不真的存在。他们的世界观会因为这一问题而成立或不成立。如果这类现象出现，唯理主义的宇宙图像就没有价值，因为它不完备。这样一来，现象世界背后的，以其他价值作为标准的现实的可能性，就变成了一个无法回避的问题，而我们必须面对这样一个事实，即我们的世界及时间、空间和因果关系，是与这个世界背后或下面的另一种事物有关系的，在这种秩序中，无论是"这里和那里"还是"从前和以后"都不重要。我一直深信，至少我们精神存在的一部分是以空间和时间的相对性为特征的。这种相对性随着意识距离的增长而成比例增长，直到一种非时间性的、非空间性的绝对境界为止。

不单单是我自己的梦，别人的梦也促成、审订和逐步肯定了我对死后生活的种种看法。有一个梦对我具有启发，这是我的一位六十岁的女学生大概临死前两个月做的一个梦。她曾经进入过阴间。那里正在上课，她的许多已经去世的女友都坐在前排的木椅上。课堂上笼罩着一种期待的气氛。她四顾寻觅老师，但是找不到。显然，她自己就是老师，因为人们死后必须立即讲述自己的全部生活经历。死人们对于刚死的人讲述的生活经历极感兴趣，似乎尘世生活中、空间与时间中的活动和经历具有决定意义。

不管怎样，这个梦描述了一群奇特不凡的听众，这在人世间几乎是不能找到的。从我们的思维方式来看，这些人极感兴趣的是世人所不足为奇的部分，即人生在世的最后心理结果，这根本就不可能得出什么结论来。然而，如果这种"听众"存在于一种相对的非时间之中（在这里，"完结""事件"和"发展"都已变成了可疑的概念），那么，他们可能最感兴趣的正是他们自己生活条件中所缺乏的东西。

这个梦境让这名女士恐惧万分，因为她十分惧怕死亡的来临，她便竭尽全力驱散这些想法。但是，约在两天之后，复又出现。令我十分惊奇的是，这些形象完全没有变化，他们的举止言谈方式依旧，似乎在此期间没有任何事情发生。实际上，在我的生活中发生了极为难以置信的事情。因此，我必须再从头开始，告诉他们发生过的全部事情，并向他们解释。对于这一情况，当时我也大感诧异。只是到了后来我才明白所发生的事：在此期间，这两个形象沉入了潜意识之中，隐匿了起来。我也可以说，归于非时间状态之中。他们失去了与自我、自我的变化着的环境的联系，因此，对于意识世界中所发生的一切都一无所知。

很早我就得知，我必须引导潜意识的形象，或者不易与其分清的另一组，即"故去的人的灵魂"。我首次感受到这一点，是在1911年我同一个朋友骑自行车穿越意大利北部的途中。在归家的旅程之中，我们自帕维亚骑车到亚罗纳，即马乔莱湖的下湖。当晚我们原计划沿湖而行，穿过台森直达费多，再乘火车到苏黎世。但是，在亚罗纳，我进入了一个梦境，计划因此而被打乱了。

我梦见我参加了过往世纪名人灵魂的集会。那感受和后来我在1944年黑石寺庙的幻景相似，谈话是用拉丁文进行的。一位戴着长而弯曲假发的绅士跟我聊了起来，我被问及一个很难回答的命题，等我睡醒后，我却全然不记得了。他的话我能明白，但是，因为我的拉丁文掌握得不够好，我回答不上来。这让我觉得羞耻极了，心情极差，就醒了过来。

睡醒后，我随即想到了自己正在撰写的那本《性本能的潜意识与心理学》，又想起了那个没答出的问题，我觉得十分自卑，于是就登上了火车，返回家中继续工作。我不能再继续骑自行车闲逛，再浪费三天光阴。我必须工作，以寻求答案。

多年之后，我才理解了这个梦以及我的反应意义为何：那个戴假发的人是一个先辈的魂灵，或者死者的魂灵，他向我提出问题，我没法给出解答！因为问题提得过早，而我还没有那么深的造诣可以理解，但是我隐隐约约明白，如果我努力写书，我就会回答那个难题。我的先辈的魂灵向我发问，寄希望于得知他们在尘世中未曾明了的一切，而答案只能在以后的几个世纪中才能创造出来。要是问题和答案是那么唾手可得的话，那我也就不必耗费任何的精力来研究了，因为在何时都能轻易地找到答案。的确，自然界的知识似乎是无限的，但是，只有在时间成熟的时候，意识才能理解。这个过程，可以设想，就像个人的精神一样：一个人可能对某一事物略知多年，但只能在一个特殊的时刻才能清晰把握。

后来，在我写作《对死者的七次布道词》时，死者又向我提出了深奥的问题。他们说他们"从耶路撒冷归来，没有找到所寻求的东西"。这一点在当时令我颇为诧异，因为据传统观点，死者拥有大量的知识，但是，显然，死者的灵魂"所知道"的仅仅是死亡之前的东西，其他的事一概不知。因此，他们才极力干预我们的现世生活，以期获得知识。我常常这样想着，也许他们就站在我的身后，等待我们的回答，或是命运的回答。他们对存活者保有一定程度的依赖，以求获得答案，亦即依赖于那些比他们活得长久的、而今依然生存于变化中的世人们：似乎全知，或者是否可以说，全意识，并不受他们的支配，只要能注入一个以躯体为依托的灵魂。因此，活人的头脑比死者的至少还是有些优势的，即获取清晰而具有决定意义的认知能力。我觉得，在时间和空间上存在的三维世界如同一个坐标系统：纵坐标和横坐标无限延伸至彼岸，这点体现在无时间无空间的状态之中，像一个具有许多侧面的原初形象一般，或者一种围绕原型的认知的散乱云团。但是，若能分辨不连续内容的话，一种坐标系统依然十分必要。在我们看来，在一种散漫的全知状况下，或者，如果情况使然，在一种无主观意识的状况下，没有时空分界，这种活动是不可思议的。认知，犹如繁育一样，包含着对立：此方与彼方，上天与入地，在前与在后的对立。

若去世后仍有一种意识长存的话，那么，我觉得这种存在就会在人类所达到的意识水平上前行，而意识在不同的时代具有延展性。有许多人毕生，甚至直到死时都落后于他们自己的潜力；更重要的是，落后在被其他人在一生中提高到意识水平的知识后面。因而，他们虽死，却依然寻求他们生前未获得的那一部分意识。

我是通过观察死者的梦得出这一结论的。有一次，我梦见我去访问一个两周以前死去的友人。这位朋友的一生都在接受正统的思想，他抱有传统的世界观，也拒绝接受新鲜事物，且从不加反思。他的家坐落在类似巴塞尔附近的图林格山的小山上。一座古老城堡矗立在那里，旁边有一个教堂和几座小房子组成的广场。这景象非常像拉珀斯维尔城堡前面的广场。梦中时值晚秋，古树的叶子变得金灿灿，在日光的照射下一切都具有秋日之美。我的朋友和他女儿同坐在一张桌子旁。他的女儿在苏黎世正在攻读心理学课程。我即刻明白，她正跟父亲谈论心理学。他听得津津有味，因此只是随随便便地和我打了招呼，似乎是对熟人表示"请勿打搅"的意思，这随手一挥仿佛是一种辞别的手势。这个梦以某种我并不理解的方式告诉我，我受命获取他的精神存在的现实，而此举是他一生都未实现的。在梦境中我甚至还想到了一句名言："神圣的隐士们散居在山上……"在《浮士德》的第二部皇宫内容，隐士们被视为发展不同时期的代表人物，他们相互学习，共同提高。

对于灵魂在死后的演化，我还有另外一次体验，那是在我妻子死后大约一年。有一夜，我忽然醒来，我记得我曾和她一起在法国南部，在普罗旺斯，而且和她在一起整整一天。当时她正深入对圣杯的研究。这一细节对我意义重大，因为直到她去世时，还没有完成对圣杯的研究。对此的主观性解释，即我的女性意识尚未结束于她的工作，但这对我没有用处。我很清楚，在这方面我也未必胜任。但是，我的妻子在死后仍然继续研究，以求其灵魂的发展，无论这是如何设想的，这一想法，对我意义深远，我甚至感觉有些高兴。

当然，这样想未必是对的，这会给人以假象，就像那些投射到平面上的形体一样，或者相反，就像要以一个三维的形体为凭证，要设计一个四维的模型。它们都使用三维世界的术语来向我们展现本身。数学是不惜巨大劳苦创造凭经验无法理解的各种关系的具体表达式的。同样，对于训练有素的想象力来说，通过逻辑原理、以经验资料为基础，亦即，以梦的见证为基础，建立起扑朔迷离之物的形象也是至关紧要的。所用的方法，就是我所说的"必要陈述法"。此法表现了释梦中的放大原则，但是也可轻而易举地用简单的整数中包含的陈述来展示。

一，是一个数词，它是位于首位的数字，是一个单数。但是，它也是一个"一体"，即一元、全一体、整体、唯一和非二元性，这就摆脱了数的束缚，转而变成了一个哲学概念，上帝的一种原型意向和属性。但是，同时，智慧受到了一体及其含义的概念的规定和限制。换言之，这些论述是任意而为的。论述受到了一体性质的制约，因而是必要的。从理论出发，这样的逻辑推理用于数的余下的概念，但是，实际上，这一过程不久就结束了，因为复杂的情况不断增加，数量巨大，不易梳理。

此后的每一个单位数都会引出新的特性和新的修正。例如，数字4的特性是四次方程能够求解，而五次方程则不能求解。因此，对于数字4的必要的陈述就是，它是一个开端，同时又是前一个阶数的末尾。由于每增加一个单位数就会出现一个或更多的数学特征，因此，论述会非常繁杂，不能系统地叙述。

自然数的无限序列与单个性生物的无限数目是相对应的。这一序列同样由个体单数而构成，甚至其前十个成员的特性也具有这样的意义，即从单子中分离出来的抽象宇宙开创学说。数的特性即物质的特性，因此，有些方程式是有其可预见性的。

所以，我认为，不同于数学的论述（即性质不同的论述）同样能够指出超出其本身的无法表现的现实情况，例如想象的产物，这些产物获得普遍的接受，或者因为像整整一级的原型主题一样发生频繁而突出。像是数学方程中的某些因数一样，我们不能说明它们到底代表了什么物质元素。同样，在某些神话作品中，我们最初也不知道它们指向什么精神现实。表述热气不规则运动的方程存在很久之后，关于这些气体的问题才得到了精确的研究。同样，我们很久以来就具有表现某种阈下过程的基本神话题材，虽然这些过程直到最近才获得了名称。

无论在什么地方，若能够获得最大限度的知觉，依我看，都会形成死人可能获取的最高限度的知识，尘世生活具有非常重要的价值，人在去世的片刻所"带走"的事物也非常重要，原因大概就在于此。只有在这里，在对立物发生冲突的尘世生活中，意识的总水平才能够提高。

看来，这更像是人的形而上的使命，如果没有"神话解释"加入，我们就没法完成这一使命。神话是潜意识认知和意识认知之间不可缺少的桥梁。的确，潜意识比意识所知更多，而不同之处在于，这是一种特殊的知识，永恒中的知识，一种不涉及时间和地点，不能用智慧的言语加以表述的知识。只有我们与它的论述发生关联，就像是上面数字的例子那样，它才能进入我们的理解范围，也只有在这时，我们才能察觉到一种不同以往的情形。这一过程重复出现在对梦的成功分析之后，颇具说服力。而对梦的陈述也不能先入为主，下学说式的定论，这一点也十分重要。否则，我们的方法将会彻底变成教条，从而空洞无物。

虽然没有方法展示灵魂在死后继续存在的有效证据，但是，各种经历会令我们加以思考。我视其为启示，并不擅自将各种顿悟的意义强加于它们。

一天深夜，我无法入睡，头脑清醒地想着一位朋友的暴死。葬礼就发生在前一天，所以，他的去世触动了我的心弦。而且，我突然觉得他就在房间里，他就站在我的床头，还让我跟他一同前往。我不觉得这是幽灵，倒像是他的内在的视觉形象，我对自己暗暗解释说，这是幻象。但是，坦率地说，我当时曾自问："说它是幻象，我有什么证据呢？假定它不是幻象，假定我的朋友的确就在这里，而我却断言他只是幻象，这种做法不是十分可厌的吗？"而且我同样也不能证明，站在我面前的就是一个幽灵。接着我想："证明既不在这里，也不在那里！不想把它解释为幽灵而以此了事，我提出疑惑，对他未必无益；而且，为了实验的目的，可以赋予他以现实感。"我刚想到这儿，他已走到门口，招呼我随他一起走。这样，我就要和他一同去玩耍了！我原来没有想要这样。我必须再一次对自己重复自己的论点。只有在这个时候，我才在想象中随他而去。

他引我离开了房间，进入花园，来到了大街上，最后到达他家里。实际上，他家离我家也就几百米的距离。我进了门，被引进了他的书房。他爬上一个凳子，指给我看书架上面第二层有红色书套的五本书中的第二本。此时，幻景结束了。我本不熟悉他的藏书，也不知道他有什么书。实际上，从下面我无法辨别他指给我看的书架上第二层的书脊的标题。

　　这个体验在我看来十分奇异，所以，翌日清晨，我去访问他的遗孀，请求到我友人的书房中去寻找一点儿东西。书架下面的的确确有我在幻境中看到过的那个凳子，我还没走近，就望见了那五本红封套的书。我踏上凳子，观看标题。那是左拉小说的译本。第二卷标题是《死者的遗产》。对其内容，我不感兴趣，只有标题，与我的经验联系起来看，才是极为有意义的。我母亲去世之前我做的梦对于我也同样意义重大。她去世的消息是我在台辛逗留期间传来的。听到这一噩耗，我悲痛万分，因为这消息来得太突然了，而超出了我们的意料。在她去世的前一晚，我做了一个非常吓人的梦。我自己身处一座浓密、阴晦的森林中，原始丛林式的巨树中间摆着很多奇形怪状的大石块。那是一片粗犷而富含英雄史诗般的原始景致。突然，一声尖厉的口哨声划破了长空，似乎要将整个宇宙震碎似的。我吓得腿打起颤来。接着，灌木丛中传来树木断裂之声，一头巨大的猎狼犬张着大嘴蹿了过去。一看到它，我毛骨悚然，血液似乎瞬间凝固了。它从我身边掠过，我突然醒悟过来：是荒野猎人命令它去摘走某一个人的魂魄。我吓坏了，猛地醒了过来。第二天早晨，我就得到了母亲去世的消息。

　　这是极少数的让我如此震惊的梦之一，因为从表面上看，仿佛是说魔鬼前来抓她。但是，实际上，这场梦暗示着荒野猎人，或者绿帽人，在那天夜里，他带着自己的狼群外出打猎，那是一月份的南风风暴季节。是瓦坦，即我们日耳曼人祖先的神，将我母亲召唤回她祖先那里去了。消极地说，是返回到了"野蛮的部落"；但是，积极地说，是返回到了有福的人们之中。基督教传教士曾经把瓦坦变成魔鬼。瓦坦本身则是一个重要的神，如罗马

344

人所正确理解的那样，是一位墨丘利或者赫耳墨斯，一种自然灵魂，以圣杯传说的预言家化身复生，成为炼丹术士所寻求的秘方。这样一来，这个梦的含义就是：我母亲的灵魂是被送进了超出基督教道德领域之外的自性的更加广阔的天地中去了，被送进了自然与灵魂的整体之中。在这里，一切冲突和矛盾都得到了解决。

我立即回家奔丧，乘夜班火车，一路上十分悲痛。但是，在我内心，我却并不悲哀，原因很奇特：整个旅程，我都连续不断地听到舞曲、笑声和欢闹声，好像是车上正在举行婚礼。这与梦中的景象构成了强烈而奇特的对照。这里是欢快的海洋，因而我无法全然沉溺于悲伤之中。悲哀一次又一次地几乎要浸没我，但是片刻之后，欢乐的曲调又开始感染着我。我一会儿感到温暖与欢愉，一会儿则感到恐惧与悲哀。在整个路途中，这两种对立的情绪飘忽不定地共存着。如果我们假设，在一瞬间死亡是以自我的观点来表现，而在下一个瞬间是从精神观点来表现的话，这一奇异现象是能够解释的。在前一情况下，它像是某种厄运，这是它常常留给我们的印象，似乎凶恶而无情的势力像要结束人的生命似的。

事实上的确如此，死亡确实是一件可怕而残酷的事，这是毋庸赘言的。不仅仅从肉体的变化上看它是残酷的，而且在精神上也是如此：一个人从我们当中被拉走了，留下的却是死亡的冷冰冰的寂静。任何一种关系都无法希求，因为全部桥梁在一击之下全部断绝。想着享受长寿者却年纪轻轻就离开了人世，而那些平庸之人反而活到百岁。这是极端残酷的现实，我们没法逃避。死亡充满残酷，又十分无常，这令人痛苦万分，从而得出结论：上帝并不慈悲，正义也不存在，善意也没法寻找。

但是，若换另一种角度想，也许就是两样了。死亡是一种欢愉之事。从永恒的角度来看，这是一个婚礼，一种神秘的结合。灵魂获得了它那遗失的一半，将要达到完整。在希腊石棺上，欢乐的因素以跳舞的少女来呈现，而在伊特鲁里亚人的坟墓上，则是以欢宴的方式呈现。虔诚的教长老西蒙·本·约斋临终的时候，他的朋友们说他正在庆祝自己的婚礼。即使到了今天，在很多地方，还有在万灵节这一天到坟墓上野餐的习惯。这些都表达了同样的观念，即死亡是一种庆典。

其实在我母亲去世的前几个月，即1922年9月，我曾做过一个预示性的梦。这场梦还牵涉到我的父亲，至今让我记忆犹新。从1896年，我父亲离开人世之后，我就再没有梦见过他。现在他又一次出现在梦中，宛如远途旅行归来一般。他变年轻了，而且少了身为父亲的权威模样。我带他来到我的书房，心情好极了，特别想知道这么长时间以来，他都在做什么。我还欣然期待着向他介绍我的妻子和孩子们，带他看看我的房子，告诉他我现在的境遇和我所取得的成就。我也想说说我近年来出版的这些著作。但是，很快我发现这些不太可能了。因为我父亲显出若有所思的样子，好像是想从我这儿拿走点儿什么，我明白无误地发觉了这一点，所以就没有说下去。他想了想，接着便对我说，我是一个心理学家，他想听听我在婚姻心理学方面的见地。我正想向他谈论婚姻的复杂因素，但是，就在此刻，我醒了过来。当时我还没法理解这个梦，我也没有想到它可能指我母亲的去世。在我母亲突然去世的时候，我才恍然大悟。

我父母的婚姻是不愉快的，充满了摩擦、困难和对耐心的磨

炼。他们双方都犯过许多夫妻特有的错误。我的这一梦境是我母
亲去世的先兆：因为在我父亲去世后二十六年，他又归来，想要
理解婚姻问题的最新见解和信息，因此向一位心理学家求教，因
为他知道不久后，他要面临这个问题。显然，在他所处的那种非
时间性的状态之中，他并没有找到答案，因此，他必须向世人
求教，因为活着的人在已经变化的时代之中，对问题有了新的
理解。

这个梦所传递的正是这个信息。当然，要是我探究其主观意
义的话，会得到更多。但是，为什么这个梦正好在母亲离世前出
现，而我又没有预见到她的离世呢？这个梦显然是关系到我父亲
的，我对父亲有一种随着我长大成人而日益加深的同情感。

因为潜意识作为时间和空间相对性的结果，它与有意识的心
理相比，只具有它所能及的各种感官感知，具有更好的信息来
源。我们在关于死后生活的神话方面就依赖于梦的微小启发和来
自潜意识的类似的自发性提高了。我已经说过，我们不能把知识
的价值归属于这些幻境，更不用说证明了。但是，这些价值和证
明可以当作神话放大的恰当依据，向进行探索的智慧提供其活动
所不可缺少的素材。如果割断了与神话想象的媒介世界的联系，
精神就会成为僵死教条的俘获物。另外，与神话的这类萌芽过多
接触，对于意志薄弱和好猜度的精神是危险的，因为它们会被引
向，把模糊的暗示视为确凿的知识，把简单的幻境当作事实。

关于来世的一个广泛流传的神话是由灵魂转世的观念和形象
形成的。在一个智慧文化高度复杂，又比我们古老的国家里——
我指的当然是印度——关于灵魂转世的观点被视为理所当然的，
就如我们关于上帝创造世界或者存在着灵魂导师的观念一样。有

知识的印度人当然深知我们不赞同这些观念，但是他们不以为意。从东方的这种观点来看，生与死的轮回是一个无限的延续过程，就如同一个永远向前滚动但是没有目标的车轮一般。人活着，获取知识、离开，又再生从头再来。只有佛才有关于目的的观念，亦即脱离尘世而存。

东方对神话的需求需要一种有开始和目标的进化的宇宙创造论。西方人则反对有开始和普通结尾的宇宙创造论，不能接受一种静态的、独立的、经历永恒循环的观念；而另一方面，东方人却能够接受这一观念，对于自然的性质也不存在一致的观感，而今的现代天文学家们也与他们相同，对这一问题没有统一的观点。在西方人看来，静态宇宙的无目的性是不可容忍的。他必定要设定它具有某种意义。东方人则放弃这样的假设，而是从自己的本心出发去体现这些。当西方人需要完善世界的意义而作出努力之时，东方人则力求在人身上完成这一意义，将世界和存在从自身中消除。

我觉得，这两方都是对的。大多西方人是外向的，而大多东方人是内向的。西方人投射出意义，觉得意义存在于客体之中；而东方人则觉得意义就在其自身，要通过自身得以感知，而意义既在外界又在自身。

再生的观念与羯磨观念分不开。重要的问题是人的羯磨是否是个人性的。如果是，那么，一个人从出生之日起，他的命运就已经注定了，这也是他前几生的成绩，因此就存在着个人的延续性。但是，若不是如此，在投生行为中人就获得了一种客观的羯磨，而这种羯磨就是包容进来的个人体现，而不是任何一种人格的延续了。

佛陀的门徒曾两次问他，人的羯磨是否具有人格性。每次佛都避而不答，而且对此问题不予注意。他说，明了此理无助于人解除存在的虚幻。佛认为对其门徒更为有益的是思考人生，亦即，考虑出生、生活、老年、死亡和苦难的原因和作用。

我同样没法回答：我的羯磨是不是我前世的过往带来的因果，或者是我的祖先们所给予的成就，他们的遗产从我出生之日便随之而来。我难道是我这些祖先的生命的结合体？我是否让这些生命得以重新体现呢？过去我是否曾以自身的本来面目生活过，我在一生中是否得到了长足的进步，今天我才得以找寻到解决的办法呢？这些我都没有答案。佛陀也没有留下答案，我倾向于认为他也没法解答。

可以想象，我可能在前几个世纪里生活过，遇到过我没能解决的问题，我必须再投生，因为我未曾完成以前交给我的任务。我死的时候，我的所作所为会随我而去，我是这样想象的。我将带走我所做过的一切。与此同时，重要的是要保证我最后不会空着双手。看来佛考虑过这一点，因为他告诫他的信徒们莫为无益的思辨而浪费时间。

我的存在即是生活向我提出的难题。或者说，正相反，我自己的存在就是向世界提出的难题，我必须要给予解答，否则，我就只能听凭世界的答案了。这是一个超个人的生命任务，我只有克服困难尽力完成。也许这是一个曾经吸引我的祖先的问题，但是他们没能回答。我对《浮士德》在结尾处没有做出答案印象颇深，也许原因就在这里吧。同样印象深刻的是尼采也没有解决的问题：基督教徒在生活中感到困惑的精神方面？或者，这是我的日耳曼人和法兰克人祖先们的活跃的瓦坦－赫耳墨斯精神提出的疑难谜语？

我所理解和接受的有关我祖先生活的结果，或者是以往某人生活中所得的羯磨，大概也是一种客观的原型，这一原型现在紧紧追逐着每一个人，尤其是我，成了其紧追不舍的对象。就像是神的三位一体在许多世纪中的发展，它与女性意识的相持一样，或者，对诺斯替教关于恶的起源的无从解答一样。换言之，即基督教的上帝形象的不完整性。

我也考虑到了由于某一个人的成就而造成世界产生出一个问题而他必须提出某种答案的可能性。例如，我提出问题和解答问题的方式可能是不令人满意的。这样的话，某一个具有我的羯磨的人，也可能是我自己，只能再生，以求提出一个更为完整的答案。也可能是这样：世界不需要答案，我就不必再生，我就会有几百年的宁静时光，直到某一天，又需要一个人，他对这些问题感兴趣而且可能重新卓有成效地完成这一任务。我想象着，这段休息时期可能接续而来，一直在我一生中所完成的工作需要重新接续为止。

我对羯磨的理解仍然是不清晰的，同样模糊不清的还有人的再生或者灵魂转世的问题。我"以自由与开放的心境"认真听取了有关再生的印度教理，还细致地观察了我自己所生存的现世，看是否能在什么地方以某种方式找到再生是真实的证据。当然，我指望在西方找到对于再生信仰的相对繁多的见证。信仰只向我证实了信仰的现象，而不是信仰的内容。我必须从经验上看到它被揭示才能接受。一直到几年前，在这方面我都没有发现任何具有说服力的情况，虽然我对这样的迹象是细心注意的。但是，近来，我在自己身上观察到了一系列的梦，这些梦似乎是在一个已去世的熟人身上描写出了转世的过程。但是，在其他人那里，我没有再遇到过这类梦，因此没有比较的依据。因为这种观察是主观性的、单一的，我只想提及其存在，而不作深入研讨。但是，我要承认，在这次经验之后，我是以不同的眼光看待转世的问题了，虽然还不能提出一种确定的见解。

如果我们假定生命"在那里"继续存在，那么，除了精神的存在之外，我们不能设想其他形式的存在，因为精神的生命不需要空间与时间。精神的存在，尤其是我们在此关注的内在的形象，提供了有关来世生活全部神话思辩的材料，我把那种生活想象为形象世界的一种延续。因此，精神就可能是来世或者死者之国所在的那种存在。

从心理学角度来看，来世生活仿佛是年老者精神生活的逻辑上的某种延续。随着年岁的增长，观察、思考和内在形象在人的生活中起着越来越大的作用。"老年人要做异梦。"当然，这就指出，老年人的精神没有停滞或者僵凝，"妙药做得太迟了，耽搁了时间，疾病已入膏肓"。到了老年，人便不断回忆过去，在沉思之中，在过去的内在和外在形象之中辨认自己。这就像是对来世存在的一种准备，就像柏拉图说的那样，哲学是对死亡的准备。

个人的内在形象使我免于在沉湎中无法自拔。许多老年人过多地沉溺于重现往事，他们被围于这些回忆之中。但是，如果这是投射性的，并且转化成为形象，则可能是一种为了跳得更远的后退。我竭力看到穿过我的生命进入世界又离开世界的那条线索。

一般地说，人们形成的对来世的概念大都是由一厢情愿的想法和偏见构成的。所以，在多数的概念中，来世被描述成为一个愉快的地方。这一点在我看来并不十分明显。我几乎不认为我们死后都被引导到某一个令人心旷神怡、鲜花盛开的草地上去。若来世的一切是那么令人愉悦和美好的话，那么，在我们和受到祝福的灵魂之间就会有某种善意的交流，在投生前一定会有某种暗示出现。但是，这些似乎都没有发生过。而在死者与生者之间，为什么又存在着这种无法逾越的障碍呢？而关于与死者邂逅的报道中所讲述的有一半是与黑暗幽灵相遇的可怕经历，死者的国度保持着一贯的冰冷寂静，不为亲人的悲恸所动。

再略提一下我的不由自主的想法：我觉得世界是极为一元的，对立物规则完全消失的来世不存在。那里也存在着自然，那种自然就其状貌而言，也是上帝的自然。我们死后将进入的世界是既壮观又可怕的，就像上帝、像我们所知道的全部自然界一样。我不能设想痛苦会全然消失。当然，我在 1944 年那次幻境中的经历——解除躯体负担，窥测含义——给予了我深厚的慰藉。但是，那里还是黑暗的，以及缺乏人情的温暖。想一想我遇到的黑石块吧！它是漆黑的，是由最坚硬的花岗岩组成的。这是什么意思呢？在创世的土地上，若没有不完美现象，没有原始的缺陷，为什么还想创造呢？为什么诸神一点儿也不关怀人和创世、不关怀无限的生死轮回呢？而佛将他的"空"与对于存在的痛苦看法对立了起来，基督徒则希望现世赶快终结呢？

三维生活的吸引力就在于此，在灵魂未能理解的某一阶段出现。既然更充分的理解已经把重新现形的欲望毁灭，灵魂也就无须再归还。而此时，灵魂便不再出现在三维世界中了，也达到佛教徒所说的涅槃。但是，若还有一次羯磨需要安排，那么，灵魂就会再度陷入欲望之中，再次经历轮回。

在我看来，造成我自己投生的原因肯定是一种追求理解的欲望。因为这是我的性格中最为强烈的部分。对理解的这种不满足的欲求已经到了某种地步，它甚至创造了一种意识，以求得了解存在着什么，什么事发生了，并且从不可知物的微弱启示中将各种神话概念融合起来。

我们缺乏我们的任何事物会永恒保存的具体证明。我们最多可以说我们精神的某一部分在肉体死后继续存在。我们也不知道，继续存在的事物是否意识到了它自身。如果我们觉得必须就这一问题形成某种见解，那么我们也许可以研究从精神解体现象中所得知的情况。在大多数情况下，凡是一种分裂的情况表现出来的，它都表现为人格形式，似乎情结对其本身是有意识的。因此，精神病患者所听到的声音是人格化的。很久以前，我在博士论文中研究过人格化情结的现象。如果我们愿意，我们可以把这些情结引证为意识延续性的见证。同样，在脑部受重伤之后和精神崩溃严重状态下深深的假死情况中得到的、令人惊奇的观察结果，也符合这一假设。在这两种情况下，意识的完全丧失可能伴有对外在世界的种种感受和生动的梦的经验。因为在这类时刻，大脑皮层即意识中枢是不产生作用的，所以对于这些现象还没有解释。这些现象可能至少是意识能力的一种主观的顽强存在，甚至在显然的潜意识状态下。

永恒之人，即自性，与时空存在的尘世之人的关联更是一个不好回答的问题。可以先听听我以下的两个梦境。

1958 年 10 月，我做了一个梦。在梦中，我从自己的房子中看到了两个镜片形的发出金属光的圆盘，圆盘在房屋的上方画出一个完美的拱形线，随即落入湖中。那是两个不明飞行物。然后，另一个物体就直接向我飞了过来。它是一个圆的透镜，像望远镜的物镜一样。在距离我四五百米的地方它停留了一会儿，随后便飞离了这里。接着，又有一个从空中急速飞来：这回是一个有金属延伸物的透镜，延伸物引向一个箱子，这是一个幻灯机器。在离我六七十米的地方，它也停在了空中，然后光射向了我。我在惊愕中醒来。梦境未消，我就想到："我们一直认为飞碟是我们的投射物。现在证明，我们是它们的投射物。我是这个幻灯映射出来的，是卡尔·荣格。但是，是谁操作了这一器具呢？"

在此之前，我曾有一次做梦讨论了自性和自我的问题。这是一个早期的梦，在梦中，我在徒步旅行，正走在一条乡间景色的小路上，阳光很好，四野开阔。我走到了路旁一间小教堂附近。教堂的门半开着，我便进入其中。我感到吃惊，祭坛上没有圣母像，也没有十字架，只是放着珍奇的花卉。但是，在祭坛前面的地板上，我看见一个瑜伽信徒盘腿面对我坐着，正在深思。我仔细地看了看他，才发现他长着我的脸。我深感惊骇，惊醒过来，想到："哎呀，他不就是设计我的那个人吗？他做了一个梦，我就是梦。"我知道，等他一醒来，我就不复存在了。

在1944年我大病初愈后做的这个梦是一个比喻：我的自性正在沉思，设计着我的尘世形体。换句话说，它拥有人的形状，以便进入三维的存在，如同一个人要进入大海，必须要穿上潜水服一样。当弃绝来世的存在时，自性就带有一种宗教的姿态，正如梦中那个教堂一样。在尘世的形体中，它可以经历三维世界的种种经验，但是，通过更大程度的意识，它向体现又迈出了一步。

那瑜伽信徒或者至少会表现出我生前的潜意识的完整性，还有远东，就如在梦中体验到的那样，它是一种相对生疏的、和我们的意识相反的精神状态。如同幻灯片，那瑜伽信徒的沉思"投射"了我的现实。而通常我们都是反向去看待这个因果关系的：在潜意识中，我们所见的曼荼罗的象征，能够表现出完整性的那些图形和正方形的形体，我们平时若想要表现完整性，就会使用它们。我们的根基是自我意识，我们的世界是集中于自我焦点上的光线范围。我们是从这一点来看待昏暗的暧昧世界的，永远也不知道我们看到的阴影形体与我们的意识有关，或是现实就是如此。肤浅的观察者只满足于第一种假设。但是，更为仔细的研究表明，潜意识的形象不是由意识产生的，它具有它们自己的现实性和自发性。但是，我们却视其为次要的现象。

这两个梦的目的是颠倒自我意识和潜意识的关系，将潜意识表现为经验人格的制造者。这种颠倒的含义是，在"彼岸"，潜意识的存在是真实的，而我们的意识世界则是一种幻觉，一种为专门目的而设计的表面假象，如梦一样，只要我们还在其中，它就是现实存在的。显然，这种状况近似于东方的"虚妄"观点。

因此，我觉得，潜意识的完整性才是全部生物和精神事件的真正的心灵导师。这是它的原理，它要让一切成真，在人的方面，则是获取全部的意识。获取意识，广义来讲是获悉文化，而自我认知则是这一过程的中心和本质。东方人给自性增添了毫无疑问的神性意义，而根据古代基督教的观点，自我知识就是通向认识上帝的途径。

对人来说，决定性的问题是：人是否与某种无限的事物有关系？这是有关他的生命的重大问题。只有我们知道真正重大的事物是否是无限的，我们才能避免把我们的兴趣集中在徒劳的活动上，集中在各种各样没有真正意义的目标上。因此，我们要求世界承认我们是个人财富的品质：我们的才能或者我们的美。人越强调虚假的财富，他对本质的东西就越缺乏敏感性，而他的生活也就愈加不能令人满足。因为他只有有限的目的，他就觉得受到了限制，结果造成了羡慕和嫉妒。而我们若理解并且感觉到，我们在此生中已经与无限有某种相连，欲望和对世事的想法也会随之改变。总之，因为某些重要之物，这是我们的本质，如果我们不具备这种本质，生命就会被浪费。在我们与其他人的关系上，首要的问题也是某种无限性是否表现在这种关系之中的问题。

但是，只有我们与极限联系在一起时，我们才能获得对无限的感知。人的最大的限制就是"自性"，它表现在这一经验之中："我仅仅是这样的！"只有对于我们狭隘地囿于自性这一意识，才构成了与潜意识的无限性的联系。在这种认识中，我们会觉得自己是有限的，而又是永恒的，既是这里又是那里。认识到我们自身在我们个人的组合中是独特的，我们就有能力意识到无限。非此时不可。

在这一时代，即仅仅专注于扩张生存空间，甚至不惜任何代价在增加理性知识的年代里，要求人意识到自己的独特性和自己的局限性已经是一种最高级的挑战了。独特性和局限性是同义词，如果没有这两者，就不可能有，当然也不可能达到意识，而只是一种对它的幻影般的认同，其形式是醉心于自己是多数派和对政治权力抱有贪欲。

我们的时代把全部注意力都转移到了此地此刻，因此造成人及世界的魔鬼化。独裁者出现和他们带来的全部灾难，都源于超级知识分子的短浅目光剥夺了人的超越感。像他们一样，人变成了潜意识的牺牲品。但是，人的任务则恰恰相反，即，要意识到从潜意识向上涌出的内容。人既不应该坚持人的潜意识，也不应该同一于他存在的潜意识因素，进而回避他的命运，即创造越来越多的意识。就人类认识而言，人类存在的唯一目的是在存在的黑暗之中点起火把。可以说，正如潜意识会影响到我们一样，随着我们意识的增长，我们也会影响到潜意识。

十二、后期思想

若涉及我的传记部分，以下的思想内容是不可或缺的。的确，这些思想很可能让人觉得过于理论化，然而创造这种"理论"恰似一日三餐一样，既是我自身的一部分，又是我人生的存在方式。

基督教中最让人触目的存在即为，在其教义的体系中，它提示了一种预见性，即一种在神里存在着变形物，一种"彼岸性"的历史变化过程。其表现形式是以天庭发生纷争的新神话得以展现的，这方面的最早暗示在最初创世记中就有体现。在这一神话里，造物主的一个蛇形的敌人出现了，它通过允诺增大有意识的知识（好的与坏的）而诱使人走出顺从。而天使自天而降就是其第二个暗示，这是潜意识中对人类世界的一种最早的侵犯。这些天使是奇异的种属：它们只能一成不变而不可能再是别的了。它们本身只是些没有灵魂的存在，什么也不代表而只代表它们的主的思想和直觉。因此，堕落的天使便都是"坏"天使。这些天使产生了著名的"膨胀"作用（这种情形我们今天也可以在独裁者们的自大狂里观察得到）：它们与人结合而生出了一个巨人种族，到了最后，这些巨人竟威胁说要吃掉人类。《以诺书》就是这样说的。

然而，这个神话的第三个阶段而且是最具有决定性的阶段是上帝以人的方式将自己的能力最大限度地发挥了出来，即实现了《旧约全书》里关于神圣相合的这一观念和过程，并产生了结果。而早在基督教的最初发展时期，对于化身为人的观念就已经包括在"基督与我们在一起"的概念中了。这样，潜意识就深入内心体验的精神王国，而人也感知到了它进入人的真实形体里。这是具有决定性意义的一步，无论对人还是对造物主均一样——在那些走出了黑暗的人的眼里，造物主此时已抛弃其黑暗的性质并变得尽善尽美了。

自那时候起，怀疑和紧张的征象逐渐增多，这种情形发展到20世纪末，终于演变成了一场世界性的大灾难。这一灾难的最初形式是以对意识产生了威胁的图景展现的。而威胁来自"巨大症"，换言之，即意识的狂妄自大所造成的灾祸，它叫嚣着："人及其行为之伟大是任何其他都比不上的。"来世性即基督教神话的超然存在性陨落了，接着陨落的还有：基督教观念只能在来世才能实现其完整性。

随着光明而来的是阴影，也就是造物主的另一面。这种发展在12世纪达到了最高峰。基督教的世界现在确实遇到了邪恶的原则在起作用的问题，遇到了赤裸裸的不公正、独裁统治、说谎、奴役他人及良心受压制等问题。这种赤裸裸的邪恶的表现在俄罗斯民族中采取了显然是永久性的形式，但其第一次狂暴地爆发则是在德国。这种邪恶的肆虐表明，在20世纪基督教已被糟蹋到何种程度。面对这种情形，邪恶已不再可能通过个人洁身自好这种委曲求全的办法来使之减少了，通过委曲求全的办法已无法把它从这个世界驱逐出去了，我们必须学会如何驾驭它，因为它还得存在于这个世界。如果与它共存而又不致造成可怕的后果，在目前我们仍然想不出什么办法。

不管怎样，重新确定方向的时刻到了，我们需要一种思想的改变。如果说，与邪恶相连会招致某种屈从的话，那么，我们必须要坚定，不再屈从。甚至连善也一样，因为，善已经失却了其伦理的属性。当然，并非善有所改变，而是沉湎于善对人类不会有好处，会招致恶的出现。伦理行动的标准已不再存在于这样简单的看法中，即善具有一种绝对命令的力量，而所谓恶则可以坚决地加以避免。认识到恶的现实性就有必要使善具有相对性，同样，恶也会把二者改变成为一个矛盾整体的两半。

因为所有人的判断都难免有谬误，因此我们也不敢肯定自己所做的判断总是正确的。我们也很容易成为错误判断的牺牲品。伦理问题受这一原则影响，因而道德的评价只能达到我们有点拿不准的程度。虽然是这样，我们还是得做出伦理上的决断。善与恶的相对性并非说这样的分类毫无意义可言。做出道德判断的情形总是伴随着带有特征性的心理后果出现的。我已经多次指出过，就像在过去一样，我们在未来所做、所想或所欲做的错事，是一定会向我们的灵魂做出报复的。只有判断的内容才会受制于时空上变化着的条件限制并因而采取对应的不同形式。原因就在于道德评价总是基于一种道德信条中那显而易见的确定性，而这种道德信条又总是装出精确地知道何为善和何为恶的样子。但我们要一旦知道这种基础是何等不确定，从伦理上作决定便变成了一种主观的、创造性的行为了。只有上帝同意，我们才能使自己相信其确实性——也就是说，在潜意识方面必须具有一种自发的和决定性的冲动才行。伦理本身，即在善恶之间做出决定，是不受这种冲动影响的，因而对我们来说它只会变得更为困难。无论什么东西，都无法使我们摆脱在伦理上所作出的决定的折磨。然而，尽管看来显得苛刻，如果实在需要我们在伦理上做出这样的决定，在某些情况下我们就一定得拥有自由，不做众所周知的道德上的善，而去做被人们认为是恶的事情。再换句话来说就是，我们绝不可屈从于这对立的两方的任何一方。印度哲学为我们提供了一个有用的格局。在已知的情况中，道德信条便不可否认地会被取消，于是个人只好自行做出伦理上的选择了。在这种选择本身中，关于这一观念并没有任何新鲜的东西。在心理学出现前的时代里，这样的困难选择是人所共知的并归入"职责冲突"的范围中。

然而，个人的这些决断可能根本是无意识的行为，因而他也完全没发现自己有做出决定的潜能。他在不断的焦虑中寻找着指引他摆脱这种艰难困境的外部法则与规定。这种无知是因为人所具有的缺点，也与教育在此的缺失有关联，我们的教育传授的都是老一套的一般的知识，对私人性的主观体验避而不谈。因此，教育千方百计做的是教授那些理想性的信念或行为规范，人们自然知道，他们永远也无法做到，而这些理想也是当权者蛊惑人心的说辞，他们心中清楚，他们本人也没法达到这些标准。更可悲的是，对于这种教育的价值，从未有人提出过异议。

因此，要想得到对恶的问题的答案，而这个问题今天已经提了出来，个人首先且最重要的是需要有自知之明，亦即需要最大限度地懂得他自己的完整性。他必须无情地知道他为善能到何种程度，他又能做些什么恶，并且还得小心提防，以免误认为彼是真实的而此则不过是幻觉而已。二者都是他天性中的成分，而且二者肯定都会在他身上显露出来，要是他想——像他所应该的那样——不自欺欺人或异想天开地生活的话。

当然，如今的大多数人，虽然对自己所知有了更深入的了解，但与真正的认知水平还有相当远的距离，拥有这样的自知之明具有非常重要的意义，原因在于，只有通过此，我们才能接近本能所在的人的天性中那根本的一层或核心部分。最终制约着我们的意识所做的伦理决定的那些现眼性的动因就在这里。潜意识及其内容就是这个核心部分，我们没法对它做出终极性的判断。我们对它的理解可能是片面的，因为我们存在理性方面的种种限制，让我们没法理解它的本质。我们也仅能通过科学来获得有关自然方面的种种常识，而这种知识扩大了意识的范围。因此，深化性的自知之明也需要科学，也就是说需要心理学。谁也无法做到不懂得光学而只是出于善意就能反手之间造出来一架望远镜或显微镜。

如今的时代，需要心理学来大放异彩，因为我们需要它。它与我们根本生存的种种理由相关。在纳粹主义和布尔什维克主义的现象面前，我们大感不解，甚至束手无策，就因为我们对自己一无所知，或者，对人类存在着片面和歪曲的了解。如果我们具有自知之明，就不会如此。我们面对着恶的挑战，但是我们没法给出解答，因为我们对它知之甚少。换句话说，即使我们明白它，但我们仍然不了解它："它怎么会发生呢？"一个政治家上台了，他无比天真而骄傲地宣称自己没有"作恶的想象力"。这很对：我们没有作恶的想象力，但恶却把我们玩弄于股掌之间。有些人并不想知道这一点，而其他一些人则与恶同流合污。世界今天的心理状况就是这样的：有些人自称基督徒并设想他们只要愿意，就能够把恶踩在脚下；另一些人则屈服于恶并不再看到善了。恶，在今天已变成了：一个可以看得见的"大国"了。有一半的人类靠着人的推理制定出来一种教义而强大起来并养肥了自己，而另一半的人却由于缺乏与这种情形相当的一种能力而生病变弱。很遗憾，在基督教各国，这种情况已经发生；它们的基督徒沉睡了并在千百年里一直忽视了把其神话加以进一步发展。在神话性观念中对生命的黑暗冲动表示了看法的人，人们却拒绝听其陈述，弗洛拉·乔奇姆、梅斯特·埃克哈特、雅各布·波伊姆及其他许多人长期以来一直被大多数人认为是蒙昧主义者。唯一的一线光明只有教皇庇护的十二世及其教义。但是当我提起这一点时，人们甚至不知道我所指的是什么。他们并未认识到，一种神话要是不再具有生命和继续生长，那么它就死了。

我们的神话已经变得哑口无言，并不再作出回答了。过错并不在于它本身，在于它像《圣经》里所写的样子，而是在于我们，在于我们不但没有进一步发展它，反而压制任何这样的企图。这一神话的原型有着大量的起始点及进一步发展的可能性。比如，基督就说过这样的话："因此，你会像蛇那样聪明而像鸽子那样无害。"人是为了什么目的，才需要蛇那样的狡狯呢？而这种狡狯和鸽子的天真无邪之间又有什么联系呢？"除非你们变得如同小孩……"谁会费心去想一下在实际生活中小孩是什么样的呢？主是根据什么道德原则来证实他因需要凯旋般地进入耶路撒冷而牵走那头驴是有理的呢？而此后不久，他又发了一通小孩子般的坏脾气并诅咒无花果，这又是怎么回事呢？那不义的管家的比喻想要说明的是怎样一种道德呢？而启示录式的《耶稣语录》的话"人子啊，你要是知道你所干的是什么，你就有福了；要是你不知道，那你就该受诅咒，就是犯法了"，这对我们自己的困境有什么深刻的洞察力，有什么深远的意义呢？最后，当圣保罗忏悔说"尽管非我本意，我却作恶了"，这到底是什么意思呢？我不想再讨论《启示录》中那些一望而知的预言了，因为谁也不相信这些预言，而且其全部的论题均使人觉得不尴不尬。

诺斯替教徒曾提出过老问题"邪恶是从何处来的"，在基督教的世界里一直没有答案，而奥利金小心翼翼地提出了魔鬼也可以赎罪的看法，却被看作是邪理歪说。现在，我们仍需要面对这一问题，并给出合理的解答。虽然我们还会手足无措、徘徊不前，头脑里根本就没有想过，我们尽管急需一种神话，但什么神话也不会给我们找出答案。形成这种情况就是当前的政治局势和科学上的惊人进展，我们被秘密的恐怖事件及前途阴暗的预言所震慑，可是我们毫无办法，而且确实只有少数人得出了结论：这一回，被人们抛诸脑后很久的灵魂问题再次出现了。

神话的进一步发展很可能始于"圣灵"在使徒身上的大量显现，这样他们便得以成为上帝的儿子了。不但他们，而且通过他们及在他们之后接受了上帝的儿子身份的所有其他人也是这样。这样，他们便得以分享这样的确定性：他们并非地球所产生的土生性动物，而是作为获得两次新生的人，他们的根是在神性的本身方面。他们可以以看得见的、物质性的生命存在于这个世界上，但是正如基督教有关灵魂的赎救的神话所说，不可见的、内在的人是来自并终将复归于太初意象的完整性里，复归于永恒的圣父。

正如造物主是完整的一样，他的造物，他的儿子，也应该是完整的。从神具有完整性的观念里是夺不走什么的。但是谁也不知道的是，这样一种完整性却又裂了开来，于是光明的王国和黑暗的王国接踵而至。这种结果，甚至在基督出现之前，便明确地被预见到了，这种情形尤其在约伯的体验中，或在基督教时代紧随其后的传布广泛的《以诺书》中，便可观察得到。在基督教中，这种形而上的分裂显然也是久远的，在《旧约全书》中仍然属于耶和华亲密的随从的撒旦，现在却形成了神的世界正相反的永恒的对立物。他是无法被连根除掉的。因此，毫不奇怪，早在11世纪之初，创造了世界的是魔鬼而不是上帝这种信仰便产生了。这样，在天使堕落的神话里已经解释清楚，正是这些堕落的天使教会了人类一种有关科学与艺术的危险知识后，这一主调在漫长的基督教历史的下半期仍然回荡着。这些古老故事的讲述者对于广岛会说些什么呢？

具有幻想才能的雅各布·波伊姆认识到了上帝形象的自相矛盾性，因此，他将精力放在使神话进一步发展上。波伊姆所画的曼荼罗的象征代表着分裂了的上帝形象，因为内圈分成了两个背靠背的半圆形。

既然基督教的教义认定，上帝的完整性会在三位一体的每个人身上得以体现，那么他也能完整地出现在圣灵的每一部分之中，因此每个人或多或少地带上了上帝及其子裔的完整性的烙印。因而上帝形象的这种复杂性也就进入人的身上，他是作为矛盾对立的形式进入的而非统一体，上帝形象中黑暗的一方与上帝中光明的看法相互冲突。这个过程在我们的时代里正在发生，然而人文学科的官方教师对此却几乎没有认识，按其职责来说，他们本应懂得这种事情才是。的确，人们普遍觉得，在这些年代

365

里，我们已到达一个重大的转折点，但是人们却认为，伟大的机会只与核裂变和核聚变或与宇宙、火箭才有关系。与此同时在人们心灵中所发生的一切，通常却为人们所忽视。

心理学观点认为：当上帝的形象表明为精神的基础之时，这一形象的分裂作为一种表现形式被人们所察觉，就会出现补偿的现象。而这种分裂性甚至深入到世界政治中去了。这种补偿以具有统一性的圆圈的象征来表现，是精神之内对立双方的综合。在这里，我想提一下有关不明飞行物体的世界性流言，这件事发生在1945年，这些流言可能是基于幻觉，或者是某类实际的现象。有关不明飞行物体的故事一般是这样的：它们是从其他星球飞来的宇宙飞船，或甚至说是来自第四维空间的。

二十多年前（1918年），在我调查研究集体潜意识的过程中，我发现了存在着一种类型相似的显然具有普遍性的符号——曼荼罗符号。为了肯定我的发现，我花了十余年时间收集另外的资料，然后才首次宣布我的发现。那是1929年的事，曼荼罗作为一种原型性意象已出现了几千年，它意味着自性具有完整性。这一意象表示的是精神基础的完备性，或用神话的话来说，神性具现于人身。现代的曼荼罗与波伊姆的正好相悖，它体现出统一性，即某种对心灵破裂的补偿性表现，还预见到阻止这种破裂的进一步发生。由于这一过程发生在潜意识之中，因而显现的证据比比皆是。而关于飞碟的传言也是例证之一，它们是一种普遍存在的精神意向的征兆。

只要分析疗法会使"阴影"具有意识，那它就会造成分裂并使对立双方处于紧张状态，于是它们反过来便会在统一性中求得补偿。这种调整是通过符号来实现的。我们要是严肃地对待对立双方的矛盾冲突，或者它们严肃地对待我们，就会使我们的精神紧张到极限程度。从逻辑上来说，没有第三种选择证明其是有价值的：看不到有什么解决办法。如果一切均一帆风顺，解决办法便像是主动地从其本性中显现出来的。只有到了这时，它才是有说服力的。它使人觉得像是一种"天恩"。既然解决办法逐渐产生自对立双方的对抗与冲突，因此通常说来它就是意识和潜意识的诸多因素的莫测高深的一种混合，因而也就是一个符号或一个钱币被折成了可以精确地拼在一起的两半。它表示意识和潜意识协作劳动的结果，并以曼荼罗的形式达到了与上帝的形象相似。曼荼罗大概算是一种完整观念的最简朴的样式，而且还是在心灵中自发产生的样式，代表着对立双方的斗争和妥协。最初纯属个人性质的这种冲突，很快使人顿悟到，主观的冲突只是对立双方的普遍矛盾冲突的一个独特的例证而已。我们的精神结构与宇宙的结构是相一致的，而在宏观世界发生的一切也同样发生在精神的无穷小的和最主观的范围之内。由于这种原因，上帝的形象便总是一种强有力的对立物那内心体验的一种投射。这一形象通过具体物来加以象征，而内心体验则从这种具体物中取得其最初的动力。从这时起，这种具体物便保存着神秘的意义，或者具有其神秘性及这种神秘性压倒一切的力量的特色。通过这种方式，想象力便使自己从物的具体性中解放出来，并试图把那不可见的形象描绘成某种置身于现象后面的东西。在这里，我不由得想到了曼荼罗的基本形式：圆形和那最简单的（精神性的）等分此圆的方式：四等分或二等分。

这样的体验对人会产生重要的影响，也许是有所助益的，也许是毁灭性的。人类无法把握、不能理解、也没法主宰这样的体验，更无法摆脱或躲开它们，所以，他便觉得它们是无法抗拒的。当认识到它们并不是产生自人类那具有意识的人格，人类便称之为超自然力、鬼怪甚至是上帝。而现代科学采用"潜意识"便承认了它对此一无所知，原因是认知的唯一手段是精神，而它又对精神一无所知。所以，诸如超自然力、魔鬼或上帝的用语的确实性是既不能否定也不能证实的。但是我们可以确认，与某种客观且又显然在精神之外的体验所带来的有联系的奇异感，确实是真实的。

我们深知，某种不为我们所知的、异己的事件我们确实经历过，情形就跟我们深知自己并不去"制造"梦或灵感一样，不知为何它们就会主动出现。以这种方式发生在我们身上的事情我们将之称为超自然力、鬼怪、天神或潜意识。前三个术语有着巨大的优点，它包括并唤起神秘性的情感体验。而最后一个——潜意识，却是平淡无奇的，所以它也更接近于现实。这个术语包括了经验的王国，即我们十分清楚的那个平凡的现实世界。潜意识这个用语太理性了，它也不能证明想象力在现实世界中的作用。从根本上说，这个术语是出于科学上的目的而创造的，它更适合于没有任何形而上要求的不带感情的客观观察，但对于超验性的观念来说则不大适用，原因是后者属于论战性的并因而趋向于孕育狂热性。

所以，相对于其他概念，我本人更喜欢"潜意识"这一说法。当然我也明白，若我想用神话上的语言来表达，我同样可以提到"上帝"或"鬼怪"。当我确实使用这种神话上的语言时，我也十分明白，"超自然力""鬼怪"和"上帝"仅仅是潜意识的同义词罢了，意即我们对前三者和后者所懂得的，都是一样多。人们只是相信对前三者懂得更多，而为了某种目的的需要，这种信仰远比科学概念更有用处、更为有效。"魔鬼"和"上帝"的概念之所以具有很大好处，就在于它们可以使对立物更好地客观化，亦即把它人格化了。二者的情感特色赋予他们以生命和灵验性。爱与恨、恐惧与敬畏走上了对抗的舞台，并使它变成了一出戏。本来只是"展示"的东西现在变成了"行动"，整个人受到了挑战并进入与其整个现实的斗争。只有到了这时，人才能变得完整，并且只有这时，"上帝才能诞生"，也就是说，上帝进入人的现实里，并以"人"的形式与人产生联系。通过这种化身的行为，人——也就是说是他的自我——便内在地被"上帝"所取代了，而上帝则变成了外在的人。这，与耶稣的说法是一致的："看见了我的人也就看见了天父。"

正基于这一点，神话术语学的缺点也就暴露了出来。基督教认为的上帝是无所不知、无所不晓的、无处不在的、仁慈宽厚的天父和世界的创造者。要是这个上帝想成为人，他就得将自己变空，以便他的整体缩小到无穷小的人的尺寸之内。虽然如此，人们仍然还是难以明白，人的框架何以能支撑住这个化身而没被他撑破呢？神学思想家因此便觉得有必要赋予耶稣以超乎常人的某种特性。而最重要的是，他没有人的原罪。由于这种缘故而不是由于别的，他才至少是一个神化的人或是个半神。基督教中上帝的形象无法化身成经验性的人——这跟具有其一切外部特征的人似乎只有极少适合于代表一位神的情形是很不相同的。

最后，神话只能严谨地对待一神教而舍掉二元论的观点，而官方对此虽大力挞伐，二元论却一直存在着，时至今日，它也和万能的上帝一起被看作对抗永恒的黑暗力量。在这一体系之内，一定要为库撒的尼古拉斯哲学上敌对的复合性及雅各布·波伊姆的道德矛盾性挪出地方。通过这样，那仅存的上帝才能拥有本应属于他的对立双方的完备性和统一性。实际上确有这样的情形，由于其特有的性质，象征物是能够把对立的双方维系在一起的，而这二者从此便不再离散或冲突，而是互相补充并赋予生命以有意义的形式。这种情形一旦发生，自然之神或造物之神形象中的矛盾性便不难理解了。反过来，上帝必须化成肉身——基督教真义的本质——的神话便可以理解成人创造性地正视那对立的双方，正视那对立的双方在自性，即人的人格的完整性里的综合。造物之神形象中那不可避免的内部矛盾是可以作为炼丹术中对立物的相合，或作为神秘的统一而在自性的统一性与完整性中取得妥协的。在自性的经验里，取得妥协的不再像以前那样是"上帝"与"人"的对立，而是在上帝形象本身之内的双方的对立。这便是做礼拜的含义了，或者说是人可以奉献给上帝的功德。由于光明可以从黑暗中产生，因而造物主便可以意识到自己的创造，而人也能够意识到其自身。

这就是目的，也可以说，它能够使人的创造性活动富含深意。在我几十年的人生过程中，在我之内渐渐形成的正是这样一种解释性的神话。这样的目标我是赞同的，也是我为之欣赏的，因而便能使我觉得满足。

由于具有思考的能力，人得以迈出了动物界，而通过他的头脑，他证明了，大自然对意识的发展是高度重视的。通过意识，通过承认世界的存在，他便拥有了大自然，因而也可以说证实了造物主。这个世界变成了一个充满各种现象的世界，因为要是没有有意识的思考，它就不会这样了。造物主要是意识到了自己，他就会不需要有意识的生物了。这样的情形大概也是不可能的：费了千百万年才发展起来的无数物种和生物，其极为间接的生存进化，是具有目的的、有意图的产物。自然史告诉我们，在千百万年吞食和被吞食的时间里，物种经历了杂乱而又属于机遇性的变化。从人类的生物学史和政治史能找到这些论据的证明，但是从思想史方面，情形则全然不同。第二种宇宙起源学说认为：思考着的意识奇迹般地介入其间。意识具有如此的重要性，因而人们不禁怀疑起来，意义的要素掩藏在所有这些可怕而又显然没有意识的生物性混乱中，还有就是通向证实它的道路最终是在拥有不同智力的热血脊椎动物方面找到的，仿佛是偶然地、无意地、并非预见性地找到的，然而却又不明就里地出于某种黑暗的冲动而意识到了、感觉到了和摸索到了。

我并不敢声称自己在对人类及其神话的意义的思考中获得了真理性的论断，但是我认为，这是在我们双鱼座即将结束之时所能说的话，也许还必须考虑水瓶座正在到来的那漫长的时间，这个星座紧随双鱼座之后，这两条头尾倒向的鱼是一种对立的结合。而水瓶座仿佛代表着自性。它以庄严的神气将水瓶之物倒进南鱼座的口中，而南鱼座则象征着缺乏意识的儿子。从这一潜意识的内容里，经过两千余年的漫长发展过程，一种未来将产生出来，这未来的特征则由摩羯座的象征来显现。它是一种含羊头带鱼尾的怪物，它象征的是高山和深海，也是一种对立，是生长在一起的两种区别的动物成分所组成的。这种奇异生物比较容易成为一个面对着人的造物神的最初形象。在这个问题上，我只能保持沉默，情形一如我所能随意运用的经验性资料一样——而所谓经验性资料，指的就是我所相熟的其他人的潜意识的产物或历史文献。如果顿悟不是自然产生的，那么苦思冥想是没有意义的。只有当我们拥有了类似于我们所拥有的有关水瓶座的漫长时期的材料，这种冥思苦想才具有意义。

我们并不晓得，走向意识的过程要绵延多远，又会导向哪里。在创世的神话中这是新的成分，我们没法对照。而且没有我们可以指望的类似物，因而我们便无法知道它有些什么固有的潜力。我们也没法预知人类这一物种的发展前景。它是否会与其他一度在地球上盛极一时而今已灭绝的物种的命运相类似？生物学也找不出理由指出这种情形不可能发生。

当我们构想出足以说明人在宇宙中的存在意义的世界观时，需要通过神话来表述的需要便得到了满足，因为这种观点是产生自精神的完整性，产生自意识和潜意识之间的互相合作。无意义性排斥了人生的完美性，因而便等同于疾患。有意义可以使许多事物长存永驻——可能还使一切事物长存永驻呢。科学永远不可能取代神话，而神话也不可能据任何科学而产生出来。原因并非在于"上帝"是一种神话，而是在于这种神话揭示了在人的身上存在着一种神圣的生命。发明神话的并不是我们，恰恰相反，神话是以"上帝的话"的形式来向我们讲述的。"上帝的话"传到我们耳朵里，而我们也根本没有办法去区别它是否与上帝有所同及不同，到何种程度。除了上帝说之外，它使我们自发地正视它并使我们背上了义务，这种"话"不是为我们所知的，也没有人情味。它甚至允许我们独断专行。而灵感，我们也没法给出解答，我们只是觉得，它并非我们自己推理的结果，而是"突然降临到我们头上的"。而我们要是恰巧，这之前又做了一个具有预见性的梦，我们就更不可能将它归于我们自身了。直到过了一些时候，我们才知道这个梦表示哪种预见，而那表示着发生的事也要隔很久才会显现出来。

这种"话"就发生在我们身上，我们容忍它，因为我们是一种深刻的不确定性的牺牲品。由于上帝是个对立物的复合体，因此从这个词的最充分的意义上来说，一切的事情都是可能的。真与假、善与恶，都是同样可能的。就像德尔菲的神谕或像一个梦那样，神话是可以有歧义的。我们不能或不应该指责理性，但同时，我们也不能放弃本能。这时候，就像约伯很早以前就已说明的，上帝帮助我们反对上帝。"另一意志"通过它而得以表达的一切都是从人那里产生的，即从其思想、言论、意象甚至是某种局限性里产生出来的。因此，当他开始以稚嫩的心理学术语进行思考时，他便倾向于将自己当作万物之源，并断定一切都来自于自己的意图，来自于他自身。他带着孩童般的天真认为，他深知自己能力所及的一切，也了然"他身上"具有的东西。但是，他却一直受到意识的软弱及对潜意识的恐惧，这种妨碍让他没法明了所见所思。因此，他对自己无法做到客观，然而又不能把自己认为是一种现象，这种现象是他在存在中所发现的，不管怎样，他就等同于此现象。起初，一切都强加给他并在他身上发生了，只是费了很大气力，他才最终成功地被自己征服了，并拥有了一个相对自由的天地。

当他找到了通向这种自由之途时，也只有在这个时候，他才能够明了自己正面对着本能性的根基的位置，这种根基是被赋予的，并且不管他多么想摆脱也摆脱不掉。他的这种开始并不只是他的过去，也是作为存在的永恒的基础而与他共存的，他的意识受影响的程度也等同于受他周围的物质世界的影响。

　　这些事实以一往无前的力量从内外两个方面向他发起进攻。他把它们归之于神的观念之下，借助神话来描述它们的作用并把这一神话说成是"上帝的话"，亦即说成是来自"彼岸"的神秘灵感与启示。

　　要人尽可能地保有自身的个性化，没有比拥有个人发誓要保守秘密更好的方式了。社会结构一旦形成便显出对秘密结社的某种渴求。当没有有根有据的秘密存在时，便制造或捏造出只有特权性阶层的首批追随者才可以参与的秘密。如"玫瑰十字会"及其他许多结社的情形便是如此。在这些伪造的秘密中，最含有讽刺意义的是，确实存在着某种秘密即使是老会员也无从知晓。譬如，主要从炼金术的传统中来借取"秘密"的那些会社就是如此。

　　在原始人那里，需要故弄玄虚的秘密有着至关生死存亡的重大意义，因为那被众人所分享的秘密起着维系整个部落凝聚力的作用。在部落中，秘密很起作用地补偿了个人个性中所缺乏的黏合力，这种个性不断地复归回这个群体其他成员那最初的潜意识的同一性里。人的目标的实现，即意识到了其本身所特有的天性，也变成了一种长久存在的，虽然等同于无济于事的教育过程。因加入社团而得以听闻某些秘密而使自己与众不同的个人，从根本上说也得服从群体的同一性原则。所不同的是，在他们的情况里，这个群体是在社会性上有所不同的群体就是了。

　　秘密结社是在通向个性化的道路上的中间性阶段。个人仍然在依靠集体组织来实现自己的与众不同性，也就是说，他仍然没有认识到，使自己有别于其他所有人及独立自主确是个人的任务。一切集体性的同一性，如加入某些组织的成员、支持各种各样的"主义"等是会影响这一任务的完成的。这种集体同一性是跛足者的拐棍、胆怯者的护盾、懒惰者的温床以及不负责任者的保护所；但它同样又是穷人和弱者的庇护所、遇难海员的始发港、孤儿的亲爱的家、理想破灭的流浪者与疲惫不堪的朝圣者的充满希望的国土、迷途之羊的羊群与安全的羊圈、提供促人成长的乳汁的母亲。因此，把这个中间阶段认为是个陷阱便是错误的，相反，在未来很长一段时间里，它将代表着个人生存的唯一可能形式，在今天，个人看来受到了前所未有的消灭个性的威胁。今天，集体组织仍然是根本性的，因而许多人便不无理由地认为它将是最终的目标，而在自主性的道路上要求迈出更大步伐的行为则显得狂妄自大、异想天开，或简直就是愚蠢。

虽然如此，仍然有这样的情形，某个人必须迈开自己的双脚走进通向更广大的王国之路，因为在所有这些摆到他面前的服装、生活上那五花八门的形态形式与风尚习俗中，他找不到属于自己的那个。最后，他只好孤身上路，以自己为伴。他是一个有着不同意见和倾向的组合体。而他的这些观点和倾向不是沿着相同的目标前进的。所以，他也会与他本身发生矛盾，而让自身的多样性协调统一是那么困难的事，即使他外表上受到了这中间阶段的社会形式的保护，他对于自己内心的多样性的矛盾却没法化解。在他本身之内的团结瓦解，便可能导致他放弃追寻，退而变得与世同流。

正像秘密团体的新会员将分享本团队的秘密当作已经摆脱了不加区别的对待一样，单独前行的个人也需要某种秘密，由于种种原因，他没法泄露这个秘密。这个秘密增强了他独自为他个人目标而努力的勇气。许多人无法承受这样的孤独，他们是精神病患者，因而只好和自己、和他人躲躲藏藏，不敢认真地对待人生。一般而言，最后，他们只好放弃自己的个人目标而去追求集体的一致。而他周遭所处环境中的观点、信仰与理想也鼓励他们如此。此外，也没有论点能支持他们。只有拥有一种秘密才能防止不这样做就会不可避免地发生的倒退。这种秘密个人是不能泄露的，是他害怕放弃的，或无法形之于语言的，因而显得像是胡思乱想一类的秘密那样。

在许多情况下，对这样一种秘密的需要是如此紧迫，致使个人无意中竟卷入他无法对之负责的观念与行动中来。他这样做的动因既非任性亦非狂妄，而是出于一种迫切的需要，对于这种需要他本人也是无法理解的。这种需要以可怕的命中注定性而落到他头上，而且在他一生中也许是第一次向他显示了存在着某种异己的东西，这种东西比在他最为个人性的范畴之内的他本人还更强有力。而在他自己的范畴之内，他认为自己是主人。雅各的故事就是一个生动的例子：他与天使摔跤，结果以臀部髋骨错位而告终，但是他的角力却防止了一次谋杀。在那些走运的日子里，雅各的故事人们是不加怀疑地相信的。要是有个当代的雅各也去讲这样一个故事，那人们对他难免别有用意地一笑置之了。他可能也不愿去讲这种事情，特别是他倾向于保有他关于耶和华信使的本质的私人观点时。这样，他便会发现不管自己愿意与否，却拥有一种无法与人加以讨论的秘密，并会变成偏离集体性的怪人。自然，除非他终生能成功地扮演伪君子的角色，不然的话，他思想上的保留最终必然昭然于世。但是若企图二者兼顾，既使自己适应其所在群体，同时又追求其个人的目的，这样的人最终只会变成精神病患者。我们现代的这位雅各，大概会为自己掩盖这样的事实，即天使毕竟是二者之中的强者，而事实上也确是这样，因为从来没有人曾提出这样的要求说天使最后是瘸着腿走掉的。

因此，在其本身的魔鬼的驱赶下，人终于跨过了中间阶段而进入那"没人敢进入或不能进入"的地区了。在这里，他没有路标作为指示，头上也不会有遮风挡雨的屋顶，若他遇到了前所未见的情形，譬如职责的冲突等，他也没有先例可循。在大多数情况下，如果不遇到这类冲突的话，通往无人之地的旅途还会继续下去，一旦发生这些冲突，在刚觉察到这种冲突时，一切就都结束了。我也不会责备那些拔脚就走的人，同样的，若逃跑者给自己的软弱和胆怯编造美好的理由，这就不能容忍了。虽然我的藐视并不会对他有更大的伤害，但是我仍然可以心平气和地说出来。

但是一个人若是面对着某种责任的冲突而要亲身犯险负责地去处理它们，且还是在日夜观察着他行为是非的法官面前来处理这些的话，那他必定会使自己处于一种孤立的处境之中。现在，在他的生活里确实有了一种无法加以讨论的真正秘密了，要是只是因为他卷入一场永无尽期的内心审判的话，在这场审判中，他是自己的辩护律师与无情的审判人，而且没有什么世俗的或是精神上的法官能够使他重新安然入梦了。要不是他早已对这样的法官所做的判断厌烦得要死，他是绝不会使自己卷入一场冲突中来的，因为这样一种冲突总是以更高意义上的责任感为前提的。正是这样一种性质，才使其拥有者不去接受一种集体性所作出的决定。在这种情况下，法庭便变成了秘密宣布判决的内心世界。

这种情况一旦发生，个人的精神便获得了较为重大的价值。这种重要性不单体现在他那著名的为社会所规定了的自我，它也成为量度本身价值大小的标杆。这种对立物所造成的内心冲突在促进意识的成长性方面，比其他任何东西都具有更深的意义。若是原告的起诉书中提出了意料之外的证据，被告一方也要找到一些及至目前还不为人知的理由才行。在这个过程中，外部世界有很大一部分便进入内心世界里，而通过这一事实，外部世界便被弄穷了或被释放了。另外，内心世界却由于被抬高到做出伦理决定的法庭的地位，从而身价大增。然而，一度曾是明确的自我却失掉了只是原告的特权，它必须还得学会扮演被告的角色。自我变得感情矛盾和不明确，并处于进退维谷的境地。它开始意识到高于它本身的一种反向性的存在。

绝非每一种责任的冲突，并且也许甚至连一种也没有，会确实真的"解决了的"，但是它却可以被论争、被权衡与被抵消，而且这种情形可以一直继续到世界末日。或迟或早，那决定就在那儿，显得像是某种意外事故所造成的产物。实际生活是不可能虚悬于一种永久不变的矛盾状态中的。对立双方及它们之间的矛盾不会消失，甚至即使它们在采取行动前屈服了片刻时仍然是这样。它们不断地威胁人格的统一性，并且一再以其二重性而使生活变得复杂化。

对这样一种状态的危险与痛苦的洞察很可能会使人决定留在家里，亦即决不离开那安全的窝与温暖的茧袋，因为这些东西才允诺提供保护以免受内心紧张的压迫。不必离开父母的那些人，对他们来说自然是最安全的。然而，为数不少的人却发现自己被推上了走向个性化的道路。根本不用费多少时间，他们就会认识人的天性中有正与反两个方面。

恰似一切能量均产生自对立一样，精神也拥有其内在的向性，这是其活力所不可辩驳的前提条件，赫拉克利特对此早有认识。无论从理论上还是实践上说，在一切有生命的物体中，向性都是与生俱来的。与这种不可抗拒的力相对立的是自我那并不牢固的统一性，这种统一性的出现历经一千年，并且只是借助于无数的保护性措施才得以产生的。毕竟一种自我的可能产生自这样的事实：所有的对立双方都是要竭力取得一种平衡状态的。这种情形发生在热与冷、高与低等冲撞所出现的能量的交换里。潜藏于有意识的精神生命中的能量是先于生命而存在的，因此它最初是潜意识的。当它向意识靠近时，它最初以投射的方式出现在诸如超自然力、神祇、魔鬼等的形象里，而这些形象的神秘便成了能量的最主要来源。就事实而论，只要这些超自然的形象被人们所接受，情形就确是这样。但随着这些形象的消逝与失去其力量时，自我，即经验性的人，便会拥有能量的这一源泉，而且在下述这一含糊表述的最充分的意义上还确实是这样：一方面，他竭力想把这能量抓到手，占有它甚至设想他确实占有了它；而另一方面，他却又被它所占有。

可以确定，只有在意识的内容被当成精神存在仅存的形式时，这类奇特的情形才会发生。任何地方有这种情形存在，就会无法遏制地由于投射作用而产生人格的扩张。但哪里容许潜意识精神的存在，哪里投射的内容便可以被接纳进先于意识的生来就有的本能形式之中。它们的客观性与自主性也得以保存，而自满也得以避免。先于意识而存在并调节着它的各种原型，便以它们在现实中所实际扮演的角色的面目显现出来：即以意识物先验的结构形式展现出来。从任何意义上说，它们并不代表存在于自身的各种事物，而是代表事物可以据之以表达与领悟的形式。制约着各种观念的特殊性的并不仅仅是这类原型。它们只是说明了某一观念的集体性成分。原型也具有一种动态属性，它是本能的属性之一，因而它拥有引起或促使固定形式的各种行为的能量，即在某些情形下，它们具有一种占有性或强迫性的形式（神秘感）。说它们是以魔鬼的形式孕育而来的，也恰如其分。

若是有谁倾向于认为，事物的本性的任何一个方面，能够指望借由这样的方式加以改变的话，那他未免对言辞太过轻信了。无论我们赋予了它何种名字，实际的事实是不可更改的，受到了限制的只会是我们自己。若有人将"上帝"理解成"虚无"，那也无妨，上帝是一种至高的原理而存在的事实情况。我们只能止步不前，名称的变更不会将现实之物除去。若新名称的意味是否定的，我们也只是对现实采取了颠倒的态度罢了。另外，给未知事物起一个肯定的名字会使我们采取相对积极的态度。所以说，我们若是将"上帝"当作一种"原型"，相当于对它的真实性我们没做出任何回答，而只是让人知道，"上帝"已经在我们精神的那个部分占有了一席之地。这个位置是先于我们的意识而存在的，所以上帝也不是意识所创造出来的。我们没有将上帝推开，而是让他离我们更近了一步。这种情况的发生也有其价值，就是无法被体验的一种事物也许有着某种可疑的、不存在的意味。这种怀疑是很引人的，因而所谓上帝的信仰者在我重建那原始的潜意识的精神的企图里便什么也看不见，而只看到了无神论而已。或者说，要不是无神论，便是诺斯替教了——但愿是任何别的，而不是像潜意识那样的一种精神现实就好了。要是潜意识确实是任何别的东西，那它一定包含有我们有意识的精神较早期的各个进化阶段。人及其全部的光荣是在"创世"的第六天里被创造出来的，其间并没有任何预备阶段，这种假说在今天毕竟有点太简单化和不合时宜，难以使我们感到满意了。对于这一点，总的说来很多人的看法是一致的。但对于精神，不合时宜的观念却仍然顽固地驱之不去：精神没有先它而在者，它是白纸一张，出生时便得到新生且只是它所想象自己所是的那种样子。

意识是种系发生性和个性发生性的某类附属现象。伴随着时间的推移，这一显而易见的事实最终被人们所理解。正如躯体有着解剖学上的千百万年的史前历史一样，精神系统的情形也是一样。而正如人体的每一部分今天仍表示着这种进化的结果，且到处都显现着其较早阶段的种种迹象一样，在精神上也同样可以说有这种情况。意识从一种动物式的状态开始其进化过程，这种状态在我们看来是潜意识的，而这同样的演变过程在每一位孩子身上都会重复一次。在其有意识之前的状态里，小孩的精神除了是白纸一张外可以是任何别的东西：精神已经以一种可以让人认出的个人的方式起着作用了，此外还具有人所特有的所有本能及高级功能的各种先验的基础。

自我便在这一复杂的基础上出现了。在整个生命期间，自我由这一基础所养育。而当它不再发生作用时，停滞便随之而来，然后便是死亡。精神的生命和它的现实性具有非一般的价值。与之相比，即使是外部世界也退居二线。若是缺少了把握它和操纵它的内源性冲动，世界又会是怎样的呢？从长远来看，没有什么有意识的意志能取代生命本能。这种本能是从内部以难以抗拒的冲动、意欲或命令而出现在我们身上的，并且我们要是给它赋予个人的魔鬼这样的名字——在远古时或多或少便已这样做了——的话，我们至少是恰当地表达了这种心理的状况。而我们要是采用原型的概念来试图界定魔鬼掌握了我们的那个点时，我们并没有取消掉什么，只是更接近生活的源泉就是了。

身为一个精神病学家（灵魂的医治者），我就信奉这样的观点，那是显而易见的，因为我最为感兴趣的部分是要帮助我的病人找到使他们健康的基础。为了实现这一点，我需要懂得各类不同的知识。而一般的医学也以相似的方式向前发展。它所取得的进展，也不是单纯地通过发现某种独特的疗法窍门来实现的。相反，它却逐渐发展成了一门极其复杂的科学——其理由根本不在于它从一切可能的学科中借用了某些东西。因此，我对于证实什么东西适合别的什么原理的事并不关心，我只是试图把这些知识很好地应用到我自己这一方面来。自然，对于这样的应用及其结果如何进行报告，对我来说则是义不容辞的责任。因为在人们把一门学科的知识转移到另一门学科中，并在实践中加以应用时，一些新的情况便会显现出来。X光要是一直只是物理学家的财产而没有被用到医学上，那我们的知识便会少多了。然而还有这样的情形，要是放射疗法在某些情况下会产生危险的结果，这是医生所感兴趣的，但物理学家对此却不一定感兴趣，因为他们对放射性的应用方式完全不同，目的也不同。在医生指出不可见光线具有某些有害的或受人欢迎的特性时，物理学家也不会认为前者是侵犯了他的领地。

这就像是说，我将历史学或神学的知识应用到心理疗法上来，它们自然会以其他的方式显现出来，相对的，我所得出的结论也不会与其他领域内的结论相同。

因此，在精神的动力学里潜藏着一种向性，这一事实便意味着，在广义上说，对立双方的整个问题及其所有伴随而来的宗教与哲学上的各方面，被纳入了心理学的讨论范围之中了。这些方面失去了在它们自己领域内所具有的自主性——这是不可避免的，因为它们是按照心理学上的问题的方式来加以探讨的，也就是说，不再从宗教或哲学真理的角度来看待它们，而是检验它们在心理学上的可信性和意义。如果置它们所自称的"独立真理"于不顾，那事实仍然是：要是从经验性来看——也就是说从科学性上来看——它们主要是精神现象。这一事实在我看来是不可争辩的。它们自认有理是与心理学的方法相一致的，这种方法并不认为这一要求是不合理的，而相反，在处理它时需特别考虑。心理学不容许作诸如"只是宗教上的"或"只是哲学上的"这样的判断，尽管实际上我们已习以为常地听到某种东西"只是哲学上的"这种指责了——这在神学者们方面更甚。

凡是能够想象得到的表述都是由精神做出的。除了其他方面之外，精神像一个更为活跃的过程，有赖于对立双方所构成的基础，以及对立两极之间的能量交流。原则不应增多到超出必要的范畴，这是一条普遍的逻辑法则。所以，既然以能量的方式来阐释以证明这是一条解释各门自然科学的普遍原则，那在心理学范畴内，我们自身也应该适用于这条原则，即把自己限定其内。同时也不存在别的观点更加适宜的明证。而且，精神及其内容所具有的对立性或各向性也是通过心理体验而得到证实的。

如今，若精神动力学观念正确的话，那么试图逾越精神界限的所有表述，比如说，具有形而上的真实性的种种表述，如果它们想声称具有任何一种正确性的话，那必定是存在悖论的。

精神不能超越自己本身，它无法确立起任何绝对真理，原因是其向性决定了这种表述所具有的相对性。精神在什么地方确实宣布了绝对真理——比如说，如"上帝就是运动"或"上帝就是至高无上"——它就必然会掉进其本身的对立双方的这一方面或那一方面。因为这两种表述同样可以这样说:"上帝就是静止"或"上帝就是一切"。因为这种片面性的理解,精神便会解体并失去认知的能力。因此,它便随之演变成了一种没有反应性(缺乏反应能力)的一系列精神状态,而每种状态均设定自身是具有合理性的,因为它看不到或者尚未能看到其他的状态。

我们这样说并不等于表示某种价值判断,而仅是指出,越过这条界限时有发生,甚至是在所难免的。原因则正如赫拉克利特所言:"万物皆在流动之中。"跟在论点之后的是对立面,而在二者之间则产生了第三个因素,在这以前,这第三因素还没法被感知。在此过程中,精神再次表现了其对立的特性而且确实没有逾越自身。

在我竭力描述精神的种种局限性时,我无意去暗示说只有精神才存在着。我的意思只是,就感知和认知来说,我们的视野是不可能越出精神之外的。科学不言而喻地证明了,非精神性的、超验的物体是存在着的。但是科学也知道,要把握住这种物体的真正性质是多么困难,特别是在感知的器官不起作用或正缺乏时,以及在恰当的思维方式并不存在或仍有待于创造出来时。在我们的各种感觉器官及人造的这种器官装置均无法证实一种真实物体的存在的情况里,其困难性就更大了,因而人们便难免上当,断言说根本就不存在这一真实之物。我是决不去做出这种过分草率的结论的,因为我向来并不倾向于认为我们的感官是能感知所有形式的存在的。所以,我甚至冒险假设,原型的具形现象——具形是典型性的精神事件——可以建立在精神性的基础上,也就是说,建立于一种只是部分精神的且可能完全不同的存在形式上。由于缺乏经验数据，对于这种存在形式我既没有什么知识也没有什么理解，但人们通常叫它为精神形式。从科学观点来看，它不是我所认为的物质性的，这一点，我必须承认我的无知。但只要种种原型作用于我，对我来说它们就是真实的和实际的，甚至即使我并不知道它们的真正本性是什么时也仍然一样。这不但适用于各种原型，而且总的说来还适用于精神的本性。关于它本身无论可以阐述些什么，它绝不会越出自己的范围的。所有的理解及所有能理解的，在本质上说都是精神性的，并且我们也在这种程度上无可奈何地被关在一个纯属精神的世界之内。尽管这样，我们仍有充分的理由去假定，在这道帷幕之后存在有动作着并影响着我们的尚未被理解的绝对之物——甚至在对之无法做出可证实性说明的精神现象的情况里也被认为是这样。有关可能性或不可能性的表述只有在专门化的领域里才是可靠的，超出了这些领域，它们便只是夸夸其谈的假定而已。

客观地说，凭空做出的某些表述，也就是在缺乏充足理由的情况下是不妥当的。虽然如此，仍然需要这些表述的存在，这是基于精神方面的考量，也就是通常叫作主观的、被看作纯个人事情的那种道理。但这很容易犯错误，即这种表述究竟是出自一个独特的原因且只因个人动机而激发，还是仅仅一般性发生的，而且是出自一种集体方式的动力模式。在这种情况下，它就不应该被归入主观性方面，而应该归入心理客观性方面，因为数量不明的个人发现是受到了一种内心冲动而做出这同一种的表述的，或觉得持某一观点乃是极为必要的。既然原型并不只是一种不活跃的形式，而是一种以特有的能量充实着的一种真正的力，因而它便很有理由被认为是这种陈述的动因，并应该作为其原因来加以理解。换句话说，做出这一表述的并不是个人性的人，而是通过他来讲话的原型。如若这些表述被压制或被不加置理，医学上的经验及常识就会证实，精神的疾病正在积聚。这些疾患将会以精神病症状而出现，或在不产生精神病症状的个人情况里以集体性妄想的形式出现。

原型性表述是建立在本能性前提之上的，与理性毫无关系。它们既不基于推理，也无法靠合理的论据来加以排除。它们向来是世界性景象的部分，正如莱维·布吕尔很恰当地称之为集体复现表象。当然了，自我及其意愿在实际生活中起着很大的作用，但自我所意愿的东西最大限度地受到原型过程的自主性和神秘性的干扰；对于这种干扰的方式，自我通常是无所觉察的。只要宗教可以从心理学方面的观点加以探讨，对这些过程的实际考虑则是宗教的本质。

在这里，事实本身迫使我理解到，除了反映此领域外还存在更广大的扩展领域，推理性理解和表象的推理方式在此领域里没有影响。这个领域是属于厄洛斯的独立王国。在神话中，厄洛斯是一位天神，其神性超越了人类的理解范围，因而他既无法被理解，也无法以其他的形式来表现自己。我也能够如同先人一般，对这个魔鬼做一次探讨。他的活动范围广泛，可上天可入地，天堂到地狱均有他的影响。但要我完成这样一个任务，即找到足以表达"爱"所具有的自相矛盾的言语时，我就停滞不前了。厄洛斯带有宇宙进化论的观点，是所有高级意识的创造者与父母。在我看来，保罗的那句"虽然我用人与天使的舌头讲话，可是却缺少爱"，仿佛就是一切认知及神性本身的首要条件。不管学者们对"上帝就是爱"这句话如何理解，此话却证实了神性的复杂对立。在医疗实践中及我自身的生活中，我曾不止一次地面对爱的神秘，但我一直无法解释它。与约伯类似，我只能"捂住嘴巴。我已经讲过一次，决不再回答了"（《答约伯书》）。这句话里包含着最大的和最小的、最远的和最近的、最高的和最低的、我们不能只讨论一方面而不去讨论其他的方面。对于这种矛盾的理解，任何语言都不行。不管人们怎么说，都不能表达其全部的意义。不管谈论哪一方面总是不能恰如其分，不是说多了就是说少了，只有整体才具有意义。爱能"化生万物"并"忍受万物"（《哥林多前书》第十三章第七节）。这句话道出了一切，不需要多说任何一个字。从最深刻的角度来说，我们是起源于宇宙之"爱"的牺牲品和工具。我将"爱"这个字用了双引号，在于表示这并不是欲求、喜爱、宠爱、希冀及与之相类似的情感，而是将它定义为某种高于个体的存在，即某种统一的而且不会分割的整体来进行使用。因为人类只是其中的一部分，所以就不能把握住这个整体，而且人还受它的摆布。人可以赞同它，也能够反对它，但它却总是将人牢牢掌握在手心，使人无法逃脱。人与它相依偎，又靠它来维持自身。爱是人之光明与黑暗，对爱的结果，人类无法看到。"爱无止息"这句话不管是用"天使之舌"还是以科学的精确性来阐述，都会追溯到从细胞开始向下直至其最深处的生命层级。人给爱起了各式的名称，可是最终，人仍然会使自己陷进无穷的欺骗之中，或自欺，或欺人。要是这人有聪慧的头脑，他就会停下来，给这未知之物起一个让人无法琢磨的名字，就是说，将之称为上帝。这一表示臣服的所为正说明了人自身的不完美、弱小和具有依附性，但同时也指出了，在真理与谬误之间他有自由穿行的权利。

回　顾

　　每当人们谈论我，说我很聪明或者说我有"慧根"的时候，我都是不认同的。一个人来到一条溪流前，从中舀取了一帽子的水，这又能算多少呢？何况我并不是那条溪流，我只是个站在溪边的人罢了，什么也没干。其他人也站在这条溪流旁，这些人中的大部分人都觉得自己得做点什么。我却什么也没做。

　　我从来不认为自己是那种必须注意到樱桃是长在花梗上的人。我仅仅站着、看着，然后赞美着造化的神奇。我听过一个美妙的故事，大意是讲一名学生，他跑去找法师说："在古代，曾经有人见过上帝的面孔。而如今的世人为何再也见不到了呢？"法师答道："因为现在没有人能把头垂得那么低了。"人们必须垂下头来才能饮取溪里的水。

　　我与这些多数人不同的是，对我来说，那"具有阻隔作用的墙"是透明的。这便是我的独特之处。别人觉得这堵墙紧密不透光，所以什么也看不到，也据此认定墙后边空无一物。在某种程度上，我却察觉到在那看不见的背面所发生的事情。因此，我有一种独特的内心确定性。而那些眼前空无一物的人是无法达到内心安宁的，也不能得出什么结论，或者即使有结论，恐怕连自己都不确信。到底是什么让我觉察到生活之流的，我也无从知晓。或许是潜意识吧，就是早年间做过的那些梦。从它们出现那时起便确定了我的方向。

由于认识到了隐蔽着的各种过程，因而这很早便影响到了我与这个世界的关系。基本上说来，这种关系无论在我童年时还是今天依然一样。作为孩子，我觉得自己是孤独的，我现在仍然觉得是这样，原因是我知道很多事并且还暗示一些事，而这些事却是其他人一无所知或在很大程度上并不想知道的。孤独并非由于我周围没有人，孤独是由于无法把我认为是重要的事与人进行交流，或是由于保留某些别人无法容忍的观点。这种孤独始自我早年的梦的种种体验，而这在我对潜意识进行研究时到达其高峰。一个人要是比别人懂得多，他就变得孤独起来。但孤独并不一定有害于友谊，因为再没有比孤独的人对友谊更敏感的了，而友谊则只有在每个人均记住了自己的个性并不使自己混同于他人时才能与日俱增。

拥有一个秘密，一个对未知事物的预知性是很重要的。它使生活充满了某种非人格化的东西，充满了神秘。一个人要是从未体验过它便等于错过了某种重要的事。他必须感觉到，他是生活在神秘的世界里；必须感觉到事情发生了并体验到了，可是却无法解释；必须感觉到并不是将要发生的一切都是可以预见的。出人意料及难以置信的事物在这个世界有的是。只有到了这时，生活才是完整的。对于我来说，从一开始，这个世界就是无穷的和无法把握的。

与观念共存的我曾遇到了许多麻烦。我身上有个魔鬼，而到了最后，其存在被证明是起了决定性作用的。它压倒了我，要是我有时有拒绝或无情的话，那是因为我处于这魔鬼的把握之中。任何东西我只要得到，便立刻不再满意。我会急忙又做别的，去追逐我的幻觉。由于跟我同时代的人无法领悟我的幻觉的意义，因此他们所看见的只是一个匆匆赶路的傻瓜。这是可以理解的。

我得罪过不少人，每当我看出他们并不理解我时，对我来说就结束了。我仍然要继续向前啊。我对人缺乏耐性，除了我的病人之外。我没法不服从内心的法则，它强加于我，又让我无从选择。当然了，我并非总是按它的意愿行事。若是为人行事不是一贯的，那他又如何与世人共处呢？对某些人来说，只要他们与我的内心世界有关联，我便会不断地出现在他们身边，但是，也许我又与他们分道扬镳了。因为，我们之间相连的纽带不见了。我后来痛苦地认识到，人们依然继续存在，即使他们不再跟我说什么了，但仍然在那里。许多人在我这里被激起了活动着的人格的感觉，但这只是在他们出现在心理学的曼荼罗之内时才这样，过一会儿，当聚光灯将灯光打到别处时，就什么也看不到了。我对许多人都有强烈的兴趣，但当我完全看清他们的时候，这种魔力便随之消失。这样一来我便有了不少敌人。一个具有创造性的人对自己的生活是没有多少力量可控的，他不是自由的，他是身上那魔鬼驱赶着的俘虏。

> 一种强大的力可耻地把我们的心夺走，
> 因为天神个个要人献祭：
> 谁要是拒绝上供，
> 谁就难得善终。

　　这，就是荷尔德林说的。

　　没有自由，一直是我的终身憾事。往往有这种情形，我觉得自己身处战场，嘴里念着：我亲爱的战友，现在您倒下了，我必须勇往直前。因为"一种强大的力将我们的心可悲地夺走了。我喜欢您，我也爱您，可是我不能止步不前"使我确感心酸。我自己就是那牺牲品，我不能停下来。但这魔鬼掌管着万事，使人经历苦难，而且受到福佑的人有不一致性。这和我的"不忠"成了明显的对比，我在不令人怀疑的程度上仍然保有信念。

　　我也许可以说：在更高的程度上，比起别人来，我更需要人，但同时我又不怎么需要人。当这魔鬼在起作用时，一个人总是不是行事过头就是不及。只有在它一动不动时，一个人才能达到中庸。

　　这个具有创造性的魔鬼对我随心所欲地大加干涉。我计划周详的事物一般都落得最坏的结果，虽然事实并非如此。我觉得，为了求得补偿，我变成了一个十足的保守派。我从我祖父那烟叶壶里取出烟叶，然后装进我的烟斗，我还用着他的登山杖，这手杖的顶端镶有一只羚羊角，是他刚开设疗养院的首批客人从蓬特雷西纳带回来的。

　　我对我一生所走过的历程感到满意，这种生活是充实的并使我受益良多。我本来不敢希望有如此大的收获。然而出乎意料的事在我身边不断发生。我自己要是不同的一个人的话，很多事情可能也就有所不同了。但是该发生的事还是发生了，这一切都因为我就是我的缘故。很多事情正如我们预料的那样有了结果，不过这一切最后对我并不总是有所助益。但是几乎一切事情都是自然地和命定地发展的。我后悔由于我的固执而做了许多蠢事，但要是没有这种气质，我却又无法实现我的目的。因而我既失望又不失望。我对人们失望，对自己失望。我从人们那里学到了许多令人惊异的事情，取得的成就也超过了自己的期望。我无法做出终局性的判断，原因是生命现象和人的现象实在太广阔了。我越是老耄，我所懂得的就越少，对自己本身的洞察或了解就越少。

我对自己是既吃惊、失望，又觉得是欣慰的。我悲痛、消极，而又振作。这所有的情感集于一身，不多不少才是真我。我无法做出预判，说哪部分有价值，哪部分没有价值，对于我本人及我的一生，我也无法下定论。我无法确定任何东西，也无法确信任何事情。我没有什么明显不变的看法，对任何事情都没有。我所知道的只是：我出生，生存着，我就是这样，我自己是被裹挟着向前的。我存在于某种我并不知道的事物的基础上。这所有的一切都是不确定的，我却感觉到了一切存在都潜藏着一种稳固与实在性，而我的本质也是如此。

我们身处其中的这个世界是野蛮而残酷的，但同时又是个有着圣洁之美的世界。我们认为哪一种比较重要，是有意义，还是无意义，这是具有易变性的。如果无意义性占据了主导，那生活的意义性便会随着我们每一步前行而消弭。但事实并非如此，或在我看来不是这样。就同所有形而上学的问题一样，这两者都对：生活既有意义，又毫无意义。但我抱有这样的想法：有意义最终将占上风，并取胜。

当老子说"众人皆明，唯吾独懵"时，他所表达的就是我在耄耋之年的现在所感觉到了的。老子是个有与众不同的洞察力的一个代表性人物，他看到了并体验到了价值与无价值性，而且在其生命行将结束之际希望复归其本来的存在，复归到那永恒的、不可知的意义里去。这位见多识广的老者的原型是永恒的正确的。在理智的每一个层次里，这种类型都会出现，而其特征则无论是个老农夫或像老子那样的伟大哲人，却总是相同的。这就是老年智者，即某种限制成分。我心里还是充满了各类事物：植物、动物、云朵、昼与夜、人的永恒，等等。我越是对自己不了解，我与万物有着密切关系的感觉便越上升。实际上，我觉得，此时，这么漫长地使我与世隔绝的那种疏远感，仿佛已经进入我的内心，并以此揭示出对我而言的某种出人意料的陌生来。

附录一　通信

弗洛伊德致荣格的信

亲爱的朋友：

……在同一个晚上我既正式收你为我最年长的儿子，又任命你为我的继承人和王储，这的确不是一般的事。此外非同一般的是，当时你本可以拒绝接受我的这份父辈尊严，拒绝接受本身看上去像会给你带来愉快，正如你将你的所好硬塞给我一样。现在我恐怕还得在你面前扮演一下父辈的角色，跟你谈谈我对鬼声现象的看法。之所以非谈不可，其原因在于这些事情同你所愿意认为的那样不尽相同。

我不否认你做的评论和实验给我留下了十分深刻的印象。你走后，我决定做此观察。以下是观察结果：我的前面房间里总发出吱嘎吱嘎的响声，出声的地方摆的是两块挺重的埃及石碑，它们就放在橡木皮柜上，响声的出处显而易见。在下一个房间里，我们也听见有过响声，这种响声本来非常少有。你在这里时，这种响声我们时不时即可听到。我原想赋予其某种意义，要是这种响声从你走后就不再出现的话。但自那以后，这响声一而再再而三地响起，不过跟我的思路，跟我想起你或你所研究的特殊问题都无任何关系。（我敢添加一句，现在也无任何关系。）这种原本对我而言重要的现象很快就被别的事情所取代。由于你亲自来临所带来的魔力，我相信了，或至少我已经准备相信此事，可现在这信任已经消失。

由于诸多内在原因，我再一次以为这种事会发生是不可信的。立在我眼前的家具没有灵魂，是死着的，就好像希腊诸神从诗人面前消失，眼前只是一片静寂而无神的自然界一样。

所以，我又戴上那角质架的代表父亲形象的眼镜，告诫我亲爱的儿子，要头脑冷静，与其为了弄懂什么而做出这等巨大牺牲，不如不懂好些。我还就心理综合分析所遇到的问题挠了挠我那充满灵性的发灰的头发，而后这样想：得了，年轻人就是这样，他们确实太欣赏某些东西，只是用不着我们拖在后面，因为我们腿脚不灵，累得直喘也跟不上啊。

现在我要借我生活过的岁月所带给我的优长之处，唠叨几句。我要再告诉你一件天地间所发生的事，这事谁也不会搞懂。几年前，我的脑子里钻出这么个念头：我会在61岁到62岁死掉。那时候我看上去还有一段好日子过。（今天，离那个日子只有八年时间了。）之后不久，我和我兄弟去希腊旅行。叫人心里没底的是，与1和2相关联的数字61或62总出人意外地出现在有数字的东西上，尤其常出现在带轮子的东西上面。我有意识地把发生这些事的情景都记录下来。等到了雅典后，我感到十分沮丧。我们在旅馆里分到的房间设在二楼，我希望这下能松口气——至少用不着担心会碰上61这个数字。可谁想，我的房间号是31。（我认为这是命里注定，31即是62的一半数字。）这个很有文章又很费琢磨的数字，后来证明比前面那个数字更令我伤神。

自那天起一直到最近，31 这个数字始终没离开过我的脑际。一想起来，就总有个 2 和它联系在一块儿。但由于我的心理系统里有些区域纯是渴求知识而不迷信的区域，因此，我就试着分析了这个想法。现写在这里。我会死于 61 岁到 62 岁的这一想法始于 1899 年。当时还发生了两件事。第一件是我写了那本叫作《梦的解析》的书。（你知道，这本书的出书日期是 1900 年后。）第二件是我分到一个新的电话号码，今天我还用着：14362。可以十分容易地在这两件事之间安一个联系的纽带：1899 年我写《梦的解析》时是 43 岁，比这个数字更明显的是，电话号码中的其他数字已经将我生命终止的日期显示出来：不是 61 即是 62。突然，在这看上去不合情理的事情中，出现了一种解释方法。我咬定自己死于 61 岁到 62 岁的想法不过跟下述想法相一致，即写完这本论述梦的书，我就算完成了我的终身工作，毋庸赘述什么，就可以瞑目了。经过这么一番分析，你会同意，这想法听上去不再没有意义了。碰巧，在这里也有威廉·弗利斯所施加影响的踪迹，这想法正开始于他攻击我的那年。

上述情况又是一例，可以使你找到对我身上那种特别具有的犹太人的神秘主义色彩的证明。除了这些，我只想说，像我这类跟数字 62 所进行的冒险行为可以用两件事说得清楚。第一，对潜意识保持极其高度的警惕性，这样才能像浮士德一样，在每个女人身上发现海伦的影子；第二是"偶然性所给予的合作"，这一点无可否认，它与歇斯底里症中的身体上的伴随状态（somaticco-operation）抑或双关语中语音上的伴随活动

（linguisticco-operation）一样，在幻觉形成的过程中起着同样作用。

写到此，我很想多听听你对神鬼情结（theghostcomplex）研究后的想法，我的兴趣是一种对可爱的幻觉的兴趣，不能一人享乐于其中。

> 向你、你的妻子和孩子致以衷心的祝愿
> 你的弗洛伊德
> 1909 年 4 月 16 日
> 伯尔格街 19 号
> 维也纳

亲爱的朋友：

……我知道你那最深处的驱动力已经催促你走向对神鬼之事的研究上去。我不怀疑你回家时，一定收获甚丰。你可以干下去。听从内心的冲动所引起的追求去做事总是对的。你写《痴呆症》一书所带来的声誉会在一段时间里为你挡住别人说你陷入"神秘"之中的指责。只是不要离开我们太久，沉浸在遥远的一切都很茂盛的热带地区，守住家里的大本营也很必要……

衷心问候你，并希望你这次稍事休息就能给我回封信。

> 你忠诚的
> 弗洛伊德
> 1911 年 5 月 21 日
> 伯尔格街 19 号
> 维也纳

亲爱的朋友：

　　……自从弗伦齐的经历给我上了一堂很是重要的一课之后，每次谈到神鬼方面的问题我总变得十分自惭形秽。我答应过要自己相信那些看上去最没道理的东西。你也知道，我这样做心里很不愉快。但我的自负已经土崩瓦解。我希望你和弗伦齐有谁准备要走发表那一危险步骤时，你们俩能在行动上保持一致。我猜想这样在工作过程中你们能和睦相处，又能各自保持完全独立……

衷心地问候你并祝你拥有漂亮的房子

你的弗洛伊德

1911 年 6 月 15 日

伯尔格街 19 号

维也纳

自美国写给爱玛·荣格的信（1909 年）

　　……因此我们这会儿已平安抵至沃斯特！我一定得跟你谈谈这趟旅行。上周六纽约天气很坏。我们三个人全得了腹泻病，肚子好痛。……虽然身体深感不适，也没怎么吃饭，但我还是去了古生物博物馆，所有巨大的古生物，上帝所做的创世焦虑梦，都能在那儿看到。这个博物馆以其收藏第三纪哺乳动物的系谱而独具特色。要想把我在那儿见到的一切都说给你听简直不可能。后来我见到了琼斯，他刚从欧洲来到这儿。三点左右，我们坐上高架铁路火车，从第四十二号大街一直开到码头。从那儿我们登上一条构造很大又非常滑稽的蒸汽轮船，上面大概有五个白色甲板。我们在船舱里安顿下来，船沿河的西端绕过建有巨大的摩天大楼的曼哈顿岛，穿过布鲁克林和曼哈顿的许多大桥驶向东湾，穿梭在没完没了的拖船、渡船等船只之间，又从长岛后面的桑德处穿过。空气又湿又冷，我们都闹着肚疼、腹泻的病，再加上饿着肚皮，所以我们都趴在了床上。星期天清晨，我们已经到了瀑布河城，当时那儿正在下雨，我们冒雨搭上去波士顿的火车，随后马上赶往沃斯特。我们正在赶路时天放晴了。眼前的乡村景色美得令人心驰神往，低矮的山坡，大片大片的森林、沼泽，众多的小湖，数不清的凸起的巨大岩石，小小的村落里面坐落着许多木屋，有漆成红色的木屋，也有绿色的或是灰色的，上面安着白框窗户。（真是荷兰风光！）所有这些木屋全都掩映在巨大而美丽的树木之下。十一点三十分，我们到了沃斯特。我们发现我们下榻的名叫斯坦迪斯的饭店非常舒适，而且房价又很便宜。正如这儿的人所说，"悉听美国人的安排"——也即是说，包括了住房。晚上六点，经过精心照顾的休息之后，我们拜访了斯坦利·霍尔。他是一个彬彬有礼又颇有名气的老先生，年纪近七十岁。他相当热忱地欢迎了我们。他的妻子长得胖墩墩的，人很风趣，脾气又好，就是长得太丑啦，可谁知竟烧得一手好菜。我们一见面她就把我和弗洛伊德当成她的"孩子"，一再给我们上好吃又有营养的菜和很昂贵的酒。后来，我们的身体明显地恢复过来了。那天晚上，我们在饭店里睡得特别香。早晨时，我们就搬到了霍尔家里。他家的房子装饰的风格十分别致，简直令人难以相信。哪儿都十分宽敞，舒适。还有一间华丽的书房，里面摆着上千本书，随处都放着雪茄烟。两个漆黑的黑人身着晚礼服，神情极为庄重严肃，他们是仆人。地上全铺了地毯，所有的门都敞着，连浴室的门和前门也开着，人们在各处进进出出，所有窗户都是落地窗。房子周围环绕着英式草坪，没安栅栏。这座城市（人口约有十八万）的一半都叠立在比比皆是的古树森林之中，街上尽是林荫。大部分房舍都比我们的小，都掩蔽在鲜花和开着花的灌木之中，其间长满了弗吉尼亚爬山虎和紫藤。这里的一切都十分干净，也受到了人们的精心照顾，四下里相当恬静、和谐。真是一个令人完全耳目一新的美国啊！这就是他们叫作的新英格兰。这座城市早在 1690 年就建立起来了，经济上十分富裕。政府对这所大学投资很多，其规模虽小，名气却很大，具有一种洁朴却高雅的趣味。今天早晨是开幕式，X 教授首先做讲座，内容却很令人乏味。我们没一会儿工夫就溜出来，在这城边快活地散起步来。四下里尽是小小的湖泊和凉爽的树丛。我们完全陶醉在这周围环境的宁静和美丽之中了。在从纽约那里过两天后来到这儿，一切都那么清新，都那么生机盎然……

> 1909 年 9 月 6 日，星期一
> 寄自沃斯特，克拉克大学
> 斯坦利·霍尔家

……这儿的人全都特别友好，都有相当程度的教养。住在霍尔家里，我们受到了非常周全的照顾。在纽约时的不适一天天恢复了过来。我的肚疼现在基本好了，偶尔还拧劲儿地疼一下，不过除这一点外整个身体情况都十分好。昨天，弗洛伊德开始讲座，得到了热烈的掌声。我们在这里开始赢得了地盘。我们的听众人数在增多，虽说慢些，却在稳稳地增多。今天我和两位年长的非常有教养的女士谈了精神分析学说。根据交谈情况来看，她们都十分了解情况，而且思想很开化。这令我吃了一惊，因为我

原本准备听到抨击的言辞的。最近，我们举办了一次规模很大的花园聚会，五十人参加了这次聚会，会上有五位女士和我围在一起交谈。我甚至能用英语开玩笑啦——尽管我的英语糟糕透顶！明天就是我的第一次讲座了。我的害怕心理全都没了，因为听众们的言行都非常得体，他们就想聆听新鲜事情，我们当然能予以提供。听说这个星期天这所大学会举行盛大的庆典活动，授予我们荣誉博士头衔，晚上将举行"正式欢迎会"。今天的信不得不简短地写到此，霍尔夫妇邀请一些人五点钟来见我们。《波士顿晚报》也采访了我们，事实上我们是这里最忙的人。偶尔用这种方式使自己大忙一下还是很有好处的。我已经感觉到我身上的性本能正贪婪地享受着这一点……

1909 年 9 月 8 日，星期三
马萨诸塞州，沃斯特
克拉克大学

……昨晚上的庆祝仪式太盛大了，我穿着既漂亮又有趣的服饰，大家都穿着各种各样的红黑色长外衣，头戴金边方帽。我们这些人排成庄严的队形，准备接受大家的庆贺。我被任命为法学博士，弗洛伊德和我的差不多。现在我能在我的名字后面添上法学博士的头衔了。你一定很羡慕，是不是？今天，M 教授开车带我们去一个美丽的湖边吃午饭。那景致实在太惹人喜欢了。今晚上在霍尔家里还要举行一次"私人会议"，探讨"性心理"问题。我们的时间被安排得紧紧的。美国人在安排时间问题上真可谓是大师啦。他们几乎不留一丁点儿时间叫人透口气。这会儿，经过了所有这些让人实难相信能组织过来的活动之后，我感到很疲

乏。我渴望着山群中的静寂。我的头在旋转。昨晚在授博士衔的
仪式上，我在大概三百人面前，又做了即兴讲话……弗洛伊德简
直乐到七重天上去了，看到他这样，我也从心里感到高兴……

　　我现在特别想回到海上去，在那里，过度兴奋的灵魂可以在
无尽的宁静和空间中得到恢复。而在这儿，你几乎总在不停地旋
转着。不过感谢上帝，我还是恢复了享受的全部能力，这样就能
以极大的热情迎接一切。现在我要把随着风暴而来的灵感全写下
来，接着再次定下神，细品满足的感觉……

1909 年 9 月 14 日

马萨诸塞州，沃斯特

克拉克大学

　　……距离离开此地就剩两天的时间了！这里的一切活动好像
都在紧张地旋转着。昨天，我站立在几乎有五千六百英尺高的光
秃秃的岩石山峰上，四下是巨大的原始森林，极目眺望，美洲无
尽的远处一片蔚蓝，冷风袭来，让人从心里往外发抖。今天我到
了喧闹的大都市奥尔巴尼，它是纽约州的州府！我从这块神奇的
土地所要带走的千百种相当深刻的印象光靠这支笔描绘，简直不
可能。一切都太深刻，太无法言述啦。过去的这几天中，有某种
东西一点点地潜入了我的心中，那即是认识到一种理想的人生潜
力在这里已变为现实了。男人的文化修养程度已达至较为理想的
水平，妇女的文化修养尤其高。我们在此见到的一切全都能引起
我内心的热烈向往，能令人深刻思考社会进化问题。仅就科学技
术文化方面而言，我们落后于美国许多。但光这些我们就得付出
昂贵的代价，而且已经初露端倪。我要告诉你好多好多事情。我

永远不会忘记这次旅行所经历的一切。现在我们已对美国感到厌倦了。明天早晨我们将起程去纽约，9月21日我们将……

1909 年 9 月 18 日

于纽约，奥尔巴尼

……昨天早晨，我抖掉脚上美国的灰尘，心情轻松，头有些疼，因为 Y 一家用上好的香槟酒款待了我们……由于戒酒，我不得不下咽口水，只为了不打破这戒酒的规矩。我冠冕堂皇地从各种绝对戒酒主义协会中退了出来。我承认我是一个诚实的罪人，只希望见到一杯酒不起什么反应——当然是一杯未被喝的酒。我总忍不住，被禁止的东西总具有吸引力。我想我不该把自己禁止得太过才是……

接着，昨天早晨十点时，我们启航了，我们的左侧是直冲云霄、红白相间的纽约市的许多塔楼，右侧是霍博肯的冒烟的烟囱、船坞等。这是个多雾的早晨，纽约没多久就消失了，又过了一会儿，出现了波涛汹涌的海洋。美国领航员下船，登上了火攻船，我们的船驶进了"悲伤的荒原似的大海"之中。大海总是那样具有宇宙般宽广的壮丽之美、淳朴之美，把一个人不禁要在此说的话全变成了缄默，尤其当夜晚来临，只有满天星辰的夜空与大海做伴时，更是这样。你沉默不语地向远处眺望，能感受到自我的重要性，许多古老的传说和景象会飞快地在脑际中闪过，只听一个低沉的声音在诉说着"波涛起伏的，喃喃细语的大海"的故事，诉说着"海浪和爱浪"，诉说着洛克西雅的故事，她是个可爱的女神，她从起伏不已的海浪溅起的泡沫中出现，向走累的奥德修斯奔去，把缀满珍珠的面纱送给他，把他从波塞冬掀起的

403

风暴中救了出来。大海就像音乐一样，海里珍藏着灵魂的全部梦想，并把这些梦想全都唱了出来。大海的美丽与壮观就存在于我们不得不进入的我们自己灵魂的洼地那里，里面是无尽的果实，在那里我们用"悲伤的荒原似的大海"的动力重新认识自己，现在由于"这幕后几天的折磨"我们仍感疲乏。我们要静下心来，想想刚过去的几个月，潜意识还要做不少工作，要把美国塞进我们脑子里的东西全都归归类……

1909 年 9 月 22 日

从北非寄至爱玛·荣格的信（1920 年）

……很不幸，我没法思路十分有条理地给你写信，因为要写的东西实在太多。就写些不一定重要但有趣的事情吧。在海上度过寒冷、阴沉的天气后，到了阿尔及尔。这是一个阳光灿烂的早晨，闪耀着阳光的房子和街道，一片片深绿色的树丛，高高的棕榈王冠从其间伸出来。眼前出现的是穿连有包头巾的白颜色外套的人和戴土耳其红色毡帽的人，穿着黄色制服的"非洲干扰者"，穿红色衣服的阿尔及利亚骑兵，还有植物园、迷人的热带森林、印度风景、根须像巨大天线往上翘着的犹如巨兽的圣树、诸神居住的怪异的住所，深绿色的巨大而沉重的树叶在海风吹拂下簌簌作响。

然后坐 30 小时的火车到突尼斯。这个阿拉伯城市是座很古典的古城，是座中世纪摩尔人城市，是一座格拉纳达和巴格达的童话传说。你在这无法做出估量的大杂烩城市中被融解，更难描述的是：罗马圆柱作为一堵墙的一部分叠立在此，一个长得丑

不堪言的犹太老女人穿着肥大的白裤子走过；还有个背着一堆带
有包头巾的白外套的叫卖者正在人群中穿梭，嘴里用喉音喊着什
么，这种带喉音的语言大概直接来自于苏黎世的某个州；一块深
蓝色的天空；一个雪白的伊斯兰教堂的圆顶；一个鞋匠正在一小
块凸起的壁龛里面给一只鞋穿针引线，前面摆着一块毯子，上面
照射着一片刺目、炙热的阳光；卖唱的盲人手里拿着鼓和精巧的
三弦琴；一个除了一身烂衣服便一无所有的乞丐；从油饼上冒起
的烟和成群的苍蝇；在更高处，欢快的气氛笼罩着的伊斯兰教堂
的白色尖塔里，传来人们唱颂歌的声音，唱的是中午颂歌；下面
是一个阴凉的由柱廊连起的大院子，呈马掌形状的门全用瓷砖砌
成，正闪着光辉。墙上的阳光下正躺着一只脏乎乎的猫。红的、
白的、黄的、蓝的、棕色的披风，白头巾、红毡帽、制服、白肤
色和浅黄肤色一直到深黑肤色的脸孔，穿梭而行的黄色和红色拖
鞋，匆匆地但却无声地走过的裸着的黑脚丫，等等。所有这一切
都在眼前来回不停地消失、出现。

早晨，伟大的神站立起来，用他那欢乐和力量充塞在地平线
两岸。万物都听凭他的支配。夜晚来临时，月亮如此银白，闪出
的洁白的光辉如此神圣，谁都不可能怀疑爱情与孕育之神埃斯塔
特的存在了。

阿尔及尔和突尼斯之间是五百五十英里（1英里=1.609公
里）长的非洲土地，朝高贵而舒展的阿特拉斯大山脉伸过去，宽
阔的山谷和高原上丰裕地种植着葡萄和谷物，还有深绿色的格皮
槠树森林。今天，埃及太阳神荷拉斯[①] 从遥远的灰白色的山群中
升起，照耀在一片无尽的棕绿相间的平原上，从沙漠那里吹来

---

① 即太阳。

一股强劲的风，一直吹向深蓝的海面上。在绵亘的灰绿色的山坡上，在整个古罗马城市的黄棕色的废墟上，一小群一小群的黑绵羊在悠闲地四下闲转，近旁有个黑帐篷、骆驼和驴的贝督因牧民的营地。火车朝一头骆驼冲去，可这并未使它改变主意，离开铁轨。这头骆驼被撞死了。接着传来一阵朝那里跑步的声音，身穿白衣服的身影在打着手势，在乱叫。又是大海，一会儿变得湛蓝湛蓝，一会儿又在阳光下闪着刺眼的光芒。一座雪白的城市从橄榄树丛中，从棕榈树中，从一片片闪烁不定的阳光强照之中的摇头晃脑的仙人掌中出现了。城里有许多白的神圣的伊斯兰尖塔和塔楼，它们辉煌地挺立在一个山坡上。然后就是苏塞了。一排排墙和塔楼，下面是港湾。港湾墙外是那深蓝色的大海，港内停放着一艘帆船，帆船上安着两个三角帆，我还画过这种帆船呢。

随后你便可在罗马废墟上徘徊。我用手杖竟从地里挖出一块罗马陶器来。眼前呈现出的这一切的一切只能用"含糊不清的语言"加以描述，这十分令人沮丧。因为我不知道非洲在对我说什么，但它确实在对我说着什么。试想一下，一个巨大的太阳，一片如高山顶上的空气一般洁净的空气，一个比你所见到的任何大海都蓝的大海，一切由不可思议的力量所创造出来的色彩。在市场里，你还能买到两耳细颈酒罐这样的古玩——试想这样的一切——还有月亮！……

于 1920 年 3 月 15 日，星期一
苏塞
苏塞格兰特饭店

……昨天刮了一天风暴，一直刮到午夜时分。我大部分时间

都站在高起的风暴打不着的地方，头顶上是桥楼。眼前是一幅极为壮观的景象：高山似的巨浪打了起来，随后将一团旋转的泡沫掀到船上来。船身开始可怕地摇晃，有好几次，咸滋滋的海水都打湿了我们。天变冷了，我们只好进舱里喝茶。进舱之后，不知怎的，脑髓好像顺着脊髓往下流，使劲儿从肚子下面跑出来似的。所以，我又趴到床上，没一会儿就觉得好多了，后来还能感觉良好地吃下一顿晚饭。船舱外，海浪不住地撞击着船身。我舱里的东西便全活了：沙发垫爬到地板上藏在半明半暗的地方；一只躺着的鞋子一下子站了起来，吃惊地四下张望，随即又悄悄地躺到沙发底下；另一只站着的鞋子疲乏地朝一边倒去，加入它的同伴中去了。现在眼前的情景全变了。我意识到那两只鞋跑到沙发里是要抓住我的背兜和公文包。这几件东西又排着队过来加入床底下的围壁洞道里。沙发上我的衬衫的一只袖子焦急地摆着手，也要跟过去。从箱子和抽屉里又传出稀里哗啦的响声。突然，只听地板下面叮当一声，猛地一响，紧跟着嘎啦嘎啦、叽叽呱呱、叮叮当当的声音响成一片。我脚下是一个厨房，海浪只那么一击，五百个盘子就从死一般的麻木状态下醒了过来。船身只那么一动，那些当奴隶的盘子就结束了可怕的生存状态。周围所有船舱里传来无声的抱怨，这说明下顿饭准没什么好吃的了。我高高在上地睡着了。今早醒来，风又开始从另一边吹了过来……

1909 年 9 月 25 日

谈理查德·威尔海姆

我最初见到理查德·威尔海姆是在凯塞林伯爵家，当时正在达姆施塔特召开关于"智慧说"的会议。那是 20 世纪 20 年代初。1923 年，我们邀请他到苏黎世来，他在心理学俱乐部就《变化》一书发表了他的看法。

　　早在与他相识之前，我即对东方哲学感兴趣。大概在 1920 年，我开始对《变化》一书做实验。一年夏天，在波林根，我决定向这本书所产生的谜发起全面进攻。我没有采用传统方法采一堆欧蓍草，而是给自己砍下一捆芦苇向那谜开始冲击。我常常坐在一棵大概有一百岁的梨树下的地上，一坐就是几小时。那本《变化》就放在身旁，我用一种方法，即把不少会因许多原因产生结果的预言一回一答地相互加以比较，所有确乎非同一般的结果就显现出来了——与我自己的许多想法过程均产生有意义的关联，对此，我也无法跟自己解释清楚。

　　在这个实验中，唯一由主观干预的情况即是实验者任意地——就是说，不加思索地——猝然一击，随后，把一捆有 49 根欧蓍草的草捆打开来。他并不知道一捆里有多少根欧蓍草，但打击后的结果却依赖于欧蓍草之间的数字关系。其他实验都是机械地进行的，没有意志予以干预的余地。如果偶然出现有精神与之相联的情形，那它也不过是由一捆欧蓍草机会性地被分开来所组成（或用别的办法，即投硬币所产生的偶然性所组成）。

　　在整个暑假期间，我一直被这样一个问题所困扰：《易经》一书中的答案究竟有没有意义，倘若有的话，那么精神与一系列身体活动之间的关联是如何发生的呢？我时常会遇到令人惊奇的巧合，这些巧合好像在说一种间或同发性的思想（我后来称之为"同步现象"）。这些实验令我痴迷，我连记录的事都给忘了，后来我为此感到非常遗憾。以后，不管怎样，当我在我的患者身上做实验时，我十分清楚的是，有相当一批答案都答对了。例如，我记得有一个年轻人的病例，他有强烈的恋母情结。他认识一个看上去似乎对他挺合适的姑娘，因为他想结婚。可不知怎的，他觉得心里没底，担心在自己新情绪的影响下会再次发现自己听凭"威力无尽"的母亲的支配。我给他做了实验，结果他这样写道："这个女孩太有威力了，一个人不该娶这种女孩子。"

20世纪30年代中期，我见到了中国哲学家胡适。我询问他对《易经》一书所持的观点，得到的回答是："噢，那本书不算什么，只是一本有年头的巫术魔法选集，没有什么重要意义。"他没对这本书做过实验——或者说他是这么说的。他记得他只遇到过一次，他用过这本书。有一天，他正和一个朋友散步，这位朋友跟他谈起他不愉快的恋情。这时他们正经过一座道庙。他开玩笑地跟他朋友说："你可以请教一下预言！"话没说完，就真这么做了。他们一起进了庙，请和尚解释《易经》一书里的一段预言。不过他对那段解释的话一点儿都不信。

我问他那预言是否说中了，他不情愿地说："噢，是的，当然……"我当时想起有名的"好友"的故事，即一个人做的每件事都是他不愿做的。于是我便谨慎地问他从这次事情中是否得到益处。"是的，"他回答，"我也当开玩笑地问过一个问题。"

"那么那个预言给没给你什么合乎情理的答案？"我问。

他犹豫着："噢，这个，是的，你这样说也行。"这个话题显然令他不舒服。

过了几年，我用芦苇做了实验后，《易经》一书附带威尔海姆的评论出版了。我马上弄到一本。令我感到欣慰的是，威尔海姆在有意义的联系问题上的观点与我大致相同。但他知道这方面的全面材料，因此，可以填补许多空白之处，而我对此却无能为力。威尔海姆来苏黎世时，我得以有机会与他大范围地讨论该问题，我们也谈了许多中国哲学和宗教问题。他对中国思想所知甚多，这样他跟我的谈话使一些我感到非常困难的问题都得以明了，这些问题是欧洲式潜意识强加于我的。此外，我跟他谈到我对潜意识研究的一些结果，这未使他感到惊讶，因为他在这些结果中已认识到一些事情是他认为中国哲学传统独自拥有的东西。

威尔海姆年轻时曾为传播基督教去过中国。在那里，东方的精神世界为他敞开了大门。威尔海姆是一个地地道道的宗教精灵，他对事情有着不被迷惑、颇有远见的目光。他有种天赋，即在聆听一种一步步启开的陌生思想时能保持不偏不倚的态度。能够实现那一情感上的奇迹使他将中国的知识珍宝引进欧洲。他深受中国文化的影响，有一次竟对我说："我没给一个中国人洗礼，这真是太叫我欣慰了！"尽管他具有基督教背景，但他却不能自已地分辨出中国思想的逻辑性和清晰性。用"影响"一词描绘在他身上产生的结果是不太恰当的，可以说他被征服了、被同化了。他的基督教观点已经退居到背景中去，当然并未全部消失。它们形成一种精神积淀的状态，一种道德上的附加条件，后来这一条件产生了致命结果。

在中国时，他有幸拜见过一位老派哲人，这位哲人因当时的革命运动被驱出内地。这位哲人名叫劳乃宣，他向威尔海姆介绍了中国瑜伽哲学和《易经》中的心理学。正由于这两人的合作，我们才得以有了附带精辟评论的《易经》一书的译本。这本东方最深刻的著作第一次以生动可懂的形式被介绍到西方来。我认为，这是威尔海姆最重要的成果。十分清楚而丝毫不会弄错的是，他的思想是西方式的，而在其对《易经》的评论中，他已表现出对无可匹敌的中国心理学的某种接受。

当翻译完最后一页，出版者的书样出来后，这位年迈的劳乃宣大师却去世了，仿佛他的著作已完成，他已把古老的、行将灭亡的中国的最后一个音讯传到欧洲，而威尔海姆确实是一个完美无缺的弟子，他将老哲人的心愿实现了。

我见到威尔海姆时，他不仅在写作和说话上，连举止看上去都完全像个中国人了。东方观点和古代中国文化已一步步深入他的内心深处。他一回欧洲，便立即参加了美因河畔法兰克福的中国学院的教师队伍中去。但不论是他在教学工作中还是在给一般人开讲座时，他看上去都能感觉出欧洲精神的压力。基督教的观点和思维模式开始稳步走向前台。我去听了他的几次讲座，结果这些讲座跟传统布道几乎别无二致。

这种朝过去的转变在我看来有些缺乏理智，因而是危险的。我将此看作是重新被西方的同化，所以我觉得，作为同化结果，威尔海姆内心一定发生着冲突。我想，由于这是一次被动的同化，即是说，是一次对环境影响的屈服，因此会产生出相对而言即是潜意识冲突的危险，一种他身上西方和东方精神之间的抵触。我假想，倘若那种基督教态度在开始时让步于中国影响的话，那么，逆转方向之事现在很有可能正在发生：欧洲因素有可能再次占上风。如果这样的变化过程发生时没有一种强有力的、有意识的努力去加以诠释，那么，潜意识中的冲突就会严重影响其身体健康状态。

听了他的讲座后，我曾试图让他注意威胁着他的危险。我说给他的话是："我亲爱的威尔海姆，请不要误解我的话，不过我有种感觉，就是西方的东西正再次拥有你，你对你那次将东方介绍给西方的旅行变得越来越不忠诚了。"

他回答说："我认为你说得对——这儿好像有什么东西正强烈地攫住我。可又能怎么办呢？"

几年后，威尔海姆作为客人来到我家，他的身体由于变形虫痢疾病的侵扰已经垮了下来，这病他二十年前就患了。在后来的数月里，他的情形每况愈下。后来，我听说他住院了。我到法兰克福探望了他，眼前却是一个病入膏肓的人。医生们还没有失去希望，威尔海姆也谈及着等病愈后想实施的一些计划。我和他一起享受了他的希望，但我却有所预感。那会儿他跟我吐露的一些话更证实了我的猜测。他说在他做的一些梦里，他再次到荒凉无尽的亚洲大草原那儿去了一趟——他离开过的中国，他正找寻着中国留给他的问题的答案。那一答案在他那儿已被西方笼罩死了。直到现在他才意识到这一问题，却没有能力找到答案了。他的病又拖了他几个月。

直到他临死前的几个星期，我已经好久没听到他的消息了，我刚要睡着，却被一副幻景给猛地撼醒：在我床旁，立着一位身着一袭深蓝外衣的中国人，双手合十插在袖里，他在我面前深鞠一躬，好像希望给我一个消息，我知道这很说明问题。那幻景特别清楚，我不光看到那人脸上的每条皱纹，还看到了他棉衣服上的每根棉线。

威尔海姆的问题大概也可被视为意识和潜意识之间的冲突，这种冲突在他那里以西方与东方之间的抵触形式出现。由于我自己也有与他相同的问题，因此知道卷入这场冲突之中会意味着什么。诚然，在我们最后一次会面时，威尔海姆也没坦率说出来。

尽管我向他介绍心理学上的观点时，他表现得极感兴趣，但是，他的兴趣也只保持在我说起客观事物，如一个念头或是宗教心理学引起的一些问题时。到此时为止，他一切都很好。不过我一旦试图去触碰他内心冲突那一实际问题时，我马上能体会到他往后缩的感觉，一种将自己内心锁住的感觉——因为这些事情正中要害。这种情况我在许多重要人物的身上都观察到过。记得歌德在《浮士德》里将其写成是一片"人迹罕至的、未被踏过的"地方，其所有区域均不能也不许被强行入内，那儿是一个命运不允许任何人去干扰它的地方。

附录二　荣格著作目录

1. 有关精神病学著述

《论所谓超自然现象之心理及病理》（1902）

《一份在押犯人的癔症性麻木症病例》（1902）

《论躁狂情绪失调》（1903）

《论伪装精神错乱》（1903）

《对一份伪装精神错乱病例的医学见解》（1904）

《论歇斯底里症的误解》（1904）

《论神秘症》（1905）

《论事实的心理诊断》（1905）

《对两种自相矛盾的精神病学诊断的最后见解》（1906）

2. 实验研究

词语联想之著述

《对记忆所做的实验性观察》（1905）

《对正常东西的联想》（荣格与里克林合写）（1906）

《论依靠心理手段判定事实》（1906）

《癫痫病人的联想之分析》（1906）

《联想实验的反应时间》（1906）

《精神分析与联想实验》（1906）

《联想、梦与歇斯底里症状》（1907）

《论联想实验中再生失调》（1909）

《联想法》（1910）

精神物理学之著述（刺激与感觉关系之研究）

《论联想实验的精神物理关系》（1907）

《用电流计及呼吸描记器对正常人和精神病患者进行的精神物理调查》（彼得森与荣格合写）（1907）

《进一步调查正常人和精神病患者的电流现象及呼吸情况》（理科塞与荣格合著）（1907~1908）

3. 精神病的心理发生

《早发性痴呆症之心理》（1907）

《对布洛伊勒的精神分裂症抗拒性理论之批准》（1911）

《精神变态的满足》（1908~1914）

《论心理理解》（1914）

《论精神病理学中潜意识的重要性》（1914）

《论精神病的心理发生问题》（1919）

《精神病与灵魂》（1928）

《论精神分裂症的心理发生》（1939）

《精神分裂症的新观念》（1957）

《精神分裂症》（1958）

4．弗洛伊德与精神分析

《弗洛伊德的歇斯底里理论：答塞芬伯格》（1906）

《弗洛伊德的歇斯底里理论》（1908）

《梦的分析》（1909）

《论对精神分析的评论》（1910）

《对谣言心理学的贡献》（1910/1911）

《论数字梦的意义》（1910/1911）

《摩顿·普林斯，"梦的机制及对其解释"：一种批评观点》
（1911）

《关于精神分析》（1912）

《精神分析理论》（1913）

《精神分析面面观》（1913）

《精神分析的一些要点：荣格与洛伊的通信》（1914）

《精神分析与神经症》（1916）

《分析心理学论文选集前言》（1916）

《个人命运之父的意义》（1909/1949）

《弗洛伊德与荣格的对比》（1929）

《克兰菲尔德的〈思想的神秘方法〉前言》（1930）

5．变形象征

德文原版《潜意识心理学》（1912）；现在是 1912 年的增

补版

6. 分析心理学的两篇论文

《潜意识心理学》（1917/1926/1943）

《自我与潜意识的关系》（1929）

7. 心理结构与动态

《心理学的新途径》（1912）

《潜意识结构》（1916）

《梦心理学面面观》（1916/1948）

《超验功能》（1917）

《本能与潜意识》（1919）

《信仰灵魂的心理根基》（1920/1948）

《灵魂与生活》（1926）

《论心理能量》（1928）

《精神结构》（1927/1931）

《分析心理学与人生观》（1928/1931）

《心理构成与遗传的意义》（1929）

《人生各阶段》（1930/1931）

《分析心理学的基本假设》（1931）

《现实与超现实》（1933）

《灵魂与死亡》（1934）

《论情结理论》（1934）

《决定人类行为的心理因素》（1937）

《论灵魂的本质》（1947/1954）

《论梦的本质》（1945/1948）

《论同步性》（1951）

《同步性：一种偶发性的关联原则》（1952）

8. 原始意象与集体潜意识

《个性化过程之研究》（1934/1950）

《集体潜意识的原始意象》（1934/1954）

《关于原始意象，及女性意向概念与之的特殊关联》（1936/1954）

《母亲原始意象的心理问题》（1938/1954）

《意识、潜意识与个性化》（1939）

《儿童原始意象的心理》（1940）

《关于再生》（1940/1950）

《考尔的心理问题》（1941）

《神话中的灵魂的现象学》（1945/1948）

《关于曼荼罗的象征》（1950）

《阳向离子》（1951）

《论魔术师的心理》（1954）

《曼荼罗》（1955）

《集体潜意识的概念》（1956）

9．自我现象学之研究

《自我》

《阴影》

《期望：女性意向和男性意向》

《基督，一个自我的象征》

《鱼的符号》

《拿斯特拉得马斯的预言》

《鱼的历史意义》

《鱼的符号的矛盾现象》

《炼丹术中的鱼》

《炼丹术对鱼的解释》

《基督教中炼丹术象征心理的背景》

《自我的信仰象征》

《自我的结构与动态》

《结论》

10．《过渡时期的文明》

《潜意识的作用》（1918）

《精神与地球》（1927/1931）

《欧洲女人》（1927）

《学生的恋爱问题》（1928）

《现代人的精神问题》（1928/1931）

《欧洲范围内的瑞士路线》（1928）

《论凯西林的〈自由美国〉(1930)与〈世界革命〉》(1934)

《美国心理学界的复杂情况》(1930)

《古代人》(1931)

《心理学对现代人的意义》(1933/1934)

《现代心理治疗状况》(1934)

《梦境般的印度世界》(1939)

《印度能教我们什么》(1939)

《世界大战这一灾难过后》(1945)

《同阴影的斗争》(1946)

《当代大事件评论》后记(1946)

《未发现的自我(现在和将来)》(1957)

《飞碟:现代之谜》(1958)

《对良心的心理观察》(1958)

《分析心理学里的善与恶》(1959)

《沃尔夫的〈荣格心理学研究〉序言》(1959)

11. 心理学与宗教 西方与东方

西方宗教

《精神分析与灵魂拯救》(1928)

《心理治疗者或牧师》(1932)

《科劳斯兄弟》(1933)

《心理学与宗教(在塔丽所讲的讲稿)》(1938/1940)

《三位一体教义的心理学探讨》(1942/1948)

《弥撒的变形象征》(1942/1954)

《对怀特的〈上帝与潜意识〉和沃布洛尔斯基的〈撒旦与普罗修斯〉所做的前言》（1952）

《答约伯书》（1952）

东方宗教

对《大解放西藏书》与《死亡西藏书》的《心理学上的评论》（1935/1955）

《瑜伽与西方》（1936）

《铃木的〈禅宗入门〉前言》（1939）

《东方沉思心理学》（1943）

《印度的圣人：齐默尔所著"DerWegzumSelbst"序言》（1944）

《易经》前言（1950）

12. 心理学与炼丹术（1944）

《关联炼丹术的个人梦之象征》（1936）

《炼丹术的宗教思想》（1937）

《炼丹术的宗教及心理学问题介绍》（1944）

《后记》

炼丹术之研究

《评〈金花的秘密〉》（1929）

《神灵》（1943/1948）

《对佐西姆斯所做幻景的一些研究》

《作为精神现象的普罗塞尔索斯》（1942）

《Coniunctio 的组成部分》

《反论》

《对立的人格》

《女王与君王》

《亚当与夏娃》

《合取》

13.《人类、艺术、文学的灵魂》

《论分析心理学与诗艺术的关系》（1922）

《普罗塞尔索斯》（1929）

《理查德·威尔海姆讣告》（1930）

《心理学与文学》（1930/1950）

《毕加索》（1932）

《尤利西斯》（1932）

《弗洛伊德：一种文化现象》（1939）

《弗洛伊德讣告》（1939）

《作为医生的普罗塞尔索斯》（1941）

14. 心理治疗的实践

心理治疗的普遍问题

《现代心理治疗问题》（1929）

《谈现代心理治疗的某些方面》（1930）

《心理治疗的目标》（1931）

《实践心理治疗原理》（1935）

《什么是心理治疗？》（1935）

《心理治疗与人生哲学》（1943）

《医学与心理治疗》（1949）

《今天的心理治疗》（1945）

《心理治疗的基本问题》（1951）

心理治疗的具体问题

《疏泄的医疗价值》（1921/1946）

《梦的分析的实际应用》（1934）

《移情心理》（1946）

15. 人格的发展

《儿童心理冲突》（1910/1946）

《作为心理关系的婚姻》（1925）

《分析心理学与教育：三份讲稿》（1926/1946）

《威克斯的〈儿童分析〉导言》（1927/1931）

《儿童的发展与教育》（1928）

《个人教育中潜意识的意义》（1928）

《人格发展》（1934）

《具有天赋的孩子》（1943）